액땜이론

제1章

손실을 기회로 바꾸는 리스크 사고의 기술

액땜 이론

THE THEORY OF MISFORTUNE ATONEMENT

이동우

일러두기

- 이 책은 액땜 이론의 핵심 개념과 원칙을 설명하기 위해 여러 기업 사례를 활용하고 있다. 특히 스페이스X의 팰컨 1 실패, BP의 딥워터 호라이즌 사고, 넷플릭스의 퀵스터 실험, 존슨앤존슨의 타이레놀 위기 대응 같은 사례는 다양한 맥락에서 반복적으로 등장한다. 하나의 사례가 액땜 이론의 서로 다른 측면을 조명하고, 각 장에서 다루는 개별 원칙을 명확히 설명하는 데 가장 효과적인 예시이기 때문이다. 독자들께서는 이러한 반복이 개념의 이해를 심화하고 이론의 입체적 구조를 파악하는 데 필수적인 장치임을 이해해주시길 바란다.
- 인명과 지명은 외래어 표기법에 따랐으나, 기업명의 경우 고유명사로 보아 사용되는 이름대로 표기했다.

추천의 글

『액땜 이론』. 책 제목을 보고 매우 신선했다. 액땜은 사전 사고를 당했을 때 위로 또는 위안의 차원에서 일상적으로 사용하는 용어인데, 이를 이론으로 체계화하는 것이 어떤 의미일지 그리고 우리만의 경영 이론으로 어떻게 승화시킬지 매우 궁금했다. 저자는 경영철학의 관점을 기반으로 액땜의 네 가지 본질 그리고 세 가지 작동 원리를 다양한 경영 사례와 접목시켜 풀어낸다. 마지막으로 K-경영의 실행 차원으로 청사진을 제시한다. 이 책은 인적자원개발 차원에서도 눈여겨볼 점들이 많다. 액땜을 통해 학습과 성장으로 개인과 조직의 경쟁력을 확보하는 HRD 이슈라는 생각이 들었다. HRD 역시 북미를 중심으로 서구로부터 여러 이슈를 전해왔다. 이동우 교수의 '액땜 이론'은 우리나라에서 출발한 최초의 HRD 이슈가 될 것으로 믿으며, 앞으로 액땜 이론이 경영뿐만 아니라 HRD에서도 많은 실천가와 연구자가 함께 고민해볼 중요한 이슈이면서 이론으로 자리매김하길 기대해본다.

조대연 고려대학교 교육학과 교수, HRD정책연구소 소장

경영 전략 분야의 대가로 불린 하버드 경영대학원의 클레이턴 크리스텐슨 교수는 『당신의 인생을 어떻게 평가할 것인가』라는 책에서 하버드 학생들도 수업시간에 특정 이론을 가르치면 '외워야 할 것', '지루한 것'이라는 반응을 보였다고 회고했다. 그러면서 우리가 왜 이론을 배워야 하는지를 설명하는데,

그에 따르면 이론은 세상을 설명하는 체계이자 프레임이다. 좋은 이론은 우리가 살아가는 세상의 현상을 잘 설명한다는 특성이 있다. 데이터 과학 분야에서도 원인과 결과를 주장하기 위해서는 대규모 데이터나 최신 알고리즘보다는 좋은 이론을 강조한다. 이 책의 액땜 이론은 오랫동안 우리가 쓰고 지켜온 세상을 이해하고 설명하는 좋은 체계다. 경영의 관점에서는 의도적 실패를 통해 면역력을 키우는 접근법이면서 개인에게는 심리적 부담을 덜어주며 성장의 계기가 되는 태도이기도 하다. 이처럼 『액땜 이론』은 불확실한 세상에서 시대를 설명하고 준비하는 좋은 렌즈임이 분명하다. 모든 분에게 자신있게 일독을 권한다.

이중학 동국대학교 경영학과 교수, 경영학 박사, 『넥스트 워커』 저자

엔비디아의 CEO 젠슨황은 인터뷰에서 인공지능을 타임머신으로 표현했다. 그가 만들어놓은 인공지능 인프라가 미래를 더 빠르게 이해할 수 있게 만들고 있다는 말이다. 우리는 이러한 격동의 시대에 살고 있다. 미래가 너무 빠르게 다가오는데 우리는 어찌할 바를 모른다. 이 시기에 액땜 이론은 우리에게 또 다른 타임머신을 제공한다. 현재의 실패를 미래의 더 큰 성공을 위한 밑거름으로 생각하며 이 혼란을 즐길 수 있는 여유를 제공하는 그런 타임머신 말이다. 기계가 많은 것을 대신해주는 세상에서 우리에게 가장 필요한 것은 바로 인간적인 지혜이리라. 다양한 의견이 아닌 정답이 존재하는 세상에서 '액'을 당한 우리를 지켜줄 수 있는 지혜는 긍정적으로 세상을 바라보는 '땜'의 철학일 것이기 때문이다.

이승훈 가천대학교 경영학부 교수, 네모파트너즈 대표 파트너, 『플랫폼의 생각법』, 『구독전쟁』 저자

'액땜'이라는 단어를 들으면 누구나 한 번쯤 겪었을 만한 그 순간이 떠오른다. 지갑을 잃어버렸을 때, 가벼운 접촉사고가 났을 때, "에이, 액땜했다"며 스스로를 달래던 그 특유의 한국식 자기 위로 말이다. 그런데 이 책은 그저 위로에 그치던 '액땜'을 경영 전략의 무기로 탈바꿈시켰다. 저자는 묻는다. "작은 희생이 큰 위기를 막는다면, 그것이 정말 손해일까?" 답은 의외로 명쾌하다. 일부러 작은 실패를 경험하고, 그 속에서 배우고, 더 큰 재앙을 피하는 것이 바로 불확실성 시대의 생존 전략이라는 것이다. 실리콘밸리에서는 'Fail Fast'라고 포장하지만, 우리는 이미 할머니 세대부터 '액땜'이라는 더 직관적인 언어로 이를 실천해왔다.

이 책이 제시하는 다양한 사례는 단순한 이론서의 한계를 넘어선다. 글로벌 기업들의 위기관리부터 일상의 소소한 선택까지, '액땜'의 렌즈로 세상을 바라보면 모든 것이 다르게 보인다. 작은 손실을 두려워하다가 결국 회사를 날린 기업들, 반대로 적절한 타이밍에 '액땜'하며 위기를 기회로 바꾼 리더들의 이야기가 생생하다.

불확실성이 뉴노멀이 된 지금, 완벽을 추구하다 망하느니 적당히 액땜하며 살아남는 것이 진짜 실력이다. 한국적 정서와 현대 경영학이 만나 탄생한 이 특별한 경영서를 모든 리더에게 권한다.

이승준 투이컨설팅 이승준 연구소장, 경희대 테크노경영대학원 교수, 경영학 박사, 『그들은 어떻게 AI 트랜스포메이션에 성공했나』 저자

런던 대학교 경영대학에서 박사 논문을 쓰면서 가장 많이 듣는 질문이 "당신의 리서치는 어떤 '고유성$_{uniqueness}$'이 있는가?"이다. 「케이팝 데몬 헌터스」(케데헌) 이후 해외 학계는 한국발 콘텐츠에 열광한다. K-팝, K-드라마를 넘어 이

제는 K-경영 이론의 차례다. 그런데 우리는 정작 자신의 경영 DNA를 설명할 언어가 없었다. 액땜 이론은 바로 그 빈칸을 채운다.

PwC 컨설팅, HMM CSO, 화승코퍼레이션 CFO를 거치면서 나는 30여 년간 기업의 현장에서 일하며, 기업이 무너지는 순간과 살아나는 순간을 모두 경험했다. 그러면서 깨달은 바가 있다. 한국 기업들은 IMF, 2008년 금융위기, 코로나19 팬데믹을 거치며 독특한 '위기 면역 체계'를 진화시켰다는 것이다. 서구 기업들이 위기를 '예외적 사건'으로 보는 반면, 우리는 위기를 '일상의 변수'로 받아들인다.

스페이스X의 로켓 발사 실패 이야기가 특히 인상적이다. 일론 머스크는 로켓 실패를 'RUD Rapid Unscheduled Disassembly'라고 부르며 학습 자산으로 전환했다. 하지만 한국 기업들은 이미 1997년 IMF 때 그것을 체득했다. 다만 이름을 붙이지 못했을 뿐이다. 구조조정 전문가로서 나는 수십 개 기업의 턴어라운드를 리딩 또는 지원하며 '의도된 작은 손실'이 어떻게 기업을 살리는지 목격했다. 이제 그것이 '액땜'이라는 이름을 얻었다. 액땜 이론의 진짜 가치는 K-경영을 학문적 언어로 번역했다는 데 있다. 해외 저널에 논문을 투고할 때 이제 '한국식 선제적 구조조정'을 설명할 이론적 틀이 생겼다. 런던 대학교 경영학 박사 논문을 쓰는 한국인에게 이보다 반가운 무기는 없다.

이석현 솔리디움 대표이사, 런던 대학교 경영대학 박사과정, 『비욘드 리세션』 저자

의료기기 판매업에 몸담은 지 어느덧 20년. 그 세월 동안 내게 깊이 각인된 한 가지 진실이 있다. "한 번의 실수가 회사를 무너뜨릴 수 있다"는 것. 그것은 단순한 경영 리스크가 아니다. 우리가 병원에 납품하는 기기 하나하나가 환자의 생명과 직결되기 때문이다. 그래서 우리 같은 중소기업은 완벽을 향한 집

착 속에 살아간다. 실수는 곧 위기, 작은 오류는 곧 침묵. 직원들은 실수를 두려워하고, 문제를 드러내기보다 감추려고 한다.

그런데 최근 한 권의 책이 내 사고를 송두리째 흔들었다. 완벽주의야말로 더 큰 재앙을 부른다는 사실을 주장하며 저자는 2010년 BP 멕시코만 참사를 분석하면서, "작은 경고 신호를 무시한 조직문화가 11명의 목숨을 앗아갔다"고 말한다. 반면 스페이스X는 로켓 발사 실패를 'RUD'라는 유머러스한 용어로 재정의하며, 실패를 학습 자산으로 전환했다. 그 차이는 무엇일까? 바로 '액땜'의 유무다.

우리 회사에도 그런 순간이 있었다. 3년 전, 신입사원이 납품 서류를 잘못 작성해 병원 담당자에게 지적을 받았다. 당시에는 그 직원을 질책했지만, 지금 돌아보면 그것은 우리 회사의 '액땜'이었다. 그 작은 실수 덕분에 우리는 서류 검증 시스템을 이중으로 구축했고, 이후 수십 건의 계약에서 단 한 건의 오류도 없었다.

'액땜 이론'의 진짜 힘은 여기에 있다. 실패를 두려워하지 않고, 오히려 통제 가능한 작은 실패를 조직의 학습 자산으로 만드는 것. 저자는 "실패를 용인하지 않는 한국 기업문화"를 비판하면서도, "액땜했다!"는 한국인의 심리적 안전판을 경영철학으로 승화시켰다. 중소기업 대표로서, 이보다 실용적이고 따뜻한 경영철학을 본 적이 없다. 우리에게 대기업처럼 거대한 R&D 센터를 만들 여력은 없지만, '액땜 문화'는 오늘 당장, 지금 이 순간부터 시작할 수 있다. 실패를 용인하는 것이 아니라 실패를 통해 더 단단해지는 것, 소 잃고 외양간을 고치는 것이 아니라 소 잃기 전에 외양간을 점검하는 문화, 그것이 우리가 살아남는 길이고 더 나은 내일을 만드는 방식이다.

안상진 광우헬스케어 대표이사

저자의 '액땜 이론'을 사석에서 처음 들었을 때 "저런 해석도 가능하구나"라는 생각에 신선한 충격을 받았다. 오랫동안 우리 사회에 전해져온 민간 지혜를 단순한 미신으로 치부하지 않고, 그 안에 담긴 본질을 경영학, 심리학, 역사학적 관점에서 재해석한 저자의 통찰력이 돋보인다. 특히 "작은 실패가 큰 재앙을 예방한다"는 직관적 개념을 현대 경영 이론과 연결시킨 점이 인상적이다.

이 책은 단순히 미신을 설명하는 것을 넘어 불확실성의 시대를 살아가는 우리에게 실패를 대하는 새로운 태도를 제시한다. 조직 차원에서는 의도적 실패를 통한 학습과 적응의 메커니즘을, 개인 차원에서는 심리적 안정과 성장의 계기를 제공하는 프레임워크다. 저자가 풍부한 사례와 데이터로 검증한 액땜 이론은 한국적 맥락에서 출발했지만 보편적 경영 원리로 확장될 가능성이 충분하다. 앞으로 액땜 이론과 액땜 효과가 경영학의 새로운 개념으로 자리 잡고, 나아가 글로벌 학계에서도 인정받기를 기대한다. 모든 경영자와 리더에게 일독을 권한다.

양병채 해양수산인재개발원 원장

"액땜했다고 생각해!" 이 한마디에 담긴 한국인의 DNA는 참으로 오묘하다. 이미 엎질러진 물에 대고 울부짖기보다는 "그래도 더 큰일이 안 났잖아"라며 어깨를 툭툭 털고 일어서는 우리네 특유의 멘탈이 아닌가. 저자는 이런 민족적 정서를 단순한 위로의 영역에서 끌어올려 조직경영의 핵심 철학으로 승격시켰다. 의도적 소규모 실패를 통한 학습, 이를 조직문화로 뿌리내리자는 것이다.

지난 몇 년간 저자와 경영서를 두고 설전을 벌이며 깨달은 진리가 하나 있다. 좋은 경영 이론의 조건은 학회에서 박수 받을 만큼 정교한 논리가 아니라,

현장에서 먹히는 실용성이다. 그리고 그 성과를 위해서는 누구나 "아, 그거!"라고 고개를 끄덕일 수 있는 직관적 메시지가 필요하다. "액땜했다!"만큼 설명이 필요 없는 강력한 한 방이 또 있을까?

실패를 죄악시하는 한국 기업문화가 '액땜 이론'을 만나 실패를 자산으로 전환하는 순간, 우리는 비로소 K-경영의 새로운 장을 열게 될 것이다. 액땜 이론, 이제 실리콘밸리가 아니라 서울에서 답을 찾을 때다. 불확실성이 일상인 이 시대, 모든 경영자와 리더에게 이 책을 강력 추천한다.

배정훈 멀티캠퍼스 SERICEO 이사

경영학에서 '이론'과 '실제'는 종종 서로 다른 영역처럼 다루어지지만, 사실 둘은 떼려야 뗄 수 없는 관계다. 이론은 현실을 이해하는 렌즈이고, 실제는 그 렌즈를 시험하는 실험실이기 때문이다. 그런 의미에서 『액땜 이론』은 반갑고도 놀랍다. 이 책은 저자가 현장에서 보고 겪은 경험을 통해 발견한 통찰을 학문적으로 체계화함으로써, 경영 이론이 어떻게 현실 속에서 살아 숨 쉬는지를 보여준다.

이동우 저자의 시선은 탁월하다. "작은 손실로 큰 위험을 막는다"는 이 단순하지만 깊은 철학을 나심 탈레브의 '안티프래질', 피터 센게의 '학습하는 조직' 등 경영학의 스테디 이론들과 자연스럽게 연결시킨다. 무엇보다도 이 책의 매력은 이론이 공허한 개념으로 머무르지 않고, 수많은 실제 사례를 통해 구체적으로 검증되고 있다는 점이다. 타이레놀 사건, 토요타 리콜 사태, 삼성전자의 위기 대응 등은 모두 '작은 실패를 통한 학습'이라는 메시지를 현실적으로 뒷받침한다.

이 책은 "이론은 현장에서 검증될 때 진정한 의미를 갖는다"는 경영학의 본질을 일깨운다. 저자는 이론을 위해 현실을 이용하는 대신, 현실 속에서 이론을 길어 올린다. 그렇기에 그의 주장은 강요가 아닌 공감으로 다가오며, 학문과 실무의 경계를 자연스럽게 허문다.

무엇보다 『액땜 이론』은 한국적 경험에서 출발해 세계적 담론으로 확장될 수 있는 힘을 지닌다. 한국 기업들이 위기 속에서 체득한 암묵지를 명시적 이론으로 승화시킨 이 시도는, K-경영의 독자성을 세우는 의미 있는 여정이다. 이 책은 동양의 지혜와 서구의 경영 이론을 가로지르며, 이론과 실제가 어떻게 서로를 성장시키는지를 보여주는 동시에, 경영학이 문화적 맥락 속에서 진화하는 살아 있는 실천 학문임을 다시 한번 증명해준다.

박종규 뉴욕시립대학교 경영학과 부교수, 『무엇을 바라볼 것인가』 저자

바야흐로 AI 시대이다. AI 기술 발전의 속도가 놀랍고, AI가 열 명분의 일을 혼자 할 수 있다고 해서가 아니라 일반 사람들이 일상생활 속에서 하루에도 몇 번씩 AI 서비스를 접하고 사용하며 AI에게 마음을 터놓고 공감과 위로를 받고 있기 때문에, AI 대중화의 서막이 열렸다고 할 수 있다. 우리 모두는 AI 대중화 시대 초입에 서 있는 동지들이다. AI는 한편으로는 우리 인간 동지들을 돕지만, 다른 한편으로는 불안하게 한다. 기술 발전 속도를 따라가지 못해서 허덕이는 피로감, 어떤 일이 벌어질지 알 수 없다는 막연한 두려움, 기술이 나의 컨트롤성을 벗어나 나의 중요성을 떨어뜨릴 것 같다는 불안감…… 인간만이 느끼는 감정들이다.

이런 감정들 앞에서 인간이 가만히 손 놓고 있는 것은 아니다. 불안감을 해소하기 위해 몸을 움직이고, 달리고, 명상하며, 마음을 가라앉히기 위해 싱잉볼이나 스트레스볼을 구매하고, 달항아리, 액막이 명태 등 복을 비는 아이템

으로 인테리어를 한다(이것을 운테리어, 복테리어라고 부른다). 불안감에 맞서 안정감을 주는 행동과 아이템, 공간 연출에 더욱 적극적이 된다. 인간은 AI보다 똑똑해질 수 없지만 '나'를 포기할 수도 없다. 실체가 없는 AI에 반항이라도 하듯 내 몸에 집중하고, 몸을 가진 인간만이 느낄 수 있는 현장감과 몸의 실체성에 열광한다. 인간이 포기할 수 없는 것은 '나'라는 실체다.

이동우 교수의 『액땜 이론』은 '나'의 시대에 필요한 실패의 재해석이다. 특히 인상적이었던 것은 한국인의 '액땜' 심리를 조직경영 이론으로 확장한 통찰이다. "액땜했다고 생각해"라는 말속에는 단순한 위로를 넘어선 생존 전략이 숨어 있다. 작은 손실을 감내하며 큰 재앙을 피하는 이 지혜는 2026년을 살아갈 '나'에게 필수적이다. 개인 브랜드를 구축하는 1인 기업가든, 조직 내 리더든, 우리 모두는 이제 '나'라는 기업의 CEO다.

'나'라는 기업의 CEO들은 성공보다 성장을 중시한다. 성공은 실패와 짝을 이루며 외부 권위에 의해서 결정되는 것처럼 보이는 반면, 성장은 본인의 의지로 꾸준히 조금씩이라도 해나갈 수 있는 자기 주도적 과정이다. 성장 서사에서는 실패도 성장의 디딤돌이다. 작금의 트렌드인 '나'라는 개인, 자기 성장과 한국의 전통이자 고유한 정서인 액땜 이론이 조우한다. 2026년, '나'를 지키고 싶다면 이 책의 일독을 권한다. 실패는 끝이 아니라 액땜이다.

박현영 생활변화관측소 소장, 『2026 트렌드 노트』 공저자

이동우 교수의 '액땜 이론'은 단순한 위로의 언어가 아니라, 학습과 성장의 프레임을 바꾸는 경영철학이다. 교육 현장에서 우리는 늘 '학습 효과'를 말하지만, 사실 진짜 학습은 실패를 통해 일어난다. 아이가 수학 문제를 틀렸을 때, 그것이 뇌 속 시냅스를 강화하는 순간이듯, 조직도 작은 실수를 통해 학습의

신경망을 확장한다. 그것이 액땜이다—실패를 예방주사처럼 받아들이고, 그 통증을 성장의 증거로 전환하는 과정이다.

책 속에서 저자가 말하는 '의도된 소규모 실패'는 교육기업이 먼저 나서서 실천해야 할 가치라고 느꼈다. 유밥ubob의 철학은 '배움의 실험실'이다. 우리는 완벽한 콘텐츠보다 시행착오를 통해 진화하는 학습공동체를 추구한다. 그 점에서 액땜 이론은 교육기업의 존재 이유를 다시 확인시켜준다. 완벽한 수업보다 더 중요한 것은, '오늘 틀림이 내일의 통찰로 이어질 것'이라는 신념이다.

이 책은 경영서이면서 동시에 학습심리서이기도 하다. 실패를 부정하지 않고 끌어안는 순간, 개인은 회복탄력성을 얻고 조직은 배움의 감각을 되찾는다. 그래서 나는 말하고 싶다. 교육도, 경영도, 인생도 결국은 '액땜의 연속'이라고. 이 책은 그 연속을 의미 있게 만드는 최고의 매뉴얼이다.

민승재 유밥 대표이사, 현 (사)한국인터넷전문가협회 회장, 전 IBM 본사 전무/한국IBM CMO

이동우 교수의 '액땜 이론'을 접했을 때 첫 생각은 '기발하다'였다. 두 번째는 일본의 PDCA 개념이 떠올랐다. PDCA는 계획Plan-실행Do-점검Check-조치Act의 순환을 통해 잘하고 있는 것은 계속 계승하고, 성과 창출에 도움이 되지 않는 행동들은 그만두는 프로세스 개선 도구다.

그런데 액땜 이론은 PDCA와 근본적으로 다르다. PDCA가 과정평가를 통한 지속적 개선에 초점을 맞춘다면, 액땜은 성공을 전제로 하는 개념이다. 뭐랄까 일종의 예방주사를 맞았다는 느낌, 면역력이 생긴 느낌이다. 작은 실패가 큰 재난을 막는 심리적 안전판이자 조직학습의 촉매제로 작동한다는 점에서 액땜 이론은 PDCA를 넘어선 한국적 경영 지혜다.

경영을 하든지, 무슨 일을 하든지 성과를 창출하기 위해서는 기간별 과정성과를 분석하고, 개선과제를 도출하고, 만회대책을 수립하는 것이 최종 성과 창출을 위해서는 매우 중요한 프로세스다. 가급적 월간이나 주간 단위의 과정성과를 평가해서 개선과제를 찾아내는 것이 중요하다. 액땜 이론은 이러한 프로세스와 맥락을 같이하면서도, 실패를 자산으로 전환하는 한국적 심리 메커니즘을 경영 이론으로 승화시켰다. 아주 멋진 개념을 발견해주셔서 감사하다. 직장에 근무하는 사람이라면 누구나 일독을 강력하게 권한다.

류랑도 (주)PXR Lab. Founder, 한국성과코칭협회 대표, 『인정받는 노력』 저자

책을 10년 넘게 읽어온 사람으로서 단언컨대, '액땜 이론'만큼 독서와 닮은 경영 이론은 처음이다.

독서를 가르치며 늘 강조하는 것이 있다. "실패하는 독서를 하라"고. 처음 읽어서 이해가 되지 않으면 당연한 것이다. 두 번째도 헷갈리면 그것도 정상이다. 세 번째 읽을 때 비로소 보인다. 이것이 생존 독서다. 작은 실패를 반복하며 큰 깨달음에 도달하는 과정, 바로 액땜이 아닌가.

이동우 교수는 스페이스X의 로켓 실패부터 13척으로 133척을 이긴 이순신, 그리고 BP와 타이레놀 사건까지 종횡무진 사례를 펼쳐놓는다. 나는 이 대목에서 무릎을 탁 쳤다. 이것은 독서법이 아니라 생존법이었다. '독서 대통령'이라고 불리는 내가 감히 말하건대, 이 책은 '경영서를 가장한 생존 매뉴얼'이다.

WWW131 법칙으로 글쓰기를 가르치며 늘 학생들에게 이야기한다. "작은 글부터 써라. 완벽한 한 편보다 엉성한 열 편이 낫다"라고. 그것이 바로 액땜 아닌가. "작은 실수가 큰 실패를 막는다"는, 이 단순하지만 강력한 원리를 경영 현장에 이식한 저자의 통찰력에 감탄할 뿐이다. 독서는 결국 실패의 연속이다. 한 줄 읽고 막히고, 한 페이지 넘기고 헷갈리고. 그 작은 좌절들이 쌓여

독서력이 된다. 경영도 마찬가지다. 액땜 이론은 독서하는 독종처럼 실패하는 독종이 되라고 말한다. 이 책, 두 번 실패하며 읽어라. 그러면 세 번째에는 당신 조직이 달라져 있을 것이다.

김을호 명지대학교 교육대학원 독서코칭교육전공 주임교수, 국민독서문화진흥회 회장, 「결국 독서력이다」 저자

AI 비즈니스와 디지털 전환 현장에서 가장 많이 듣는 질문이 "실패하지 않으려면 어떻게 해야 하나요?"다. 하지만 정작 성공한 기업들을 보면 답은 정반대다. 그들은 실패를 두려워하지 않고 오히려 작은 실패를 반복하며 학습했다. 실리콘밸리가 "Move Fast and Break Things"를 외치고, 린 스타트업이 'Build-Measure-Learn' 사이클을 강조하는 이유다. 그런데 놀랍게도 우리 할머니들은 이미 알고 계셨다. "액땜했으니 이제 큰일은 안 난다"라고 말이다.

저자는 민간 지혜로 치부되던 액땜 개념을 현대 경영학과 기술 경영의 언어로 정교하게 재구성했다. AI 시대를 준비하는 기업들에게 필요한 것은 완벽한 알고리즘이 아니라 실패로부터 배우는 시스템이다. 스페이스X가 로켓을 수없이 폭파시키며 학습한 것처럼, 넷플릭스가 퀵스터Qwikster 실패에서 배운 것처럼, 구글이 수많은 서비스를 실험하고 종료하며 혁신의 DNA를 키운 것처럼 말이다. 메타버스와 디지털 전환 프로젝트를 진행하다 보면 확실해지는 것이 있다. 조직의 생존 코드는 기술력보다 '학습력'이고, 그 학습은 의도적 실패에서 시작된다는 사실이다.

불확실성의 시대, 기업에 필요한 것은 예측이 아니라 적응이다. 액땜 이론은 바로 그 적응력을 키우는 실용적 프레임워크다. 한국이 AI와 메타버스 경쟁에서 앞서나가려면 이런 독창적 경영 이론이 더 많이 나와야 한다. 모든 경

영자에게 K-경영의 새로운 가능성을 보여준 이 책의 일독을 권한다.

김상윤 경희대학교 경영대학원 겸임교수, 한국 AI리터러시 아카데미 원장, 『엑스트로피』 저자

경제를 연구하고 전망하는 사람으로서 가장 자주 받는 질문이 "미래를 어떻게 예측하느냐"다. 미래를 전망하는 것도 중요하지만, 대응하는 것은 더 중요하다. 불확실성이 일상화된 시대에 우리에게 필요한 것은 정확한 예측이 아니라 충격을 흡수하고 회복하는 능력, 즉 회복탄력성Resilience이다. 이 책의 액땜 이론은 바로 그 회복탄력성을 구축하는 실용적 프레임워크다.

저자는 오랫동안 우리 문화 속에 존재해온 지혜를 현대 경제경영의 언어로 재해석했다. "작은 손실이 큰 재앙을 예방한다"는 개념은 1997년 IMF 외환위기, 2008년 글로벌 금융위기, 2020년 코로나19 팬데믹 경제위기 등을 거치며 단련된 한국 경제의 생존 전략과 정확히 일치한다. 한국 기업들이 보여준 빠른 위기 대응력과 적응력의 비밀이 바로 여기에 있다.

경제학에서 말하는 안티프래질Antifragile, 실리콘밸리의 'Fail Fast' 철학, 린 스타트업의 학습 사이클이 모두 같은 맥락이지만 액땜 이론은 한국적 경험을 이론화했다는 점에서 차별화된다. 특히 2025년 현재처럼 미중 갈등, 공급망 재편, 기술 패권 경쟁이 격화되는 상황에서 기업과 개인 모두 의도적 소규모 실패를 통한 학습이 절실하다. 불확실한 경제 환경을 헤쳐나가야 할 모든 경영자와 정책 결정자에게 일독을 권한다.

김광석 경제읽어주는남자, 한양대학교 겸임교수, 경영학 박사, 『스테이블코인 전쟁 2026년 경제전망』 저자

CFO로 일하며 늘 딜레마에 빠진다. 재무제표는 과거를 증명하지만 미래를 보장하지 못하기 때문이다. 기존 사업의 관리와 함께 신사업 기회를 검토하는 일을 맡으며 매번 고민했다. 완벽한 사업계획서를 기다릴 것인가, 아니면 불완전한 시작을 허용할 것인가. 이동우 교수의 『액땜 이론』을 읽으며 비로소 답을 찾았다. CFO의 역할이 단순히 리스크를 차단하는 것이 아니라, 작은 실패를 통해 큰 재앙을 막는 '전략적 손실 관리자'여야 한다는 깨달음이었다. 저자는 단순히 '실패를 두려워하지 말라'는 뻔한 조언을 하지 않는다. 그 대신 작은 손실이 어떻게 조직의 면역체계를 구축하고, 심리적 안전감을 만들며, 결국 큰 위기를 예방하는지를 치밀하게 분석한다. 특히 한국 기업 특유의 '완벽주의 문화'가 오히려 왜 위험한지를 설득력 있게 보여준다. 이 책을 통해서 신사업 투자 전략을 새롭게 생각하게 된다. 불확실성 앞에서 완벽을 기다리는 것이 아니라 통제 가능한 작은 실패를 통해 배우는 것, 그것이 재무 리더가 가져야 할 진짜 전략이 아닐까. 고민하고 있는 모든 CFO에게 권한다.

이태형 GS 부사장, CFO

환경공학을 전공하고 30년 넘게 수질·대기 환경 기술 현장에서 일하며 깨달은 것이 있다. 완벽한 기술은 실험실에서나 가능하고, 현장은 늘 예상치 못한 변수와의 싸움이라는 사실이다. 1991년 회사를 설립하여 일반적인 환경 기술로는 처리하기 어려운 난분해성 오염물질을 제거하는 환경 신기술을 여럿 개발했지만 처음부터 완벽했던 기술은 단 하나도 없었다.

이동우 교수의 『액땜 이론』을 읽으며 우리가 겪어온 30년 기술개발 과정이 바로 '액땜의 연속'이었음을 깨닫는 순간 소름이 돋는 듯했다. 책에서 가장 공감했던 부분은 "작은 실패가 조직의 면역체계를 만든다"는 통찰이었다.

환경 기술개발도 마찬가지다. 실험실에서 완벽하게 작동하던 시스템이 현장에 가면 예상치 못한 변수로 작동하지 않을 때가 많다. 그때마다 우리는 작은 실패를 통해 배웠고, 그 실패가 누적되어 지금의 기술력이 되었다. 그야말로 lessons-and-learned의 원천이 '액땜 이론'에서 차입한 것이리라. 환경산업은 본질적으로 불확실성과 싸우는 분야다. 액땜 이론은 그 불확실성을 관리하는 전략적 프레임을 제공한다. 모든 기술자와 경영자에게 일독을 권한다.

유남종 (주)더오포 회장, 공학박사, 서울시립대학교 총동문회 명예회장

엎질러진 막걸리 한 잔에서 시작된 작은 해프닝이, 저자에게는 대변혁의 시대를 살아가는 지혜로 이어졌다. 『액땜 이론』은 일상의 소소한 경험을 출발점으로, 드러커와 포터, 탈레브와 크리스텐슨 같은 서구 경영 이론을 깊이 탐독하고 그것을 한국인의 정서 '액땜'과 연결해낸, 준비된 사유의 결실이다. 보험이 작은 보험료로 큰 재앙을 대비하듯, 액땜 이론은 작은 실패를 감수하는 용기를 통해 더 큰 위기를 막아내는 철학이다. 이는 존슨앤존슨의 타이레놀 리콜, 토요타와 삼성의 과감한 결단, 오늘날 IT와 AI 전략에서의 애자일Agile 실천으로 증명된다. 체념이 아니라 학습과 회복, 혁신으로 이어지는 이 철학은, 불확실성의 시대를 사는 우리에게 두려움 대신 따뜻한 안전감을 선물한다. 한국인의 생활 속 지혜가 이제 'K-경영'의 이름으로 세계 무대에서 울려 퍼질 준비가 되었음을, 이 책은 깊이 있게 드러낸다.

김영란 삼성화재 CAIO, 부사장

AWE USA 2025에 참가하며 가장 놀랐던 순간이 있다. 실리콘밸리 투자자들 앞에서 우리 벤처기업의 초기 실패 사례를 발표했을 때, 그들은 박수를 쳤다.

같은 이야기를 한국 투자자 앞에서 했을 땐 '준비 부족'이라는 평가를 들었다.

이동우 교수의 『액땜 이론』을 읽으며 비로소 이 문화적 간극을 이해하게 되었다. 저자는 한국 기업이 '완벽주의 함정'에 빠져 있다고 지적한다. 실리콘밸리는 "Move Fast and Break Things"를 외치며 작은 실패를 학습 자산으로 전환하지만, 한국은 '실수 없는 완벽한 실행'을 요구한다. 투자자 미팅에서 실패 경험을 말하면 미국에서는 "당신은 뭘 배웠나?"라고 묻지만, 한국에서는 "왜 그런 실수를 했나?"라고 묻는다.

책에서 가장 공감한 부분은 한국 특유의 '심리적 안전감 부족'이 혁신을 가로막는다는 분석이었다. 우리도 삼성, LG, ZARA와 같은 글로벌 기업과 협업하며 느꼈다. 해외 파트너들은 첫 데모에서 버그가 나와도 "좋은 학습 기회"라고 말하지만, 국내 일부 기업은 "다시 완벽하게 준비해 오라"고 요청한다.

저자는 이런 문화적 차이가 왜 생겼는지, 그리고 어떻게 바꿀 수 있는지를 '액땜'이라는 한국 고유의 개념으로 풀어낸다. "작은 손실이 큰 재앙을 막는다"는 우리 조상들의 지혜가 사실은 실리콘밸리의 'Fail Fast' 철학과 본질적으로 같다는 통찰이 신선했다. 글로벌 무대에서 싸우는 모든 한국 스타트업에게 일독을 권한다.

이소영·이예림 업폴 공동 대표, 『AI 비즈니스 트렌드 2026』 공동 저자

무궁무진한 경영 이론이 너도나도 액땜 이론과 연결되어 펼쳐진다. 동서양의 현자와 철학자들이 한자리에 모인 듯한 지적 향연 속에서, 액땜이 reinterpretation/repositioning되는 과정이 과학적·이론적으로 어긋남 없이 딱 들어맞는다. 실제 경험해본 제조 현장에서도 이 이론이 적용된다. 제조 라인 선공정 단계에서 실수가 발견된다는 것은 후공정 완성도를 높일 수 있는 최상

의 기회가 된다. 즉 액땜 이론은 제조업의 생존 원칙인 '카이젠Kaizen, 改善'과 '안돈Andon' 시스템을 한국적 언어로 재해석한 탁월한 통찰이며, "Try Fast, Fail Faster, Learn Even Faster"라는 어질리티Agility의 또 다른 이름이다!

액땜 이론은 한국 사람의 큰마음big heart이라고 자랑하고 싶어졌다. 거들먹거리지 않고 으스대지 않으면서, 손실을 배움으로, 불행을 기회로, 체념을 희망으로, 실패를 서사로 변혁하는 힘! 넘어진 손바닥의 흙을 탁탁 털어내는 여유와 또 그것을 토닥이는 위로가 어우러져 있는 한국인의 공동체 정서의 상징이기도 하다. 영화 제목처럼 "어쩔 수가 없다"가 아니라 "그럴 수도 있지, 아니 그래서 얼마나 다행인가"라며 희망의 전령사를 미래로부터 소환하는 우리만의 철학이 녹아 있다. 빅터 프랭클의 "넘어졌다 일어선 사람은 결코 넘어지지 않았던 사람보다 훨씬 강하다"가 떠오른다. 작은 실수와 불행을 '액땜'으로 승화시킨 한국인들의 이야기가, 영화 「케이팝 데몬 헌터스」의 속편처럼 새로운 K-콘텐츠로 탄생하길 기대해본다(실제로 한 달 전 휴대전화를 잃어버리고 되찾는 과정에서 더 큰 재앙이 오지 않음을 행운으로 생각하는 액땜 경험 중이다).

이강란 현 창신 Executive Advisor/Coach 고문, 전 창신 CTOChief Talent Officer 부사장

『액땜 이론』을 읽다가 무릎을 쳤다. 아니, 이렇게 명쾌할 수가! 특히 '머피의 법칙과 액땜 이론' 그리고 '진짜 액땜과 핑계'를 구분한 대목에서는 박장대소했다. 머피의 법칙은 "잘못될 수 있는 일은 반드시 잘못된다"며 숙명론에 빠지지만, 액땜 이론은 "작은 손실로 큰 재앙을 막는다"며 주도권을 우리에게 준다. 같은 사고인데 해석이 정반대다. 머피의 법칙은 피해자 코스프레지만, 액땜 이론은 전략적 선택이라는 저자의 지적이 통쾌했다.

더 재미있는 것은 '핑계와의 구분'이다. 회의에서 누군가 "우리 액땜한 겁니

다"라고 말하면 난감했다. 진짜 학습을 위한 액땜인가, 실패를 덮기 위한 핑계인가? 저자는 명쾌하게 답한다. 진짜 액땜은 첫째 의도성, 둘째 통제성, 셋째 학습성이 있고, 핑계는 이 셋이 없다는 것. "계획에 없던 실수를 액땜이라고 부르는 순간, 그것은 자기기만"이라는 문장에 뜨끔했다.

교육 현장에서도 마찬가지다. 학생이 "액땜했어요"라고 말할 때, 그것이 성장의 디딤돌인지 회피의 핑계인지 구분해야 한다. 저자는 이 미묘한 경계를 과학적으로 해부하면서도 유머를 잃지 않는다. 머피의 법칙에 시달리는 모든 직장인, 학생의 핑계에 지친 모든 선생님, 그리고 진짜 액땜을 실천하고 싶은 모든 경영자에게 권한다. 이 책은 '한국형 경영철학'의 시작이다.

문규식 장원교육 회장

"작은 희생이 큰 위기를 막는다." 『액땜 이론』의 이 한 문장은, 불확실한 시대를 살아가는 모든 현세대에게 던지는 간단하면서도 심오한 메시지다. 완벽한 계획보다 중요한 것은 예기치 못한 실패를 받아들이는 용기이며, 위기를 학습의 기회로 바꾸는 태도다.

이 책은 위로가 아닌 통찰의 경영서다. 저자는 액땜이라는 한국 고유의 정서를 미신이 아닌 전략적 사고로 재해석하며, 작은 손실이 더 큰 성장을 위한 투자임을 일깨운다. 우연히 더덕막걸리 한 잔이 쏟아진 평범한 저녁 자리에서 비롯된 통찰이, 개인의 심리에서 조직의 회복력과 리더십 철학으로 확장되는 과정을 흡입력 있게 그려낸다.

도전하는 세대로서 우리는 매일 실패의 문턱에 선다. 『액땜 이론』은 그때마다 "완벽하지 않아도 괜찮다"는 말로 우리를 일으켜 세운다. 타이레놀 사건, 토요타 리콜, 삼성전자의 결단처럼 작은 손실을 감수한 조직이 더 강해졌듯, 인생의 위기도 결국 커다란 성장의 과정임을 깨닫게 한다. "Fail Fast, Learn Faster"라는 실리콘밸리의 구호보다 앞서, 한국인은 이미 액땜이라는 말로 같은 'K-지혜'를 실천해왔다. 저자는 그 오래된 직관을 현대 경영학의 언어로 되살리며, 불확실성의 시대를 살아가는 우리 모두에게 사고의 프레임을 바꾸는 힘을 전한다.

『액땜 이론』은 나와 같은 창업자에게는 전략의 나침반이자, 2030 세대를 비롯하여 현대 사회를 살아가는 모두에게는 실패를 두려워하지 않는 마음의 매뉴얼이다. 변화와 위기가 일상이 된 오늘, 이 책은 우리 시대가 꼭 읽어야 할 생존의 철학이다.

정구태 인피닛블록 대표이사, 『스테이블코인 머니리셋』 저자

『액땜 이론』을 처음 본 순간 무릎을 쳤다. "그래 이것이야" 하는 말이 나도 모르게 나왔다. 어렸을 적부터 가장 많이 들었던 말에 생명을 불어넣은 것 같았다. 책을 찬찬히 읽어가면서 여러 느낌이 교차했다.

먼저 놀라움이다. '액땜'이라는 단어 하나로 450여 페이지가 되는 이야기를 풀어내는 작가의 창조에 가까운 상상력에 감탄했다. 두 번째는 치밀함이다. 역사학, 경제학, 철학, 자연과학을 넘나들며 액땜 이론을 설명하는 작가의 논리는 빈틈을 찾기 어려웠다. 소크라테스에서 공자, 적벽대전에서 명량해전, 행동경제학에서 확률론까지 다양한 학문 영역을 넘나들며 액땜을 설명하는 부분은 작가가 이 책을 쓰기 위해 얼마나 많은 노력을 했는지를 간접적으로 보여준다. 다음은 재미다. 책이 지루하지 않고 페이지가 잘 넘어간다. 많은 역사적 사례들과 에피소드들이 논리를 검증하는 소재로 등장한다. 하나하나의 소재들이 책의 재미를 더해준다. 한국적이라는 점도 눈에 띈다. 외국어로

번역이 쉽지 않은 우리만의 단어 '액땜'은 자체가 한국의 지적 자산이다. "가장 한국적인 것이 세계적인 것이다"라는 말에 걸맞은 소재와 논리로 책을 엮었다. 저자의 말대로 5천 년 한국의 경영철학을 담은 단어로서 액땜은 손색이 없다.

　책을 덮으며 든 느낌은 희망이다. 불확실성의 시대, 희망을 잃어가는 시대에 저자는 낙관적인 미래를 얘기한다. 특히 학업과 취업으로 고통받는 한국의 젊은이들에게 미래를 밝게 보라는 메시지를 던진다. 삶을 마감하는 날까지 희망을 잃지 않을 수 있게 만들어주는 단어가 '액땜'임을 강조한다. 많은 사람에게 긍정의 에너지를 전달하는 비타민 같은 책이다.

노영우 「매일경제신문」 편집부국장, 「중산층 경제학」 저자

프롤로그

손실을 바라보는 새로운 K-경영 전략 '액땜 이론'

우연이 가져온 깨달음: '액땜'에서 경영철학으로

아침 뉴스에서 또다시 들려오는 이야기는 예측 가능하다. "글로벌 불확실성이 심화되고 있다", "예측 불가능한 변화의 시대다", "새로운 경영 패러다임이 필요하다." 마치 녹음기를 틀어놓은 것처럼 반복되는 이런 표현들을 들을 때마다 나는 묘한 기시감을 느낀다. 정말 우리는 새로운 이론이나 패러다임을 또 다른 곳에서 찾아야만 할까?

지난 수십 년간 한국의 경영학계와 기업들은 서구의 이론들을 부지런히 수입해왔다. 피터 드러커Peter Drucker의 목표 관리론부터 시작해 마이클 포터Michael Porter의 경쟁 전략론, 클레이턴 크리스텐슨Clayton M. Christensen의 파괴적 혁신 이론, 나심 탈레브Nassim N. Taleb의 블랙스완과 안티프래질 이론, 탈레스 테이셰이라Thales Teixeira의 디커플링 이론까지.

나는 그 이론들을 정리해서 CEO들에게 전달해주는 역할을 오랫동안 해왔다. 물론 이 이론들이 가져다준 가치는 부인할 수 없다. 하지만 언제나 한구석에서 스멀스멀 올라오는 의문이 있었다. "정말 우리에게는 우리만의 지혜나 철학 중 경영에 접목할 수 있는 것이 진짜 없을까?"

그런데 어느 날, 평범한 저녁 자리에서 예상치 못한 깨달음을 얻게 되었다. 그날은 지인의 생일 파티였다. 소박한 모임이었고, 케이크에 촛불을 켜려던 순간 실수로 손을 데면서 옆에 있던 더덕막걸리 잔이 테이블로 쏟아졌다. 순식간에 탁자 위의 서류들이 젖어들고, 가방 안의 문서들까지 막걸리로 적셔졌다. 마블 시네마틱 유니버스에 등장하는 퀵실버가 화면을 종횡무진 누리듯, 그 순간 모든 것이 멈춘 것 같았다.

하지만 화가 나지 않았다. 나만 그랬던 것이 아니다. 오히려 묘한 안도감이 들면서 모두가 웃음을 터뜨렸다. 그리고 한 분이 말했다. "아, 액땜했네. 큰일 날 뻔했는데 이 정도로 끝나서 얼마나 다행이야." 어릴 때 할머니께서 그릇이 깨질 때마다 하셨던 그 말이다. 그 순간 번개처럼 어떤 생각이 스쳐 지나갔다. 이것이야말로 우리가 찾던 바로 그것이 아닐까?

액땜. 한국인이라면 누구나 알고 있는 개념이지만, 그동안 경영학의 영역에서는 진지하게 다루어진 적이 없는 주제다. 작은 손실이나 불행을 겪음으로써 더 큰 재앙을 피한다는 이 고유한 사고방식이, 사실은 현대 경영학이 추구하는 많은 개념과 놀라울 정도로 일치한다는 것을 그날 밤 처음 깨달았다.

생각해보면 우리의 선조들은 이미 수백 년 전부터 불확실성과 위험 관리에 대한 독특한 철학을 지향하고 있었던 것이 분명하다. 그것이 바로 지금부터 줄기차게 이야기할 '액땜 이론'이다. 완벽한 통제가 불가능한 세상에서 작은 손실을 감수함으로써 큰 위험에 대비하는 지혜, 실패를 부정적으로만 보지 않고 학습과 성장의 기회로 전환하는 사고방식, 위기 상황에서도 유머와 여유를 잃지 않는 정신력, 이 모든 것은 오늘날 가장 혁신적인 기업들이 추구하는 가치와 정확히 일치한다.

찾아보면 실리콘밸리의 "Fail Fast, Learn Faster" 문화가 바로 그것이라고 할 수 있다. 구글의 래리 페이지Larry Page가 말하는 "실패하지 않으면 충분히 혁신적이지 않은 것"이라는 철학도, 페이스북 초기의 "Move Fast and Break Things" 모토도, 결국은 우리 조상들이 '액땜'이라는 단어로 표현했던 지혜와 본질적으로 다르지 않다. 다만 그들은 이를 영어로 포장해서 전 세계에 전파했을 뿐이다.

더욱 흥미로운 부분은 이제부터다. 세계적으로 성공한 기업들의 위기관리 사례를 액땜 이론의 관점에서 살펴보면, 액땜 이론의 원리가 그대로 적용된 경우가 적지 않다는 점이다. 1982년 존슨앤존슨의 타이레놀 독극물 사건을 보자. 당시 회사는 즉시 전국의 모든 타이레놀 제품을 전량 회수하기로 결정했다. 1억 달러가 넘는 손실이 발생했지만, 이 과감한 결정이 오히려 소비자들의 신뢰를 높였고, 타이레놀은 다시 시장 점유율 1위의 자리를 되찾았다. 작은 손실을 감수함으로써 더 큰 재앙을 피한 완벽한 액땜의 사례다.

토요타의 2009~2010년 대규모 리콜 사태도 마찬가지다. 수십억 달러의 손실을 감수하면서도 전사적 품질 관리 시스템을 재구축하고, 고객과의 소통 방식을 혁신했다. 결과적으로 토요타는 더욱 강한 브랜드로 거듭났다. 이 역시 액땜 이론의 완벽한 실천 사례다.

하지만 모든 기업이 액땜 이론으로 접근하지는 않는다. 이와 정반대의 길을 간 기업도 있다. 2010년 브리티시 페트롤리엄British Petroleum(이하 BP)의 딥워터 호라이즌 사고가 그 대표적인 예다. BP는 사고 발생 이후 책임을 회피하고 피해를 축소하려고 했다. 작은 책임도 인정하지 않으려다가 결국 더 큰 책임을 져야 하는 상황에 빠지게 되었다. 만약 BP가 한국의 액땜 이론을 알고 있었다면, 즉시 모든 책임을 지고 전면적인 개선책을 발표함으로써 21세기 최고의 환경 리더십 기업으로 거듭날 수 있었을지도 모른다.

한국 기업들의 사례도 흥미롭다. 2016년 삼성전자의 갤럭시 노트7 배터리 폭발 사건을 보자. 삼성은 즉시 전 세계 판매를 중단하고 기존 제품을 모두 회수했던 적이 있다. 당시 손실액이 수조 원에 달했다고 하지만, 이 과감한 결정이 브랜드 신뢰도를 지켜냈다. 반면 2025년 SKT의 해킹 사건은 아직 진행 중인 사례다. SKT가 이를 "액땜했다, 더 큰 보안사고 전에 미리 허점을 발견했다"며 기회로 받아들인다면, 전사적 보안 시스템 재구축과 투명한 소통을 통해 더 강한 통신사가 될 수 있을 것이다. 과연 그들은 내부적으로 어떤 결정을 내렸을까? 지금 이 글을 쓰고 있는 순간에도 그들의 결정 타이밍은 더 늦어지기만 할 뿐이다.

이런 사례들을 통해 깨달은 것은 액땜 이론이 단순한 '미신'이나 '정신 승리'가 아니라는 점이다. 오히려 불확실성이 극대화된 현대 사회에서 개인과 조직이 생존하고 성장하기 위한 핵심 전략이자, 깊이 있는 경영철학의 근간이 된다.

액땜 이론의 네 가지 본질과 작동 원리

액땜 이론의 본질은 무엇일까? 첫째, 완벽한 통제는 불가능하다는 현실 인식에서부터 출발해야 한다. 아무리 치밀한 계획을 세워도 예상치 못한 변수가 등장한다. 더덕막걸리가 쏟아질 줄 누가 알았겠는가. 그리고 그 주제로 내가 이 책을 쓰리라고는 아무도 상상하지 못했을 것이다. 둘째, 작은 손실을 통해 더 큰 위험을 학습하고 대비하는 지혜다. 차차 논의하겠지만 액땜 이론은 현대 경영학을 뒤흔든 '손실회피 성향'과는 역방향으로 움직이는 정신이다. 셋째, 실패와 손실을 부정적으로만 바라보지 않는 건전한 관점이다. 넷째, 위기 상황에서도 침착함과 유머를 잃지 않는 정신력이다. 우리가 살면서 여러 번 "액땜했네"라고 이야기할 때 우리 마음과 머릿속에서는 이 네 가지 본질이 계산되고 있는 것이다.

하지만 여기서 한 가지 중요한 질문이 떠오른다. "왜 지금까지 이런 우리만의 지혜는 경영학의 영역에서 진지하게 다루어지지 않았을까?" 생각해보니 답은 의외로 간단했다. 우리 스스로가 우리의 것을 과소평가해왔기 때문이다. 서구의 이론이면 무조건 선진적이고, 우리의 전통은 낡고 비과학적이라고 생각하는 편견이 있었던 것은 아닐까.

비단 경영학만의 문제가 아니다. 지난 수십 년간 한국은 급속하게 이루어진 근대화 과정에서 전통과 현대를 이분법적으로 구분해왔다. 전통적인 것은 극복해야 할 대상으로, 서구적인 것은 추구해야 할 목표로 여겨져왔다. 하지만 이제는 이런 이분법적 사고에서 벗어날 때가 되었다. 전통과 현대, 동양과 서양의 지혜를 종합적으로 활용할 수 있는 성숙한 단계에 도달한 것이다.

실제로 최근 들어 서구의 경영학자들도 동양 철학에 주목한다. 중국의 병법서인 『손자병법』은 이미 서구 경영대학원의 필수 교재가 되었고, 일본의 린Lean 경영과 카이젠改善 문화는 전 세계 제조업체들이 벤치마킹하는 모델이 되었다. 이제 한국의 액땜 이론도 그런 반열에 올라설 때가 된 것이다.

액땜 이론의 현대적 의미를 좀 더 체계적으로 살펴보자. 우선 리스크 관리의 관점에서 액땜 이론은 기존 패러다임과는 완전히 다른 접근법을 제시한다. 전통적인 리스크 관리는 위험을 최소화하거나 회피하는 데 초점을 맞추었다. 하지만 액땜 이론은 오히려 작은 위험을 의도적으로 감수함으로써 큰 위험에 대한 면역력을 키우는 접근법이다. 나심 탈레브가 제시한 '안티프래질' 개념과 매우 유사하다.

'안티프래질Antifragile'이란 충격을 받을 때 오히려 더욱 강해지는 시스템을 의미한다. 인간의 면역체계가 바이러스에 노출되면서 항체를 형성하듯, 조직도 작은 충격과 스트레스를 경험하면서 더욱 탄력적이 되고 강해진다. 바로 액땜 이론의 핵심 메커니즘이다. 다만 탈레브는 이 개념을 서구적 관점에서 체계화했다면, 우리에게는 이미 수백 년 전부터 '액땜'이라는 직관적인 개념의 지혜가 있었다.

조직 학습의 관점에서도 액땜 이론은 중요한 통찰을 제공한다. 피터 센게Peter Senge가 말하는 '학습하는 조직'의 핵심은 실패로부터 배우는 능력이다. 하지만 많은 조직이 실패를 숨기거나 부정하려고 한다. 액땜 이론은 실패를 자연스러운 학습 과정으로 받아들이는 문화적 토대를 제공한다. "액땜했다"라는 말은 한마디로 실패에 대한 심리적 부담을 덜어내고, 그것을 성장의 기회로 전환시키는 것이다.

혁신 관리의 영역에서도 액땜 이론의 가치는 크다. 클레이턴 크리스텐슨 교수는 파괴적 혁신 이론을 통해 기존의 성공 기업들이 새로운 기술에 의해 몰락하는 과정을 분석한 적이 있다. 역대 가장 유명한 경영 이론 중 하나일 것이다. 하지만 액땜 이론을 적용한다면, 기업들은 의도적으로 작은 실험과 실패를 반복하면서 큰 변화에 대비할 수 있다는 것을 알게 된다. 구글이 수많은 프로젝트를 동시에 진행하면서 실패를 두려워하지 않는 문화와 일맥상통한다.

리더십의 관점에서도 액땜 이론은 새로운 시각을 제공한다. 전통적인 리더십 이론들은 완벽한 계획과 통제를 강조해왔다. 하지만 액땜 이론에 기반한 리더십은 불완전함을 인정하고, 실패를 학습의 기회로 활용하며, 위기 상황에서도 유머와 여유를 잃지 않는다. 최근 주목받는 '겸손한 리더십Humble Leadership'이나 '적응적 리더십Adaptive Leadership' 개념과도 연결된다.

왜 액땜 이론은 한국에만 존재할까? 한국적 맥락에서는 액땜 이론이 만들어질 수 있는 문화적 DNA가 있기 때문이다. 한국은 지난 70여 년간 압축 성장을 이루어내면서 수많은 위기와 도전을 극복해왔다. 한국전쟁, 오일 쇼크, 외환위기, 글로벌 금융위기까지, 매번 "망했다"고 생각했지만 그때마다 더 강하게 일어섰다. 이는 우연이 아니다. 바로 액땜 이론이 우리 문화 깊숙이 뿌리내리고 있기 때문이다.

> 한국 역사에서 "한국은 몇 번의 외세 침략을 받았을까?"라는 질문을 해보면 사실 엄청난 숫자가 나온다. 일반적으로 알려진 외세로부터의 침략

> 횟수는 936회, 931회, 심지어 3천여 회라는 숫자들이 돌아다니지만, 이런 숫자들의 근거와 정확성에 대해서는 신중한 검토가 필요하다. 구체적으로 936회 침략설의 근거는 1970년 동빈 김상기 박사 고희기념 사학논총으로 발행된 『백산학회』 제8호에 실린 유봉영의 논문 「외구外寇와 감결鑑訣 소위 십승지지十勝之地」에서 비롯되었다. 만화가 이원복의 베스트셀러 『먼 나라 이웃 나라』에는 3천여 회의 침공이 있었다고 기록되어 있고, 가수 김장훈은 역사 시간에 936회의 침공을 받았다고 배웠음을 언급하기도 했다. 하지만 한국사 교과서에는 이런 구체적인 숫자가 명시되어 있지 않다.

하지만 액땜 이론을 제대로 활용하기 위해서는 몇 가지 주의할 점이 있다. 첫째, 액땜 이론은 체념이나 포기와는 다르다. 단순히 "어쩔 수 없다"며 현실에 안주하기보다, 적극적으로 학습하고 개선하려는 의지가 필요하다. 둘째, 모든 실패나 손실을 액땜으로 합리화해서는 안 된다. 명백한 실수나 게으름은 반성하고 개선해야 할 대상임을 명확히 해야 한다. 적당히 액땜할 생각하지 마라. 셋째, 액땜 이론의 실천에는 적절한 타이밍이 중요하다. 너무 이르면 불필요한 손실이고, 너무 늦으면 이미 큰 화가 터진 후가 될 수 있다.

또한 액땜 이론을 조직에 적용할 때는 심리적 안전감Psychological Safety이 전제되어야 한다. 하버드 경영대학원의 에이미 에드먼슨Amy Edmondson 교수가 강조하는 이 개념은, 구성원들이 실패나 실수를 두려워하지 않고 자유롭게 의견을 개진할 수 있는 환경을 의미한다. 액땜 이론이 제대로 작동하려면 실패가 처벌의 대상이 아니라 학습의 기회로 받아들여지는 문화가 필요하다.

이런 관점에서 보면, 액땜 이론은 단순히 개인적인 처세술이나 정신 승리가 아니다. 오히려 현대 경영학이 추구하는 여러 가치를 하나로 통합하는 '메타 이론'의 성격을 띤다. 린 스타트업의 'Build-Measure-Learn' 사이클, 애자일agile 방법론의 반복적 개선, 디자인 씽킹의 프로토타이핑prototyping 문화까지, 이 모든 것의 밑바탕에는 액땜 이론의 철학이 깔려 있다.

더 나아가 액땜 이론은 지속 가능한 성장의 새로운 패러다임도 제시한다. 기존의 성장 모델은 주로 규모의 확대와 효율성 극대화에 초점을 맞추었다. 하지만 이런 방식은 환경적 한계와 사회적 부작용을 초래할 수 있다. 액땜 이론에 기반한 성장 모델은 적당한 여유와 버퍼를 유지하면서, 지속 가능한 속도로 발전해나가는 것이다. 최근 주목받는 '도넛 경제학Doughnut Economics'이나 '재생 경영Regenerative Business' 개념과도 맞닿아 있다.

특히 코로나19 팬데믹을 겪으면서 액땜 이론의 가치는 더욱 명확해졌다. 위기 초기에 많은 기업이 비상 계획을 가동했지만, 정작 가장 중요한 것은 유연성과 적응력이었다. 미리 작은 손실을 감수하면서 다양한 시나리오에 대비했던 기업들이 오히려 더 잘 버텨냈다. 반면 완벽한 효율성만을 추구했던 기업들은 작은 충격에도 크게 흔들렸다.

K-팝의 성공 요인을 분석할 때도 액땜 이론의 흔적을 찾을 수 있다. SM, YG, JYP 등 대형 기획사들은 수많은 연습생을 동시에 키우면서 많은 투자 손실을 감수한다. 하지만 이런 '실패'들이 결국 BTS, 블랙핑

크, 트와이스와 같은 글로벌 스타를 탄생시키는 토양이 되었다는 것은 부정할 수 없다. 작은 손실을 통해 큰 성공을 만들어낸 액땜 이론의 완벽한 실현이다.

심지어 한국의 치킨집 창업 문화에서도 액땜 이론을 발견할 수 있다. 수많은 치킨집이 생겨나고 사라지지만, 이런 과정을 통해 프랜차이즈 시스템이 발달하고, 새로운 메뉴와 서비스가 개발되며, 전체적인 업계 수준이 향상된다. 개별적으로는 실패할 수 있지만, 생태계 전체로는 더욱 강해지는 것이다.

K-경영의 세계화를 향하여

그렇다면 이제 액땜 이론을 어떻게 체계화하고 확산시킬 것인가? 우선 학문적 연구가 필요하다. 지금까지 액땜 이론은 주로 문화적·정서적 차원에서 이해되어왔지만, 이를 경영학의 여러 분야와 연결하여 이론적 기반을 다져야 한다. 특히 행동경제학, 조직행동론, 전략경영 등의 관점에서 액땜 이론의 메커니즘을 분석하고 검증하는 연구가 필요하다.

동시에 실무적 적용 방안도 개발해야 한다. 액땜 이론을 기업 경영에 실제로 적용할 수 있는 구체적인 방법론과 도구들을 만들어야 한다. 예를 들어 리스크 관리 시스템에 액땜 원리를 적용하는 방법, 조직학습 프로세스에 액땜 문화를 결합하는 방안, 혁신 프로젝트에 액땜식 사고를 활용하는 기법 등이 해당될 것이다.

교육과 훈련 프로그램도 중요하다. 경영진과 직원들이 액땜 이론을 제대로 이해하고 실천할 수 있도록 체계적인 교육 과정을 개발해야 한다. 특히 실패에 대한 인식을 바꾸고, 학습 문화를 조성하며, 심리적 안전감을 구축하는 방법들을 포함시켜야 한다. 또한 액땜 이론을 글로벌 무대에 소개하는 것도 중요하다. K-팝과 K-드라마가 한류 열풍을 일으켰듯이, 액땜 이론도 'K-경영'의 하나로 세계에 알릴 수 있다. 이를 위해서는 영문 번역과 해외 사례 연구, 국제 학회 발표 등이 필요하지 않을까?

무엇보다 중요한 점은 액땜 이론을 단순한 유행이 아닌 지속 가능한 경영철학으로 정착시키는 것이다. 이를 위해서는 장기적인 관점에서 체계적으로 접근해야 한다. 단기적인 성과에 급급하지 말고, 액땜 이론이 지닌 본래의 가치를 훼손하지 않으면서도 현대적으로 적용할 수 있는 방안을 찾아야 한다.

결국 액땜 이론은 우리가 찾던 '우리만의 경영 이론'의 출발점이 될 수 있다. 서구의 이론들을 맹목적으로 따라가기만 했던 시대는 이제 끝났다. 우리의 고유한 지혜와 현대적 경영 이론을 융합하여 새로운 가치를 창조할 때가 온 것이다. 액땜 이론이 그 첫 번째 시도가 되기를 바란다.

더덕막걸리가 쏟아진 그날 밤부터 시작된 이 여행은 이제 새로운 단계로 접어들고 있다. 개인적인 깨달음에서 비롯된 아이디어가 체계적인 이론으로 발전하고, 나아가 실무에 적용될 수 있는 경영철학으로 완성되어가는 과정이다. 이 책을 통해 독자들과 함께 그 여행을 계속해나가고자 한다. 우리만의 경영 이론을 찾는 여행, 그 첫걸음을 지금 시작해보자.

◆ 차례

추천의 글   5
프롤로그   손실을 바라보는 새로운 K-경영 전략 '액땜 이론'   25

1장   위기관리 철학의 혁신: 작은 손실의 전략적 가치   41

- '액땜'이라는 언어적 혁신   43
- 긍정심리에 기반한 의사결정의 힘   49
- 데이터로 본 한국인의 리스크 인식 진화   60
- 액땜의 디지털 진화: SNS 시대의 집단 정서와 콘텐츠의 역할   70
- 속담에 담긴 리스크-보상 역학   77
- 전쟁사에서 발견한 리스크 분산의 통찰   86
- 한국형 전략 사고의 뿌리   94

2장   불확실성 시대의 마인드셋 경영   109

- 합리화 vs 전략적 수용   111
- 불확실성 원칙과 운영 리스크의 일상화   121
- 통제의 착각과 위로 전략   136

- 리스크 대응 전략으로서의 레드팀 기법　　　　142
- 수용과 재해석의 지혜　　　　153
- 뇌신경과 리더십 학습의 가능성　　　　162
- 안티프래질 구축 전략　　　　172
- 올바른 액땜과 잘못된 액땜　　　　178
- 공정성이 전략이 되는 시대　　　　185
- 액땜 마인드셋: 실패를 기회로 바꾸는 심리 전략　　　　193
- 실행의 철학: 기우제와 리더십의 끈기 전략　　　　201

3장 실패를 자산화하는 리더십　　　　215

- 실패와 성공의 새로운 정의　　　　217
- 실패의 깊이가 경영의 높이를 만든다　　　　225
- 실패 중심의 혁신 시스템: 실리콘밸리의 'Fail Fast' 철학　　　　233
- 질투의 심리가 전략의 차이를 가져온다　　　　240
- 지속 가능한 성장을 이끄는 실패 관리　　　　246

4장 파괴적 혁신과 지속 가능 경영의 전환　　253

- 실패와 좌절을 다루는 혁신적인 방법론　　255
- 불확실성 환경에서의 파괴적 혁신 적용　　263
- ASML, 액땜 이론으로 보강한 블루오션 전략의 승리　　273
- 디커플링과 액땜 이론이 만나 펼치는 비즈니스계의 코미디　　282
- 21세기 핵심역량은 유연성과 회복탄력성의 결합　　294
- ESG를 넘어선 액땜형 지속 가능 경영　　301
- 필패 신드롬과 리더십의 진화　　309

5장 위기 속 기업 가치 회복의 인사이트　　315

- 의도된 실패 시나리오의 설계와 실행　　317
- 기업 신뢰 회복의 교과서: 타이레놀 사건　　324
- 실패 후 품질경영 시스템 재구축: 토요타의 리콜 사태　　334
- 리더십 부재의 대가: BP의 딥워터 호라이즌 사고　　343
- 투명성과 대응의 힘: SKT, KT, 롯데카드 해킹 사건　　352
- 위험 감수형 기업가 정신: 스페이스X의 실험 모델　　361
- 핑계와 전략적 책임감의 차별성　　369

6장 액땜 경영 전략으로 미래를 대비하라　　　381

- 리스크 대응의 시점 설정과 결정 요인　　　383
- 핵심 원칙 1. 실패를 적극적으로 받아들이는 친화적 마인드셋　　　394
- 핵심 원칙 2. 지속적 자기 파괴 원칙　　　401
- 핵심 원칙 3. 포트폴리오적 접근 원칙　　　408
- 핵심 원칙 4. 안티프래질 원칙　　　414
- 핵심 원칙 5. 반복적 피드백 원칙　　　419
- 핵심 원칙 6. 인내와 끈기의 원칙　　　425
- 핵심 원칙 7. 학습자 마인드셋 원칙　　　431
- 긍정적 실패 서사로 브랜드 신뢰 구축　　　438

에필로그　K-경영의 반격: 한국적 직관에서 글로벌 전략으로　　　445
참고문헌　　　454

1장

위기관리 철학의 혁신

작은 손실의 전략적 가치

"우리의 가장 큰 영광은
결코 넘어지지 않는 데 있는 것이 아니라,
넘어질 때마다 일어서는 데 있다."
– 공자

'액땜'이라는 언어적 혁신

액땜의 언어적 기원과 문화적 뿌리

'액땜'이라는 말을 처음 들어보는 외국인에게 이 개념을 설명하려면 어디서부터 시작해야 할까? 마치 김치를 처음 맛보는 외국인에게 "이것이 바로 발효의 예술이야"라고 설명하는 것처럼 쉽지 않은 일이다. 액땜이라는 한국어 표현은 한자어 '액厄'과 순우리말 '땜(때웠다)'이 결합된 합성어로, 재앙을 미리 때웠다는 의미가 담겨 있다. 하지만 이 간단한 정의 뒤에는 한국인만의 독특한 세계관과 삶의 지혜가 압축 파일처럼 꽁꽁 숨어 있다.

'액厄'은 재앙, 불운, 재난을 의미하는 한자다. 이 글자만 보면 공포 영화 포스터에 나올 법한 무시무시한 느낌이다. 하지만 여기에 '땜'이 붙는 순간, 마법사가 주문을 외우듯 완전히 다른 의미로 변신한다. '때다'는 원래 "더러움이나 얼룩을 씻어내다"라는 뜻의 순우리말이다. 할머니가 빨랫방망이로 빨래를 두드리며 때를 빼내거나, 목욕탕에서 때

타월로 등을 밀어주는 그 '때'를 말한다. 따라서 '액땜'은 문자 그대로 "재앙을 미리 씻어냈다"나 "불운을 미리 제거했다"라는 뜻이다. 마치 몸에서 때를 벗겨내듯이 인생에서 재앙을 미리 빼냈다는 상상력 넘치는 표현이다.

이런 언어적 구조를 보면, 한국인들이 얼마나 창의적인 언어의 연금술사들인지 알 수 있다. 동양의 한자 문화와 한국 고유의 언어 감각이 만나서 완전히 새로운 철학적 개념을 창조해낸 것이다. 치킨과 맥주가 만나 '치맥'이라는 새로운 문화를 창조한 것처럼, 서로 다른 언어 체계가 결합하여 독특하고 깊이 있는 개념을 탄생시켰다.

"액땜했다"라는 표현에서 가장 흥미로운 점은 시제의 역설이 아닐까 싶다. 현재 일어난 불행한 일을 두고 "미래에 일어날 수도 있는 더 큰 불행을 미리 해결했다"라고 해석하는 것이다. 마치 타임머신을 타고 미래로 갔다가 돌아온 사람이 "아, 미래에서 큰 사고가 날 뻔했는데 미리 방지했네"라고 말하는 것과 같다. 현재의 작은 손실을 미래의 큰 이익으로 전환시키는 인지적 마법인데, 대니얼 카너먼Daniel Kahneman이 손실회피 개념으로 2002년 노벨경제학상을 받은 것을 생각하면 "액땜했다"라는 표현이 얼마나 신기한 개념인지 짐작해볼 수 있다.

예를 들어 아침에 출근하다가 계단에서 넘어져 무릎이 까졌다고 하자. 보통 사람들이라면 "아, 운이 없다", "오늘 하루가 망했다"라고 생각할 것이다. 심한 경우에는 "내가 뭘 잘못했기에 이런 일이……"라며 자책하기도 한다. 하지만 한국인은 다르다. "액땜했다. 큰 사고가 날 뻔했는데 이 정도로 끝나서 다행이야"라고 말한다. 마치 복권에서 꽝이 나온 것을 보고 "1등에 당첨되지 않아서 세금 낼 걱정이 없어졌다"

라고 말하는 것만큼이나 독특한 사고방식이다.

이것이 바로 시제의 역설이다. 현재에 일어난 작은 사고를 두고, 미래에 일어날 수도 있는 큰 사고를 막았다고 해석하는 것이다. 마치 미래에서 온 사람이 "아, 오후에 큰 교통사고가 날 뻔했는데 아침에 작은 사고로 미리 해결되었네"라고 말하는 것 같다. 일종의 시간 여행 사고방식인 셈이다.

이런 사고방식은 정말 타임머신을 타고 시간 여행을 하는 것과 비슷하다. 1단계에서는 현재에서 미래로 이동한다. "만약 이 작은 사고가 일어나지 않았다면? 그럼 더 큰 사고가 일어났을 수도 있겠네"라고 생각하는 것이다. 2단계에서는 미래에서 현재로 돌아와서 비교한다. "큰 사고에 비하면 지금 이 정도는 정말 작은 일이야. 오히려 큰 사고를 미리 막은 셈이네"라고 판단한다. 마지막 3단계에서는 현재 상황을 긍정적으로 재해석한다. "액땜했다! 이 정도로 끝나서 다행이다"라고 결론짓는 것이다.

대니얼 카너먼의 연구에 따르면, 사람들은 손실회피 성향이 강하다. 즉 같은 크기의 이득보다 손실을 훨씬 크게 느낀다는 것이다. 예를 들어 10만 원을 얻는 기쁨보다 10만 원을 잃는 고통을 더 크게 느낀다. 사람들은 본능적으로 잃는 것을 더 무서워하기 때문이다. 마치 케이크를 받는 기쁨보다 그것을 떨어뜨리는 슬픔이 더 큰 것과 같은 이치다. 즉 손실회피는 현재 중심적이고 손실에 집중하며 부정적 감정을 유발해서 스트레스를 증가시킨다. 반면 액땜은 미래 중심적이고 예방 이익에 집중하며 긍정적 감정을 유발해서 스트레스를 감소시킨다. 물이 담긴 컵을 보고도 한 사람은 '반이 비어 있다'라고 하고, 다른 사람은 '반이 차 있다'라고 생각하는 것처럼, 관점의 차이가 완전히 다른 결과를 만들어낸다. 다시 말해서 액땜식 사고는 시간의 개념을 다르게 사용한다고 풀이할 수도 있다.

이처럼 '액땜했다'라는 생각은 일반적인 사고방식과 정반대로 작동한다. 현재의 작은 손실보다 미래의 큰 손실을 막은 이득을 더 크게 본다. 손실을 이득으로 바꿔서 생각하는 놀라운 능력인 셈이다. 실제 현실은 바뀌지 않았는데도 마음의 상태가 완전히 달라지기 때문이다. 아마도 한국인이라면 어떤 작은 사고나 손실을 경험했을 때 "액땜했네"라고 이야기하며 더 큰 손실이 발생하지 않았음을 위로한 적이 있을 것이다.

실제 생활에서 자주 일어나는 일을 가정해보자. 스마트폰이 떨어져서 액정 화면이 깨졌을 때, 일반적인 반응은 "아, 수리비 10만 원…… 운이 정말 없네"일 것이다. 하지만 액땜 반응은 다르다. "액땜했다. 스마트폰이 아예 망가져서 새로 사야 할 수도 있었는데, 화면만 깨져서 다행이야. 100만 원 날릴 뻔한 걸 10만 원으로 해결한 셈이네"라고 생각한다. 마치 경제학자가 기회 비용을 계산하듯이 치밀하면서도, 동시에 위로가 되는 놀라운 사고방식이다.

실패를 성공의 어머니라고 부르는 것처럼, 현재의 작은 실패를 미래의 큰 성공을 위한 투자로 보는 관점이다.

체념이 아닌 적극적 전환의 심리학

그렇다면 이 시간 마술을 실생활에서 어떻게 사용할 수 있을까? 첫 번째는 상황을 받아들이는 단계로, "이런 일이 일어났구나"라고, 마치 날씨를 받아들이듯 자연스럽게 현재를 인식하는 것이다. 두 번째 단계는 더 나쁜 상황을 상상하는 것이다. "만약 이보다 더 큰 일이 일어났다면?"이라고 미래를 확장해서 생각하는 것으로, 보험을 들 때 최악의 상황에 대비하는 것과 비슷하다. 세 번째는 비교하고 재해석하는 단계로, "그에 비하면 지금 상황은 정말 다행이야"라고 긍정적으로 전환하는 식이다. 마지막 네 번째는 감사함을 느끼는 단계로, "액땜했다!"라고 마무리하는 것이다. 공연이 끝난 후 박수를 치는 것처럼 말이다.

이런 관점에서 보면 "액땜했다"라는 말은 단순한 위로가 아니다. 시간의 경계를 넘나들며 현재의 손실을 미래의 이익으로 바꾸는 인지적 마법이다. 손실회피 이론과 정반대로 작동하면서도, 실제로는 더 나은 심리적 결과를 만들어내는 놀라운 능력이다. 시간의 마술사처럼, 한국인들은 이 간단한 말 한마디로 과거-현재-미래를 자유자재로 오가며 자신의 마음을 다스린다. 이는 정말로 시간을 다루는 한국인만의 특별한 지혜다.

많은 사람이 '액땜'을 체념이나 포기의 표현으로 오해하고 있는 듯하다. "어차피 운명이니까 받아들이자"라는 식의 소극적 자세로 보는 것이다. 하지만 실제로는 정반대다. 액땜은 현실을 적극적으로 재해석하여 심리적 에너지를 회복하는 전략적 사고방식이다. 마치 합기도에서 상대방의 힘을 역이용하여 더 큰 힘으로 되돌려주는 것처럼, 부정적 상황의 에너지를 긍정적 에너지로 전환시키는 정신적 무술이다.

체념이라면 "어쩔 수 없다", "운이 없다", "포기하자"라고 생각할 것이다. 하지만 액땜은 "다행이다", "더 큰 화를 막았다", "이제 좋은 일이 생길 것이다"라고 생각한다. 같은 상황을 보면서도 완전히 다른 감정적 결과를 만들어내는 놀라운 인지적 전환이 아닐 수 없다. 마치 레몬을 받으면 레모네이드를 만들라는 서구 격언의 한국판이라고 할 수 있다. 하지만 서구의 '레몬으로 레모네이드 만들기'가 현실적이고 실용적인 조언이라면, 한국의 '액땜'은 더 철학적이고 정신적인 차원의 전환이다.

이런 사고방식은 단순한 긍정적 사고를 넘어서는 듯 보인다. 현재와 미래 사이에 일종의 에너지 보존 법칙이 있다고 가정하는 것이다. 마치 물리학의 에너지 보존 법칙처럼, "불행의 총량은 정해져 있으니 지금 작은 불행을 경험하면 나중에 큰 불행을 경험하지 않을 것이다"라는 직관적 믿음이지 않을까? 물론 그 믿음이 과학적으로는 근거가 없지만, 심리적으로는 놀라운 치유 효과를 가져온다는 것을 한국인들은 모두 알고 있다.

긍정심리에 기반한
의사결정의 힘

새로운 사고의 경로를 제시하는 GPS

액땜이라는 개념 속에는 놀랍도록 정교한 확률론적 사고가 숨어 있다. "큰 불행이 일어날 확률이 있었는데, 작은 불행으로 그 확률을 소진했다"라는 논리다. 현대 통계학의 베이지안 추론과 유사한 구조이다. 물론 과학적으로는 각각의 사건이 독립적이어서 이전 사건이 이후 사건의 확률에 영향을 주지 않는다. 하지만 심리적으로는 이런 사고방식이 스트레스를 줄이고 회복력을 높이는 놀라운 효과를 가져온다.

예를 들어 경미한 교통사고를 당했을 때 "액땜했다"라고 말하는 것은 "더 큰 사고가 일어날 확률이 이 작은 사고로 인해 줄어들었다"라고 인식하는 방식이다. 마치 백신을 맞으면 큰 질병에 걸릴 확률이 줄어들 듯이 작은 사고가 큰 사고에 대한 면역력을 제공한다고 생각하는 것이다. 논리적으로는 말이 안 되지만, 감정적으로는 완벽하게 말이 된다.

이런 사고방식은 한국인들이 얼마나 직관적으로 리스크 관리에 능한지를 보여준다. 현대 금융학의 포트폴리오 이론도 결국 "모든 계란을 한 바구니에 담지 말라"는 위험 분산 원리의 실사판이다. 한국인들은 이미 수백 년 전부터 "작은 손실로 큰 손실을 막는다"라는 비슷한 원리를 일상생활에 적용해왔다. 다만 금융학자들은 수학적 공식으로 설명하고, 한국인들은 '액땜'이라는 한마디로 설명할 뿐이다.

액땜은 개인적 대처 방식을 넘어 집단의 지혜로도 기능한다. 누군가 불행한 일을 당했을 때, 주변 사람들이 "액땜했네"라고 말해주는 것은 단순한 위로가 아니라 일종의 '집단 치유 의식'이 아닐까. 아프리카 부족의 치유 의식에서 온 마을 사람들이 모여 환자를 위해 노래를 부르고 춤을 추는 것처럼, 한국인들은 '액땜'이라는 말을 통해 집단적으로 불행을 희석시키고 긍정적 에너지를 만들어낸다.

이런 문화적 시스템은 개인의 정신 건강에 놀라운 효과를 가져온다. 혼자서 "내가 왜 이런 일을 당해야 하지?"라고 고민하기보다는 "액땜했다"라는 말을 들으면서 자연스럽게 관점을 전환한다. 길을 잃었을 때 GPS가 새로운 경로를 재계산하듯이, '액땜'이라는 말은 정신적 GPS를 재부팅시켜 새로운 사고의 경로를 제시한다.

더 흥미로운 것은 이런 집단적 합의가 실제로 개인의 운명에 영향을 미칠 수 있다는 점이다. 심리학의 자기실현적 예언 Self-fulfilling Prophecy 이론에 따르면, 사람들이 어떤 일이 일어날 것이라고 믿으면 실제로 그런 일이 일어날 가능성이 높아진다. "액땜했으니까 이제 좋은 일이 생길 것"이라고 믿는 사람은 실제로 좋은 기회를 더 잘 발견하고 활용할 가능성이 높다. 긍정적 마인드가 긍정적 결과를 만들어내는 선순환이 시작되는 것이다.

놀랍게도 현대 인지과학과 심리학의 발전은 액땜 이론의 과학적 근거를 속속 밝혀내고 있다. 인지행동치료CBT의 핵심 원리 중 하나인 '인지적 재구성Cognitive Reframing'은 바로 액땜의 현대적 표현이다. 같은 상황을 다른 관점에서 해석함으로써 감정과 행동을 변화시키는 것인데, 이는 한국인들이 수백 년 전부터 일상적으로 해온 일이었다. 스마트폰이 등장하기 전에도 사람들이 길을 찾아 다녔듯이, 현대 심리학이 체계화하기 전에도 액땜은 이미 완벽하게 작동하고 있었던 것이다.

뇌과학 연구 결과도 같은 지점을 이야기한다. 부정적 경험을 긍정적으로 재해석할 때 뇌의 전전두피질이 활성화되면서 스트레스 호르몬인 코르티솔의 분비가 줄어든다는 연구가 있다. 즉 "액땜했다"라고 생각하는 순간 실제로 뇌의 화학적 변화가 일어나 스트레스가 감소하고 기분이 좋아진다는 것이다. 마치 플라세보 효과처럼 믿음이 실제 생리적 변화를 일으킨다. 한국인들이 경험적으로 알아낸 지혜를 첨단과학이 입증하는 셈이니, 이보다 더 완벽한 검증이 어디 있을까.

또한 긍정심리학의 창시자 마틴 셀리그먼Martin Seligman이 제시한 '학습된 낙관주의Learned Optimism' 이론도 액땜과 놀랍도록 유사하다. 불행한 일을 일시적이고 특정한 것으로 해석하고, 행복한 일을 영구적이고 전반적인 것으로 해석하는 사고방식이 정신 건강에 도움이 된다는 것이다. 수백 년 전부터 내려온 한국인들의 '액땜' 사고가 현대 심리학이 권장하는 건강한 사고방식과 일치한다.

액땜이라는 개념을 더 깊이 파고들면, 마치 고급 요리사가 동양의 간장과 서양의 올리브오일을 절묘하게 블렌딩해서 전혀 새로운 소스를 만들어낸 것 같은 놀라운 철학적 구조를 발견할 수 있다. 단순히 두 문화가 우연히 만난 것이라기보다는 인간이라는 존재가 지닌 근본적 딜레마를 해결하기 위한 창조적 합성의 결과다. 동양적 관점에서는 '하늘의 뜻'이나 '운명'이라는 거시적 관점이 있고, 서양적 관점에서는 '개인의 의지'와 '실용적 대처'라는 미시적 관점이 있다. 액땜은 이 둘을 연결하는 다리 역할을 하며, 번역기처럼 서로 다른 두 철학적 언어를 하나의 실용적 지혜로 통합한다.

액厄은 동양적 운명관의 순수한 산물이다. 이 한 글자 안에는 인간의 힘으로 어쩔 수 없는 거대한 운명의 힘을 겸손하게 인정하는 세계관이 담겨 있다. 이는 바다 앞에 선 인간이 파도를 막을 수 없음을 받아들이는 것과 같다. 동양 철학에서 말하는 '천명天命'이나 불교의 '업業' 개념과 맥을 같이하는 이 관점에는 개인이 우주라는 거대한 시스템의 일부일 뿐이며 모든 것을 통제할 수는 없다는 겸손함이 담겨 있다. 하지만 여기서 액땜이 단순한 숙명론과 다른 점이 나타난다.

'땜(때웠다)'은 완전히 다른 차원의 접근이다. 서양적 실용주의의 정수를 담은 표현으로, 운명을 그냥 수동적으로 받아들이기보다는 적극적으로 해석하고 활용한다는 의지를 보여준다. 마치 같은 비를 보면서도 어떤 사람은 '우울한 날씨'라고 생각하고 어떤 사람은 '공기가 깨끗해지는 날'이라고 표현하듯, 같은 사건을 어떻게 바라보고 해석하느냐의 문제이다. 즉 액땜에는 "운명을 인정하되 해석은 내가 한다"라는 균형 잡힌 세계관이 담겨 있으며, 재즈 연주에서 정해진 멜로디 위에 즉흥연주를 펼치는 것과 같은 창조적 자유를 의미한다.

액땜의 현대적 진화와 미래적 가치

이런 관점에서 보면, 액땜은 단순한 위로의 말이 아니라 하나의 철학적 입장일 수 있다. 세상의 모든 일을 내가 통제할 수는 없지만, 그 일을 어떻게 받아들이고 해석할지는 내가 결정할 수 있다는 뜻을 내포하고 있기 때문이다. 고대 그리스 스토아 철학의 "내가 바꿀 수 있는 것과 바꿀 수 없는 것을 구분하라"는 가르침과 놀랍도록 맥을 같이한다. 마르쿠스 아우렐리우스가 『명상록』에서 "너를 괴롭히는 것은 사건 자체가 아니라 사건에 대한 너의 판단이다"라고 말한 것과 거의 같은 의미다.

하지만 여기에는 흥미로운 차이점이 있다. 서구의 스토아 철학이 이성적이고 금욕적인 접근이라면, 한국의 액땜 철학은 더 감성적이고 위로적인 접근이라는 점이다. 스토아 철학자들이 "감정을 억제하고 이성으로 판단하라"고 한다면, 액땜은 "괜찮다, 이 정도로 끝나서 다행이다, 더 큰일이 날 뻔했잖아"라고 따뜻하게 감싸 안아준다. 마치 같은 목적지를 향해 가면서도 하나는 고속도로를, 하나는 경치 좋은 시골길을 택하는 것과 같다.

이런 차이는 각 문화의 역사적 경험과 깊은 관련이 있는 듯하다. 그리스 철학자들은 상대적으로 안정된 도시국가에서 추상적 사고를 발전시킬 수 있었지만, 한국인들은 끊임없는 외침과 자연재해 속에서 실용적인 정신적 생존술을 개발해야 했다. 그래서 스토아 철학이 '철학자의 철학'이라면, 액땜은 '서민의 철학'이라고 할 수 있다. 하나는 대학 강의실에서, 하나는 동네 카페에서 더 자연스럽게 들릴 법하다.

'액땜'이라는 개념을 외국어로 번역할 때의 어려움을 생각해보면,

이 철학의 독특함이 더욱 분명해진다. 영어로는 'silver lining'이나 'blessing in disguise'와 같은 표현이 가장 가깝지만, 액땜에 담긴 철학적 깊이를 완전히 담아내지는 못한다. 사실상 영어로의 완벽한 번역은 불가능해 보인다. 또 일본어의 '시카타가나이仕方がない'(어쩔 수 없다)는 체념적 수용에 더 가깝고, 중국어의 '메이반파沒辦法'(방법이 없다)도 비슷하다. 하지만 이 표현들은 모두 액땜에 담긴 "작은 손실로 큰 손실을 막았다"는 적극적 해석이 빠져 있다.

이런 번역의 어려움은 액땜이 단순한 어휘가 아니라 하나의 문화적 세계관이라는 것을 보여준다. '정情'이나 '한恨'처럼, 한국 문화의 독특한 경험이 만들어낸 고유한 정신적 자산이다. 외국인들이 김치의 맛을 정확히 이해하려면 한국에 살면서 한국인의 정서를 함께 체험해야 하듯, 액땜의 진정한 의미도 한국적 삶의 맥락 안에서만 완전히 이해될 수 있다.

흥미롭게도 액땜이라는 개념이 현대 디지털 사회에서 새로운 형태로 진화 중이다. SNS에서 '액땜 인증숏'을 올리는 문화, "오늘의 액땜 완료" 같은 해시태그, 작은 불행을 유머러스하게 공유하는 밈 문화 등은 모두 전통적인 액땜 철학의 현대적 변주다. 과거에는 가족이나 이웃과 같은 제한된 공동체 안에서만 작동하던 액땜의 위로 기능이, 이제는 전 세계로 확장된 디지털 공동체에서 작동하고 있다.

더 나아가 일부 젊은 세대들은 '액땜 마케팅'이라는 개념까지 개발했다. 실제로 2000년대 초 한국델몬트에서 시행한 액땜 마케팅 사례가 있다. 의도적으로 작은 실패나 실수를 솔직하게 공개해서 사람들의 공감과 관심을 끌고, 결과적으로 더 큰 성공을 이루는 전략인 셈이다.

사실 바나나는 전통적으로 시험 전 금기 식품으로 여겨졌다. 미끄러운 성질 때문에 "미끄러져서 떨어진다"라는 연상작용 때문이다. 그런데 델몬트는 이 금기를 오히려 역이용했다. "바나나를 먹고 액땜하자"라는 메시지로 부정적 인식을 긍정적으로 전환시킨 것이다.

이 전략의 핵심은 '금기를 액땜으로' 바꾸는 역발상이었는데, 불리한 요소를 유리한 요소로 재치 있게 뒤집어 소비자의 주목을 끈 것이다. 시장 반응은 즉각적이었고, '역발상 마케팅의 최고봉'이라는 평가를 받기도 했다. 하지만 일각에서는 액땜을 '값싼 위안'이라고 비판한 적도 있다. 좋지 않은 일을 당했을 때 "더 좋은 일이 있을 것"이라는 막연한 바람에 기대는 것이 오히려 문제 해결을 늦춘다는 분석이었다. 아무튼 액땜 철학은 단순한 위로를 넘어 적극적인 성공 전략으로 활용될 수 있음을 보여준다. 마치 전통 무술이 현대 스포츠로 발전하듯이, 고대의 지혜가 현대적 맥락에서 새로운 가능성을 발견하고 있는 것이다.

최근 K-팝, K-드라마와 함께 한국의 정신문화에 대한 관심도 높아지고 있다. 일본의 '이키가이生きがい'(삶의 보람), 덴마크의 '휘게Hygge'(아늑함), 네덜란드의 '헤젤리흐Gezellig'(포근한 분위기)와 같은 개념이 세계적으로 확산되는 추세에서, 한국의 '액땜'도 하나의 독특한 정신적 자산으로 주목받기 시작했다. 특히 코로나19 팬데믹 같은 글로벌 위기 상황에서 "이 정도 팬데믹으로 끝나서 다행이다. 더 큰 재앙이 올 수도 있었는데"라는 식으로 생각하면서 심리적 안정을 찾는 사람들이 많아졌다.

앞으로 인공지능이 더욱 발달하고 모든 것이 데이터로 분석되는 시대가 와도, '액땜'과 같은 인간적 지혜는 여전히 필요할 것이다. 아니, 오히려 더욱 필요해질 수도 있다. 기계는 확률을 계산하고 최적의 해답을 제시할 수 있지만, 예상치 못한 일이 일어났을 때 그것을 어떻게 받아들이고 해석할지는 여전히 인간의 영역이기 때문이다. GPS가 최적의 경로를 알려주지만 길에서 만나는 풍경을 감상하는 것은 인간만이 할 수 있는 일이듯 말이다. 예를 들어 AI가 "당신이 사고를 당할 확률은 0.003퍼센트입니다"라고 정확히 계산해줄 수 있을 것이다. 하지만 실제로 그 0.003퍼센트의 일이 일어났을 때, "액땜했다. 더 큰 사고가 날 뻔했는데"라고 생각하며 마음의 평안을 찾는 것은 오직 인간만이 할 수 있다. AI는 통계와 확률로 미래를 예측할 수 있지만, 인간은 의미와 해석으로 현재를 변화시킬 수 있다. 인공지능이 아무리 발달해도 '액땜'의 철학은 인간 고유의 정신적 자산으로 남을 것이다.

미래에는 '액땜'이 더욱 과학적으로 체계화될 가능성도 있다. 뇌과학과 심리학의 발달로 '액땜'식 사고가 뇌에 미치는 긍정적 영향이 더 정확히 밝혀질 것이고, 이를 바탕으로 한 체계적인 치료법이나 교육법이 개발될 수도 있다. '액땜 명상', '액땜 치료법', '액땜 교육 프로그램'과 같은 것이 등장할지도 모른다. 요가나 명상이 동양의 전통에서 서양의 과학적 건강법으로 발전했듯이, 액땜도 전통적 지혜에서 현대적 웰니스 프로그램으로 진화할 가능성이 크다.

특히 스트레스가 많은 현대 사회에서 액땜 기반의 심리적 회복 프로그램은 큰 효과를 발휘할 수 있다. '부정적 사건을 긍정적으로 재해석하는 훈련', '작은 손실을 통해 큰 손실을 예방하는 사고법', '불확실한 상황에서 심리적 안정을 유지하는 방법' 등이 체계적인 교육 과정으로 개발될 수 있다. 이미 일부 기업에서는 직원들의 스트레스 관리를 위해 유사한 프로그램을 도입하기 시작했다.

언어적 표현을 넘어 철학의 개념으로

액땜이라는 개념의 미래를 생각할 때 빼놓을 수 없는 것이 세대 간 전승 문제다. 전통적으로 액땜은 할머니에서 어머니로, 어머니에서 자녀로 전해지는 구전 지혜였다. 하지만 현대의 핵가족 시대에는 이런 전통적 전승 방식이 약화된다. 그 대신 SNS나 온라인 커뮤니티를 통한 새로운 형태의 전승이 등장한다. "오늘의 액땜" 같은 해시태그나 밈을 통해 젊은 세대들도 자연스럽게 액땜의 개념을 학습하고 있는 것이다.

이런 변화는 액땜이라는 개념 자체에도 영향을 미친다. 전통적인 액땜이 주로 "큰 불행을 피했다"라는 소극적 해석에 머물렀다면, 현대적 액땜은 "이 경험을 통해 무엇을 배울 수 있을까"라는 적극적 학습 태도로 진화한다. 실패학, 회복탄력성, 성장 마인드셋 같은 현대적 개념과 결합하면서 더욱 풍부하고 실용적인 지혜로 발전하고 있다.

액땜의 철학을 개인 차원에서 실천하는 방법들도 점점 구체화된다. 단순히 "액땜했다"라고 말하는 것을 넘어, 실제로 부정적 경험에서 의미를 찾고 성장의 기회로 활용하는 체계적인 방법들이 개발 중이다. 예를 들어 '감사 일기'를 쓸 때 하루의 작은 불행도 함께 기록하면서 "이것이 나에게 어떤 교훈을 주었는가"를 생각해본다. 또는 실패했을 때 "최악의 상황은 무엇이었을까"를 상상해보면서 현재 상황의 긍정적 측면을 발견하는 연습을 하는 방법도 있다.

이런 실천 방법들은 액땜이 단순한 위로가 아니라 실제적인 심리적 기술임을 보여준다. 근육을 단련하듯이 긍정적 해석 능력을 지속적으로 연습하고 강화할 수 있다. 스포츠 선수가 기술을 반복 연습하듯이 액땜적 사고도 반복적 훈련을 통해 향상시킬 수 있다.

개인적 차원을 넘어 사회적 차원에서도 액땜 문화가 확산되고 있다. 기업에서는 '실패를 통한 학습 문화', 학교에서는 '회복탄력성 교육', 의료계에서는 '환자의 긍정적 마인드셋 강화' 등의 형태로 액땜의 정신이 스며든 것으로, 이는 액땜이 더 이상 개인적 위로에 머물지 않고 조직과 사회의 전체적 건강성을 높이는 도구로 활용되고 있음을 의미한다.

특히 스타트업이나 혁신 기업들에서는 '빠른 실패, 빠른 학습'이라는 문화를 통해 액땜의 정신을 실천하고 있다. 작은 실패를 두려워하지 않고 오히려 그것을 통해 더 큰 성공을 위한 교훈을 얻는다는 접근법은 전형적인 액땜식 사고의 현대적 응용이다. 이런 문화가 확산되면서 실패에 대한 사회적 인식도 점차 변화하는 중이다.

결국 '액땜'이라는 한국어 표현은 단순한 언어적 표현을 넘어, 한국인의 삶의 지혜가 압축된 철학적 개념이라고 봐야 할 듯하다. 앞으로 일어날 수 있는 더 큰 불행을 미리 경험함으로써 피했다는 긍정적인 사고방식을 나타내는 표현이며, 단순히 불운한 상황에 대한 체념이 아니라 더 큰 재앙을 피했다고 생각하며 마음의 평안을 얻고자 하는 한국인 특유의 정서적 대처 방식이다.

액땜의 지혜는 개인적 차원에서는 정신 건강을 지키는 방패 역할을 하고, 사회적 차원에서는 집단의 회복력을 높이는 접착제 역할을 한다. 또한 철학적 차원에서는 운명과 의지, 수용과 능동성 사이의 균형

점을 제시하는 나침반 역할을 한다. GPS가 길을 안내해주듯 액땜은 인생의 복잡한 상황에서 방향감각을 잃지 않도록 도와주는 정신적 내비게이션 시스템이다.

앞으로 세계가 더욱 불확실해지고 예측하기 어려워질수록 한국의 '액땜' 철학은 더욱 빛을 발할 것이다. 모든 것을 통제하려고 하기보다는 일어난 일을 지혜롭게 해석하고 받아들이는 능력, 작은 손실을 통해 큰 손실을 막는다는 전략적 사고, 개인의 불행을 집단의 지혜로 승화시키는 문화적 시스템. 이 모든 것이 '액땜'이라는 짧은 단어 속에 마치 압축파일처럼 꽁꽁 담겨 있다.

그러니 다음에 누군가 작은 불행을 당했을 때 "액땜했네"라고 말해주자. 이 말은 단순한 위로가 아니라, 수천 년의 한국적 지혜가 담긴 마법의 주문이라는 것을 기억해두자. 작은 말 한마디로 누군가의 인생 관점을 180도 바꿀 수 있는 놀라운 힘을 지닌 액땜, 이는 한국어가 세계에 자랑할 수 있는 가장 아름다운 철학 중 하나이며, 동시에 인공지능 시대에도 여전히 필요한 가장 인간적인 지혜 중 하나다. 오래된 나무가 계절을 지나며 더욱 단단해지듯이 액땜이라는 지혜도 시대를 거쳐가며 더욱 깊고 넓은 가치를 발휘할 것이다.

데이터로 본
한국인의 리스크 인식 진화

데이터로 본 액땜 관심의 확산

구글 트렌드 데이터를 보면 놀라운 현상이 드러난다. '액땜'에 대한 검색량이 2004년부터 현재까지 꾸준히 증가 추세이며, 특히 2020년 이후 급격한 상승세를 보인다. 이는 단순한 우연이 아니라 현대 한국 사회가 겪고 있는 복합적인 변화와 깊은 관련이 있는 현상이다. 마치 오래된 보물상자에서 잊힌 보석을 다시 발견하는 것처럼, 한국인들이 전통적인 정신적 자산인 '액땜'을 현대적 맥락에서 재해석하고 있는 것이다.

다음 데이터 그림을 자세히 살펴보면, 액땜에 대한 관심은 몇 차례의 큰 파도를 타고 상승했다. 2010년 전후로 첫 번째 관심의 물결이 있었고, 2016년경에 두 번째 상승세가 나타났으며, 가장 인상적인 것은 2020년부터 2025년까지 지속되는 세 번째 대파도다. 이런 패턴을 보면 액땜이라는 개념이 특정 시기의 사회적 불안이나 위기와 밀접한

시간 흐름에 따른 관심도 변화

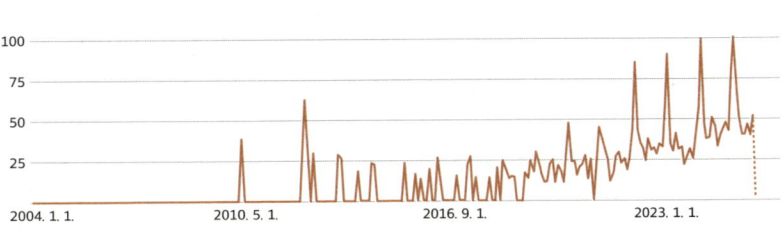

출처: 구글 트렌드

관련이 있음을 알 수 있다. 마치 바다의 파도가 달의 인력에 반응하듯, 액땜에 대한 관심도 사회적 스트레스의 주기와 연동되어 있는 듯하다.

지역별 관심도를 살펴보면 더욱 흥미로운 패턴이 보인다. 대한민국이 압도적으로 1위를 차지하며, 그다음으로 뉴질랜드, 싱가포르, 홍콩, 캐나다 순으로 나타난다. 한국 문화에 대한 관심이 높은 지역들과 상당 부분 일치한다. 특히 주목할 점은 K-팝이나 K-드라마가 인기 있는 지역에서 액땜에 대한 관심도 높다는 것이다. 이는 한류의 확산과 함께 한국의 정신문화에 대한 호기심도 함께 퍼지고 있음을 시사한다.

2020년부터 시작된 액땜 검색량의 급증은 코로나19 팬데믹과 밀접한 관련이 있는 듯 보인다. 전 세계가 예상치 못한 거대한 위기에 직면하면서, 사람들은 불확실성과 불안에 대처하는 새로운 방법을 모색하기 시작했다. 이런 상황에서 한국의 전통적 지혜인 액땜이 주목을 받게 된 것이다. "코로나에 걸렸지만 중증으로 가지 않아서 액땜했다", "사업이 어려워졌지만 완전히 망하지는 않아서 액땜이다"와 같은 표현이 일상화되면서, 액땜은 팬데믹 시대의 정신적 생존 도구로 재탄생했다.

지역별 관심도

1	대한민국	100
2	뉴질랜드	1
3	싱가포르	1
4	홍콩	1
5	캐나다	1

출처: 구글 트렌드

특히 한국이 다른 나라에 비해 코로나19에 상대적으로 잘 대응했다는 평가를 받으면서, 한국인의 위기 대응 능력에 대한 관심이 높아졌던 적이 있다. 이때 많은 사람이 한국인의 회복력과 적응력의 배경에 액땜 같은 전통적 사고방식이 있다는 점에 주목하기 시작했다. K-방역의 성공 뒤에 숨어 있는 문화적 DNA에 대한 호기심이 액땜에 대한 검색으로 이어진 것이다.

또한 팬데믹 기간에 사람들이 집에 머무르는 시간이 늘어나면서, 자연스럽게 자신의 문화와 전통에 대해 생각해볼 기회가 많아졌다. 젊은 세대들이 할머니, 할아버지로부터 들었던 '액땜'이라는 말의 의미를 다시 찾아보기 시작한 것이다. 마치 오래된 앨범을 뒤져가며 추억을 되새기듯, 사람들은 전통적 지혜 속에서 현재의 위기를 이해하고 극복할 힌트를 찾고 있었다.

액땜에 대한 검색량 증가는 소셜미디어의 영향과도 밀접한 관련이 있다. 인스타그램, 틱톡, 유튜브 등의 플랫폼에서 액땜과 관련된 콘텐츠들이 점점 많아지는 추세다. 특히 젊은 크리에이터들이 일상 속 작

시간 흐름에 따른 관심도 변화

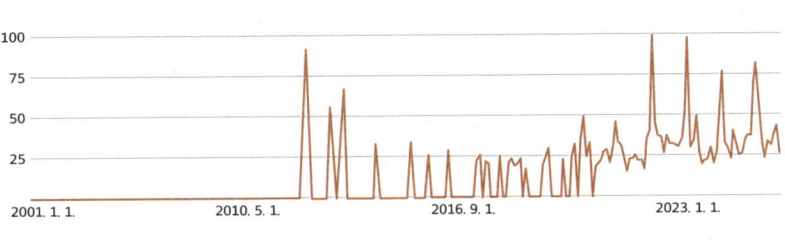

출처: 구글 트렌드

은 사고나 실수를 유머러스하게 '액땜'으로 해석하는 콘텐츠를 만들면서, 이 개념이 새로운 세대에게 재해석된다.

"오늘의 액땜 브이로그", "액땜 챌린지", "액땜 실화"와 같은 해시태그들이 등장하면서, 전통적인 액땜 개념이 현대적인 엔터테인먼트 콘텐츠로 변화 중이다. 단순히 옛것을 그대로 답습하는 것이라기보다는, 전통적 지혜를 현대적 감각으로 재포장하는 창조적 계승의 과정이다. 마치 전통 한복을 현대적으로 재해석한 신新한복이 젊은 세대에게 인기를 끄는 것과 비슷한 현상이다.

특히 주목할 점은 이런 콘텐츠들이 단순히 재미를 넘어, 실제로 심리적 위로와 치유의 효과를 가져다준다는 것이다. 댓글을 보면 "진짜 액땜이네", "나도 이런 일 있었는데 액땜이라고 생각하니까 기분이 좋아진다", "액땜이라는 말이 이렇게 위로가 될 줄 몰랐다"와 같은 반응을 쉽게 찾을 수 있다. 액땜이 단순한 문화적 호기심을 넘어 실제 정신건강에 도움을 주는 도구로 인식되고 있음을 보여준다.

한국 국내에서 액땜에 대한 검색량 급증의 또 다른 배경에는 경제적 불안이 숨어 있다. 부동산 가격 상승, 취업난, 저성장 등으로 인해 많은 사람이 경제적 스트레스를 받는 상황에서, 액땜은 심리적 안전감을 제공하는 중요한 역할을 한다. "집값이 더 오르기 전에 샀으니 액땜이다", "이직에 실패했지만 더 안 좋은 회사에 가지 않았으니 액땜이다"와 같은 식으로, 사람들은 불완전한 현실을 받아들이면서도 긍정적 의미를 찾으려고 노력한다.

특히 2030세대에서 액땜에 대한 관심이 높아진다는 점이 주목할 만하다. 이 세대는 경제적으로 어려운 상황에 처해 있으면서도, 동시에 개인주의적 성향이 강해 전통적인 집단적 위로 시스템의 수혜를 받기 어려운 실정이다. 이런 맥락에서 액땜은 개인이 스스로에게 줄 수 있는 위로의 수단으로 기능한다. 셀프케어나 힐링의 한국적 버전인 셈이다.

또한 '헬조선', 'N포 세대'와 같은 부정적 담론이 지배적이었던 상황에서 액땜은 현실을 완전히 부정하지 않으면서도 희망을 잃지 않게 해주는 중간 지점의 역할을 한다. "상황이 최악은 아니다", "더 나빠질 수도 있었는데 이 정도면 다행이다"라는 식의 사고방식은, 절망도 아니고 맹목적 낙관도 아닌 현실적 희망을 제공한다.

지역별 데이터에서 흥미로운 점은 한국 외에도 여러 국가에서 액땜에 대한 검색이 이루어지는 현상이다. 특히 K-팝 팬덤이나 한국 문화에 관심이 많은 지역에서의 검색량이 눈에 띈다. 한류의 영향으로 한국어나 한국 문화에 관심이 있는 외국인들이 액땜이라는 개념을 접하고 검색해보는 것으로 해석된다.

앞에서도 언급했지만 실제로 해외 한국어 학습자들 사이에서는 액땜이 '번역하기 어려운 한국어'의 대표적 사례로 언급된다. 단순히

'blessing in disguise'나 'silver lining'과 같은 영어나 다른 언어 표현으로는 액땜의 철학적 깊이와 문화적 뉘앙스를 완전히 담아낼 수 없기 때문이다. 이런 번역의 어려움이 오히려 외국인들의 호기심을 자극하여, 액땜의 정확한 의미와 문화적 배경을 알아보기 위한 검색으로 이어진다.

또한 일부 해외 심리학자나 문화 연구자들이 한국의 액땜 개념에 주목하기 시작하면서, 학술적 차원에서의 관심도 늘어나는 중이다. 동양의 운명론과 서양의 실용주의가 결합된 독특한 사고방식으로서의 액땜이 '교차문화 심리학cross-cultural psychology' 분야에서 연구 주제로 다루어지고 있다. 이런 학술적 관심이 다시 일반인들의 검색으로 이어지는 선순환 구조가 만들어진다.

구글 트렌드 데이터가 보여주는 또 다른 흥미로운 점은, 액땜에 대한 검색이 특정 세대에만 집중되지 않고 다양한 연령층에서 고르게 나타나고 있다는 것이다. 전통적으로 구전으로만 전해지던 액땜이라는 개념이, 디지털 시대에 새로운 전승 방식을 찾고 있음을 보여준다.

기존에는 할머니에서 어머니로, 어머니에서 자녀로 이어지는 가족 내 전승이 주된 방식이었다면, 이제는 검색 엔진과 소셜미디어를 통한 수평적 전승이 이루어진다. 젊은 세대가 액땜이라는 말을 듣고 정확한 뜻을 모를 때 구글에서 검색해보고, 그 과정에서 이 개념의 깊은 의미를 이해하게 되는 것이다. 전통문화의 전승 면에서 디지털 기술이 얼마나 중요한 역할을 할 수 있는지 보여주는 사례다.

또한 검색을 통해 액땜에 대해 알게 된 사람들이 다시 가족이나 친구들과 이에 대해 이야기하면서, 오프라인에서의 전승도 활성화되는 현상이 나타난다. 마치 온라인과 오프라인이 서로 보완하며 전통문화의 생명력을 유지시킨다고 해석할 수 있다.

액땜에 대한 검색량 증가는 전반적인 정신 건강과 웰빙에 대한 관심 증가와도 맥을 같이한다. 코로나19 이후 많은 사람이 정신 건강의 중요성을 인식하게 되고, 스트레스 관리와 심리적 회복력에 대한 관심이 높아졌다. 이런 맥락에서 액땜은 전통적이면서도 실용적인 정신 건강관리 도구로 재발견되고 있다.

특히 주목할 점은 액땜이 서구의 긍정심리학이나 인지행동치료와 유사한 효과를 발휘하면서도, 한국인의 정서에 더 자연스럽게 들어맞는다는 것이다. "감사하다"라고 생각하라는 서구식 접근법보다는, "액땜했다"라고 생각하는 것이 한국인에게는 더 편하고 자연스럽게 느껴진다. 문화적 맥락이 정신 건강 접근법에 얼마나 중요한지 보여주는 사례다.

또한 액땜은 '마음챙김mindfulness'이나 '명상meditation'과 같은 서구의 웰빙 개념과 달리, 특별한 훈련이나 시간 투자 없이도 일상에서 바로 적용할 수 있다는 장점이 있다. 그릇을 깨뜨렸을 때 "액땜했다"라고 한마디 하는 것만으로도 즉시 심리적 안정을 얻을 수 있다. 이런 접근성과 실용성이 현대인들에게 어필하고 있는 것 같다.

액땜에 대한 관심 증가에는 미디어와 콘텐츠 산업의 영향도 크다. 드라마나 예능 프로그램에서 액땜이라는 표현이 자주 사용되면서, 이 개념에 대한 노출 빈도가 높아졌다. 특히 코미디 프로그램이나 버라이어티쇼에서 액땜을 소재로 한 유머가 인기를 끌면서, 자연스럽게 이 개념에 대한 관심도 증가했다.

또한 웹툰이나 웹소설 같은 새로운 미디어에서도 액땜이 하나의 서사 장치나 캐릭터의 성격을 드러내는 도구로 활용된다. '액땜 캐릭터'라는 새로운 유형의 인물형이 등장하면서, 이런 콘텐츠를 소비하는 독자들이 액땜이라는 개념에 더욱 친숙해졌다.

특히 유튜브나 틱톡 같은 플랫폼에서 '액땜 실화', '액땜 경험담'과 같은 콘텐츠가 인기를 끌면서, 시청자들도 자신의 경험을 액땜의 관점에서 재해석해보는 경우가 많아졌다. 이런 참여형 콘텐츠가 액땜에 대한 관심을 더욱 확산시키는 것이다.

사실 액땜에 대한 검색량 증가는 언어학적 관점에서도 흥미로운 현상이다. 이는 한국어의 고유성과 문화적 특수성에 대한 관심이 높아지고 있음을 보여준다. 특히 한국어를 배우는 외국인들 사이에서 액땜은 '한국어다운 한국어'의 대표적 사례로 인식된다.

구글 트렌드가 보여준 과제

언어학자들은 액땜 같은 문화 특정적 개념culture-specific concept이 그 언어를 사용하는 사람들의 사고방식과 세계관을 보여주는 중요한 단서라고 본다. 따라서 액땜에 대한 검색이 늘어난다는 것은, 사람들이 단순히 언어를 배우는 것을 넘어 그 언어에 담긴 문화와 철학을 이해하고 싶어 한다는 뜻으로 해석될 수 있다.

액땜에 대한 검색량 증가는 종교나 철학적 주제에 대한 관심 증가와도 연결된다. 현대인들이 물질적 풍요에도 불구하고 정신적 공허감을 느끼면서, 전통적인 지혜나 영성에 다시 눈을 돌리고 있는 것이다. 액땜은 이런 맥락에서 한국적 영성이나 철학의 한 형태로 재조명받는다. 특히 불교의 인과응보나 도교의 음양오행 사상과 액땜의 관계에 대한 관심이 늘어나는 추세다. 액땜이 단순한 미신이 아니라 깊은 철학적 배경을 지닌 개념이라는 인식이 확산되면서, 이에 대해 좀 더 체계적으로 이해하고 싶어 하는 사람들이 많아지고 있다. 이는 검색량 증가로 직접적으로 연결된다.

액땜에 대한 관심 증가는 경제적 측면에서도 새로운 기회를 창출한다. '액땜'을 소재로 한 다양한 상품이 출시되고, 이는 또 다른 검색 수요를 만들어낸다. 액땜을 주제로 한 책, 굿즈, 심지어 게임까지 등장하면서 전통적 개념이 현대적 상품으로 재탄생 중이다.

특히 '액땜'을 브랜딩에 활용하는 기업들도 나타난다. 이른바 '액땜 마케팅'이라는 새로운 마케팅 기법이 등장하면서, 기업들이 소비자와의 정서적 연결을 위해 액땜이라는 개념을 활용한다. 이런 상업적 활용이 다시 일반인들의 관심을 증가시키는 순환 구조를 만든다. 하지만 이런 상품화에 대해서는 우려의 목소리도 적지 않다. 깊은 철학적 의미가 담긴 전통 개념이 단순한 상품으로 소비되는 것에 대한 비판적 시각도 존재한다.

하지만 구글 트렌드 데이터를 살펴보면, 액땜에 대한 관심이 일시적 현상이 아닌 지속적인 트렌드임을 알 수 있다. 특히 2020년 이후 지속적인 상승세이고, 이런 관심이 앞으로도 계속될 전망이다. 현대 사회의 불확실성이나 스트레스가 줄어들 기미를 보이지 않는 한, 액땜 같은 전통적 지혜에 대한 수요는 계속될 것으로 예상된다.

또한 AI나 디지털 기술의 발달로 인간의 정신적·감정적 영역에 대한 관심이 더욱 높아질 것으로 예상되는데, 이런 맥락에서 액땜 같은 인간적 지혜의 가치는 더욱 부각될 가능성이 있다. 기계가 할 수 없는 일, 즉 의미 부여와 감정적 해석의 영역에서 액땜의 역할은 더욱 중요해질 수 있다. 하지만 동시에 액땜이라는 개념이 지나치게 상업화되거나 피상적으로 소비되지 않도록 하는 것이 중요하다. 전통적 지혜의 깊이와 진정성을 유지하면서도 현대적 맥락에서 활용할 수 있는 방안을 찾는 것이 중요한 과제 중 하나가 될 듯하다.

액땜의 디지털 진화:
SNS 시대의 집단 정서와 콘텐츠의 역할

집단 위로로 발전하는 액땜 문화

지금까지 살펴본 액땜 이론이 단순히 개인적이고 내밀한 위안의 철학에 머물러 있을 이유는 없다. 오히려 소셜미디어가 지배하는 현재의 문화적 환경에서 액땜 이론은 완전히 새로운 차원으로 발전할 가능성을 보여준다. 더덕막걸리가 쏟아진 그 순간부터 시작된 철학적 탐구가 이제는 디지털 공간에서의 집단적 실천으로 이어질 수 있다.

SNS에서 "액땜 인증숏"을 올리거나, "액땜했다"라는 해시태그를 다는 것이 하나의 문화 현상이 된다면 어떨까? 상상해보자. 전철에서 넘어졌거나, 커피를 쏟거나, 작은 사고를 당했을 때 사진을 찍어 "오늘 액땜 완료!"라고 올리는 현상이 등장한다면, 이는 전통적인 액땜 문화가 개인적 차원에서 집단적 차원으로 확장되는 혁명적 변화가 될 것이다. 과거에는 가족이나 친구들 앞에서만 "액땜했다"라고 말했다면, 이제는 수백, 수천 명의 팔로워와 그 경험을 공유할 수 있다. 댓글로

"진짜 액땜이네", "이제 복권 사라", "더 큰 사고 막았다"와 같은 반응이 달리면서 집단적 치유 효과가 증폭될 것이다.

이런 변화의 가능성을 더욱 현실감 있게 만드는 것은 이미 우리가 목격 중인 다양한 SNS 문화 현상들이다. "#OOTD Outfit of the Day, #먹스타그램, #일상기록"과 같은 해시태그들이 보여주듯이, 현대인들은 자신의 일상을 디지털 공간에서 공유하고 타인과 소통하는 것에 매우 익숙하다. 심지어 실패나 좌절의 경험까지도 "#실패일기, #망한날, #인생실수"와 같은 해시태그로 공유하는 문화가 이미 형성되었다. 이런 맥락에서 보면 액땜 문화의 디지털 진화는 결코 허황된 상상이 아니라 자연스러운 발전 과정으로 보인다.

디지털 시대에 액땜 문화의 심리학적 메커니즘을 분석해보면 더욱 흥미로운 가능성들이 드러난다. 전통적인 액땜이 개인적 차원의 인지적 재구성에 머물렀다면, 디지털 액땜은 사회적 차원의 집단적 재구성으로 확장된다. 개인이 겪은 작은 불행을 SNS에 올리는 순간, 그것은 더 이상 개인만의 경험이 아니라 공동체가 함께 해석하고 의미를 부여하는 집단적 경험이 된다.

이런 과정에서 중요한 역할을 하는 것이 바로 '사회적 검증 Social Validation'이다. 개인이 혼자 '액땜했다'라고 생각하는 것과 수십, 수백 명의 사람이 "정말 액땜이네", "다행이다"라고 댓글을 달아주는 것은 심리적 효과에서 천지 차이다. 후자의 경우 개인의 해석이 사회적으로 인정받고 강화되면서 훨씬 더 강력한 치유 효과를 불러온다. 마치 혼자 중얼거리는 위로와 많은 사람이 함께 해주는 위로의 차이와 같다.

디지털 액땜 문화는 '집단적 학습 Collective Learning' 효과도 있다. 다른 사람들의 액땜 사례를 보면서 "아, 이런 상황에서도 액땜으로 해석할 수 있구나"라는 새로운 관점을 배울 수 있다. 예를 들어 누군가 "면접에서 떨어졌지만 액땜했다. 더 좋은 회사에 갈 기회를 얻었다"라는 포스팅을 올리면, 이를 본 다른 사람들도 비슷한 상황에서 같은 방식으로 생각해볼 수 있다. 액땜식 사고의 사회적 확산과 전수를 의미한다.

더 나아가 디지털 액땜 문화는 '스토리텔링의 민주화'도 가져온다. 전통적으로는 할머니나 어른들이 들려주는 지혜로운 이야기를 통해 액땜의 철학을 배웠다면, 이제는 누구나 자신의 액땜 스토리를 만들고 공유할 수 있다. 평범한 직장인의 일상적 실수부터 학생의 시험 실패까지, 모든 경험이 액땜 스토리의 소재가 될 수 있다. 이는 액땜 문화의 다양성과 풍부함을 크게 증가시킬 것이다.

미국에서는 이와 같은 문화적 열풍이 불었던 적이 있다. 바로 제2차 세계대전이 끝나고 미국으로 돌아온 사람들이 "IALAC I Am Lovable And Capable"이라는 포스터를 붙이면서 확산된 운동이다. 이 운동은 제2차 세계대전이 끝나고 시작되어 현재까지도 계속되는 자존감 향상 운동으로, 개인이 자신의 가치를 인정하고 긍정적 자아상을 형성하도록 돕는 것을 목표로 한다. 참가자들은 "I Am Lovable And Capable"이라는 문구가 적힌 스티커나 배지를 착용하고, 자신의 긍정적 경험이나 성취를 다른 사람들과 공유한다.

IALAC 운동의 핵심은 개인의 긍정적 경험을 사회적으로 공유하고 인정받음으로써 자존감을 향상시키는 것이다. 액땜 문화의 디지털 진화와 놀라울 정도로 유사한 구조이다. 다만 IALAC이 성공과 성취에 초점을 맞춘다면, 액땜 문화는 실패와 손실을 긍정적으로 재해석하는 것에 초점을 맞춘다는 차이가 있다. 하지만 둘 다 개인적 경험을 집단적으로 공유하고 사회적 검증을 통해 심리적 치유 효과를 얻는다는 점에서는 동일하다.

액땜 이론으로 볼 때 IALAC 현상을 액땜식 처리라고 할 수 있지 않을까? IALAC 참가자들은 자신의 긍정적 경험을 공유함으로써 "더 큰 자존감 손상을 막았다"라고 볼 수 있다. 즉 작은 성취 경험의 공유를 통해 더 큰 우울감이나 자존감 저하를 예방하는 것이다. 전형적인 액땜의 논리, 즉 "작은 것으로 큰 것을 막는다"라는 원리와 정확히 일치한다.

IALAC 운동의 성공 사례를 보면 액땜 문화의 디지털 진화 가능성을 더욱 현실적으로 평가할 수 있다. IALAC은 단순한 개인적 운동에서 시작되어 학교, 직장, 지역사회로 확산되었고, 현재는 전 세계적으로 다양한 형태로 실천 중이다. 특히 소셜미디어 시대에 들어서면서 "#IALAC, #IAmLovableAndCapable"과 같은 해시태그를 통해 더욱 활발한 온라인 활동을 보여준다. 긍정적 문화 운동이 어떻게 디지털 공간에서 확산되고 발전할 수 있는지를 보여주는 좋은 사례다.

디지털 진화의 명암

구체적으로 액땜 인증숏 문화가 어떻게 발전할 수 있을지 상상해보자. 아침에 지각해서 뛰어가다 넘어진 직장인이 무릎에 난 상처 사진을 올리면서 "#액땜완료 #더큰사고예방 #오늘은좋은날"이라는 해시태그를 단다. 댓글에는 "진짜 액땜이네요", "큰 사고 날 뻔한 걸 미리 막았네요", "이제 복권 한 장 사세요"와 같은 반응이 달린다. 이런 과정을 통해 개인의 작은 사고는 집단적 위로와 격려의 장이 된다.

카페에서 노트북에 커피를 쏟은 대학생이 젖은 키보드 사진을 올리면서 "#액땜했다 #논문날아갈뻔 #백업의중요성"이라고 포스팅한다. 다른 학생들이 "저도 비슷한 경험 있어요", "다행히 큰 손실 없이 끝났네요", "이제 더 조심하게 될 거예요"와 같은 댓글을 달면서 공감대를 형성한다. 이것은 단순한 위로를 넘어 실용적 교훈까지 공유하는 효과를 불러온다.

더 나아가 '액땜 챌린지'와 같은 것도 등장할 수 있다. 일주일 동안 자신이 경험한 작은 불행들을 매일 하나씩 액땜 관점에서 해석해 올리는 챌린지다. "월요일 액땜: 버스 놓쳤지만 걸어가면서 운동됨", "화요일 액땜: 점심 메뉴 매진됐지만 새로운 맛집 발견", "수요일 액땜: 우산 안 가져갔는데 비 와서 친구 우산에 같이 들어감"과 같은 식으로 일상의 작은 불편들을 긍정적으로 재해석하는 연습을 하는 것이다.

이런 디지털 액땜 문화가 가져올 집단적 치유 효과는 상당할 것으로 예상된다. 우선 '정서적 전염 Emotional Contagion' 효과를 통해 긍정적 감정이 확산된다. 한 사람의 액땜 포스팅을 본 사람들이 그 긍정적 해석에 영향을 받아 자신의 상황도 비슷하게 해석하게 되는 것이다. 마치 웃음이 전염되듯이 액땜식 사고도 전염될 수 있다.

또한 '사회적 지지 Social Support' 효과도 크다. 혼자서는 받아들이기 어려운 실패나 좌절도 많은 사람이 함께 "액땜이다"라고 말해주면 훨씬 쉽게 받아들일 수 있다. 이는 개인의 회복탄력성을 크게 향상시킬 수 있다. 특히 현대 사회의 개인주의적 성향과 사회적 고립 문제를 고려할 때, 이런 집단적 지지 시스템의 가치는 더욱 크다.

'집단적 학습 Collective Learning' 효과도 주목할 만하다. 다양한 사람의 액땜 사례를 보면서 "이런 상황에서도 이렇게 생각할 수 있구나"라는 새로운 관점을 배울 수 있다. 개인의 인지적 유연성을 향상시키고, 미래의 비슷한 상황에서 더 적극적으로 대처할 수 있게 해준다. 마치 집단지성Collective Intelligence이 문제 해결에 활용되듯이, 집단적 액땜 지혜가 개인의 정신 건강에 도움을 줄 수 있다. 액땜 문화의 디지털 진화가 현실화될 가능성을 평가해보면, 여러 긍정적 요소가 발견된다.

우선 한국 사회에 이미 액땜이라는 문화적 토양이 존재한다는 점이다. 대부분의 한국인이 액땜의 개념을 이해하고, 일상에서도 자주 사용한다. 새로운 문화를 만들어내는 것보다 훨씬 쉬운 조건이다.

둘째로 현재 SNS 문화의 특성상 개인적 경험의 공유가 매우 활발하다는 점이다. 이미 "#일상, #감정기록, #솔직후기"와 같은 해시태그들을 통해 개인의 다양한 경험이 공유된다. 액땜 문화는 이런 기존 문화의 자연스러운 확장으로 볼 수 있다.

셋째로 현대인들의 정신 건강에 대한 관심이 높아진다는 점이다. 우울, 불안, 스트레스 등이 사회적 문제로 대두되면서 이를 해결할 수 있는 새로운 접근법에 대한 수요가 증가한다. 액땜 문화는 이런 수요에 부응하는 대안적 솔루션이 될 수 있다.

넷째로 코로나19 팬데믹 이후 '작은 것에 대한 감사'나 '일상의 소중함'과 같은 가치관이 확산되었다는 점이다. 이런 분위기에서 작은 불행도 긍정적으로 해석하려는 액땜 문화는 시대적 흐름에 부합한다고 본다.

물론 액땜 문화의 디지털 진화에는 잠재적 부작용도 있다. 우선 '액땜 강박'이 생길 가능성이다. 모든 불행한 일을 억지로 액땜으로 해석하려고 하거나, 액땜 포스팅을 올리기 위해 의도적으로 실수를 만들어내는 경우가 생길 수 있다. 본래 액땜의 자연스러운 철학과는 거리가 멀다. 또한 '진정성 문제'도 있다. 진짜 액땜이 아닌 상황을 억지로 액땜으로 포장하거나, 관심을 끌기 위해 과장된 액땜 스토리를 만들어내는 경우가 생길 수 있다. 액땜 문화의 본질을 훼손할 위험이 있다.

'동조 압력'의 문제도 고려해야 한다. 액땜 문화가 지배적이 되면 정말 힘든 상황에 있는 사람도 "액땜이라고 생각해야 한다"는 압박을 받을 수 있다. 이는 진정한 도움이 필요한 상황에서 적절한 지원을 받지 못하게 할 위험이 크다. 하지만 이런 부작용들은 적절한 문화적 가이드라인과 교육을 통해 예방 가능하다. 중요한 것은 액땜 문화가 강요가 아닌 선택이 되어야 하고, 진정성을 바탕으로 해야 한다는 점이다.

속담에 담긴
리스크-보상 역학

메타적 역설의 언어 '되'와 '말'

한국말에는 "되로 주고 말로 받는다"라는 말이 있다. 이 말을 들을 때마다 웃음부터 나온다. 이상하게도 이 속담은 한국 사람들이 가장 좋아하면서도 가장 무서워하는 말 중 하나다. 이 말에는 묘한 이중성이 숨어 있기 때문이다. 원래는 "조금 주고 몇 곱절이나 많이 받는다"는 뜻이지만, 현실에서는 주로 "남에게 작은 나쁜 짓을 했다가 더 큰 앙갚음을 당한다"는 부정적 의미로 쓰인다. 그런데 이 속담을 액땜 이론의 관점에서 바라보면, 전혀 다른 차원의 지혜가 보인다.

먼저 '되'와 '말'의 차이부터 살펴보자. 되는 약 1.8리터, 말은 약 18리터로 정확히 10배의 차이가 난다. 옛날 시장에서 쌀이나 콩을 나무로 된 사각형 그릇에 담아 팔던 시절, 한 되는 그야말로 한 끼 정도 해결할 양이었고, 한 말은 여러 끼를 해결할 수 있는 넉넉한 양이었다. 이 10배의 차이가 바로 액땜 이론의 핵심이다.

그러나 "되로 주고 말로 받는다"라는 말에는 여러 가지 차원에서 시제의 역설이 담겨 있다. 즉 이 속담에서 시제의 역설은 현재와 미래가 뒤엉킨 시간 구조에서 의미를 제대로 파악할 수 있다. 이 속담은 문법적으로는 현재형 구조이지만, 실제 의미 체계에서는 복잡한 시간성의 층위를 드러내기 때문이다.

첫 번째 시제 역설은 '인과관계의 시간 지연'이다. '되로 준다'는 행위는 현재에 일어나지만, '말로 받는다'는 결과는 미래에 실현된다. 그런데 이 속담이 사용되는 순간은 대부분 이미 '말로 받은' 후다. 즉 사람들이 이 속담을 입에 올릴 때는 이미 결과가 드러난 상태에서 과거를 돌아보며 말하는 것이다. 마치 "예언이 성취된 후에야 예언을 인식한다"는 역설적 구조와 같다.

두 번째는 '예측 불가능성의 패러독스'다. 이 속담은 미래의 결과를 예측하는 지혜로 사용되지만, 정작 '되를 주는' 순간에는 그 사람이 '말로 받을' 것을 예상하지 못한다는 점이다. "지혜는 사후적으로만 작동한다"는 시간의 아이러니를 보여준다.

세 번째는 '현재 시점의 이중성'이다. 이 속담을 말하는 순간, 화자는 동시에 과거(되로 준 행위)와 현재(말로 받은 결과)를 아우르면서, 미래(비슷한 상황에서의 교훈)를 향해 있다. 그런데 흥미롭게도 '되로 주고'와 '말로 받는다'는 모두 현재형으로 표현되어, 시간의 순차성이 문법적으로는 평평하게 처리되어 있다. 즉 우리는 "되로 주고 말로 받을 것이다"라고 표현하지 않는다는 뜻이다. 마치 과거-현재-미래가 하나의 평면에서 동시에 펼쳐지는 듯한 착각을 불러일으킨다.

네 번째는 '경험의 축적과 반복'이다. 이 속담은 개별적인 한 번의 경험을 말하는 것 같지만, 실제로는 "이런 일이 반복된다"라는 일반 법칙을 담고 있다.『조선일보』에 따르면 "요즘 남에게 조금 해를 입혔다가 더 큰 해를 입는다는 나쁜 뜻으로" 주로 쓰인다고 한다. 즉 과거의 특정 사건이 현재의 일반 원리가 되고, 이 일반 원리가 다시 미래의 예측 도구가 되는 순환 구조이다.

다섯 번째는 '도량형의 시간성'이다. 되와 말이라는 전통 도량형 자체가 이미 과거의 유물이지만, 이 속담에서는 현재형으로 살아 움직인다. 현대인들은 리터나 킬로그램으로 물건의 수량을 측정하지만, 이 속담을 쓸 때만큼은 갑자기 조선시대의 시장으로 돌아간다. 언어가 시간을 초월하여 과거의 경험을 현재로 소환하는 신비로운 능력을 보여준다.

여섯 번째는 '의미 전환의 시점'이다. 원래 이 속담은 긍정적 의미였으나, 시간이 지나면서 주로 부정적 의미로 사용되고 있다. 그런데 이 의미 변화 자체가 '되로 주고 말로 받는' 현상과 닮았다. 작은 부정적 용법이 시간이 지나면서 속담 전체의 의미를 압도한 것이다. 언어의 의미도 '되로 주고 말로 받는' 법칙을 따른다는 메타적 역설을 만들어 낸다.

이러한 시제의 역설들은 액땜 이론과 만나면서 더욱 흥미로운 차원을 드러낸다. 액땜은 "미래의 좋은 일을 위해 현재의 나쁜 일을 받아들인다"는 시간적 거래 개념이다. 이때 "되로 주고 말로 받는다"는 액땜의 역방향 버전처럼 작동한다. 액땜이 "현재의 손해를 미래의 이익으로 전환"하는 개념이라면, 이 속담은 "현재의 잘못된 이익 추구가 미래의 더 큰 손해로 돌아온다"는 경고다. 결국 두 개념 모두 시간의 흐름

속에서 균형이 회복된다는 동양적 세계관을 반영하며, 이 과정에서 시제는 단순한 문법 범주를 넘어 우주의 운행 원리를 담는 그릇이 된다.

이제 "되로 주고 말로 받는다"를 액땜 이론과 함께 생각해보자. 액땜 이론에서 말하는 '작은 희생'이 바로 그 '되'에 해당한다면, '큰 위기를 막는 효과'는 '말'에 해당한다. 한 되 정도의 작은 손실을 감수함으로써 한 말 정도의 큰 손실을 막을 수 있다는 것이다. 이는 단순한 1:10의 비율이 아니라 질적으로 완전히 다른 차원의 변화를 의미한다.

예를 들어 한 회사에서 직원이 작은 실수로 중요한 프레젠테이션에서 오타를 낸 상황을 가정해보자. 전통적인 사고방식이라면 "큰일 났다, 어떻게 하지?"라며 당황할 것이다. 하지만 액땜 이론적 사고로 접근하면 "다행이다, 이 정도 작은 실수로 끝나서. 만약 계약서에서 이런 실수가 있었다면 어떻게 되었을까?"라고 생각한다. 한 되만큼의 작은 실수가 한 말만큼의 큰 실수를 미리 차단해준 것으로 해석하는 방식이다.

중요한 것은 앞서 언급한 대로 "되로 주고 말로 받는다"는 말이 현재는 주로 부정적 의미로 쓰이는 경우가 많다는 점이다. 대부분 누군가 작은 나쁜 짓을 했다가 더 큰 앙갚음을 당할 때 그런 상황을 빗대어 표현하기 위해 사용되는 경우가 많다. 왜 이렇게 부정적인 맥락에서 사용될까? 여기에는 한국 사회의 깊이 있는 문화적 특성과 집단 심리를 반영하는 듯 보인다. 이러한 현상을 이해하기 위해 먼저 서구 문화의 유사한 표현들과 비교해보자.

심리적 메커니즘으로 들여다본 '되'와 '말'

서구 문화에서 "You get what you give"나 "What goes around comes around"와 같은 표현은 상당히 중립적인 성격을 띤다. 이 표현들은 선한 행동에 대한 보상과 악한 행동에 대한 응보를 동등하게 다루며, 때로는 "좋은 일을 하면 좋은 결과가 돌아온다"는 긍정적 격려의 의미로도 사용된다. 특히 기독교 문화권에서 "As you sow, so shall you reap"(심은 대로 거둔다)라는 성경적 표현은 도덕적 행위에 대한 신의 공정한 심판이라는 중립적 또는 긍정적 맥락에서 이해된다.

반면 한국의 "되로 주고 말로 받는다"는 속담은 압도적으로 부정적 상황에서 사용된다. 누군가가 작은 악행을 저지르고 그보다 큰 처벌이나 응보를 받았을 때, 사람들은 이 속담을 사용하며 일종의 도덕적 만족감을 표현한다. 하지만 누군가가 작은 선행을 하고 큰 보상을 받았을 때는 이 속담을 거의 사용하지 않는다. 오히려 그런 상황에서는 "분수에 넘친다"거나 "과분하다"는 식의 표현을 더 자주 사용하는 경우가 많다.

이러한 현상의 근본 원인은 한국 문화의 과도한 겸손 문화와 밀접한 관련이 있다. 유교적 전통에서 비롯된 겸손의 미덕은 한국 사회에서 지나치게 강조되어왔다. 맹자는 "사람이 겸손하지 않으면 예의가 없다"라고 했고, 공자는 "군자는 자신을 낮추고 남을 높인다"라고 가르쳤다. 이러한 유교적 가르침이 한국 사회에 깊이 뿌리내리면서, 자신의 성취나 보상에 대해 당당하게 말하는 것을 부담스러워하는 문화가 형성되었다.

따라서 누군가가 작은 선행을 하고 큰 보상을 받았을 때, 당사자는 물론 주변 사람들도 이를 "되로 주고 말로 받았다"라고 표현하기보다는 "운이 좋았다", "과분하다", "민망하다"와 같은 겸손한 표현을 선호한다. 심지어 정당한 보상임에도 불구하고 이를 자랑스럽게 여기거나 공개적으로 표현하는 것을 꺼리는 경향이 있다.

반면 다른 사람이 악행을 저지르고 응보를 받았을 때는 전혀 다른 반응을 보인다. 이때는 "되로 주고 말로 받았다"며 도덕적 우월감과 함께 일종의 카타르시스를 느낀다. 이러한 반응에는 여러 심리적 메커니즘이 작용한다.

첫째, 정의에 대한 갈증이 충족되는 만족감이다. 한국 사회는 오랫동안 계층적 구조와 권위주의적 문화 속에서 불공정함을 경험해왔다. 권력을 쥔 사람들이 부당한 이익을 취하거나 약자를 억압하는 상황을 자주 목격하면서, 사람들은 정의에 대한 강한 갈증을 느꼈다. 따라서 누군가가 악행을 저지르고 그에 상응하는 처벌을 받으면, 억눌렸던 정의감이 분출되면서 강한 만족감을 얻는다.

둘째, 사회적 규범의 재확인 효과다. "되로 주고 말로 받는다"라는 표현을 사용함으로써 사람들은 도덕적 질서가 여전히 유효하다는 것을 확인한다. 이는 사회의 도덕적 기준을 재설정하고 집단의 결속력을 강화하는 역할을 한다. 사회심리학자 하이트Jonathan Haidt가 지적했듯이, 도덕적 감정은 집단의 협력과 결속을 위한 진화적 메커니즘이다.

셋째, 대리만족과 우월감의 심리가 작용한다. 다른 사람의 불행을 보며 느끼는 '샤덴프로이데Schadenfreude' 현상이 여기에 해당한다. 특히 평소 부러워하거나 질투했던 대상이 실패하거나 처벌받을 때 이러한 감정이 더욱 강하게 나타난다. 심리학자 스미스Richard Smith는 이러한 현상을 '하향 사회 비교'의 결과로 설명한다.

또한 한국 문화의 집단주의적 특성도 이러한 현상을 강화한다. 개인주의 문화에서는 개인의 성취나 실패를 주로 개인적 차원에서 해석하지만, 집단주의 문화에서는 이를 사회적 맥락에서 해석하는 경향이 강하다. 따라서 누군가의 악행과 그에 따른 응보는 집단 전체의 도덕적 질서를 재확인하는 사건으로 받아들여진다.

한국 사회의 '체면' 문화도 중요한 역할을 한다. 체면을 중시하는 문화에서 누군가가 체면을 잃고 몰락하는 것은 단순한 개인적 불행이 아니라 사회적 질서의 회복으로 인식된다. 특히 권력이나 지위를 이용해 부당한 이익을 취했던 사람이 몰락할 때, 사람들은 이를 '당연한 결과'로 받아들이며 도덕적 만족감을 표현한다.

이러한 현상은 한국어의 언어적 특성에서도 확인된다. 한국어에는 남의 불행을 표현하는 다양한 관용구들이 있다. '자업자득', '인과응보', '천벌을 받다', '업보를 받다' 등이 그것이다. 반면 남의 행운이나 성공을 표현하는 긍정적 관용구는 상대적으로 적다. 한국 문화가 응보적 정의에 대해 특별한 관심이 있음을 보여준다.

게다가 현대 한국 사회에서 이러한 현상은 인터넷과 소셜미디어를 통해 더욱 증폭되고 있다. 유명인이나 권력자의 스캔들이 터지면 "되로 주고 말로 받았다"는 댓글이 폭주하며, 집단적 카타르시스의 장이 된다. 반면 누군가의 성공이나 행운에 대해서는 상대적으로 냉담한 반응을 보이거나 오히려 의심의 눈초리를 보내는 경우가 많다.

기업 전략의 숨은 공식, '되' 투자와 '말' 수확

하지만 이 속담의 진정한 잠재력을 놓치고 있는 것이 아닐까? 액땜 이론의 관점에서 보면, 오히려 "작은 선행이 큰 복으로 돌아온다"는 긍정적 의미로 해석할 수도 있다. 바꾸어 이야기하면 우리가 스스로 긍정적 선순환의 가능성을 제한한다는 뜻이다. 예를 들어 어떤 사업가가 어려운 시기에 직원들의 월급을 깎지 않고 오히려 복리후생을 개선했다고 하자. 단기적으로는 한 되만큼의 비용 부담이지만, 직원들의 충성도와 생산성 향상으로 인해 한 말만큼의 수익이 돌아올 수 있다. 이때 "되로 주고 말로 받았다"라고 표현할 수 있지만, 대부분의 사람은 이런 상황에서 이 속담을 쓰지 않는다. 마치 긍정적인 결과를 인정하는 것이 오만한 듯 보이기 때문이다.

액땜 이론과 "되로 주고 말로 받는다"는 속담을 결합하면, 놀라운 시너지 효과가 나타난다. 액땜 이론은 "작은 손실이 큰 손실을 막아준다"는 관점이고, "되로 주고 말로 받는다"는 "작은 투자가 큰 수익을 가져온다"는 관점이다. 이 둘을 합치면 "작은 투자로 큰 손실을 막으면서 동시에 큰 수익까지 얻을 수 있다"는 더블 효과가 생긴다.

실제로 성공한 기업들의 전략을 보면 이런 패턴을 쉽게 찾을 수 있다. 애플이 아이폰을 개발할 때 기존 아이팟iPod 매출에 미칠 악영향(되)을 감수했지만, 결과적으로는 스마트폰 시장이라는 훨씬 큰 시장(말)을 선점할 수 있었다. 동시에 다른 경쟁업체들이 스마트폰 시장을 먼저 선점할 위험(더 큰 말)도 미리 차단한 효과도 있다.

구글이 안드로이드를 무료로 배포한 것도 마찬가지다. 단기적으로는 운영체제 라이선스 수익(되)을 포기했지만, 모바일 검색 시장 지배력과 광고 수익(말)을 확보할 수 있었다. 동시에 애플의 iOS가 모바일 시장을 독점할 위험(더 큰 말)도 차단했다.

현대 사회는 점점 더 복잡해지고 있지만, '되로 주고 말로 받는' 원리는 여전히 유효하다. 오히려 네트워크 사회에서는 이 효과가 더욱 극대화된다. 소셜미디어에서 작은 도움이나 정보 공유(되)가 예상치 못한 큰 기회나 인맥(말)으로 연결되는 경우가 많다. 유튜버나 인플루언서들이 초기에 무료로 콘텐츠를 제공하다가(되) 나중에 광고 수익이나 후원(말)을 받는 것도 같은 원리다.

스타트업 생태계에서도 마찬가지다. 경험 있는 창업가들이 후배 창업가들에게 무료로 멘토링을 제공하는 것(되)이 나중에 투자 기회나 사업 파트너십(말)으로 돌아오는 경우가 많다. 실리콘밸리의 "Pay it forward" 문화가 바로 이런 원리에 기반한다. 여기에서 중요한 것은 역시 시제와 관련 있다. '되로 주고 말로 받는' 효과에서 중요한 것 중 하나는 타이밍이다. 어떤 되를 언제 투자하느냐에 따라 말로 돌아오는 시기와 크기가 달라진다. 예를 들어 경기 침체기에 우수한 인재를 채용하거나(되) 기술 개발에 투자하는 것(되)은 경기 회복기에 경쟁업체 대비 큰 우위(말)를 가져올 수 있다. 이는 남들이 위축될 때 투자하는 역발상 전략의 핵심이다.

전쟁사에서 발견한
리스크 분산의 통찰

패배의 역설, 작은 희생을 대승리로

이제 역사적 관점에서 살펴보자. 『손자병법』과 역사적 전쟁사를 들여다보면 '되로 주고 말로 받는' 액땜 이론적 전략이 실제로 수없이 등장한다는 사실에 놀라게 된다. 단순히 속임수나 기만술을 넘어, 작은 손실이나 희생을 통해 압도적인 승리를 거두는 전략적 지혜의 핵심이다. 마치 현대의 벤처캐피털리스트가 작은 금액으로 큰 수익을 노리듯이, 고대의 전략가들도 최소한의 투자로 최대한의 효과를 얻는 방법을 찾고 있었던 것이다.

『손자병법』에서 가장 유명한 구절인 "병자궤도야兵者詭道也"(전쟁은 속임수다)에는 바로 액땜 이론의 정수가 담겨 있다. 하지만 여기서 말하는 '속임수'는 우리가 흔히 생각하는 비열한 거짓말이 아니다. 오히려 이는 작은 것을 주고 큰 것을 얻는 고도의 전략적 사고를 의미한다. 손자가 제시한 14가지 속임수 전략은 모두 '되로 주고 말로 받는' 원리에 기반한다. 마치 체스에서 퀸을 잡기 위해 기꺼이 룩을 내주는 것과 같은 계산된 희생의 예술이다.

『손자병법』의 핵심 전략들을 보면 이런 액땜적 사고가 명확히 드러난다. "능이시지불능能而示之不能"(강한데 약한 척하기), "용이시지불용用而示之不用"(쓸 거면서 안 쓰는 척하기), "근이시원近而示遠"(가까운데 먼 척하기), "원이시근遠而示近"(먼데 가까운 척하기)이 그것이다. 이러한 전략들은 모두 작은 연기나 위장(되)을 통해 상대의 큰 실수를 유도하여 압도적 승리(말)를 얻는 구조다. 손자는 이미 2,500년 전에 '페이크fake'의 달인이었던 셈이다.

후한 말 조조와 원소의 관도대전(기원후 200)은 액땜 이론의 완벽한 실현 사례로, 마치 현대 스타트업이 대기업을 이기는 것 같은 통쾌함을 보여준다. 원소가 10만 대군으로 조조의 2만 군대를 포위했을 때, 상황은 절망적이었다. 현대로 치면 삼성이 작은 IT 회사를 완전히 포위한 것과 같은 상황이었다. 하지만 조조는 여기서 놀라운 액땜 전략을 구사했다.

조조는 고작 5천 명의 정예 기병(되)을 이용해 원소군의 보급기지인 오소를 기습했다. 게릴라전에서 적의 연료 저장고를 파괴하는 것과 같은 전략이었다. 정면 승부로는 절대 이길 수 없으니, 상대의 아킬레스건을 공략한 것이다. 이 작은 기습 작전(되)으로 인해 10만 대군이 보급 부족으로 스스로 무너졌고, 조조는 압도적 승리(말)를 거두었다.

실제로 5천 명의 기병으로 10만 대군을 이긴 것은 정확히 1:20의 비율이다. '되로 주고 말로 받는' 속담의 10:1 비율을 훨씬 뛰어넘는 압도적 성과다. 조조는 마치 현대의 해커가 거대한 시스템을 작은 백도어로 무력화시키듯이 상대방 시스템의 치명적 약점을 정확히 공략했다. 이후 원소는 이 패배를 계기로 몰락의 길을 갔고, 조조는 중국 통일의 기반을 마련했다.

이순신의 명량대첩(1597)은 한국 역사상 가장 극적인 액땜 이론 실천 사례다. "아직 신에게는 12척의 배가 있사옵니다"라고 했던 이순신 장군의 말은 아직도 명언으로 남아 있다. 할리우드 영화보다도 더 드라마틱한 반전을 보여준다. 단 13척의 조선 수군이 일본의 133척 함대와 맞서는 절망적 상황에서, 이순신은 명량의 좁은 해협과 조류 변화라는 작은 자연 조건을 이용했다. 현대로 치면 13대의 전투기로 133대의 적 전투기와 맞서는 것과 같은 상황이었다.

이순신의 전략은 단순히 용감하게 돌진하는 것이 아니었다. 그는 의도적으로 자신의 함대를 위험한 위치(되)에 놓아 일본군을 유인했다. 마치 투우사가 황소를 유인하듯, 상대방이 가장 공격하고 싶어 하는 위치에 스스로를 배치한 것이다. 조류가 바뀌는 순간을 정확히 계산하여, 일본 함대가 혼란에 빠졌을 때 반격했다. 마치 서핑에서 가장 큰 파도가 올 때를 기다렸다가 올라타는 것과 같은 정교한 타이밍 게임이었다.

결과적으로 13척으로 133척의 일본 함대를 상대하여 31척을 격침시키는 압도적 승리(말)를 거두었다. 이는 정확히 1:10의 비율로, '되로 주고 말로 받는' 원리의 완벽한 구현이다. 이순신은 작은 함대라는 약점(되)을 오히려 장점으로 활용하여, 빠른 기동력과 지형지물을 최대한 활용할 수 있었다. 마치 작은 스타트업이 대기업보다 빠른 의사결정으로 시장을 선점하는 것과 같은 논리였다.

12척? 13척? 도대체 무엇이 진실인가?

"아직 신에게는 12척의 배가 남아 있사옵니다"

영화 「명량」(2014)에서 나온 이 유명한 대사는 실제로는 각색된 것으로, 역사적 사실과는 미묘한 차이가 있다. 실제 이순신이 조정에 올린 장계에는 "아직 신에게는 12척의 배가 있사옵니다"라고 기록되었는데, 이는 경상 우수사 배설로부터 인수받은 판옥선 12척을 의미했다.

하지만 이후 전라 우수사 김억추의 판옥선 한 척이 추가되면서 실제 명량대첩 당시에는 총 13척의 판옥선으로 전투를 치르게 되었다. 따라서 영화에서 '13척'이라고 한 표현은 실제 전투 당시의 전력을 반영한 것이며, 역사적 정확성과 드라마틱한 효과를 동시에 고려한 절묘한 각색이다.

실제 명량대첩에서 조선 수군은 판옥선 13척과 초탐선(협선) 32척으로 총 45척의 함선을 보유하고 있었지만, 실질적인 전투력을 가진 것은 판옥선 13척이었다. 이에 맞서 일본 수군은 명량해협에 직접 진입한 함선만 133척에 달했으며, 전체 함대 규모는 200~300여 척이었다.

이순신이 조정에 올린 그 유명한 장계의 전문을 보면 더욱 감동적이다. "임진년부터 5~6년간 적이 감히 호서와 호남으로 직공하지 못한 것은 수군이 그 길을 누르고 있어서입니다. 죽을힘을 내어 맞아 싸우면 이길 수 있습니다. 지금 만약 수군을 모두 폐한다면 이는 적들이 다행으로 여기는 바로서, 말미암아 호서를 거쳐 한강에 다다를 것이니 소신이 두려워하는 바입니다. 비록 전선의 수가 적으나 지금 신에게는 아직도 12척의 전선이 있사옵고, 미천한 신이 아직 죽지 아니하였으니 왜적들이 감

> 히 우리를 업신여기지 못할 것입니다."
>
> 이 장계가 보여주는 것은 단순한 숫자의 문제가 아니라, 절망적 상황에서도 굴복하지 않는 불굴의 의지였다. 12척이든 13척이든, 중요한 것은 압도적인 수적 열세(1:10 비율)를 극복하고 역사상 가장 극적인 해전 승리를 거두었다는 사실이다. 이는 단순한 용기가 아닌 치밀한 전략과 지형 활용, 그리고 명량해협의 좁은 지형과 조류 변화를 완벽히 이용한 결과였다.

한니발의 칸나에 전투(기원전 216)는 서구 전쟁사에서 액땜 이론의 걸작으로 여겨지며, 현재까지도 군사학 교육의 필수 사례로 다루어진다. 한니발은 의도적으로 중앙 부대를 후퇴시키는(되) 전술을 사용했는데, 마치 복싱에서 일부러 맞은 척하다가 카운터펀치를 날리는 것과 같은 고도의 심리전이었다.

승리로 착각한 로마군이 깊숙이 진격했을 때, 한니발은 양쪽 날개 부대가 포위하는 '이중 포위Double Envelopment' 전술을 구사했다. 마치 거미가 거미줄을 쳐놓고 먹이가 걸려들기를 기다리는 것과 같은 치밀한 계획이었다. 한니발은 작은 후퇴와 일부 부대의 희생(되)을 감수함으로써 로마군 8만 중 7만 명이 전사하는 역사적 대승(말)을 거두었다.

이 전투에서 한니발이 보여준 것은 단순한 전술적 우수성이 아니라, 상대방의 심리를 완벽하게 읽은 전략적 통찰력이었다. 로마군은 강한 중앙 돌파로 승리하는 전통적 전술에 익숙했는데, 한니발은 바로 이 점을 역이용한 것이다. 마치 포커에서 상대방이 가장 좋아하는 패턴을 파악한 다음 그것을 함정으로 만드는 듯한 고차원적 심리전이었다. 이 전투는 현재까지도 군사학에서 완벽한 전술의 교본으로 일컬어지며, '칸나에 전술'이라는 말 자체가 포위섬멸전의 대명사가 되었다.

『삼국지』의 적벽대전(기원후 208)에서 제갈량과 주유가 보여준 전략은 액땜 이론의 극치다. 몇 척의 화선(되)으로 조조의 80만 대군을 격파한 이 전투는 마치 현대의 사이버 테러리스트가 작은 바이러스로 거대한 네트워크를 마비시키는 것과 같은 충격을 주었다. 황개의 고육지계를 통해 조조군을 속이고, 동남풍을 이용한 화공으로 조조의 연환선을 모두 불태웠다.

여기서 핵심은 황개라는 장수 한 명이 감수한 개인적 희생(되)이었다. 그는 진짜로 매를 맞아가며 조조군을 속였는데, 마치 스파이가 자신의 신분을 숨기기 위해 실제로 고문을 감수하는 것과 같은 극한의 연기였다. 이런 작은 희생이 결국 조조의 거대한 함대와 육군을 동시에 무력화(말)시키는 결과를 가져왔다.

실제로 몇 척의 배로 수만 척의 함대를 격파한 것은 1:1,000을 넘나드는 비율이다. 단순한 화공의 위력을 넘어, 연환선이라는 조조군의 전략적 선택이 오히려 치명적 약점이 되었음을 보여준다. 조조는 뱃멀미를 방지하고 안정성을 높이려고 배들을 사슬로 연결했는데, 이것이 화공에는 최악의 선택이었다. 제갈량과 주유는 바로 이 점을 간파하고 활용했다. 마치 컴퓨터 바이러스가 네트워크의 연결성을 악용하여 전파되는 것과 같은 원리였다.

알렉산드로스 대왕의 가우가멜라 전투(기원전 331)는 개인적 위험 감수가 어떻게 역사를 바꿀 수 있는지 보여주는 완벽한 액땜 사례다.

알렉산드로스는 소수 정예 기병 부대(되)를 이용해 다리우스 3세의 방대한 페르시아군을 격파했는데, 여기서 핵심은 왕 자신이 직접 감수한 개인적 위험이었다.

알렉산드로스는 자신이 직접 적진 깊숙이 돌입하는 위험(되)을 감수하여 다리우스왕을 직접 위협했다. 마치 체스에서 킹이 직접 최전선에 나서는 것과 같은 극도로 위험한 전략이었다. 하지만 이로 인해 다리우스가 먼저 퇴각하면서 전체 페르시아군이 무너졌다. 지휘관 한 명이 감수한 개인적 위험(되)이 페르시아 제국 전체의 몰락(말)으로 이어진 역사적 사례였다.

알렉산드로스의 이런 전략은 단순한 용기라기보다는 치밀한 계산에 기반한 것이었다. 그는 페르시아군의 약점이 왕에게 너무 집중된 지휘체계라는 것을 간파했다. 따라서 왕만 위협하면 전체 군대가 무너질 것이라고 정확히 예측했다. 현대의 사이버 공격에서 CEO의 개인 계정을 해킹하여 전체 회사 시스템에 침투하는 것과 같은 원리다.

액땜 전략, 역사에서 경영으로

현대전으로 오면, 1991년 걸프전의 73 이스팅 전투는 액땜 이론이 현대전에서도 여전히 유효함을 보여주는 사례다. 허버트 맥매스터 Herbert McMaster 중대장이 지휘한 미군 기갑부대는 GPS와 열화상 장비라는 신기술(작은 기술적 우위)을 활용하여 이라크 공화국 수비대를 압도적으로 격파했다.

여기서 핵심은 모래폭풍이라는 악조건(되)을 오히려 기회로 활용한 점이다. 일반적으로 모래폭풍은 모든 군대에게 불리한 조건이지만, 첨단 장비를 보유한 미군에게는 오히려 유리했다. 적의 시야를 차단한 상태에서 일방적 공격을 가할 수 있었기 때문이다. 결과적으로 미군의 손실은 거의 없이 이라크군 전차 대대를 전멸시키는(말) 성과를 거두었다. 오늘날 스타트업이 경제 위기라는 악조건을 기회로 활용하여 기존 대기업들을 추월하는 것과 같은 원리다. 기술적 우위를 가진 소수가 악조건을 오히려 자신에게 유리한 조건으로 바꿀 수 있다는 것을 보여준 사례다.

손자가 강조한 "출기불의 공기불비出其不意 攻其不備"(예상하지 못한 시점에 방비가 없는 곳을 공격)하는 전략은 바로 액땜 이론의 핵심이다. 즉 작은 기습이나 기만(되)을 통해 상대방이 큰 실수를 하도록 유도하여 결정적 승리(말)를 거두는 것이다. 마치 권투에서 페인트 모션으로 상대를 속인 다음 예상치 못한 각도에서 결정타를 날리는 것과 같은 원리다.

이 전략의 핵심은 상대방의 예측 패턴을 파악하고 그것을 역이용하는 것이다. 모든 사람에게는 자신만의 사고 패턴과 행동 양식이 있는데, 뛰어난 전략가는 바로 이 점을 간파해 활용한다. 마치 포커 플레이어가 상대방의 '텔tell'을 파악하여 활용하는 것과 같은 고차원적 심리전이다.

한국형 전략 사고의 뿌리

끊임없는 위기 속에서 빚어진 삶의 지혜

우리는 이제 중요한 한 가지 사실에 도달해야 한다. 그것은 바로 '액땜 이론'은 한국에만 존재하는 사상이자 철학이라는 점이다. 도대체 왜 그럴까? 앞에서도 잠시 언급했지만 한국에 액땜 이론이 자리 잡게 된 이유는 한국의 독특한 역사적·문화적·사회적 배경에서 찾을 수 있다. 이는 단순한 미신이 아니라 오랜 세월 동안 한국 사회가 경험한 불확실성과 위기를 극복하는 과정에서 형성된 실용적 지혜다. 마치 오랜 시간 끓인 사골 국물처럼, 한국인들의 삶 속에서 우러난 진한 생존의 맛이다. 그릇이 깨지면 "액땜했다"라며 웃어넘기는 한국인들의 모습을 보며 외국인들은 종종 신기해한다. 어떻게 손실을 보고도 오히려 안도할 수 있을까? 이 궁금증에 대한 답은 한국 역사의 깊은 곳에 숨어 있다.

한국은 역사적으로 끊임없는 외침과 자연재해를 겪으며 살아왔다.

몽골 침입, 임진왜란, 정유재란, 일제강점기, 한국전쟁 등 예측 불가능한 큰 위기들이 반복되면서, 한국인들은 작은 손실이나 불행이 더 큰 재앙의 전조일 수 있다는 경험적 지혜를 체득했다. 폭풍 전 고요함을 경험한 선원이 작은 바람의 변화에도 민감하게 반응하는 것과 같다. 한국사를 들여다보면 마치 재난 영화의 연속편을 보는 듯하다. 13세기에는 몽골이 일곱 번이나 침입했고, 16세기 말에는 일본이 두 번이나 조선을 침략했다. 그리고 20세기에는 일제강점기와 한국전쟁이라는 민족사의 최대 비극을 겪었다. 이런 환경에서 살아남은 사람들의 후예라면, 작은 불행에도 "더 큰 재앙이 올 수도 있었는데 이 정도로 끝나서 다행"이라고 생각하는 것이 자연스럽게 느껴지기도 한다.

특히 농업 중심 사회에서는 날씨와 자연재해에 대한 불확실성이 매우 컸다. 가뭄, 홍수, 메뚜기 떼 등의 자연재해는 예측이 불가능했고, 이런 환경에서 작은 징조나 작은 손실을 통해 더 큰 위험을 미리 감지하고 대비하려는 문화가 형성되었다. "액땜했다"라는 말은 이런 맥락에서 "이 정도 손실로 끝나서 다행이다. 더 큰 재앙이 올 수도 있었는데"라는 현실적 안도감의 표현이었다. 농부가 작은 우박을 맞으며 "다행히 태풍은 아니구나"라고 안도하는 심정과 같다. 조선시대 농민들의 일기를 보면 날씨에 대한 기록이 유난히 많다. 비가 오면 '다행'이고, 비가 안 와도 "아직은 괜찮다"며 스스로를 달랬다. 이런 일상이 수백 년 반복되다 보니, 한국인들에게는 "최악의 상황이 아니라면 감사하다"는 사고방식이 뼈에 새겨졌다.

한국 사회를 지배한 유교 문화는 개인의 의지보다는 천명天命과 운명을 중시하는 세계관을 형성했다. 유교에서는 하늘의 뜻을 거스를 수 없으며, 인간은 주어진 상황을 겸손하게 받아들여야 한다고 가르쳤다. 이런 사고방식 속에서 예상치 못한 손실이나 불행은 하늘이 주는 시련이자 동시에 더 큰 화를 막아주는 일종의 보호막으로 해석되었다. 마치 백신이 몸에 작은 고통을 주지만 더 큰 질병을 막아주는 것처럼 말이다. 조선시대 선비들의 문집을 보면 "하늘이 내게 시련을 주시는 것은 더 큰 뜻이 있기 때문"이라는 표현이 자주 나온다. 이는 단순한 체념이 아니라, 현재의 작은 고통을 통해 미래의 더 큰 고통을 피할 수 있다는 실용적 지혜였다.

또한 유교의 중용中庸 사상은 극단을 피하고 균형을 추구하는 것을 중시했다. 지나친 행복이나 성공은 오히려 위험한 것으로 여겨졌고, 작은 불행이나 손실은 그런 극단을 피하게 해주는 조절 장치로 받아들여졌다. 이는 "너무 잘나가면 재수가 없다"는 민간 속설과도 일맥상통한다. 조선시대에는 실제로 과도한 부나 권력을 가진 사람들이 정치적 숙청의 대상이 되는 경우가 많았다. 그러다 보니 사람들은 자연스럽게 "적당한 선에서 만족하는 것이 안전하다"는 생각을 하게 되었다. 이런 환경에서 작은 손실은 오히려 '큰 화를 면하게 해주는 안전장치'로 여겨졌다. 마치 높이 나는 새가 매의 공격을 받기 쉽듯이 너무 눈에 띄는 것은 위험하다는 인식이 강했다.

한국의 전통 사회는 강한 공동체 문화를 바탕으로 구축되어왔다. 마을 단위의 두레, 계契, 품앗이 등의 상호 부조 시스템이 발달했는데, 이런 시스템에서는 개인의 작은 손실을 공동체 전체가 함께 나누어 감당했다. 액땜 이론은 이런 공동체적 위험 분산의 심리적 기제이기도 하다. '누구에게나 일어날 수 있는 일'이라는 인식을 통해 개인의 불행을 사회화하고, 동시에 '이 정도로 끝나서 다행'이라는 위안을 통해 공동체의 결속력을 유지했다. 이는 현대 경영학의 리스크 풀링Risk Pooling 개념과 유사한 사회적 기능을 수행했다. 마치 여러 사람이 돈을 모아 계를 만들어 위험을 분산시키는 것과 같은 원리다.

조선시대 마을 공동체에서는 한 집에 화재가 나면 온 마을이 도와서 다시 집을 지어주었다. 이때 피해 가구는 "액땜했다. 우리 집만 불이 났지 온 마을이 타지 않아서 다행이다"라고 말했다고 한다. 단순한 위로가 아니라 실제로 화재가 번지지 않은 것에 대한 현실적 안도감이었다. 그리고 이렇게 말함으로써 마을 사람들의 도움을 더 쉽게 받을 수 있었다. 겸손한 자세가 공동체의 지원을 이끌어내는 실용적 전략이기도 했던 셈이다. 현대의 보험 시스템도 결국 이런 원리다. 많은 사람이 작은 보험료를 내어 소수의 큰 손실을 감당하는 것이다. 한국의 전통 사회는 이미 수백 년 전에 이런 시스템을 문화적으로 구축하고 있었다.

한국인의 DNA에 깊숙이 새겨진 액땜 정신

한국은 지리적으로 중국과 일본 사이에 끼인 반도 국가로서, 대륙 세력과 해양 세력 간의 갈등에 늘 휘말릴 수밖에 없는 지정학적 위치에 놓여 있다. 이런 환경에서는 미래를 정확히 예측하기 어려웠고, 항상 예상치 못한 변수에 대비해야 했다. 마치 좁은 골목에서 양쪽에서 오는 차를 모두 조심해야 하는 것과 같은 상황이었다. 한반도는 중국, 러시아, 일본이라는 강대국들에 둘러싸인 지정학적 요충지다. 이런 위치에서 살아남으려면 강대국들의 눈치를 살피면서도 나름의 독립성을 유지해야 했다. 때로는 명나라에, 때로는 청나라에 조공을 바치면서도 내부적으로는 독자적인 문화를 유지했다. 작은 굴복을 통해 더 큰 멸망을 피하는 전략이었다. 액땜 이론의 원형이다.

또한 사계절이 뚜렷하고 태풍, 홍수, 가뭄 등 자연재해가 빈번한 기후 조건도 불확실성을 높이는 요소였다. 이런 환경에서 살아남기 위해서는 완벽한 계획보다는 유연한 적응력과 위험에 대한 면역력이 더 중요했다. 액땜 이론은 바로 이런 적응 전략의 심리적 표현이다. 한국의 기후는 예측하기 어렵다. 봄에는 황사와 미세먼지, 여름에는 장마와 태풍, 가을에는 가뭄, 겨울에는 혹독한 추위가 찾아온다. 이런 환경에서 농사를 지으려면 항상 최악의 상황을 대비해야 했다. 그러다 보니 '이 정도면 다행'이라는 사고방식이 자연스럽게 형성되었다. 따라서 현대 한국인들이 날씨에 유독 민감한 것도 이런 역사적 경험과 무관하지 않다.

또 우리가 인지할 수 있듯이 한국어에는 감정과 정서를 섬세하게 표현하는 어휘가 발달해 있다. '한恨', '정情', '눈치'와 같은 고유한 정서적 개념이 존재하는데, 액땜도 이런 맥락에서 한국인만의 독특한 심리적 대처 기제를 언어로 형상화한 것이다. 특히 '한恨'의 정서는 액땜 이론과 밀접한 관련이 있다. '한'은 단순한 원망이 아니라 불가항력적인 상황을 받아들이면서도 그 안에서 희망을 찾는 복합적인 감정이다. 액땜 이론 역시 손실을 단순히 부정적으로만 보지 않고, 그 안에서 긍정적 의미를 찾으려는 정서적 기제다. 마치 쓴 약도 '몸에 좋다'며 억지로라도 달게 받아들이려는 심리와 비슷하다.

한국어에는 불행이나 손실을 표현하는 말이 유독 많다. '액땜', '재수없다', '팔자소관', '운명이다' 등등. 하지만 이런 표현들을 자세히 들여다보면 단순히 체념하기보다는 현실을 받아들이면서도 그 안에서 위안을 찾으려는 의지가 담겨 있다. "액땜했다"라는 말 자체가 그렇다. 손실을 당했지만 "더 큰 화를 면했다"는 긍정적 해석이 담겨 있다. 이는 다른 나라 언어에서는 찾기 어려운 독특한 표현이다. 영어의 'blessing in disguise'와 비슷하지만, 액땜이라는 말에 담긴 철학적 깊이는 훨씬 복합적이다.

20세기 이후 한국은 세계 역사상 유례없는 급속한 사회 변화를 경험했다. 일제강점기, 해방, 한국전쟁, 산업화, 민주화, IMF 외환위기, 글로벌화 등 한 세기 안에 여러 번의 체제 전환을 겪었다. 이런 급변하는 환경에서 장기적 계획을 세우기 어려웠고, 오히려 단기적 적응력과 회복력이 더 중요한 생존 전략이 되었다. 액땜 이론은 이런 환경에서 심리적 안전감을 유지하고, 예상치 못한 변화에 유연하게 대응하기 위한 문화적 자원으로 기능했다. 마치 격랑 속에서도 중심을 잡고 항해하는 선장의 지혜 같은 것이다.

한국 현대사를 보면 정말 드라마틱하다. 1945년 광복 이후 불과 80년 만에 세계 10위권의 경제 대국이 되었다. 하지만 그 과정은 순탄하지 않았다. 한국전쟁으로 나라가 폐허가 되고, 1960년대까지도 세계 최빈국 중 하나였다. 그런데 놀랍게도 한국인들은 이런 시련을 '액땜'으로 받아들이며 더 큰 발전의 발판으로 삼았다. 전쟁의 폐허 속에서 "이제 더 이상 내려갈 곳이 없으니 올라가기만 하면 된다"는 식으로 생각했다. 실제로 1960년대부터 시작된 한국의 고도성장은 이런 정신력이 뒷받침되었기에 가능했다.

특히 IMF 외환위기(1997)나 글로벌 금융위기(2008) 같은 경제적 충격을 겪으면서, 개인과 기업 모두 "작은 손실을 감수하더라도 더 큰 위험에 대비해야 한다"는 교훈을 체득했다. 전통적인 액땜 이론이 현대적 경영 환경에서도 여전히 유효함을 보여주는 사례다. IMF 외환위기 당시 한국 사람들이 금 모으기 운동에 자발적으로 참여한 것도 액땜 이론의 현대적 발현이다. "우리가 금을 내면 나라가 살 수 있다"는 믿음으로 개인의 작은 손실을 감수한 것이다. 그리고 실제로 위기 극복에 도움이 되었다. 2008년 글로벌 금융위기 때도 한국은 다른 나라에 비해 상대적으로 빨리 회복했는데, IMF 때의 경험이 있었기 때문이다. 작은 위기를 통해 큰 위기에 대한 면역력을 키운 셈이다.

한국 사회는 개인주의보다는 집단주의 문화가 강했다. 이런 환경에서는 개인의 성공이나 실패가 가족이나 집단 전체에 영향을 미쳤다. 따라서 지나친 성공은 시기와 질투를 불러일으키고, 이는 오히려 더 큰 위험을 초래할 수 있다고 여겨졌다. 액땜 이론은 이런 사회적 압력을 완화하는 기능도 했다. 작은 불행이나 손실을 경험함으로써 사회적 시기를 피하고, 동시에 겸손함을 유지할 수 있다고 생각했다. "화禍가 복福의 근본이 되고, 복이 화의 원인이 된다"는 화복상의禍福相倚의 동양 철학과도 일맥상통한다. 마치 키가 큰 나무가 바람에 먼저 넘어지는 것을 경계하듯, 너무 눈에 띄지 않으려는 생존 본능이 작동한 것이다.

한국 사회에서는 전통적으로 '출구出句'를 조심해야 한다고 여겼다. 너무 잘난 체하거나 자랑하면 화를 부른다는 믿음이 강했다. 그래서 좋은 일이 생겨도 겸손하게 "별것 아니다", "운이 좋았다"라고 말하는 문화가 발달했다. 이런 문화 속에서 작은 손실이나 불행은 오히려 '겸손함을 유지하게 해주는 장치'로 여겨졌다. 성공한 사업가가 "사업이 너무 잘되니까 불안하다"며 일부러 작은 손실을 감수하는 경우도 있다. 미신적 행동으로 보일 수도 있지만, 실제로는 사회적 관계를 원만하게 유지하기 위한 실용적 전략이다. 너무 성공하면 주변의 시기와 질투의 대상이 되고, 장기적으로 더 큰 손실로 이어질 수 있기 때문이다.

요컨대 오늘날 한국에서 액땜 이론이 여전히 유효한 이유는, 단순한 미신이 아니라 불확실성 시대를 살아가는 실용적 지혜이기 때문이다. 코로나19 팬데믹, 기술의 급속한 변화, 글로벌 경쟁의 심화 등 현대 사회의 불확실성은 과거보다 더욱 복잡하고 예측하기 어려워졌다. 이런 환경에서 모든 위험을 완벽하게 통제하려는 시도는 오히려 더 큰 위험을 초래한다. 그 대신 작은 손실을 감수하면서 더 큰 위험에 대한 면역력을 키우는 액땜 이론의 접근법이 더욱 유효하다. 마치 예방접종처럼 작은 고통으로 큰 질병을 막는 것과 같은 원리다.

코로나19 팬데믹 초기, 한국이 다른 나라에 비해 상대적으로 잘 대응할 수 있었던 것도 액땜 이론과 무관하지 않다. 메르스 사태라는 작은 위기를 겪으면서 방역 시스템을 점검하고 보완했기에, 더 큰 위기인 코로나19에 효과적으로 대응할 수 있었다. 당시 메르스로 인한 경제적 손실은 작지 않았지만, 결과적으로 그것이 코로나19라는 더 큰 위기에 대한 백신 역할을 한 셈이다. 현대 한국 기업들도 이런 액땜 이론을 무의식적으로 활용한다. 삼성전자가 갤럭시 노트7 사태 때 과감하게 전량 리콜을 결정한 것, LG전자가 스마트폰 사업에서 철수를 결정한 것 등이 모두 작은 손실을 감수하여 더 큰 위험을 피하는 액땜 이론의 실천이다.

결국 한국에 액땜 이론이 자리 잡은 것은 오랜 역사 동안 불확실한 환경에서 살아남기 위해 발달시킨 '집단 지혜의 결정체'이다. 현대 경영학의 리스크 관리, 행동경제학의 손실회피 이론, 심리학의 회복력 연구 등과도 놀랍도록 일치하는 통찰을 담고 있어, 한국 고유의 문화적 자산이면서 동시에 보편적 가치를 지닌 지혜라고 평가된다. 마치 할머니의 손맛이 담긴 된장찌개가 영양학적으로도 완벽한 음식이듯, 전통의 지혜가 현대 과학과 만나는 지점에서 액땜 이론의 진가가 드러난다.

그러니 다음에 누군가 작은 실패나 손실을 경험했을 때, "액땜했다"라고 위로하는 것에서 한 걸음 더 나아가자. 그 속에 담긴 깊은 철학과 실용적 지혜를 이해하고, 현대적으로 재해석하여 활용해보는 것이다. 수천 년의 시행착오를 통해 만들어진 이 집단 지혜를 단순한 미신으로 치부하기에는 너무나 아깝지 않은가. 액땜 이론은 한국인이 세계에 자랑할 만한 소프트 파워 중 하나다. 작은 손실을 두려워하지 않고 큰 성공을 향해 나아가는 한국인의 정신력, 그것이 바로 액땜 이론이 우리에게 남긴 가장 큰 선물이다.

『손자병법』의 14가지 속임수와 액땜 이론

2,500년 전 중국에서 발견된 '되로 주고 말로 받는' 전략의 완벽한 설계도

"병자궤도야兵者詭道也", 손자가 던진 이 한마디는 마치 경영 컨설턴트가 CEO에게 "비즈니스는 전략이다"라고 말하는 것처럼, 전쟁의 본질을 꿰뚫는 명언이다. 하지만 여기서 '궤도詭道'를 단순히 '속임수'로 번역하는 순간, 우리는 손자가 진짜 말하려던 것을 놓치게 된다. 손자가 말한 궤도는 '나쁜 속임수'가 아니라 '작은 것으로 큰 것을 얻는 전략적 지혜', 즉 액땜 이론의 고전적 표현이었다.

손자의 14가지 속임수 전략: 고대판 '작은 투자, 큰 수익' 매뉴얼

『손자병법』 1편 「시계편始計篇」에서 손자는 14가지 속임수 전략을 체계적으로 제시했다. 현대적으로 해석하면, 마치 벤처캐피털리스트가 포트폴리오 전략을 설명하는 것 같다. '작은 투자(되)로 큰 수익(말)을 내는 방법 14가지'라고 할 수 있다.

1-2. 능이시지불능能而示之不能, 용이시지불용用而示之不用
(실력이 있으면서 없는 척하고, 쓸 생각이면서 안 쓰는 척하라)

삼성전자가 애플 아이폰의 핵심 부품을 공급하면서도 겉으로는 경쟁사인 척하는 것과 같다. 작은 연기 비용(되)을 들여서 상대방의 방심을 유도하고 결정적 순간에 압도적 우위를 차지하는(말) 전략이다.

현실에서는 네이버가 초기에 단순한 포털사이트인 척하면서 실제로는 플랫폼 제국을 건설하고 있었던 것과 비슷하다. 겉으로는 '검색이나 하

는 회사'로 보였지만, 실제로는 웹툰, 쇼핑, 금융까지 아우르는 생태계를 구축하고 있었다.

3-4. 근이시원近而示遠, 원이시근遠而示近
(가까이 있으면서 멀리 있는 척하고, 멀리 있으면서 가까이 있는 척하라)

현대의 '원격근무 전략'을 연상하게 한다. 코로나19 때 많은 기업이 "우리는 재택근무를 안 해"라고 말하면서 실제로는 비밀리에 원격근무 시스템을 완벽하게 구축하고 있었다. 작은 정보 혼란(되)을 주어 경쟁사의 판단 착오를 유도하고 시장 선점의 기회를 잡는(말) 것이다.

아마존이 "우리는 온라인 서점"이라고 하면서 실제로는 '모든 것을 파는 플랫폼'을 구축한 것도 같은 맥락이다. 경쟁사들이 '저들은 책이나 파는 회사'라고 방심하는 사이, 아마존은 세상의 모든 것을 판매하는 제국을 만들었다.

5-6. 이이시해利而示害, 해이시리害而示利
(이익이 되는 것을 해로운 척하고, 해로운 것을 이익인 척하라)

부동산 투자자가 "이 동네는 별로야"라고 말하면서 몰래 땅을 사들이는 것과 같다. 테슬라의 일론 머스크가 "비트코인은 위험하다"라고 트윗을 올렸다가 나중에 15억 달러를 투자했던 것도 비슷한 사례다. 작은 말의 혼란(되)으로 시장의 큰 움직임을 조작하는(말) 전략이다.

한국의 대기업들이 "우리는 그 사업에 관심없다"라고 공식 발표한 다음, 몇 달 후에 갑자기 대규모 투자를 발표하는 경우도 흔하다. 경쟁사들이 방심하는 사이 시장을 선점하는 것이다.

7-8. 일이시로佚而示勞, 포이시기飽而示饑
(여유로우면서 바쁜 척하고, 풍족하면서 굶주린 척하라)

현대 스타트업들의 '성장 해킹' 전략과 정확히 일치한다. 우버가 초기에 "우리는 아직 작은 회사"라고 하면서 실제로는 전 세계 동시 진출을 준비하고 있었던 것처럼 말이다. 작은 겸손함(되)으로 경쟁자들의 견제를 피하고 시장을 독점하는(말) 전략이다.

삼성이 "우리는 아직 애플을 따라잡으려고 노력하는 중"이라고 하면서 실제로는 메모리 반도체에서는 이미 절대 강자였던 것도 같은 맥락이다. 겸손해 보이지만 실제로는 치밀한 시장 전략이다.

9-10. 강이시약剛而示弱, 유이시강柔而示剛
(강하면서 약한 척하고, 부드러우면서 강한 척하라)

애플이 "우리는 사용자 친화적인 회사"라고 하면서 실제로는 앱스토어를 통해 강력한 플랫폼 지배력을 행사하는 것과 같다. 작은 친근함(되)으로 거대한 시장 지배력을 확보하는(말) 전략이다.

구글도 "Don't be evil"이라는 모토로 착한 기업인 척하면서, 실제로는 전 세계 검색 시장을 독점하고 개인정보를 수집하는 거대한 플랫폼을 구축했다. 부드러운 이미지 뒤에 숨겨진 강력한 비즈니스 모델인 셈이다.

11-12. 친이시소親而示疏, 소이시친疏而示親
(가까우면서 멀게 하고, 멀면서 가깝게 하라)

현대 외교나 비즈니스 파트너십에서 자주 보는 전략이다. 삼성과 애플이 법정에서는 치열하게 특허 소송을 벌이면서, 동시에 삼성은 애플에게 핵심 부품을 공급하는 것과 같다. 작은 갈등 연출(되)로 더 큰 비즈니스 이익을 챙기는(말) 전략이다.

미국과 중국도 마찬가지다. 겉으로는 무역 전쟁을 벌이면서도, 실제로는 서로 없어서는 안 될 경제 파트너다. 정치적 긴장감이라는 작은 비용으로 각자의 국내 정치적 이익이라는 큰 수확을 거두는 것이다.

13-14. 소이시다少而示多, 다이시소多而示少
(적으면서 많은 척하고, 많으면서 적은 척하라)

스타트업들의 "가짜로 만들어서 성공하기 Fake it till you make it" 전략의 고전적 버전이다. 초기 우버나 에어비앤비가 실제로는 직원이 몇 명밖에 없으면서도 거대한 플랫폼으로 보이게 한 것과 같다. 작은 연출 비용(되)으로 시장의 큰 신뢰와 투자를 유치하는(말) 전략이다.

반대로 아마존 같은 거대 기업이 "우리는 아직 Day 1입니다"라며 스타트업인 척하는 것도 같은 원리다. 거대함으로 인한 부담을 줄이고 혁신 기업의 이미지를 유지하는 것이다.

이 모든 것이 액땜 이론일까?

답은 간단하다. 『손자병법』의 14가지 전략은 모두 '작은 것을 투자해서 큰 것을 얻는' 구조로 되어 있기 때문이다. 마치 현대의 벤처캐피털리스트들이 작은 시드머니로 유니콘 기업을 키워내듯, 손자는 이미 2,500년 전에 최소한의 투자로 최대한의 효과를 내는 방법을 체계화해놓았다.

이 14가지 전략의 공통점을 보면 놀랍도록 일관성이 있다. 작은 연기

비용으로 상대방의 큰 착각을 유도하고, 작은 정보 조작으로 시장의 큰 움직임을 만들며, 작은 겸손함으로 경쟁자들의 큰 방심을 이끌어내고, 작은 혼란으로 전체 판도의 큰 변화를 가져온다. 마치 현대 스타트업들이 '그로스 해킹Growth Hacking'(성장 해킹)이라고 부르는 전략과 정확히 일치한다.

현대적 해석을 해보면, 손자는 이미 2,500년 전에 '성장 해킹'을 알고 있었다는 결론에 도달한다. 손자의 14가지 전략을 현대 비즈니스 용어로 번역하면 다음과 같다.

첫째, 스텔스 모드 운영으로 진짜 역량을 숨기고 경쟁자를 방심시키기.

둘째, 정보 비대칭 활용으로 시장 정보를 전략적으로 조작하기.

셋째, 브랜딩 전략으로 이미지와 실제 역량의 갭을 전략적으로 활용하기.

넷째, 타이밍 게임으로 시장 진입과 철수 타이밍을 교묘하게 조절하기.

이런 식으로 분석해보면, 실리콘밸리의 "Fake it till you make it" 문화가 사실은 『손자병법』에서 나온 것이 아닌가 하는 의심이 든다. 스타트업들이 MVPMinimum Viable Product로 시장을 테스트하고, A/B 테스트로 사용자 반응을 살피며, 피벗을 통해 전략을 바꾸는 모든 과정이 손자의 "능이시지불능"과 "용이시지불용" 전략과 본질적으로 같다.

하지만 손자도 이런 전략의 위험성을 알고 있었다. 속임수가 들통나면 오히려 더 큰 손실을 입을 수 있기 때문이다. 그래서 손자는 "지피지기 백전불태知彼知己 百戰不殆"라고 강조했다. 상대와 나 자신을 정확히 알아야 이런 전략을 쓸 수 있다는 것이다. 마치 현대의 리스크 관리와 같은 개념이다.

『손자병법』은 2,500년 전에 쓰인 최고의 액땜 이론 교과서였다. 손자의 14가지 속임수 전략을 보면, 단순한 군사 전술이 아니라 '작은 투자로 큰 수익을 내는 전략적 사고의 체계'였음을 알 수 있다. 2,500년이 지난 지금도 실리콘밸리의 스타트업들이 무의식적으로 사용하는 전략이며, 월스트리트의 펀드 매니저들이 애용하는 투자 철학이고, 정치인들이 선거 때마다 구사하는 전략이기도 하다.

결국 손자가 말한 "병자궤도야"는 "전쟁은 속임수다"가 아니라 "전쟁은 액땜 이론이다"라고 번역하는 것이 더 정확할지도 모른다. 작은 것을 주고 큰 것을 받는 전략적 지혜, 그것이 바로『손자병법』의 진정한 가르침이었다. 마치 현대의 경영 구루들이 '린 스타트업'이나 '애자일 방법론'이라는 그럴듯한 이름을 붙여 포장하지만, 사실 그 본질은 모두 손자가 이미 2,500년 전에 정리해놓은 액땜 이론의 응용편일 뿐이다.

그러니 다음에 누군가 "『손자병법』은 속임수 책"이라고 말하면, "아니다, 그것은 액땜 이론 교과서"라고 정정해주자. 2,500년 전 중국의 한 병법가가 이미 '되로 주고 말로 받는' 완벽한 매뉴얼을 만들어놓았으니 말이다. 다만 그 매뉴얼을 제대로 활용하려면 손자가 강조한 '지피지기'라는 기본기부터 충실히 익혀야 한다는 것을 잊지 말자. 액땜 이론도 결국은 정확한 현실 인식에서 시작되는 법이니까.

2장

불확실성 시대의 마인드셋 경영

"똑같은 행동을 반복하면서
다른 결과를 기대하는 것은 미친 짓이다."
- 알베르트 아인슈타인

합리화 vs 전략적 수용

실패를 핑계로 삼을 것인가, 발판으로 삼을 것인가

액땜과 핑계의 한 끗 차이는 마치 콜라와 펩시의 차이보다 훨씬 미묘하면서도 결정적이다. 겉으로는 둘 다 '실패에 대한 반응'이라는 점에서 비슷해 보이지만, 실제로는 천국과 지옥만큼의 차이가 있다. 액땜은 현실을 받아들이면서도 그 안에서 긍정적 의미를 찾으려는 적극적 자세인 반면, 핑계는 현실을 회피하면서 책임을 전가하려는 소극적 자세다. 같은 비를 맞아도 한 사람은 "씻을 필요 없어졌네"라고 말하고, 다른 사람은 "누가 우산을 안 챙겨놨냐"며 화를 내는 것과 같다.

스탠퍼드 대학교의 심리학자 캐럴 드웩Carol Dweck이 제시한 성장 마인드셋Growth Mindset과 고정 마인드셋Fixed Mindset의 구분이 바로 액땜과 핑계의 차이를 이해하는 핵심 열쇠다. 성장 마인드셋의 사람들은 실패를 배움의 기회로 인식하는 반면, 고정 마인드셋의 사람들은 실패를 자신의 능력 부족으로 해석하거나 외부 요인의 탓으로 돌린다. 전자가 액땜의 정신이라면, 후자는 평계의 전형이다.

　1982년 존슨앤존슨Johnson & Johnson의 타이레놀Tylenol 사건은 액땜과 평계의 차이를 보여주는 완벽한 사례다. 시카고에서 독이 든 타이레놀 캡슐로 7명이 사망한 사건이 발생했을 때, 존슨앤존슨의 CEO 제임스 버크James Burke에게는 두 가지 선택지가 있었다. 하나는 "우리가 만든 제품이 아니라 유통 과정에서 누군가가 독을 넣었으니 우리 책임이 아니다"라고 변명하는 것이고, 다른 하나는 "비록 우리 잘못은 아니지만 고객의 안전을 위해 모든 조치를 취하겠다"라고 책임지는 자세였다. 버크는 후자를 선택했다. 전국의 모든 타이레놀 제품을 회수하고, 새로운 변조 방지 포장재를 개발했으며, 투명한 커뮤니케이션을 통해 고객 신뢰를 회복했다. 결과적으로 타이레놀은 시장 점유율을 되찾았고, 존슨앤존슨은 위기관리의 교과서적 사례가 되었다. 완벽한 액땜 이론의 실천이었다.

　반대로 2010년 BP의 딥워터 호라이즌Deepwater Horizon 기름 유출 사건은 평계의 전형을 보여준다. 당시 BP의 CEO 토니 헤이워드Tony Hayward는 "나도 내 삶을 돌려받고 싶다I want my life back"라는 발언으로 여론의 뭇매를 맞았다. 그는 사고 원인을 하청업체 탓으로 돌리고, 피해 규모를 축소하려고 했으며, 자신들의 책임을 인정하기보다는 변명에 급급했다. 결과적으로 BP는 막대한 배상금을 지불해야 했을 뿐만 아니라 브랜드 이미지까지 크게 훼손되었다. 같은 위기 상황에서 액땜으로 접근한 존슨앤존슨과 평계로 일관한 BP의 결과는 하늘과 땅 차이였다.

　하버드 경영대학원의 프란체스카 지노Francesca Gino 교수가 연구한 '도덕적 이탈Moral Disengagement' 이론도 흥미로운 통찰을 제공한다. 사람들이 잘못된 행동을 정당화할 때 사용하는 심리적 메커니즘 중 하나가 바로 '책임 전가'다. 핑계는 이런 도덕적 이탈의 전형적인 사례인 반면, 액땜은 도덕적 책임을 받아들이면서도 그것을 성장의 기회로 전환하는 건설적 접근법인 셈이다.

테슬라Tesla의 일론 머스크Elon Musk는 액땜과 핑계의 차이를 극명하게 보여주는 인물이다. 테슬라가 생산 목표를 달성하지 못했을 때나 자율주행 시스템에서 사고가 발생했을 때, 머스크는 결코 변명하지 않았다. 그 대신 "우리가 잘못했고, 더 나은 해결책을 찾겠다"며 적극적으로 문제를 인정하고 개선 방안을 제시했다. 2018년 모델3 생산 지옥 당시 머스크는 "내가 너무 과도한 자동화를 추진했다. 인간이 과소평가되었다"며 솔직하게 인정했다. 이런 태도가 테슬라를 현재의 전기차 선두주자로 만드는 데 결정적 역할을 했다.

> 2017년 7월 모델3를 공개할 당시 일론 머스크는 이미 '생산 지옥'에 빠질 것이라고 예고했지만, 정작 실제 상황은 그의 예상을 훨씬 뛰어넘는 참사였다. 머스크가 구상한 것은 '외계인 드레드노트alien dreadnought' 공장으로, 완전 자동화된 무인 공장에서 어둠 속에서도 완벽한 자동차를 찍어내는 미래형 제조 시설이었으며, 그는 로봇과 인공지능이 인간 노동자를 완전히 대체할 수 있다고 믿었다. 테슬라 프리몬트 공장에는 독일 쿠카KUKA 및 일본 화낙FANUC의 산업용 로봇 수백 대가 설치되었고, 컨베이어 벨트 대신 소프트웨어 업데이트가 가능한 로봇 카트를 통해 가장 효율적으로 차량을 옮길 수 있게 개조되었으며, 기존 완성차 업체들이

용접, 도색 등 일부 공정에서만 로봇을 사용했던 방식과 달리 테슬라는 전체 생산과 조립, 검수까지 자동화시키면서 역사상 전례가 없는 수준의 완전 자동화 양산 체계를 구축하려고 했다.

하지만 현실은 참혹했다. 2017년 3분기 테슬라는 계획했던 1,500대 대신 고작 260대의 모델3만 생산해 목표량의 17퍼센트에 불과한 수준이었으며, 2018년 1분기에도 상황은 크게 나아지지 않아 분기 전체 생산량이 1만 대에도 못 미쳤다. 가장 큰 문제는 네바다 기가팩토리에서의 배터리 모듈 생산 병목이었는데, 아이러니하게도 배터리는 테슬라가 가장 자신 있어 하던 분야였지만 정작 이 부분에서 발목이 잡혔으며, 외부 공급업체가 설계한 생산 시스템들이 제대로 작동하지 않아 인간 작업자들이 기계 사이에서 부품을 직접 옮겨야 하는 상황이 벌어졌다. 작은 시스템 오류로도 공장 전체가 멈추는 등 정상적인 생산이 어려웠고, 산업용 로봇의 비싼 초기 투자비용과 유지비용 등으로 유동성 유지가 어려워져 테슬라는 단기 유동성 위기에 빠졌으며, 급히 공장 옆에 텐트를 만들고 차량을 수작업으로 조립해 위기를 벗어나려고 했지만 생산된 차량은 마감 단차가 발생하거나 내장재 색이 짝짝이가 되는 등 조립 완성도가 떨어져 많은 조롱을 받았다.

2018년 4월 13일, 머스크는 트위터를 통해 "테슬라에서 과도한 자동화는 실수였다. 정확히 말하면 내 실수였다. 인간은 과소평가되었다"라고 트윗하며, 평소 자신감 넘치는 모습을 보여왔던 머스크로서는 매우 드문 공개적 사과를 했다. CBS 뉴스와의 인터뷰에서 머스크는 더욱 구체적으로 "우리는 모델3에 한번에 너무 많은 신기술을 투입했다"며 "우리에게는 이 미친 듯이 복잡한 컨베이어 벨트 네트워크가 있었는데, 작동하지 않았다. 그래서 그 전체 시스템을 없애버렸다"고 털어놓았으며, "인간 작업자들이 생산 속도를 높이는 데 필요한 기술을 얼마나 빨리 습득할 수 있는지 보고 감명받았다"며 "이것은 인류에 대한 나의 믿음을 새롭게 해주었다"라고 말해 기술 만능주의자로 여겨졌던 머스크의 인식 변화를 보여주는 중요한 발언을 남겼다.

위기를 인식한 테슬라는 즉시 생산 전략을 수정해 복잡한 자동화 시스템을 단순화하고 인간 작업자의 역할을 확대했으며, 2018년 6월 머스크는 목표 달성을 위해 공장 밖에 임시 조립라인인 GA4General Assembly Fourth까지 설치했지만 GA4 라인도 초기에는 제대로 작동하지 않아 6월 초 생산을 시작한 이후 실제로 이 라인을 통과한 차량은 100대도 안 되었다. 그럼에도 테슬라는 포기하지 않고 지속적으로 병목 현상을 해결해 나간 결과 2018년 6월 말 마침내 주당 5천 대 생산 목표를 달성했으며, 3월 마지막 주 2,020대에서 시작해 꾸준히 증가한 결과였고, 더 중요한 것은 이후 지속 가능한 생산 체계를 구축했다는 점이다.

이러한 경험은 테슬라가 이후 전기차 시장에서 압도적 지위를 확보하는 데 결정적 역할을 했다고 평가된다. 2018년 테슬라는 총 24만 5,240대의 자동차를 생산해 전해 대비 거의 두 배 증가한 성과를 거두었으며, 더 중요한 것은 3분기에 3억 1,200만 달러라는 사상 최대 영업이익을 기록하며 수익성도 입증해 테슬라가 단순한 스타트업에서 벗어나 '진짜 자동차 회사'로 성장했음을 보여주는 상징적 성과를 달성했다. 생산 지옥에 빠졌던 테슬라의 프리몬트 공장은 2022년 기준 토요타, GM 등을 제치고 미국 자동차 제조업체의 조립 공장 중 생산성 1위를 차지했으며, 2021년 4분기에 총 30만 8,600대의 전기차를 출고해 매주 평균 8,550대를 출고한 규모로 토요타 켄터키 공장의 주간 평균 생산량 8,427대를 넘어서 생산량 1위를 차지했다. 특히 테슬라의 프리몬트 공장은 토요타의 켄터키 공장 대비 그 크기가 반 정도밖에 안 되기 때문에 공장 규모 대비 생산량은 토요타의 두 배로 더 늘어났다.

결국 테슬라의 생산 지옥 사건은 단순한 생산 문제가 아니라 현대 기업이 기술 혁신과 조직 운영에서 마주하는 근본적 딜레마를 보여주는 사례였으며, 머스크의 솔직한 성찰과 과감한 전략 수정이 있었기에 테슬라는 위기를 기회로 전환할 수 있었고, 이는 오늘날 테슬라가 전기차 시장을 주도하는 원동력 중 하나가 되었다는 점에서 현대 제조업사에서 과도한 자동화의 한계와 기술과 인력의 균형 잡힌 조합의 중요성을 일깨워주는 중요한 교훈을 남겼다.

액땜은 미래를 향하고, 핑계는 과거에 머문다

액땜과 핑계를 구분하는 가장 명확한 기준은 시간관, 즉 '미래 지향성'과 관련 있다. 액땜은 과거의 실패를 미래의 성공을 위한 자산으로 활용하려는 전략적 사고인 반면, 핑계는 과거에 매몰되어 현재의 책임마저 회피하려는 후향적 사고다. 마치 운전을 할 때 백미러만 보고 달리는 것과 전방을 주시하면서 달리는 것의 차이와 같다.

스페이스X의 로켓 개발 과정도 이런 차이를 완벽하게 보여준다. 초기 팰컨Falcon 1 로켓의 첫 세 번 발사가 모두 폭발했을 때, 머스크와 그의 팀은 "로켓공학이 워낙 어려워서"나 "운이 나빠서"라는 변명을 하지 않았다. 그 대신 각각의 폭발을 '값비싼 데이터'로 인식하고, 실패의 원인을 정확히 분석해 다음 발사에 즉시 반영했다. 네 번째 발사에서 마침내 성공한 후, 머스크는 "이전의 세 번의 실패가 없었다면 네 번째 성공도 없었을 것"이라고 평가했다. 액땜의 완벽한 사례다.

반면 우주왕복선 챌린저Challenger호 사고 당시 나사NASA의 초기 대응은 평계의 전형을 보여준다. 1986년 발사 73초 만에 공중 폭발한 참사 직후, NASA는 "예상치 못한 기술적 결함"이라며 책임을 회피하려고 했다. 하지만 조사 결과 오링O-ring 결함은 이미 알려진 문제였고, 발사를 연기해야 한다는 엔지니어들의 경고도 무시되었음이 밝혀졌다. 다행히 이후 NASA는 태도를 바꿔 전면적인 시스템 개선에 나섰고, 결국 더 안전한 우주 프로그램으로 이어졌다.

심리학자 마틴 셀리그먼의 '학습된 무기력Learned Helplessness' 이론도 액땜과 평계의 차이를 이해하는 데 도움이 된다. 평계를 습관적으로 대는 사람들은 점차 학습된 무기력에 빠져서 상황을 개선하려는 노력조차 포기하게 된다. 반면 액땜식 사고를 하는 사람들은 셀리그먼이 후에 발전시킨 '긍정 심리학Positive Psychology'의 원리를 자연스럽게 실천한다. 어려운 상황에서도 의미를 찾고, 성장 기회로 전환하려는 적극성을 보인다.

넷플릭스Netflix의 리드 헤이스팅스Reed Hastings가 2011년 퀵스터Qwikster 사태를 다룬 방식도 액땜의 좋은 사례다. DVD와 스트리밍 서비스를 별도 회사로 분리하려던 계획이 고객들의 거센 반발에 부딪혀 철회되었을 때, 헤이스팅스는 "시장 상황이 나빠서"나 "고객들이 이해하지 못해서"라는 변명을 하지 않았다. 그 대신 "내가 고객들과 제대로 소통하지 못했다. 이런 실수를 통해 고객 중심적 사고의 중요성을 배웠다"며 책임을 인정했다. 이 사건은 결국 넷플릭스가 더 나은 커뮤니케이션 전략을 개발하는 계기가 되었고, 현재의 글로벌 성공에도 기여했다.

액땜과 핑계의 차이는 언어에서도 드러난다. 액땜식 표현들은 주로 능동형이고 미래 지향적이다. "이번에 배웠으니 다음에는 더 잘할 수 있어", "이 경험이 나를 더 강하게 만들어줄 거야", "실패도 성공의 일부야"와 같은 표현이 대표적이다. 반면 핑계성 표현들은 수동형이고 과거 지향적이다. "내 탓이 아니야", "환경이 나빴어", "원래 안 되는 일이었어"와 같은 표현이 그렇다.

페이스북Facebook의 마크 저커버그Mark Zuckerberg가 2018년 케임브리지 애널리티카Cambridge Analytica 정보 유출 사건을 처리한 방식은 액땜의 현대적 사례다. 개인정보 유출 사건이 터졌을 때 저커버그는 "해킹당한 것도 아니고 우리가 직접 정보를 판 것도 아니다"라는 변명보다는 "우리가 사용자 데이터를 제대로 보호하지 못했다. 이런 일이 다시 발생하지 않도록 시스템을 전면 개선하겠다"며 책임을 인정했다. 비록 단기적으로는 주가 하락과 규제 강화를 감수해야 했지만, 장기적으로는 더 강력한 개인정보 보호 시스템을 구축하는 계기가 되었다.

한국 기업 중에서도 좋은 사례를 찾을 수 있다. 2005년 SK텔레콤의 네트워크 장애 사건이 터졌을 때, 당시 CEO였던 김신배 회장은 "통신 인프라의 한계"나 "예상치 못한 트래픽 급증"과 같은 기술적 변명보다는 "고객들에게 불편을 끼쳐 죄송하다. 이런 일이 재발하지 않도록 네트워크 투자를 대폭 확대하겠다"며 사과했던 적이 있다. 결국 SK텔레콤이 더 안정적인 네트워크를 구축하는 동력이 되었고, 3G 시대의 선두주자로 자리 잡는 데 기여했다고 평가된다.

액땜과 핑계를 구분하는 또 다른 중요한 기준은 '학습 의지'다. 액땜은 실패에서 교훈을 얻으려는 적극적 학습 의지를 표명하지만, 핑계는 학습을 회피하고 현상 유지에 안주하려는 경향이다. 이는 캐럴 드웩의 연구에서도 확인된다. 성장 마인드셋의 사람들은 실패 후 더 열심히 공부하고 연습하지만, 고정 마인드셋의 사람들은 실패를 피하려고 도전 자체를 회피한다.

아마존Amazon의 제프 베조스Jeff Bezos는 이런 차이를 '실패의 규모화Scale of Failure'라는 개념으로 설명했다. 그는 "크고 대담한 베팅을 하지 않으면 큰 성공도 없다. 실패는 혁신의 필수적 부분이다"라고 말하면서, 파이어폰Fire Phone의 실패조차 "알렉사 개발을 위한 귀중한 경험이었다"고 평가했다. 실패를 핑계의 소재가 아니라 액땜의 기회로 보는 전형적인 사고방식이다.

구글Google의 '빠르게 실패하기Fail Fast' 문화도 액땜과 핑계의 차이를 잘 보여준다. 구글은 매년 수백 개의 프로젝트를 시작했다가 대부분을 실패로 종료시킨다. 하지만 이를 실패라고 규정 짓지 않고 '학습'이라고 부른다. 구글 웨이브Google Wave, 구글 플러스Google+, 구글 글래스Google Glass와 같은 실패작들도 "시장이 준비되지 않았다"거나 "기술적 한계 때문이다"와 같은 변명보다는 "사용자들의 진짜 니즈를 제대로 파악하지 못했다. 이 경험을 다음 제품에 반영하겠다"는 학습 관점에서 접근한다.

액땜과 핑계의 차이는 조직문화에서도 극명하게 드러난다. 액땜 문화가 정착된 조직에서는 실수나 실패를 공개적으로 공유하고 토론한다. 에어비앤비Airbnb의 '실패 파티', 인텔Intel의 '건설적 대결', 3M의 '훌륭한 실패' 포상 등이 그런 예다. 반면 핑계 문화가 만연한 조직에서는 실패를 숨기려 하고, 서로에게 책임을 떠넘기려고 한다.

심리학적으로 보면, 액땜과 핑계의 차이는 '통제감Locus of Control'의 차이기도 하다. 내적 통제감이 있는 사람들은 자신의 행동이 결과에 영향을 미친다고 믿기 때문에 실패에서도 자신이 통제할 수 있는 부분을 찾으려고 한다. 반면 외적 통제감이 있는 사람들은 결과가 외부 요인에 의해 결정된다고 믿기 때문에 실패를 외부 탓으로 돌리려고 한다.

스타벅스Starbucks의 하워드 슐츠Howard Schultz가 2008년 CEO로 복귀했을 때의 상황도 액땜과 핑계의 차이를 잘 보여준다. 당시 스타벅스는 급속한 확장의 부작용으로 브랜드 정체성을 잃고 수익성이 악화된 상태였다. 슐츠는 "경기가 나빠서"나 "경쟁이 치열해서"라는 변명보다는 "우리가 스타벅스 경험의 본질을 잃어버렸다. 이를 되찾기 위해 근본적인 변화가 필요하다"며 전 세계 매장을 동시에 문 닫고 직원 재교육을 실시했다. 단기적으로는 막대한 손실이었지만, 장기적으로는 브랜드 재건과 성장 동력 확보로 이어졌다.

액땜과 핑계의 차이는 한 가지로 요약할 수 있다. 액땜은 "내가 이 상황에서 배울 수 있는 것이 무엇인가?"라는 질문에서 시작하지만, 핑계는 "이 상황은 누구 때문인가?"라는 물음에서 시작한다. 전자는 성장과 발전을 가져오지만, 후자는 정체와 퇴보를 가져온다. 마치 같은 비를 맞아도 한 사람은 무지개를 기대하고 다른 사람은 감기를 걱정하는 것처럼, 같은 실패를 겪어도 어떤 관점으로 접근하느냐에 따라 완전히 다른 결과가 도출된다. 그렇다면 당신은 액땜과 핑계 중 어느 쪽이 더 끌리는가?

불확실성 원칙과
운영 리스크의 일상화

불운을 대하는 두 얼굴: 머피의 법칙과 액땜 이론

연속적으로 일어나는 '불운'이나 '불행' 등을 이야기할 때 서구권 영화에서 항상 등장하는 이야기가 이른바 '머피의 법칙Murphy's Law'이다. 머피의 법칙과 액땜 이론, 모든 인간이 살아가면서 한번쯤은 마주하게 되는 불운과 불확실성에 대한 대응 방식이라는 점에서 비슷한 맥락에 놓인다. 그러나 두 개념의 문화적 뿌리, 철학적 전제, 현실에 대한 접근 방식은 근본적으로 다르다. 머피의 법칙은 서구 공학자의 경험적 관찰에서 시작된 현실 대응의 논리이고, 액땜 이론은 동아시아 전통문화권의 운명관과 심리적 플라세보 효과가 결합된 집단적 위로의 메커니즘이기 때문이다. 이 부분을 조금 더 들여다보면 액땜 이론에 대해 더 깊이 있는 이해가 될 듯하다.

머피의 법칙부터 살펴보자. 1949년 미국 에드워드 공군기지Edwards Air Force Base에서 인체의 중력 한계를 측정하는 실험이 진행되었다. 당시 대위였던 에드워드 머피Edward A. Murphy Jr.는 새로운 측정장치를 설계했지만, 부하 기술자들이 전극봉을 완전히 잘못된 방식으로 설치하는 바람에 실험 데이터가 모두 '0'으로 나오는 참사가 발생했다. 이 상황에서 머피는 "어떤 일을 하는 데는 여러 가지 방법이 있고, 그 가운데 한 가지 방법이 재앙을 초래할 수 있다면 누군가가 꼭 그 방법을 쓴다"라는 법칙을 정립했다. 이것이 바로 "잘못될 수 있는 것은 반드시 잘못된다If anything can go wrong, it will"라는 머피의 법칙의 출발점이었던 셈이다.

머피의 법칙의 핵심 메시지는 단순한 비관론이 아니라고 본다. 특별히 머피 자신은 결코 비관주의자가 아니었기 때문이다. 오히려 그는 "잘못될 만한 일이 있다면 그 일은 반드시 나쁘게 흘러가거나 실패하므로, 잘못될 만한 일을 그냥 넘어가서는 안 된다"는 교훈적 메시지를 전달하려고 했다. 이를테면 안전불감증을 지적하는 뉘앙스에 가까웠다. 실제로 머피가 참여했던 실험은 충분한 안전장치가 있었다면 인체가 극심한 충격도 버틸 수 있다는 결과를 보여주었고, 이후 자동차 안전벨트와 에어백 등 충격 흡수 장치를 의무화하는 결과로 이어지기도 했다. 만약 이 실험이 없었다면 한참 동안 자동차 사고로 매년 수백 명의 인명을 잃었을 테니 우리는 머피의 법칙을 크게 오해하고 있었던 것은 아닐까 싶다.

머피의 법칙이 현대사회에서 적용되는 실용적 가치는 리스크 관리와 예방 의식의 강화에 있다. 그리고 이것은 현대 경영학이 추구하는 방향과 동일하다. 소프트웨어 개발에서는 머피의 법칙을 염두에 두고 여러 가지 예외 상황과 오류를 가정하며, 그에 대한 대응 방안을 마련하기 시작했다. 이러한 접근 방식은 잠재적인 위험과 문제점을 미리 파악하고 이를 방지하거나 최소화하는 데 도움이 된다고 믿었기 때문이다. NASA의 우주선 설계나 핀란드의 원자력발전소 관리에서도 머피의 법칙은 시스템 안전장치 구축의 핵심 원리로 활용되었던 것도 그런 믿음이 작동했던 결과다.

그런데 머피의 법칙을 둘러싼 과학적 논의는 매우 흥미롭다. 일부 과학자들은 머피의 법칙이 '선택적 기억Selective Memory' 현상 때문이라고 보았다. 뇌의 기억이 시계열에 따라 고르게 기억되기보다는 인상 깊은 기억들 위주로 남는 현상을 말한다. 일이 아무 문제없이 해결되면 그것은 당연하다고 인식되어 기억에 잘 남지 않지만, 일이 실패하면 기억에 남는다. 그런 일이 반복되다 보면 실패한 사례만 모아서 기억하게 되니 모든 일이 실패하는 것처럼 느껴지는 법이다. 인간을 '망각의 동물'이라고 부를 수 있다면 선택적 기억 현상은 꽤 그럴싸하게 보인다.

하지만 일부 사례에서는 머피의 법칙이 실제로 과학적으로 증명되기도 했다. 영국 애슈턴 대학교 정보공학과의 로버트 매튜스Robert A. J. Matthews 연구원은 "왜 토스트는 꼭 버터를 바른 쪽이 바닥을 향해 떨어지는가"라는 일상의 딜레마를 과학적으로 증명했다. 그는 사람들이 식탁에서 토스트를 떨어뜨리는 경우를 가정하여, 버터를 바른 쪽이 위로 향한 토스트가 식탁에서 떨어질 때 어떤 면이 바닥으로 떨어질지를 결정하는 것은 토스트를 회전시키는 스핀이 결정한다고 보았다. 실제로 식탁 높이와 토스트의 크기, 떨어지는 시간을 고려하면 토스트가 반 바퀴 정도 회전하면서 버터 바른 면이 바닥을 향하게 될 확률이 높아진다는 것이다.

반면 액땜 이론은 전혀 다른 문화적 토양에서 발생한 개념이다. '액 厄'이라는 한자는 '재앙, 불행'을 의미하고, '땜'은 우리말로 '때우다, 대신하다'라는 뜻이다. 즉 액땜이란 "작은 재앙으로 큰 재앙을 대신한다"는 의미가 있다. 인간사가 예측 불가능하고 액운이라는 부정적 기운이 인생을 잠식할 수 있다고 보는 전통적 세계관에서 나온 심리적 대응 전략이다. "차라리 작은 재앙 하나로 그 해의 큰 재앙을 미리 소멸시킨다"는 일종의 심성 전략으로 발달했다.

액땜 이론의 문화적 뿌리는 우리가 생각하는 것보다 깊다. 동양 문화권에서는 새해 악령을 쫓는 풍습이 다양하게 존재한다. 로마의 악령 축출 의식, 중국 설날의 폭죽, 한국의 달집태우기 등이 그 예가 아닐까. 이러한 의식들은 모두 부정적인 기운이나 액운을 미리 제거하거나 중화시키려는 시도다. 액땜 이론도 이와 같은 맥락에서 '큰 불행의 예방접종' 혹은 '플라세보 효과적 희망'의 연장선상에 놓여 있다.

아, 실제로 '달집태우기'라는 전통 세시풍속이 정말 존재한다! 당신이 혼동한 것은 자연스러운 일이다. '짚불태우기'와 비슷하게 들리고 실제로 관련이 있기도 하니까 말이다. 하지만 달집태우기는 짚불태우기보다 훨씬 더 구체적이고 정교한 의미를 지닌 전통 민속놀이다.

달집태우기는 정월 대보름날 밤에 행해지는 대표적인 한국 전통 세시풍속이다. '달집'이라는 것은 말 그대로 '달의 집'이라는 뜻으로, 나무나 대나무로 원추형 또는 집 모양의 구조물을 만들고 그 안에 생솔가지, 짚, 대나무 등을 쌓아 올린 다음, 보름달이 떠오를 때 불을 붙여 태우는 것이다. 이 풍습의 핵심은 단순히 불을 피우는 것이 아니라 매우 정교한 의미 체계를 가지고 있다는 점이다. 달집을 만들 때는 반드시 동쪽(달이 뜨는 방향)으로 문을 내는데, '달문'이라고 한다. 떠오르는 보름달을 달집 안으로 맞아들인다는 상징적 의미가 있다.

달집의 구조도 매우 체계적이다. 보통 세 개의 막대기나 대나무를 일정 간격으로 세워 꼭대기를 하나로 묶고, 그 안에 생솔가지, 짚, 나뭇가지, 대나무 등을 쌓아 올린다. 여기에 특별히 대나무를 넣는 이유는 탈 때 '탁탁' 터지는 소리가 잡귀를 쫓는다고 믿기 때문이다. 지역에 따라 명칭도 다양하다. 달집태우기, 달집불, 달불놀이, 달끄실르기, 망우리불[망울이불], 달망우리, 망월, 동화洞火 등으로 불린다. 여기서 '망우리'나 '망울이'는 '망월望月', 즉 보름달을 바라본다는 뜻이 변화된 것으로 보인다.

달집태우기의 의미는 매우 풍부하다. 첫째, 액을 쫓고 복을 부르는 기능이다. 불의 정화 작용을 통해 한 해의 모든 부정과 액운을 태워버린다고 믿었다. 둘째, 풍년을 기원하는 기능이다. 달집이 활활 잘 타오르면 풍년, 잘 타지 않으면 흉년이 든다고 점을 쳤다. 셋째, 마을 공동체의 결속을 다지는 사회적 기능이다. 마을 사람들이 함께 모여 달집을 만들고 태우며 하나가 되는 시간이었다.

특히 흥미로운 점은 이웃 마을과의 '횃불 경쟁'이다. 어느 마을의 달집이 더 높이, 더 밝게 타오르는지 비교하며 "망울이! 망울이!"라고 소리치며 응원했다. 이긴 마을이 더 풍년이 든다고 믿었기 때문이다. 줄다리기나 차전놀이와 같은 맥락의 경쟁의식이었다. 게다가 달집이 타면서 넘어지는 방향으로도 점을 쳤다. 어느 쪽으로 넘어지느냐에 따라 그쪽 논이나 마을이 풍년이 든다고 해석했다. 또한 개인적으로도 달집에 절을 하면

1년 내내 부스럼이 나지 않고 여름 무더위도 이길 수 있다고 믿었다.

현대에도 이 전통은 계속 이어지고 있다. 전라남도 순천시 월등면 송천리의 '승주 달집태우기'는 1994년 전라남도 무형문화재로 지정되었을 정도다. 여기서는 정월 대보름날 마을 청소년들이 인근 산에서 생솔가지와 대나무를 베어 와 달집을 만들고, 보름달이 떠오르면 일제히 함성을 지르며 불을 붙인다. 그리고 달집 주위를 돌며 풍물에 맞춰 '덜이덜롱'이라는 민요를 부르며 논다.

그렇다면 짚불태우기와는 어떻게 다를까? '달집태우기'와 '짚불태우기'의 차이점을 명확히 하면, 짚불태우기는 주로 농사와 관련된 실용적 목적(해충 방제, 토양 개선 등)이 강한 반면, 달집태우기는 달맞이와 결합된 종교적·상징적 의미가 더 강하다. 또한 달집태우기는 반드시 정월 대보름에 행해지며, 달집이라는 특별한 구조물을 만드는 것이 특징이다.

이런 전통이 오늘날 액땜 이론과 연결되는 지점은 흥미롭다. 달집태우기에서 "액을 태워버린다"는 개념은 현대의 액땜 이론에서 "작은 불행으로 큰 불행을 막는다"는 사고와 맥을 같이한다. 조상들이 한 해의 시작에 상징적으로 모든 액운을 태워버리며 새로운 마음으로 출발했던 것처럼, 현대인들도 작은 시련을 '액땜'으로 받아들이며 심리적 정화를 경험하는 것이다.

정리해보면, 달집태우기는 실제로 존재하는 우리의 소중한 전통문화 유산이다. 단순한 '짚불태우기'와는 차원이 다른, 깊은 상징적 의미와 공동체적 가치가 담긴 세시풍속이다. 이런 전통 속에서 우리 조상들의 지혜로운 삶의 철학을 엿볼 수 있고, 현대의 액땜 이론과도 연결되는 흥미로운 고리를 발견할 수 있다.

한국 사회에서 액땜 이론이 작동하는 방식을 보면 그 특성을 더 잘 이해할 수 있다. 중요한 일을 앞두거나 한 해 초반에 사소한 불행을 겪었을 때 "액땜했으니 큰일은 잘 넘어갈 것"이라고 자기 위안을 삼는 심리적 장치로 활용된다. 대기업 신입사원 워크숍, 공무원 임용 초기, 정치인 선거 과정에서도 타인의 불행이나 개인적 실패, 작은 추문 등을 두고 "액땜이다"라며 논평하는 풍경을 흔히 볼 수 있다. 지나간 과오를 인정하고 위로하며 앞으로는 더 좋은 일들이 생길 것이라고 스스로 위로하는 방식이다. 때로는 조직의 내부 항쟁이나 최초의 사업 실수, 첫 번째 고객 불만 사항 등을 액땜으로 간주하고, 나머지 일정이나 후속 결과에 심리적 보상 심리를 입히기도 한다.

일본의 야쿠도시厄年(액년), 중국의 다양한 액막이 풍습 등에서도 유사한 개념을 찾을 수 있다. "흉사를 미리 당해 길조로 전환시킨다"는 식의 미신적 전환 담론이 존재한다. 인간이 불확실한 미래를 관리할 합리적 수단이 없던 시절, 운명을 심리적으로 길들이는 데 도움을 준 문화적 장치였다고 볼 수 있다.

하지만 액땜 이론에는 논리적으로 몇 가지 문제점이 있다. 가장 큰 문제는 "액땜했으니 이제 큰일은 없다"는 식의 사고가 인과적으로 검증하기 어렵다는 점이다. 실제로는 각 사건이 독립적임에도 불구하고 인간은 "불행에도 나름의 수지가 있다"고 해석하는 경향을 보인다. 도박사의 오류Gambler's Fallacy와도 닮아 있다. 동전을 열 번 던져서 모두 앞면이 나왔다고 해서 다음번에 뒷면이 나올 확률이 높아지는 것은 아니듯이, 작은 불행을 겪었다고 해서 큰 불행을 피할 수 있다는 보장은 없다.

불확실성을 관리하는 법: 대비를 위한 머피 vs 위로를 위한 액땜

머피의 법칙과 액땜 이론, 두 개념의 가장 큰 차이점은 '불확실성을 마주하는 태도'다. 머피의 법칙은 구조적 허점, 인간의 실수, 사건 확률의 냉정한 현실을 드러내며 "그래서 더욱 준비하자"라는 계몽적 태도를 권한다. 불확실성을 시스템적으로 관리하고 대비하려는 적극적 자세의 표현인 셈이다. 반면 액땜 이론은 운명이나 기운이라는 불확실한 힘을 사소한 불행 경험을 통해 중화하거나 '선불로 계산'한 셈치고, 이후에 찾아올 수 있는 큰 불행을 심리적으로 봉쇄하려는 수동적 자세의 표현이다.

이와 같은 차이점을 이해하고 현대 경영학에서 머피의 법칙이 적용되는 의미를 살펴보면 더욱 흥미롭다. 머피의 법칙은 리스크 관리Risk Management, 위기 대응Crisis Management, 시스템 디자인의 핵심 사고 도구로 존중받는다. "모든 것은 망가질 수 있다. 반드시 망가진다. 미리 대책을 세워라"는 전제는 허망한 체념이 아니라, 오히려 불확실성을 대비하는 적극적 태도의 산물이다. 나심 탈레브가 『블랙 스완』에서 강조한 '예측할 수 없는 극단적 사건'에 대한 대비책도 머피의 법칙과 맥을 같이한다.

품질 경영Quality Management이나 식스시그마Six Sigma 같은 경영 기법이 존재하는 것도 사실 거슬러 올라가보면 머피의 법칙이 자리한다. '만일을 만 번 대비하는 것' 자체가 품질 향상과 직결되기 때문이다. 토요타의 토요타 생산 시스템에서 강조하는 '포카요케Poka-yoke', 즉 실수 방지 시스템도 머피의 법칙을 실무에 적용한 사례다. 인간은 반드시 실수를 할 것이라는 전제 아래 시스템 자체에서 실수를 원천 차단하려는 접근법이다. 그렇기 때문에 거의 모든 경영학 기반의 철학적 흐름은 머피의 법칙이 근간이 되었다고 해도 과언은 아니다.

예컨대 소프트웨어 개발 분야에서 머피의 법칙 적용은 더욱 구체적이다. 개발자들은 항상 "사용자가 예상하지 못한 방식으로 프로그램을 사용할 것"이라고 가정한다. 따라서 예외 처리Exception Handling, 데이터 검증Data Validation, 백업 시스템Backup System 등을 구축하는 것이다. 단순히 방어적 프로그래밍Defensive Programming을 넘어, 사용자의 모든 가능한 행동 패턴을 시스템 안에 프로그래밍하려고 했던 시도라고 볼 수 있다.

반면 액땜 이론은 조직 내에서 작동하는 방식으로 작용한다. 한국의 대기업이나 정부기관에서는 프로젝트 초기에 발생하는 작은 문제들을 '액땜'으로 해석하며 팀원들의 심리적 안정을 도모하는 경우가 종종 있다. 새로운 사업 진출 시 초기 매출 부진이나 고객 이탈을 '큰 성공을 위한 액땜'으로 해석하고 조직 구성원들의 사기를 유지하려는 장치다. 서구의 '러닝 커브Learning Curve' 개념과는 다른, 동양적 해석이다.

정치권에서도 액땜 이론의 활용을 쉽게 찾아볼 수 있다. 선거 운동 초기의 작은 스캔들이나 지지율 하락을 '액땜'으로 해석하는 경우가 많은데, "이제 본선에서는 큰 문제없이 갈 것"이라고 예측하는 경우가 그렇다. 물론 이런 해석이 실제 선거 결과와 상관관계가 있는지는 별개의 문제다. 하지만 선거 참모들이나 후보자 본인의 심리적 안정에는 도움이 된다.

두 개념이 개인의 일상생활에 미치는 영향도 다르게 나타난다. 머피의 법칙이 내재화된 사람들은 일반적으로 더 철저히 준비하는 경향을 보인다. 중요한 회의 전에는 발표 파일을 여러 군데 백업해두고, 프린트 자료도 미리 준비하며, 교통체증까지 감안해 일찍 출발한다. 여행을 떠날 때도 비상약, 여분의 배터리, 현금 등을 챙기는 것이 습관화되어 있다. 이런 사람들에게는 "최악을 상정하고 대비하면 최악을 피할 수 있다"는 믿음이 있다.

최근에 유행하는 MBTI로 살펴보면 더 흥미롭다. MBTI에서는 철저한 준비와 위험 요소를 미리 대비하는 성향을 보이는 사람들을 주로 'J(판단) 성향'을 지닌 유형들로 분류한다. 특히 그중에서도 ISTJ, ESTJ, ISFJ, ESFJ와 같은 SJ(감각-판단) 조합의 유형들이 당신이 묘사한 행동 패턴과 가장 일치한다.

좀 더 구체적으로 들여다보면 ISTJ(논리주의자)가 가장 전형적인 패턴이다. 이들은 '철두철미한 현실주의자'로 불리며, 체계적인 계획 수립과 철저한 준비를 하는 것이 특징이다. 중요한 회의 전에 발표 파일을 여러 곳에 백업해두고, 프린트 자료도 미리 준비하며, 교통체증까지 감안해서 일찍 출발하는 행동은 ISTJ의 전형적인 패턴이기에 '인간미'가 없다는 선입견을 주는 유형이다.

ESTJ(경영자) 역시 비슷한 성향을 보인다. '철저히 준비하며 활동적'이고 '체계적으로 일하고 규칙을 준수'하는 특징이 있다. 다만 ISTJ가 개인적 차원에서 조용히 준비하는 반면, ESTJ는 더 적극적으로 주변에도 같은 수준의 준비를 요구하는 경향이 있다.

반면 ISFJ(수호자)도 주목할 만하다. 차분하고 헌신적이며, 인내심이 강하고 타인의 감정 변화에 주의를 기울인다. 여행할 때 비상약, 여분의 배터리, 현금까지 챙기는 세심함은 ISFJ의 배려심 깊은 성격과 잘 맞는다.

ESFJ(외교관) 역시 "사람에 대한 관심과 친절하고 동정심이 많아서, 다른 사람들이 불편해할 상황까지 미리 대비하는 성향을 보인다"고 알려져 있다.

SJ 조합 유형들의 공통점은 다음과 같다.

S(감각) 기능	현실적이고 구체적인 것을 중시하며, 과거 경험을 바탕으로 미래를 예측한다.
J(판단) 기능	계획적이고 체계적이며, 일을 미리미리 처리하는 것을 선호한다.
안정성 추구	불확실성과 예상치 못한 변수를 최대한 줄이려고 노력한다.
책임감	자신의 실수로 인해 다른 사람에게 피해를 주는 것을 극도로 꺼린다.

흥미로운 점은 머피의 법칙이 내재화된 사람들이 "최악을 상정하고 대비하면 최악을 피할 수 있다"는 믿음을 갖는다는 것인데, MBTI의 Te(외향적 사고) 또는 Ti(내향적 사고) 기능과 관련 있다. 이들은 논리적으로 "만약 ~라면 어떻게 될까?"를 끊임없이 시뮬레이션하며, 가능한 모든 시나리오에 대비책을 마련하려고 하기 때문이다. 반대로 P(인식) 성향이 강한 사람들, 특히 ENFP, ENTP, ESFP, ESTP와 같은 유형들은 이런 철저한 사전 준비를 '지나치게 신경질적'이라고 여기거나 '자유로운 흐름을 방해하는 것'으로 받아들이는 경우가 많다. 따라서 철저히 준비하는 행동 패턴을 보이는 사람들은 십중팔구 ISTJ, ESTJ, ISFJ, ESFJ 중 하나일 가능성이 높고, 그중에서도 ISTJ가 가장 전형적이라고 할 수 있지 않을까 싶다.

반면 액땜 이론을 믿는 사람들은 작은 불행이 발생했을 때 상대적으로 빠르게 심리적 회복을 보이는 경향이 있다. 지갑을 잃어버렸을 때 "액땜했다"고 생각하며 마음을 추스르거나, 사업 초기 작은 실패를 겪었을 때 "이제 큰 성공이 올 것"이라고 긍정적으로 해석한다. 스트레스 관리나 심리적 회복력 측면에서는 도움이 되겠지만, 실제 문제 해결이나 근본적 개선에는 소홀할 위험이 있다.

두 철학의 하이브리드: 준비는 머피, 회복은 액땜

흥미롭게도 두 개념이 결합되어 활용되는 경우도 있다. 예를 들어 시스템 엔지니어가 서버 장애를 경험한 후 "액땜했으니 이제 큰 장애는 없겠지만, 그래도 모니터링 시스템을 강화해야겠다"라고 판단하는 식이다. 이런 식의 의사결정 패턴을 주변에서 많이 보았을 것이다. 심리적 위안은 액땜 이론에서, 실제 대응책은 머피의 법칙에서 가져오는 것으로 해석해볼 수 있다.

한편, 두 개념의 과학적 검증 가능성도 다르다. 머피의 법칙은 확률론, 시스템 이론, 인간공학 등 다양한 과학적 방법론으로 분석 가능하다. 앞서 언급한 토스트 실험처럼 구체적 사례를 통해 검증해볼 수 있는 것들이 많다. 대형마트에서 "내가 서지 않은 계산대 줄이 더 빨리 움직인다"는 경험도 수학적으로 설명 가능하다. 세 개의 계산대가 있을 때, 자신이 서지 않은 두 계산대 중 하나라도 빨리 움직일 확률은 3분의 2가 된다. 이는 약 두 배 차이가 나게 된다.

반면 액땜 이론은 과학적 검증이 거의 불가능하다. "작은 불행이 큰 불행을 예방한다"는 명제 자체가 반증 불가능 unfalsifiable 하기 때문이다. 액땜을 했는데도 큰 불행이 찾아온다면 "액땜이 부족했다" 또는 "더 큰 불행을 막았다"라고 해석할 수 있고, 큰 불행이 찾아오지 않으면 "액땜이 효과가 있었다"라고 생각할 수 있다. 이런 식의 해석은 칼 포퍼Karl Popper가 비판한 '유사과학pseudoscience'의 특징을 보인다.

그럼에도 불구하고 액땜 이론의 심리학적 가치는 인정해야 한다. 인간의 뇌는 패턴을 찾고 의미를 부여하려는 강한 경향이 있다. 무작위적이고 예측 불가능한 사건들을 그대로 받아들이기보다는, 어떤 식으로든 질서를 부여하려고 한다. 액땜 이론은 이런 인간의 기본적 욕구를 충족시켜주는 인지적 도구로 기능하기 때문이다.

현대 심리학에서 말하는 '의미 만들기meaning-making' 과정과도 그 의미를 연결지어 생각해볼 수 있다. 빅터 프랭클Viktor Frankl이 『죽음의 수용소에서』에서 강조한 것처럼, 인간은 고통스러운 경험에도 의미를 부여할 때 그것을 견딜 수 있다. 액땜 이론도 이런 맥락에서 작은 불행에 '큰 불행을 예방하는 의미'를 부여함으로써 심리적 고통을 줄여주는 역할을 한다.

문화 인류학적 관점에서 보면, 액땜 이론은 집단적 스트레스 관리 메커니즘으로도 기능한다. 전통 농업 사회에서는 자연재해나 흉년 등 통제할 수 없는 외부 요인들이 생존을 좌우했다. 이런 환경에서는 합리적 대응보다는 심리적 적응이 더 중요할 수 있었기 때문이다. 즉 인간이 자연 앞에서 그 무언가를 할 수는 없으니까. 액땜 이론은 이런 상황에서 공동체 구성원들이 불안을 공유하고 상호 위로하는 문화적 장치로 발달했을 가능성이 높다.

반면 머피의 법칙은 산업화 시대 이후의 산물이다. 복잡한 기계 시스템, 대규모 조직, 글로벌 공급망 등이 등장하면서 단순한 심리적 위안보다는 실제적 대비책이 더 중요해졌다. 머피의 법칙은 이런 환경 변화에 맞는 새로운 사고 도구로 등장한 것이다.

두 개념의 미래 전망도 다르다. 인공지능, 빅데이터, 사물인터넷IoT 등 기술이 발달할수록 머피의 법칙의 중요성은 더욱 커질 것으로 예상된다. 시스템이 복잡해질수록 예상치 못한 오류나 상호작용이 발생할 가능성이 높아지기 때문이다. 실제로 구글, 아마존, 마이크로소프트와 같은 테크 기업들은 '카오스 엔지니어링Chaos Engineering'이라는 방법론을 도입하여 의도적으로 시스템에 장애를 일으켜보며 복원력을 테스트한다. 머피의 법칙을 적극적으로 활용하는 사례다.

첨단 기술과 AI가 발달하면서 액땜 이론은 사라지는 것이 아닐까? 액땜 이론을 머피의 법칙이 대체하게 되고 모든 것을 철저히 준비하는 상태로 상황 대비에 만전을 기한다는 식으로 진화할 수 있을지도 모른다. 하지만 액땜 이론은 현대 사회에서 설득력을 잃어가고 있어도 완전히 사라지지는 않을 것으로 보인다. 인간의 기본적 심리 구조는 크게 변하지 않기 때문에, 불확실성과 불안에 대한 심리적 대처 메커니즘으로서의 역할은 계속 유지될 것이다. 다만 그 표현 방식이 달라질 수는 있다. 예를 들어 SNS에서 "오늘 작은 실수를 해서 오히려 다행"이라는 식으로 현대적 방식으로 재해석되어 나타날 수 있지 않을까 싶다. 하지만 최근 「케데헌」(케이팝 데몬 헌터스)의 열풍을 보건대 그럴 일은 없을 것 같다.

교육학적 관점에서도 두 개념은 다른 가치가 있다. 머피의 법칙은 비판적 사고, 시스템적 사고, 리스크 관리 등 현대 교육에서 중요하게 다루는 역량과 직결된다. 실제로 공학 교육이나 경영학 교육에서는 머피의 법칙을 활용한 사례 연구가 자주 활용된다. 반면 액땜 이론은 문화적 다양성, 전통적 지혜, 심리적 적응력 등의 관점에서 다루어질 수 있다.

정리해보자. 머피의 법칙과 액땜 이론은 모두 인간이 불확실성과 불행에 대처하는 방식이지만, 그 접근법과 결과가 완전히 다르다. 머피의 법칙은 '준비와 대응의 철학'으로서 현실적 문제 해결에 초점을 맞추고, 액땜 이론은 '심리적 위로와 의미 부여의 메커니즘'으로서 정서적 안정에 기여한다. 두 개념 모두 인간 경험의 중요한 부분을 다루므로 어느 하나가 우월하다고 단정지을 수는 없다. 다만 상황에 따라 어떤 접근법이 더 적절한지를 판단하는 지혜가 필요하다.

현대인들은 이 두 개념을 균형 있게 활용할 수 있다. 실무적으로 중요한 일에는 머피의 법칙의 정신으로 철저히 준비하되, 예상치 못한 작은 실패나 좌절에 대해서는 액땜 이론의 지혜로 심리적 균형을 유지하는 감각이 필요하다. 이런 통합적 접근이야말로 불확실한 현대 사회를 살아가는 현명한 방식일 것이다.

통제의 착각과
위로 전략

불확실성 관리의 두 가지 방식

　도박사의 오류와 액땜 이론을 비교하는 일은 마치 쌍둥이 형제의 서로 다른 인생을 관찰하는 것과 같다. 둘 다 같은 부모, 즉 인간의 확률적 사고에서 태어났지만, 한 명은 카지노에서 돈을 탕진하는 도박꾼이 되고, 다른 한 명은 절에서 마음의 평화를 찾는 수도승이 되었다고나 할까. 겉으로는 비슷해 보이지만 실제로는 완전히 다른 길을 걷는 것이다.

　먼저 도박사의 오류가 무엇인지 정확히 파악해보자. 이 개념은 1913년 모나코의 몬테카를로 카지노에서 실제로 벌어진 사건에서 유래했다. 그래서 도박사의 오류는 '몬테카를로 오류'라고 불리기도 한다. 룰렛에서 공이 스물여섯 번 연속으로 검은색에 떨어지자, 많은 도박꾼이 "이제 빨간색이 나올 차례"라며 거금을 걸었다가 파산했던 사건이다. 이들은 각 룰렛 돌리기가 독립적인 사건이라는 기본적인 확률 원리를 간과했던 것이다. 동전을 열 번 던져서 모두 앞면이 나왔을 때, 열한 번째에도 여전히 앞면이 나올 확률은 50퍼센트다. 동전은 기억력이 없기 때문이 아닐까?

도박사의 오류의 핵심은 독립 사건들 사이에 인과관계가 있다고 잘못 믿는 것이다. 이는 인간이 무작위성을 받아들이기 어려워하고 모든 것에서 패턴을 찾으려는 본능에서 비롯된다. 우리의 뇌는 진화적으로 패턴 인식에 특화되어 있어, 순전한 우연의 연속에서도 의미를 찾으려고 한다. 마치 구름 모양을 보고 동물을 연상하는 것처럼 말이다.

반면 액땜 이론은 전혀 다른 차원의 개념이다. 작은 불행을 겪으면 큰 불행을 피할 수 있다는 믿음에서 시작된다. 시험을 보러 가다가 넘어져서 무릎이 까지면 "액땜했다"며 오히려 안심하는 심리다. 표면적으로는 도박사의 오류와 비슷해 보인다. 둘 다 과거의 사건이 미래에 영향을 미친다고 믿으니까. 하지만 그 본질은 천지 차이다.

도박사의 오류는 순수하게 수학적 영역의 실수다. 확률론의 기본 원리를 무시하는 것이다. 콜모고로프의 확률 공리에 따르면, 독립 사건의 확률은 이전 결과와 무관하게 일정하다. 확률은 논증 가능하고 반박 가능한 과학적 명제다. 반면 액땜 이론은 확률론을 초월한 형이상학적 영역에 속한다. 단순히 맞고 틀림의 문제가 아니라 세계관의 차이에서 만들어지기 때문이다.

> 콜모고로프의 확률 공리는 실제로 존재하는 매우 중요한 수학적 개념이다. 1933년 러시아 수학자 안드레이 콜모고로프 Andrey Nikolaevich Kolmogorov

가 『확률론의 기초Foundations of the Theory of Probability』에서 제시한 현대 확률론의 수학적 토대다.

콜모고로프는 흩어져 있던 확률 이론들을 체계적으로 정리하고, 집합론과 측도론의 개념을 이용해 확률을 엄밀하게 공리화했다. 이전까지 확률은 상당히 직관적이고 비체계적인 개념이었는데, 콜모고로프가 이를 현대 수학의 엄밀한 체계 안으로 끌어들인 것이다. 그래서 그는 '현대 확률론의 아버지'로 불린다.

그렇기 때문에 도박사의 오류는 철저히 개인주의적인 차원에서 벌어지는 현상이다. 자신의 운이 바뀔 것이라는 기대에 사로잡혀 있다는 뜻이다. "내가 계속 졌으니까 이제는 이길 차례"라는 식으로 생각한다. 여기에는 우주의 정의나 도덕적 질서에 대한 믿음이 없고 단지 확률의 평형이 회복될 것이라는 기계적 기대만 있을 뿐이다. 마치 시계추가 한쪽으로 기운 만큼 반대편으로도 기울 것이라고 믿는 마음과 같다.

액땜 이론은 정반대다. 근본적으로 공동체적이고 도덕적인 세계관에 기반한다. 우주에는 어떤 정의로운 질서가 있어서, 선한 행위는 보상받고 악한 행위는 징벌받는다는 믿음이다. 작은 고생이 큰 재앙을 막아준다는 것은 일종의 '선불 시스템'이다. 미리 조금 아파두면 나중에 큰 아픔을 면할 수 있다는 의미다. 불교의 업보론이나 기독교의 시련관과도 맞닿아 있다.

계산의 함정과 위로의 전략

흥미롭게도 두 개념은 시간에 대한 인식도 다르다. 도박사의 오류는 철저히 현재 중심적이다. 지금까지의 결과를 바탕으로 다음 결과를 예측하려고 한다. 과거는 미래의 전조이고, 현재는 과거와 미래를 잇는 단순한 연결점일 뿐이다. 시간은 직선적이고 기계적으로 흘러간다.

액땜 이론에서 시간은 훨씬 복합적이다. 과거의 고통이 미래의 행복을 보장한다는 믿음에는 순환적 시간관이 깔려 있다. 모든 것이 돌고 돌아서 균형을 이룬다는 동양적 사고다. 또한 현재의 작은 불행이 미래의 큰 불행을 예방한다는 관점에는 예방적 시간관이 담겨 있다. 시간은 단순히 흘러가는 것이 아니라 능동적으로 관리하고 대비할 수 있는 자원이다.

심리학적으로도 두 개념의 기능은 완전히 다르다. 도박사의 오류는 불안을 증폭시킨다. 계속 지고 있는 도박꾼은 "이번에는 반드시 이길 것"이라는 강박에 시달린다. 하지만 현실은 무정하기 짝이 없다. 확률은 과거를 기억하지 않으므로 다음 판에서도 질 수 있다. 이런 상황이 반복되면서 도박꾼은 점점 더 큰 불안과 좌절에 빠진다.

액땜 이론은 정반대로 심리적 안전감을 제공한다. 작은 불행을 겪었을 때 "액땜했다"고 생각하면 오히려 마음이 편해진다. 불행을 불행으로 끝내지 않고 미래의 행운을 위한 투자로 재해석하는 것이다. 말하자면 인지부조화를 해결하는 효과적인 방법이다. 어차피 겪어야 할 고통이라면, 긍정적 의미를 부여하는 것이 정신건강에 훨씬 좋다.

경제적 관점에서도 흥미로운 차이가 있다. 도박사의 오류는 철저히 파괴적이다. 이 오류에 빠진 사람은 계속 잘못된 베팅을 하게 된다. 결과적으로 자산을 탕진하고 가정을 파괴한다. 카지노 산업이 번창하는 이유 중 하나가 바로 이 도박사의 오류 때문이다.

액땜 이론은 경제적으로 중립적이거나 때로는 긍정적이다. 작은 손해를 큰 이익으로 받아들이는 관점은 위험 관리의 한 형태다. 보험의 원리와도 비슷하다. 작은 프리미엄을 내고 큰 위험을 헤지하는 것이다. 물론 실제로 보험처럼 기능하지는 않지만, 심리적으로는 비슷한 효과를 낸다.

교육적 측면에서 두 개념의 대응 방식도 다르다. 도박사의 오류는 교육으로 교정 가능하다. 확률론과 통계학을 제대로 배우면 이런 실수를 줄일 수 있다. 실제로 수학 교육의 중요한 목표 중 하나가 이런 논리적 오류의 방지다.

하지만 액땜 이론은 교육적 접근이 복잡하다. 단순히 '미신'이라고 치부하기 어려운 이유가 여기에 있다. 액땜 이론에는 심리적 위안과 문화적 정체성이 결합되어 있기 때문이다. 따라서 액땜 이론을 무작정 부정하기보다는 그 기능과 한계를 함께 이해하는 것이 중요하다.

현대 사회에서 두 개념의 변화도 주목할 만하다. 인터넷과 소셜미디어 시대에 도박사의 오류는 새로운 형태로 진화했다. 주식 투자에서 '물타기'를 하거나, 게임에서 가챠를 무한정 돌리는 행동이 그것이다. 확률을 무시한 채 '언젠가는 대박이 날 것'이라는 믿음은 여전하다.

액땜 이론도 현대적으로 재해석된다. SNS에서 작은 실수나 불운을 겪으면 '액땜'이라는 해시태그를 달며 긍정적으로 받아들이는 문화가 확산되었다. 이는 스트레스가 많은 현대 사회에서 정신적 균형을 유지하는 하나의 대처 방식으로 기능한다.

그렇다면 두 개념 중 어느 것이 더 유용할까? 까다로운 질문이다. 맥락에 따라 다르다. 수학이나 과학 같은 논리적 영역에서는 당연히 도박사의 오류를 경계해야 한다. 하지만 일상생활에서 겪는 크고 작은 불운에 대처할 때는 액땜 이론이 도움이 되지 않을까? 중요한 점은 두 개념의 적용 범위를 명확히 구분하는 것이다. 확률이 명확히 계산 가능한 영역에서는 도박사의 오류를 피해야 한다. 하지만 인생의 불확실성과 우연성 앞에서는 액땜 이론 같은 의미부여 체계가 심리적으로 도움이 된다.

결국 도박사의 오류와 액땜 이론은 인간이 불확실성에 대처하는 서로 다른 방식이다. 하나는 과학적 합리성을 추구하다가 오히려 비합리적 결과를 낳고, 다른 하나는 비과학적 믿음을 통해 심리적 안정을 취하는 경우다. 둘 다 완벽하지 않지만, 각각의 영역에서는 나름의 역할을 한다.

우리가 알고 있듯이 인간은 확률 기계가 아니다. 순전히 수학적 계산만으로 살아갈 수는 없다. 때로는 의미와 희망이 정확한 확률 계산보다 더 중요하다. 도박사의 오류를 피하되, 액땜 이론 같은 문화적 지혜도 적절히 활용하는 것이 균형 잡힌 접근법이다. 사실 두 개념 모두 인간의 한계를 보여준다는 점에서 흥미롭다. 우리는 완전히 합리적이지도, 완전히 비합리적이지도 않은 존재다. 때로는 수학을 무시하고, 때로는 직감을 억누른다. 이런 모순적 존재가 바로 인간이고, 도박사의 오류와 액땜 이론은 그 인간다움의 서로 다른 면을 보여주는 거울이다.

리스크 대응 전략으로서의
레드팀 기법

악마는 디테일에 있다: 조직과 시스템의 리스크 철학

합리성에 근간을 둔 현대 경영학을 비판할 생각은 없지만 경영학이 뿌리를 둔 철학적 함의에 대해서는 다른 각도로 보아야 할 듯하다. 한때 디테일과 관련한 책이 유행한 적이 있다. "악마는 디테일에 있다The devil is in the details"라는 말과 레드팀Red Team 운영은 서구 경영 이론이 불완전한 인간과 불확실한 현실에 대응하려는 근본적 철학을 보여주는 대표적 사례다. 두 개념 모두 조직이나 시스템의 표면적 완벽함에 속지 말고, 숨겨진 위험과 취약점을 찾아내야 한다는 서구식 합리주의와 실용주의 전통에서 나왔다. 머피의 법칙이 "잘못될 수 있는 것은 반드시 잘못된다"며 구조적 허점을 경고했다면, 이 두 개념은 한 걸음 더 나아가 "허점을 찾기 위해서는 의도적이고 체계적인 노력이 필요하다"라는 적극적 대응 철학을 담고 있다.

"악마는 디테일에 있다"라는 말의 기원을 살펴보면, 원래는 "신은 디테일에 있다God is in the detail"라는 긍정적 표현에서 시작되었다. 독일 건축가 루트비히 미스 판 데어 로에Ludwig Mies van der Rohe(1886~1969)가 "아무리 거대한 규모의 아름다운 건축물이라도 사소한 부분까지 최고의 품격을 지니지 않으면 결코 명작이 될 수 없다"라고 강조한 것이 유명해졌다. 하지만 이 표현의 더 이른 형태인 "선한 신은 디테일에 있다 Le bon Dieu est dans le détail"는 프랑스 소설가 플로베르Gustave Flaubert의 표현이다. 예술사가 아비 바르부르크Aby Warburg(1866~1929)도 이 표현을 즐겨 사용했다고 전해진다.

그런데 왜 '신'에서 '악마'로 바뀌었을까. 20세기 후반 복잡한 기술 시스템과 대규모 조직이 등장하면서 디테일의 실패가 가져올 수 있는 파괴적 결과를 경험했기 때문이다. 1986년 우주왕복선 챌린저호 폭발 사고는 작은 오링 하나의 기술적 결함이 7명의 우주비행사 생명을 앗아간 대표적 사례다. 2003년 컬럼비아호 사고도 단열재 조각 하나가 떨어져서 발생한 일이었다. 이런 사건들을 겪으면서 서구 사회는 "큰 그림은 완벽해 보여도 작은 실수 하나가 모든 것을 파괴할 수 있다"는 경각심을 가지게 되었다. "신은 디테일에 있다"는 완벽 추구의 메시지였다면, "악마는 디테일에 있다"는 위험관리의 메시지가 된 것이다.

$100-1 \neq 99, 100-1 = 0$.

서구 경영 이론에서 이 개념이 중요한 이유는 세 가지 철학적 토대 때문이다. 첫째, 인간은 본질적으로 불완전하다는 현실주의적 인간관이다. 데이비드 흄David Hume의 회의주의나 칼 포퍼Karl Popper의 반증주의Falsificationism처럼, 서구 철학은 인간 인식의 한계와 실수 가능성을 전제로 한다. 둘째, 복잡계 이론Complex Systems Theory의 영향이다. 작은 변화가 예측하지 못한 큰 결과를 낳을 수 있다는 나비효과나 카오스 이론이 경영학에 도입되면서, 디테일의 중요성이 더욱 부각되었다. 셋째, 법률과 계약 중심의 서구 비즈니스 문화다. 계약서 한 줄, 조항 하나가 수십억 달러 손해를 가져올 수 있는 환경에서 디테일은 생존의 문제가 되었다.

중국의 협상학 연구가 왕중추汪中求는 이를 "100-1≠99, 100-1=0"이라는 공식으로 표현했다. 100에서 1이 모자라는 것은 99가 아니라 0이라는 것이다. 하나가 모자라 100을 놓칠 수도 있고, 1을 무시한 결과는 모든 것을 잃게 할 수 있으며, 그 1은 99의 노력을 무용지물로 만든다는 의미다. 동양적 표현이지만 서구 경영학이 추구하는 완벽주의적 품질 관리 철학과 통한다.

실제로 서구 기업들의 품질 경영 시스템을 보면 이 철학이 뚜렷하게 나타난다. 토요타의 TPS에서 강조하는 '포카요케'(실수 방지)는 인간이 반드시 실수할 것이라는 전제 아래 시스템 자체에서 실수를 원천 차단하려는 접근법이다. 식스시그마도 100만 개 중 3~4개 이하의 결함만 허용한다는 극도로 엄격한 품질 기준을 제시한다. 이 모든 시스템의 근저에는 "작은 실수가 큰 재앙을 부른다"고 하는, 즉 "악마는 디테일에 있다"는 철학이 깔려 있다.

레드팀 개념은 이런 디테일 철학을 한 걸음 더 발전시킨 것이다. 레드팀이란 조직의 전략, 시스템, 보안 등을 적대적 관점에서 공격해보는 독립적 팀을 말한다. 원래 군사 분야에서 시작된 개념으로, 미군이 가상의 적군 역할을 하는 부대를 만들어 자신들의 전술과 장비를 테스트했던 것에서 유래한다. 냉전 시대 미 공군의 '톱건Top Gun' 프로그램도 소련 전투기의 전술을 모방한 가상 적기와의 훈련을 통해 파일럿들의 실력을 향상시키는 레드팀 개념의 초기 형태였다.

기업에서 레드팀을 운영하는 이유는 확증 편향Confirmation Bias과 집단사고Groupthink라는 인간의 인지적 한계를 극복하기 위해서다. 조직은 자신들의 전략과 시스템에 대한 과도한 확신을 가지기 쉽고, 내부 구성원들은 기존 방향을 지지하는 정보만 선택적으로 수용하려는 경향을 보인다. 어빙 재니스Irving Janis가 분석한 집단사고는 의견 일치를 위해 비판적 사고를 포기하는 현상을 말한다. 1961년 피그만 침공 실패, 1986년 챌린저호 사고, 2008년 금융위기 등은 모두 집단사고가 가져온 대표적 재앙이다.

레드팀은 이런 조직적 맹점을 찾아내기 위해 의도적으로 반대 입장을 취한다. 철학적으로 보면 '변증법Dialectic'의 실무 적용이다. 헤겔의 변증법에서 정正과 반反이 대립하여 합슴을 만들어내듯, 레드팀(반)은 기존 조직(정)과 대립하여 더 나은 전략과 시스템(합)을 만들어내는 역할을 한다. 또한 칼 포퍼의 반증주의 관점에서 보면, 레드팀은 기존 전략과 시스템을 반증하려고 시도함으로써 그것들을 더 견고하게 만드는 역할을 한다.

실제 기업에서 레드팀이 어떻게 작동하는지 구체적 사례를 보면 더 명확해진다. 사이버 보안 분야에서는 '침투 테스트Penetration Testing'나 '레드팀 엑서사이즈Red Team Exercise'가 일반화되어 있다. 화이트햇 해커들이 실제 사이버 공격자 입장에서 시스템을 공격해보고 취약점을 찾아내는 것이다. 이 과정에서 조직은 "우리 시스템은 안전하다"라는 착각에서 벗어나 현실적 위협을 인식하게 된다.

전략 기획 분야에서도 레드팀이 활용된다. 매킨지McKinsey, 보스턴컨설팅그룹BCG, 베인Bain과 같은 컨설팅 회사는 클라이언트의 전략을 다각도로 검증하기 위해 '데빌스 애드버킷Devil's Advocate' 역할을 하는 팀을 별도로 운영한다. 이들은 "만약 경쟁사가 우리 전략을 안다면 어떻게 대응할까", "우리가 놓치고 있는 리스크는 무엇일까", "최악의 시나리오에서는 어떤 일이 벌어질까"와 같은 질문을 던진다. 즉 전략의 견고성을 테스트하는 과정이다.

정부 기관에서도 레드팀의 역할이 중요하다. 미국 CIA에는 '레드셀Red Cell'이라는 조직이 있다. 이들은 기존 정보 분석에 대해 반대 입장에서 분석해보고, 정책 결정자들이 놓칠 수 있는 위험을 지적한다. 조지 W. 부시 대통령은 CIA 레드셀 보고서를 꼼꼼히 읽었을 뿐만 아니라, 이해되지 않는 부분은 직접 전화로 물어보기도 했다고 전해진다. 최고 의사결정자조차 자신의 판단에 대한 반대 의견을 진지하게 들어야 한다는 서구식 리더십 철학을 보여준다.

레드팀 운영에는 몇 가지 철학적 원칙이 필요하다. 첫째, 독립성 확보다. 레드팀은 기존 조직으로부터 완전히 독립적이어야 하며, 출신 조직이나 기존 이해관계로부터 자유로워야 한다. 둘째, 진정성이다. 레드팀 구성원들은 자신들의 역할을 형식적으로 여기면 안 되고, 진짜로 시스템을 뚫거나 전략을 반박하려고 노력해야 한다. 셋째, 순환성이다. 레드팀에 너무 오래 있으면 그들조차 고정관념에 사로잡힐 수 있으므로, 3개월에서 2년 주기로 팀원을 교체해야 한다. 넷째, 수용성이다. 의사결정자가 레드팀의 결과를 존중하고 실제로 반영하려는 의지가 있어야 한다.

의심과 견제: 조직을 단단하게 만드는 디테일의 힘

이런 원칙들 뒤에는 서구 철학의 핵심적 가치들이 깔려 있다. 데카르트René Descartes의 방법론적 회의는 모든 것을 의심해보아야 확실한 지식에 도달할 수 있다고 했다. 레드팀은 바로 이런 의심의 과정을 조직적으로 실행하는 것이다. 존 스튜어트 밀John Stuart Mill의 『자유론』에서 강조한 '의견의 자유시장'도 비슷한 맥락이다. 다양한 의견이 자유롭게 경쟁할 때 진리에 가까운 결론에 도달할 수 있다는 것이다. 레드팀은 조직 내에서 반대 의견이 억압되지 않도록 하는 제도적 장치다.

서구 경영 이론이 이런 철학을 강조하는 이유는 역사적 경험 때문이다. 20세기 서구 사회는 두 차례 세계대전, 대공황, 냉전 등을 겪으면서 "절대적 진리는 없다", "모든 시스템은 불완전하다", "권위도 틀릴 수 있다"는 교훈을 얻었다. 특히 나치 독일의 전체주의, 소련의 공산주의 체제가 보여준 집단사고의 위험성은 서구 사회가 다원주의와 비판적 사고를 제도화하는 계기가 되었다. 한나 아렌트Hannah Arendt가 『전체주의의 기원The Origins of Totalitarianism』에서 분석한 것처럼 절대적 권위와 획일적 사고는 인류를 재앙으로 이끌 수 있다는 인식이 확산되었다.

기업 경영에서도 마찬가지다. 엔론Enron 사태, 리먼브라더스Lehman Brothers 파산, 웰스파고Wells Fargo 가짜 계좌 스캔들 등은 모두 조직 내부의 비판적 목소리가 억압당한 결과였다. 이런 사건들을 겪으면서 서구 경영학계는 "조직에는 반드시 악마의 변호인이 필요하다"는 결론에 도달했다. 레드팀은 바로 이런 악마의 변호인 역할을 제도화한 것이다.

여기서 흥미로운 점은 서구와 동양의 차이다. 유교 문화권에서는 전통적으로 권위에 대한 도전보다는 조화와 합의를 중시했다. "군군신신부부자자君君臣臣父父子子"처럼 각자의 역할에 충실하는 것을 미덕으로 삼았다. 이런 문화에서는 상관의 전략이나 결정에 정면으로 반박하는 레드팀 같은 제도가 자리 잡기 어렵다. 실제로 한국 기업들이 서구식 레드팀을 도입하려고 할 때 종종 "조직의 화합을 해친다"나 "상명하복을 거스른다"라는 반발에 부딪히곤 한다.

하지만 현대 경영 환경은 이런 문화적 차이를 넘어서도록 압박하고 있는 것 같다. 글로벌 경쟁에서 살아남으려면 가장 효율적이고 검증된 시스템을 도입해야 하기 때문이다. 삼성전자가 반도체 부문에서 세계 1위를 유지할 수 있는 이유 중 하나도 서구식 품질 관리 시스템과 리스크 관리 체계를 철저히 도입했기 때문이다. 삼성전자는 '식스시그마', '혁신 경영' 등을 통해 작은 결함도 용납하지 않는 문화를 만들었고, 이는 "악마는 디테일에 있다"는 철학의 한국적 적용 사례다.

LG전자의 경우도 마찬가지다. 스마트폰 사업에서 철수하기 전까지 계속 품질 문제로 고생했던 이유 중 하나가 디테일에 대한 관리가 부족했기 때문이다. 반면 애플은 스티브 잡스 시절부터 극도로 까다로운 디테일 관리로 유명했다. 아이폰의 버튼 하나, 케이블 하나까지 수없이 테스트하고 검증하는 과정을 거쳤다. "신은 디테일에 있다"는 원래 철학의 현대적 구현이었다.

소프트웨어 분야에서는 '카오스 엔지니어링'이라는 새로운 레드팀 개념도 등장했다. 넷플릭스가 개발한 '카오스 몽키Chaos Monkey'는 의도적으로 시스템에 장애를 일으켜서 복원력을 테스트하는 도구다. "시스템은 언젠가 망가진다. 그러면 미리 망가뜨려서 대비책을 마련하자"라는 발상이다. 머피의 법칙을 넘어 적극적으로 실패를 유도하는 레드팀 사고방식의 극단적 적용이다.

아마존의 '워킹 백워드Working Backwards' 방법론도 비슷한 맥락이다. 새로운 제품이나 서비스를 개발할 때 먼저 가상의 보도자료와 FAQ를 작성해본다. 이 과정에서 "고객이 이 제품에 대해 가질 수 있는 모든 의문과 비판을 미리 생각해본다"는 것이 핵심이다. 고객의 입장에서 자사 제품을 공격해보는 일종의 레드팀 활동이다.

금융 분야에서도 레드팀 개념이 필수가 되었다. 2008년 금융위기 이후 각국 중앙은행과 금융감독 당국은 '스트레스 테스트Stress Test'를 의무화했다. 극단적 경제 상황에서 금융기관이 버틸 수 있는지 미리 테스트해보는 것이다. 예를 들어 "주가가 5퍼센트 폭락하고, 부동산 가격이 30퍼센트 하락하며, 실업률이 15퍼센트까지 오르면 이 은행이 생존할 수 있는가"를 시뮬레이션해본다. 금융 시스템에 대한 레드팀 공격이다.

투자은행들도 내부에 '리스크 관리팀'을 두고 트레이더들의 전략을 감시한다. 이들은 "만약 이 포지션이 틀리면 얼마나 손실이 날까", "최악의 상황에서는 어떤 일이 벌어질까"를 끊임없이 계산한다. 골드만삭스Goldman Sachs, JP모건과 같은 투자은행이 2008년 금융위기에서 상대적으로 적은 피해를 입을 수 있었던 이유 중 하나도 이런 내부 레드팀 시스템이 잘 작동했기 때문이다.

권위와 시스템을 시험하는 레드팀의 힘

제조업 분야에서는 '실패 모드 영향 분석Failure Mode and Effects Analysis'이

레드팀 사고의 구체적 적용이다. 제품의 모든 부품이 어떤 방식으로 고장날 수 있는지, 그 고장이 전체 시스템에 미칠 영향은 무엇인지를 체계적으로 분석한다. 자동차 업계에서는 이런 분석이 법적 의무사항이다. 하나의 부품 결함이 사고로 이어질 수 있기 때문이다.

의료 분야에서도 '의료 오류 방지Medical Error Prevention' 시스템이 레드팀 사고를 반영한다. 수술실에서는 '타임아웃Time Out' 절차를 통해 '환자 신원, 수술 부위, 수술 방법'을 여러 번 확인한다. "인간은 반드시 실수한다"라는 전제 아래 실수를 방지하는 시스템을 만든 것이다. 체크리스트를 통한 안전 관리도 같은 맥락이다. 아툴 가완디Atul Gawande의 『체크! 체크리스트』는 이런 시스템이 얼마나 생명을 구할 수 있는지 보여준다.

언론 분야에서는 '팩트체킹Fact-checking'이 레드팀 역할을 한다. 정치인의 발언, 기업의 홍보자료, 연구 결과 등을 독립적으로 검증하는 것이다. 『워싱턴포스트』의 '팩트체커' 폴리티팩트PolitiFact와 같은 매체들은 전문적으로 이런 역할을 한다. 가짜뉴스가 범람하는 현대 사회에서 이런 레드팀 언론의 역할은 더욱 중요하다.

기업 지배구조에서는 '독립이사제도'가 레드팀 개념의 적용이다. 회사 경영진으로부터 독립적인 이사들이 중요한 의사결정을 견제하고 감시하는 역할을 한다. 미국의 사베인스-옥슬리 법Sarbanes-Oxley Act, 한국의 상법 개정 등을 통해 이런 제도가 강화되었다. "경영진도 틀릴 수 있다", "권력은 견제받아야 한다"라는 서구적 견제와 균형Checks and Balances 철학의 기업 적용이다.

스타트업 생태계에서는 '피벗Pivot' 문화가 레드팀 사고를 반영한다.

초기 사업 모델이 잘못되었다고 판단되면 과감하게 방향을 바꾸는 것이다. 트위터는 팟캐스팅 플랫폼에서 시작해 마이크로블로그로 피벗했고, 인스타그램은 위치 기반 체크인 앱에서 사진 공유 앱으로 피벗했다. "우리의 초기 가정이 틀릴 수 있다"는 레드팀적 자기비판의 결과다.

과학 분야에서는 '동료 심사Peer Review'가 레드팀 시스템이다. 논문 발표에 앞서 같은 분야 전문가들이 비판적으로 검토하는 것이다. 이 과정에서 실험의 결함, 논리의 허점, 해석의 오류 등이 걸러진다. 칼 포퍼의 반증주의처럼 과학은 반박과 검증을 통해 발전한다는 원리의 실제 적용이다.

법조계에서는 '대립적 소송 제도Adversarial System'가 레드팀 원리다. 검사와 변호사가 각각 유죄와 무죄를 주장하면서 진실에 접근하려는 것이다. "한쪽의 주장만 들으면 편향될 수 있다"라는 전제에서 출발한다. 배심원제도도 마찬가지로 다양한 관점을 지닌 시민들이 사건을 판단하도록 하는 일종의 레드팀적 장치다.

스포츠 분야에서는 '비디오 판독Video Assistant Referee'이 레드팀 역할을 한다. 주심의 판정을 독립적으로 검토해서 명백한 오류를 찾아내는 것이다. "심판도 실수할 수 있다"라는 전제에서 출발한다. 물론 이 제도를 둘러싸고 여전히 논란이 많지만, 적어도 '권위에 대한 견제'라는 서구적 사고방식을 반영한다.

이와 같이 "악마는 디테일에 있다"는 말과 레드팀 운영은 단순한 경영 기법을 넘어 서구 사회의 근본적 사고방식을 보여준다. 인간과 시스템의 불완전성을 전제하고, 권위와 기존 관념에 도전하며, 다원적 관점을 통해 진실에 접근하려는 철학이다. 이는 계몽주의 이후 서구가 발전시켜온 합리주의, 실용주의, 민주주의 전통의 연장선상에 있다. 현대 글로벌 경제에서 이런 사고방식을 받아들이고 내재화하는 기업과 조직이 더 큰 성공을 거두는 것도 우연이 아니다. 불확실하고 복잡한 현대 사회에서는 스스로를 의심하고 비판할 수 있는 능력이 생존의 조건이 되었기 때문이다.

수용과 재해석의 지혜

모르기에 탐구할까, 모르기에 받아들일까

인간의 불완전성과 완벽 추구의 딜레마는 동서양을 막론하고 철학자들이 수천 년간 고민해온 근본적 주제다. 서구의 합리주의적 완벽 추구와 동양의 받아들임과 위로의 철학 사이에서, 과연 어떤 접근이 인간의 본성과 행복에 더 부합하는 것일까? 이 문제를 깊이 탐구해보면, 단순히 서구가 옳고 동양이 틀렸다거나 그 반대라고 말할 수 없는 복잡하면서도 아름다운 철학적 지형이 드러난다.

먼저 인간 불완전성에 대한 철학적 관점들을 살펴보자. 고대 그리스 철학자 소크라테스는 "나는 내가 아무것도 모른다는 것을 안다"라고 말했다. 인간 지식의 한계를 겸손히 인정하는 태도였지만, 소크라테스는 여기서 멈추지 않았다. 모르기 때문에 더욱 열심히 탐구해야 한다고 보았다. 이것이 서구 철학의 출발점이 되었다. 모르기 때문에 포기하는 것이 아니라, 모르기 때문에 더욱 노력한다는 역설적 자세였다.

마치 자신의 무지를 발견한 기쁨에 젖어 더욱 열심히 질문을 던지는 호기심 많은 아이처럼 말이다.

하지만 동양 철학은 다른 방향으로 발전했다. 노자는 "도가도 비상도道可道 非常道"라고 했다. 말로 표현할 수 있는 도道는 진정한 도가 아니라는 뜻이다. 인간 이성의 한계를 인정하되, 그 한계 너머의 무언가를 받아들이라는 메시지였다. 공자 역시 "지지자 불여호지자, 호지자 불여락지자知之者不如好之者, 好之者不如樂之者"라고 말했다. 아는 사람은 좋아하는 사람만 못하고, 좋아하는 사람은 즐기는 사람만 못하다는 것이다. 냉정한 이성보다는 따뜻한 감정과 즐거운 마음이 더 중요하다는 동양적 가치관을 보여준다. 마치 시험공부보다 친구들과의 우정이 더 소중하다는 것을 깨달은 학생의 지혜처럼 말이다.

현실을 이기는 마음의 기술

스토아학파는 이 두 전통의 중간 지점에서 독특한 해법을 제시했다. 에픽테토스는 "어떤 것들은 우리에게 달려 있고, 어떤 것들은 우리에게 달려 있지 않다"라고 말했다. 우리가 통제할 수 있는 것과 없는 것을 구분하여, 통제 가능한 것에는 최선을 다하고 통제 불가능한 것은 받아들이라는 말이다. 마르쿠스 아우렐리우스도 『명상록』에서 "변화시킬 수 없는 것들을 받아들이는 평온함과, 변화시킬 수 있는 것들을 바꾸는 용기와, 이 둘을 구별하는 지혜를 달라"고 기도했다. 후에 기독교의 평온기도문으로도 알려진 지혜로, 서구에서도 동양적 수용의 철학이 발달했음을 보여준다.

세네카는 더 나아가 "우리가 두려워하는 것들의 대부분은 실제로는 일어나지 않으며, 일어나더라도 우리가 상상하는 것보다 훨씬 가볍다"라고 했다. 현대 심리학의 '파국화 사고Catastrophic Thinking' 개념과 일치한다. 인간은 미래의 불행을 실제보다 과대평가하는 경향이 있다는 것이다. 따라서 완벽한 준비와 통제를 추구하기보다는, 일어날 일을 담담히 받아들이는 마음가짐이 더 현실적일 수 있다. 마치 시험 전날 밤 걱정에 잠 못 이루다가, 막상 시험을 치르고 나면 "생각보다 할 만했네"라고 안도하는 경험과 같다.

한국의 액땜 이론을 이런 맥락에서 보면 매우 지혜로운 심리적 적응 전략임을 알 수 있다. 액땜 이론의 핵심은 "작은 불행으로 큰 불행을 대신한다"는 것이지만, 더 깊이 들여다보면 "완벽한 통제는 불가능하니 일어난 일에 긍정적 의미를 부여하자"라는 철학이 담겨 있다. 빅터 프랭클이 『죽음의 수용소에서』에서 강조한 '의미 요법Logotherapy'과 닿아 있다. 프랭클은 "인간에게서 모든 것을 빼앗아갈 수 있지만, 마지막 한 가지, 주어진 상황에서 자신의 태도를 선택할 자유만은 빼앗아 갈 수 없다"라고 주장했다.

실제로 현대 심리학 연구들은 액땜 이론 같은 긍정적 재해석Positive Reframing이 정신건강에 매우 유익하다는 것을 보여준다. 마틴 셀리그먼의 긍정심리학은 "행복은 쾌락의 추구가 아니라 의미의 발견에서 온다"고 강조한다. 사소한 불행을 겪었을 때 "액땜했다"라고 생각하는 것은, 그 불행에 '미래의 행복을 위한 투자'라는 의미를 부여하는 행위다. 과학적으로도 스트레스 호르몬을 줄여주고 면역력을 높이는 효과가 있다고 한다.

서구의 완벽 추구 문화가 내포한 문제점들을 살펴보면 액땜 이론의 가치가 더욱 명확해진다. 완벽주의Perfectionism는 표면적으로는 높은 성취를 가져다주는 것처럼 보이지만, 실제로는 불안, 우울, 번아웃의 주요 원인이다. 브레네 브라운Brené Brown은 『완벽주의라는 감옥』에서 "완벽주의는 성취의 추진력이 아니라 수치심과 두려움의 산물"이라고 지적했다. 페이스북의 "빠르게 움직이고 깨뜨려라" 문화도 결국 완벽을 추구하다가 번아웃에 빠진 경험에서 나온 반성의 산물이다.

반면 액땜 이론은 "실패해도 괜찮다, 그것도 의미가 있다"는 위로와 격려의 메시지를 담고 있다. 단순한 자기기만이 아니라 인간의 회복탄력성Resilience을 키우는 지혜로운 전략이다. 미국의 심리학자 앨버트 반두라Albert Bandura가 제시한 '자기효능감Self-efficacy' 개념도 비슷한 맥락이다. "나는 어려움을 극복할 수 있다"는 믿음이 실제로 성과를 향상시킨다는 것이다. 액땜 이론은 바로 이런 자기효능감을 키우는 문화적 장치다.

그렇기 때문에 액땜 이론은 '성장 마인드셋'과도 연결된다. 캐럴 드웩의 연구에 따르면, '실패는 끝이 아니라 배움의 기회'라고 생각하는 사람들이 더 큰 성취를 이룬다고 한다. 액땜 이론에서 '작은 실패가 큰 성공을 위한 준비'라고 보는 시각은 바로 이런 성장 마인드셋의 한국적 표현이다. 마치 넘어진 아이에게 "괜찮다, 이제 더 잘 걸을 수 있을 거야"라고 말해주는 어머니의 따뜻한 위로처럼 말이다.

철학자 알랭 드 보통Alain de Botton은 『불안』에서 "현대인의 불안은 지나친 기대와 완벽 추구에서 온다"라고 분석했다. 그는 "평범함을 받아들이는 것이 진정한 지혜"라고 말한다. 액땜 이론의 "큰 욕심을 부리지 말고, 작은 것에 만족하며, 일어나는 일을 받아들이자"라는 철학과 일맥상통한다. 서구 사회가 수백 년간 추구해온 합리성과 효율성이 결국 인간의 행복으로 이어지지 않았다는 반성이 담겨 있다.

심리학자 배리 슈워츠Barry Schwartz는 『선택의 패러독스』에서 "너무 많은 선택권이 오히려 불행을 증가시킨다"라고 지적한 바 있다. 완벽한 선택을 하려다 보면 결정 장애에 빠지고, 선택한 후에도 계속 후회하게 된다는 것이다. 이런 관점에서 보면 액땜 이론의 "일어난 일은 받아들이고 최선을 다하자"는 태도가 더 현실적이고 건강할 수 있다. 마치 메뉴가 너무 많은 식당에서 고민하다가 지쳐서 아무거나 시키고는 "이것도 나쁘지 않네"라고 만족하는 심정과 같다.

대니얼 카너먼의 '전망 이론Prospect Theory'도 액땜 이론을 뒷받침한다. 인간은 같은 크기의 이득보다 손실을 더 크게 느낀다는 것이다. 따라서 작은 손실을 '큰 손실을 막아준 것'으로 재해석하는 액땜 이론은 심리적으로 매우 효과적인 전략이다. "반은 비었다"라고 보지 않고 "반은 찼다"라고 보는 긍정적 사고와 같은 맥락이다.

스토아학파 철학자 에픽테토스는 "행복하고 싶다면 원하는 것을 얻으려고 하지 말고, 얻은 것을 원하라"라고 말했다. 액땜 이론의 핵심과 정확히 일치한다. 현실을 바꾸려고 애쓰기보다는 현실을 받아들이는 마음을 바꾸는 것이 더 현실적이라는 지혜다. 마치 비 오는 날 우산 없이 나선 사람이 "어차피 비를 피할 수 없으니 빗속 산책을 즐기자"고 마음먹는 것과 같다.

마르쿠스 아우렐리우스는 『명상록』에서 "너를 괴롭히는 것은 사건 자체가 아니라 사건에 대한 너의 판단이다"라고 썼다. 액땜 이론이 추구하는 '인식의 전환'과 정확히 같은 의미다. 똑같은 사건도 어떻게 해석하느냐에 따라 독이 될 수도 약이 될 수도 있다는 것이다. 길에서 넘어져서 무릎을 다쳤을 때, "운이 없다"고 생각할 수도, "큰 사고를 피했다"고 생각할 수도 있는 것처럼 말이다.

유연한 사고가 성과를 만든다

현대 신경과학 연구들도 이런 철학적 통찰을 뒷받침한다. 뇌 가소성Neuroplasticity(혹은 신경가소성) 연구에 따르면, 긍정적 사고와 감사하는 마음은 실제로 뇌 구조를 바꾼다고 한다. 액땜 이론처럼 부정적 사건을 긍정적으로 재해석하는 훈련을 하면, 뇌의 전전두엽이 활성화되고 스트레스 반응이 줄어든다는 것이다. 이는 단순한 정신 승리가 아니라 과학적으로 검증된 뇌 건강법이다.

불교 철학에서 말하는 '무상無常'의 지혜도 액땜 이론과 통한다. 모든 것은 변한다는 사실을 받아들이면, 좋은 일이 일어나도 교만하지 않고 나쁜 일이 일어나도 절망하지 않는다. 달라이 라마는 "고통은 피할 수 없지만, 그것을 어떻게 견디느냐는 우리의 선택이다"라고 말했다. 액땜 이론이 추구하는 "일어난 일은 받아들이되, 그 의미는 내가 만든다"는 철학과 일치한다.

결국 액땜 이론의 진정한 가치는 '인간다움의 회복'에 있지 않을까. 서구의 합리주의와 효율성 추구가 인간을 기계처럼 만들었다면, 액땜 이론은 인간을 다시 인간답게 만드는 철학이다. 완벽하지 않아도 괜찮고, 실수해도 괜찮으며, 계획대로 되지 않아도 괜찮다는 따뜻한 위로를 건넨다. 치열한 경쟁 사회에서 지친 현대인들에게 꼭 필요한 심리적 안식처인 셈이다.

이와 같은 액땜 이론은 인간관계에도 적지 않게 많은 영향을 미친다. 사실 완벽주의 문화에서는 타인의 실수를 보면 즉각 비판의 칼날을 세운다. "왜 그런 실수를 했지?", "좀 더 신경 쓸 수 없었나?" 하지만 액땜 이론은 전혀 다른 시각이다. 친구가 중요한 약속을 깜빡했을 때 화를 내기보다는 "액땜했네, 다행이야"라고 웃어넘길 수 있다. 부하직원이 보고서를 잘못 작성했을 때도 "이런 실수로 더 큰 문제를 피할 수 있었구나" 하며 교육의 기회로 전환되기도 한다. 이런 관점은 관계에 여유와 온정을 불어넣는다. 실수를 징벌의 대상이 아닌 성장의 디딤돌로 보게 되니, 서로에게 더 관대해지고 실패를 두려워하지 않는 건강한 문화가 형성된다. 액땜 이론은 결국 "완벽하지 않아도 괜찮다"는 허용의 철학을 품고 있어, 관계의 경직성을 풀어주는 천연 윤활유 역할을 한다.

액땜 이론은 우리가 살고 있는 사회를 다시 생각해보게 하는 역할도 한다. 한국 사회의 압축 성장은 마치 고압솥에서 밥을 짓는 것과 같았다. 빠르고 효율적이었지만 그만큼 뜨겁고 위험했다. 급속한 산업화 과정에서 겪은 환경 파괴, 노동자의 희생, 전통문화의 상실, 가족해체 등은 집단적 트라우마로 남아 있다. 하지만 액땜 이론은 이런 아픈 역사를 '발전을 위한 필요악'으로 의미화한다. "그때 그런 고생을 했기에 지금의 번영이 있다"는 식으로 과거의 상처를 미래의 자양분으로 전환시킨다. 단순한 합리화가 아니라 집단적 치유의 과정일 수 있다. 과거를 원망하고 자책하기보다는, 그 경험을 바탕으로 더 나은 사회를 만들어가려는 건설적 에너지로 승화시키는 것이다. 마치 상처받은 나무가 더 단단한 나이테를 만들어내듯, 한국 사회도 아픔을 통해 더 성숙한 사회로 발전할 수 있다는 희망적 서사를 만들어낸다. 액땜 이론은 결국 집단의 상처를 지혜로 바꾸는 사회적 연금술인 셈이다.

결국 액땜 이론이 지향하는 바는 '현재에 충실한 삶'을 가능하게 하는 듯하다. 미래의 완벽한 결과를 위해 현재를 희생하기보다는 지금 이 순간에 최선을 다하되 결과에는 집착하지 않는 자세를 기른다. 불교의 '정념正念' 수행과도 일맥상통하는 지혜로, 과거의 후회나 미래의 걱정에 사로잡히지 않고 현재에 온전히 머무르는 능력을 키워준다.

액땜 이론의 가장 큰 매력은 바로 유머와 여유를 선사한다는 점이다. 인생을 너무 진지하게만 받아들이면 마치 숨을 들이쉬기만 하고 내쉬지 않는 것처럼 답답해진다. 중요한 프레젠테이션에서 컴퓨터가 갑자기 다운되거나, 첫 데이트에서 커피를 쏟았을 때 실망하기보다는 "아, 액땜했네!"라고 어깨를 으쓱하며 웃어넘길 수 있다면 얼마나 좋을까. 이런 여유로운 관점은 스트레스 호르몬인 코르티솔을 줄이고, 행복 호르몬인 세로토닌을 분비시킨다. 더 놀라운 것은 이런 긍정적 에너지가 주변 사람들에게도 전염된다는 점이다. 완벽주의에 갇힌 동료들이 보기에도 "저 사람은 뭔가 다르다"며 부러워하게 된다. 실패를 재료로 농담을 만들고, 불운을 소재로 유머를 창조하는 능력이야말로 진정한 창의성의 원천이다. 액땜 이론은 결국 "인생 뭐 있어, 액땜하고 가는 거지"라는 철학으로 우리에게 삶의 가벼움과 무거움을 동시에 선사하는 지혜로운 처세술인 셈이다.

우리 모두가 알고 있듯이 인간은 완벽할 수 없다. 하지만 그 불완전함 속에서도 의미를 찾고, 서로를 위로하며, 오늘보다 나은 내일을 꿈꿀 수 있다. 액땜 이론은 바로 이런 인간적 지혜를 담은 소중한 문화유산이다. 서구의 합리주의가 인간을 발전시켰다면, 동양의 액땜 이론은 인간을 치유한다. 둘 다 필요하고, 둘 다 아름답다. 결국 진정한 지혜는 이 둘 사이의 균형을 찾는 것이 아닐까. 완벽을 추구하되 완벽하지 않음을 받아들이고, 최선을 다하되 결과에 집착하지 않으며, 계획을 세우되 예상과 다른 일이 일어나도 웃을 수 있는 그런 여유로운 지혜 말이다.

뇌신경과
리더십 학습의 가능성

생각의 전환, 뇌의 리모델링

액땜 이론과 뇌과학의 만남은 마치 전통 한의학이 최첨단 MRI 스캐너를 만나는 것처럼 흥미진진한 조합이다. 우리는 완벽하지 않은 존재이기에 "꿈을 꾼다"라고 했지만 실제로 우리 자신이 어떻게 얼마나 달라지는지 따져보자. "액땜했다"라고 말하는 순간, 우리 뇌에서는 실제로 신경세포들이 새로운 연결고리를 만들어 변화가 일어난다는 뜻이다. 더 이상 철학적 추상론이 아니라 현대 신경과학이 증명한 구체적 현실이라는 것을 보여준다. 뇌과학에서는 이른바 '뇌의 가소성'이라고 부른다.

뇌의 가소성에 대한 연구는 20세기 후반부터 본격화되기 시작했는데, 특히 마이클 머제니치Michael Merzenich와 같은 신경과학자들이 "뇌는 평생에 걸쳐 변화한다"라는 혁명적 발견을 이루어냈다. 이전까지 과학계는 성인의 뇌가 고정된 하드웨어와 같아서 한 번 완성되면 더 이상 변하지 않는다고 믿었다. 하지만 현실은 정반대였다. 우리 뇌는 마치 평생 공사 중인 건물처럼 끊임없이 리모델링을 하고 있었다.

이런 뇌의 변화 능력이 얼마나 놀라운지 보여주는 대표적 사례가 바로 런던 택시 기사들의 뇌 연구다. 엘리너 매과이어Eleanor Maguire가 이끈 연구팀은 런던의 복잡한 거리를 외우고 다니는 택시 기사들의 뇌를 스캔했더니, 공간 기억을 담당하는 해마hippocampus 부위가 일반인보다 훨씬 크게 발달해 있음을 발견했다. 더 흥미로운 점은 택시 기사로 일한 기간이 길수록 해마가 더 커진다는 것이었다. 마치 헬스장에서 운동을 많이 할수록 근육이 늘어나는 것처럼, 뇌도 사용하는 부위가 물리적으로 성장한다는 것이다.

뇌 가소성은 단순한 학문적 개념을 넘어 인간 뇌의 놀라운 적응력을 보여주는 살아 있는 증거다. 런던의 블랙캡 택시 운전자들이 되기 위해 치러야 하는 '더 날리지The Knowledge' 시험은 이런 뇌 가소성의 가장 극적인 실례 중 하나로 기록되었다. 이 시험은 런던 시내 2만 5천 개가 넘는 거리 이름과 복잡한 경로를 모두 외워야 하는 세계에서 가장 어려운 시험 중 하나로 악명이 높다.

1990년대 런던 대학교 UCL의 엘리너 매과이어 교수팀이 수행한 연구는 뇌과학계에 충격을 주었다. 연구진이 블랙캡 운전자들의 뇌를 MRI로 스캔한 결과, 일반인에 비해 공간 기억을 담당하는 해마 후부가 현저히 크게 발달해 있음을 발견했다. 더욱 놀라운 것은 운전 기간이 길수록 해마가 더 크다는 점이었다. 마치 보디빌더의 근육이 훈련량에 비례해 발달하는 것처럼, 뇌도 사용하는 부위가 물리적으로 성장한다는 것이다.

이 발견은 당시 신경과학계의 고정관념을 완전히 뒤집어놓았다. 성인의 뇌는 더 이상 변하지 않는다고 믿어졌던 시대에, 런던 택시 운전자들의 뇌는 직업적 요구에 맞추어 스스로를 재설계하고 있었던 것이다. 뇌 가소성의 핵심은 바로 이런 '경험 의존적 변화'에 있다. 반복적인 학습과 훈련을 통해 특정 기능과 관련된 신경 회로가 강화되고, 사용하지 않는 연결은 약화되는 "사용하면 강해지고 사용하지 않으면 약해진다use it or lose it" 원칙이 적용된다.

런던 택시 운전자들이 수년간 복잡한 도로망을 외우고 최적 경로를 찾아가는 과정에서, 그들의 뇌는 마치 정교한 GPS 시스템처럼 진화했다. 새로운 신경 연결이 형성되고 기존 시냅스가 강화되면서, 공간 인지 능력이 극도로 발달한 것이다. 뇌가 단순히 정보를 저장하는 저장고가 아니라, 환경과 경험에 따라 끊임없이 자신을 재구성하는 역동적 시스템임을 보여준다. 결국 '더 날리지' 시험은 단순히 암기 시험이 아니라 뇌 자체를 물리적으로 변화시키는 뇌 가소성의 실험장이었던 셈이다.

그렇다면 "액땜했다"라고 말하는 것이 어떻게 뇌를 변화시킬 수 있을까? 여기서 핵심은 언어와 사고의 상호작용이다. 소련의 심리학자 레프 비고츠키Lev Vygotsky가 일찍이 지적했듯이, 언어는 단순히 생각을 표현하는 도구가 아니라 생각 자체를 형성하는 틀이다. 우리가 "액땜했다"라고 말하는 순간, 우리의 뇌는 부정적 사건을 긍정적 의미로 재해석하는 신경 회로를 활성화시킨다.

이 과정에서 가장 중요한 역할을 하는 것이 바로 전전두엽prefrontal cortex이다. 인간의 뇌에서 가장 진화된 부위인 전전두엽은 추상적 사고, 계획 수립, 감정 조절 등의 고차원적 인지 기능을 담당한다. 특히 인지적 재평가cognitive reappraisal라는 과정에서 전전두엽이 핵심적 역할을 한다. 인지적 재평가란 같은 사건을 다른 관점에서 바라보는 능력을 말한다. '시험에서 떨어진 것'을 '더 나은 기회를 위한 준비 시간을 얻은 것'으로 해석하는 것이 대표적 예다.

한편 케빈 오크스너Kevin Ochsner와 제임스 그로스James Gross가 수행한 연구에서는 피험자들에게 불쾌한 이미지를 보여주면서 두 가지 다른 지시를 내렸다. 한 그룹에게는 그냥 느끼는 대로 반응하라고 주문했고, 다른 그룹에게는 그 이미지를 긍정적으로 재해석해보라고 요구했다. 뇌 스캔 결과, 재해석을 시도한 그룹에서는 전전두엽의 활동이 활발해지면서 동시에 감정 반응을 담당하는 편도체amygdala의 활동이 현저히 줄어들었다. 마치 뇌 안에서 이성이 감정을 다독이는 듯한 모습이었다.

더 놀라운 것은 이런 재해석 연습이 뇌 구조 자체를 바꾼다는 점이다. 인지행동치료의 효과를 뇌과학적으로 연구한 결과들을 보면, 부정적 사고 패턴을 긍정적으로 바꾸는 훈련을 받은 사람들의 뇌에서 실제로 신경 연결이 재배선되는 것을 확인할 수 있다. 마치 도시의 교통 체계가 새로운 도로 건설로 바뀌는 것처럼, 뇌의 신경망도 새로운 사고 패턴에 맞춰 재구성된다.

액땜 이론과 직접적으로 연관된 흥미로운 연구 중 하나는 '이익 찾기benefit finding' 연구다. 리처드 테데스키Richard Tedeschi와 로렌스 칼훈

Lawrence Calhoun이 개발한 '외상 후 성장Post-Traumatic Growth' 개념은 액땜 이론과 놀랍도록 유사하다. 이들은 암 환자, 전쟁 참전용사, 사고 생존자 등 심각한 트라우마를 겪은 사람들을 연구했는데, 놀랍게도 상당수가 "그 일을 겪고 나서 오히려 더 나은 사람이 되었다"라고 보고했다.

뇌 영상 연구 결과, 이런 긍정적 의미 부여를 하는 사람들의 뇌에서는 특별한 변화가 일어났다. 우선 스트레스 반응을 조절하는 시상하부-뇌하수체-부신 축HPA axis의 기능이 정상화되었고, 면역 기능을 담당하는 뇌 영역들의 활동이 향상되었다. 더 흥미로운 점은 기억을 담당하는 해마에서 새로운 신경세포가 생성되는 신경신생neurogenesis 현상이 촉진된다는 것이었다. 마치 고된 겨울을 버텨낸 나무가 봄에 더 무성한 잎을 틔우듯, 고통을 긍정적으로 재해석한 뇌는 더 풍성한 신경 연결을 만들어낸다.

언어는 뇌를 바꾼다

특히 주목할 만한 것은 거울뉴런mirror neuron의 역할이다. 1990년대 이탈리아의 신경과학자 자코모 리촐라티Giacomo Rizzolatti가 발견한 거울뉴런은 다른 사람의 행동을 관찰할 때 마치 자신이 그 행동을 하는 것처럼 활성화되는 신경세포다. 흥미롭게도 거울뉴런은 행동뿐만 아니라 감정에도 반응한다. 즉 누군가가 "액땜했다"라고 웃으며 말하는 모습을 보면, 우리 뇌의 거울뉴런도 덩달아 활성화되면서 긍정적 감정을 느끼게 된다는 것이다.

액땜 이론이 개인적 차원을 넘어 사회적 전염 효과를 발휘하는 이유를 설명해준다. 한 사람이 불운을 긍정적으로 해석하는 모습을 보면, 주변 사람들의 뇌에서도 유사한 신경 활동이 일어난다. 마치 하품이 전염되듯이, 긍정적 재해석도 뇌를 통해 전염된다는 것이다. 조직심리학에서 말하는 '정서 전염emotional contagion' 현상의 신경과학적 기반이기도 하다. 여기서는 도파민dopamine 시스템의 역할도 빼놓을 수 없다. 도파민은 흔히 '행복 호르몬'으로 알려져 있지만, 실제로는 '기대감의 신경전달물질'에 가깝다. 미래에 좋은 일이 일어날 것이라는 기대감이 클수록 도파민 분비가 늘어난다. "액땜했다"라고 말하는 순간, 우리는 무의식적으로 '이제 좋은 일이 생길 것'이라는 기대를 품게 되고, 이것이 도파민 분비를 촉진한다. 도파민이 늘어나면 학습능력과 기억력이 향상되고, 새로운 도전에 대한 의욕도 높아진다.

신경가소성 연구의 대가인 노먼 도이지Norman Doidge는 『기적을 부르는 뇌The Brain That Changes Itself』에서 흥미로운 사례를 소개했다. 뇌졸중으로 언어 능력을 잃은 환자가 끊임없는 재활과 긍정적 자기 암시를 통해 뇌의 다른 부위가 언어 기능을 대신하게 만든 이야기다. 이 환자는 매일 "나는 회복되고 있다", "내 뇌는 새로운 길을 찾고 있다"라고 되뇌었는데, 실제로 뇌 스캔 결과 손상되지 않은 뇌 부위에서 새로운 언어 회로가 형성된 것을 확인할 수 있었다. 액땜 이론의 신경과학적 메커니즘과 정확히 일치한다. 부정적 사건을 긍정적으로 재해석하는 언어적 행위가 실제로 뇌의 신경 회로를 재배선한다는 것이다. "액땜했다"라는 단순한 말 한 마디가 뇌 안에서는 복잡한 신경화학적 연쇄반응을 일으키는 셈이다.

최근 후생유전학Epigenetics 연구에서도 흥미로운 발견이 나왔다. 스트레스나 트라우마가 유전자 발현에 영향을 미친다는 것은 잘 알려져 있지만, 긍정적 사고와 의미 부여 역시 유전자 활동을 바꿀 수 있다는 증거들이 축적되고 있다. 특히 텔로미어telomere라는 염색체 끝부분의 구조와 관련된 연구가 주목받는다. 텔로미어는 세포 노화의 지표로 여겨지는데, 명상이나 긍정적 사고 훈련을 받은 사람들의 텔로미어가 더 길게 유지된다는 연구 결과들이 보고되었다. 액땜 이론이 단순히 심리적 위안을 주는 것을 넘어 실제로 세포 수준에서 건강에 도움을 줄 수 있다는 가능성을 시사한다. "액땜했다"라고 말하며 웃는 순간, 우리의 염색체까지도 더 젊어진다고 할 수 있다. 물론 아직 연구 초기 단계지만, 마음과 몸의 연결고리가 우리가 생각했던 것보다 훨씬 깊고 복잡하다는 것은 분명해 보인다.

감정의 리셋 버튼: 회복의 기술 '액땜'

뇌파Electro Encephalo Graphy 연구에서도 흥미로운 결과들이 나왔다. 감사 표현이나 긍정적 재해석을 할 때 전두엽에서 알파파와 감마파가 증가한다는 연구들이다. 알파파는 이완된 각성 상태를, 감마파는 높은 수준의 의식적 인식을 나타낸다. 즉 "액땜했다"라고 말하는 순간, 뇌는 편안하면서도 깨어 있는 최적의 상태로 전환된다는 것이다. 놀라운 것은 이런 뇌파 변화가 창의성과 문제 해결 능력 향상으로 이어진다는 점이다. 존 쿠니오스John Kounios와 마크 비먼Mark Beeman이 수행한 '아하! 모멘트' 연구에서는 창의적 통찰이 일어나는 순간 뇌에서 감마파가 급증한다는 것을 발견했다. 긍정적 재해석 능력이 창의적 사고력과 밀접한 관련이 있음을 시사한다. 액땜 이론을 잘 활용하는 사람들이 문제 해결 상황에서 더 유연하고 창의적인 접근을 보이는 것도 이런 신경과학적 기반 때문일 것이다.

면역 시스템과의 연관성도 주목할 만하다. 사이코뉴로이뮤놀로지psychoneuroimmunology라는 분야에서는 정신 상태가 신경계를 통해 면역 시스템에 미치는 영향을 연구한다. 여러 연구에서 긍정적 감정과 낙관적 사고가 NK(자연살해) 세포의 활성을 높이고, 염증 반응을 줄이며, 전반적인 면역 기능을 향상시킨다는 결과가 나왔다. "액땜했다"라고 말하며 웃는 것이 실제로 감기 바이러스와 싸우는 데도 도움이 된다는 뜻이다. 코르티솔 수준의 변화도 중요한 지표다. 만성 스트레스는 코르티솔 수치를 높여 기억력 저하, 면역력 약화, 우울증 등을 유발한다. 하지만 긍정적 재해석을 통해 스트레스를 관리하면 코르티솔 수치가 정상화된다는 연구들이 있다. 액땜 이론은 일종의 천연 스트레스 완화제 역할을 한다.

흥미롭게도 수면과의 연관성도 발견되었다. 매슈 워커Matthew Walker의 연구에 따르면, 긍정적 감정 상태는 수면의 질을 개선하고, 특히 꿈을 꾸는 REM 수면 단계를 늘린다. REM 수면은 기억 정리와 감정 조절에 중요한 역할을 하는데, 액땜 이론을 통한 긍정적 재해석이 이 과정을 도와준다는 것이다. 결국 "액땜했다"라고 생각하면 잠도 더 잘 자게 되고, 잠을 잘 자면 다음 날 더 긍정적으로 생각할 수 있는 선순환 구조가 만들어진다.

기억 재구성memory reconsolidation 연구에서도 흥미로운 통찰을 얻을 수 있다. 카림 나데르Karim Nader의 연구에 따르면, 기억은 떠올릴 때마다 다시 쓰인다. 즉 과거의 부정적 기억을 긍정적 틀로 재해석하면, 그 기억 자체가 물리적으로 변화한다는 것이다. 액땜 이론을 통해 "그때 그 실패가 있었기에 지금의 성공이 있다"라고 재해석하면, 실패의 기억이 실제로 성공의 씨앗으로 재저장된다.

최근 뉴로피드백neurofeedback 기술을 이용한 연구에서는 사람들이 자신의 뇌파를 실시간으로 모니터링하면서 긍정적 사고 상태를 학습할 수 있다는 것이 밝혀졌다. 액땜 이론의 활용법을 과학적으로 훈련할 수 있다는 가능성을 보여준다. 미래에는 '액땜 뉴로피드백 앱'이 나와서 스마트폰으로 자신의 뇌 상태를 체크하면서 긍정적 재해석 능력을 기를 수 있을지도 모른다.

인공지능과의 연관성도 흥미롭다. 최근 자연어 처리 AI들이 인간의 언어 패턴을 학습하면서, 긍정적 언어 사용이 실제로 사고 패턴에 미치는 영향을 분석하는 연구들이 시작되었다. "액땜했다"라는 표현의 사용 빈도와 개인의 정신 건강 지표 사이의 상관관계를 빅데이터로 분석하는 것도 가능해졌다.

액땜 이론의 신경과학적 메커니즘을 정리하면 다음과 같다. 부정적 사건이 발생하면 편도체에서 스트레스 반응이 일어나지만, "액땜했다"라는 언어적 재해석을 통해 전전두엽이 활성화되어 편도체의 활동을 조절한다. 동시에 도파민과 옥시토신 같은 긍정적 신경전달물질의 분비가 증가하고, 이것이 기억의 재구성과 신경가소성을 촉진한다. 그 결과 뇌의 물리적 구조와 기능이 실제로 변화하며, 다시 더 긍정적인 사고 패턴으로 이어지는 선순환을 만든다. 이 모든 과정은 마치 정교한 오케스트라 연주와 같다. 언어라는 지휘자의 지시에 따라 뇌의 각 영역이 조화롭게 움직이며 아름다운 멜로디를 만들어낸다. "액땜했다"라는 단순한 말 한마디가 이토록 복잡하고 정교한 신경과학적 교향곡의 서막이 된다는 것은 정말 경이로운 일이다.

결국 "꿈을 꾸면 달라진다"라는 말은 더 이상 추상적 격언이 아니라 구체적인 신경과학적 사실이다. 액땜 이론을 통해 부정을 긍정으로 재해석하는 순간, 우리의 뇌는 실제로 새로운 신경 회로를 만들며 문자 그대로 '다른 뇌'가 된다. 이제 우리는 과학적 확신을 가지고 말할 수 있다. "액땜했다"라고 말하는 순간, 당신의 뇌는 정말로 달라지기 시작한다.

안티프래질 구축 전략

강함의 역설: 바위보다 물, 주먹보다 여유

영화 「와호장룡」의 주윤발을 보며 떠올린 부드러움과 강함의 역설은 참으로 흥미롭다. "도대체 강함이란 무엇일까?"라는 생각을 다시 하게 만든다. 고대 그리스의 트라시마코스는 "정의는 강자의 이익"이라고 했지만, 칸트는 강함을 "도덕적 의지의 힘"으로 정의했다. 어쩌면 진정한 강함은 주먹을 꽉 쥐는 것이 아니라 필요할 때 놓아줄 줄 아는 여유에 있는지도 모른다. 물이 바위를 뚫는 것처럼, 유연함이 경직됨을 이기고, 부드러운 칼놀림이 거친 힘보다 더 치명적일 수 있다. 결국 강함이란 자신을 통제할 수 있는 능력, 즉 "액땜했네!"라고 말할 수 있는 지혜로운 여유가 아닐까. 그래서 도대체 강한 것은 무엇일까를 생각해보았다.

나심 탈레브의 안티프래질 이론을 한국의 액땜 이론과 결합시키면, 우리는 단순한 심리적 위로를 넘어 진정한 생존과 번영의 철학을 완성할 수 있을지 모른다. 단순히 동서양 사상의 절충이 아니라, 현대 복잡계에서 살아남기 위한 혁명적 패러다임의 탄생이기 때문이다.

탈레브의 안티프래질 개념은 세상의 모든 것을 마치 체육관에서 운동하는 사람들처럼 분류한 것이다.

첫 번째 유형인 프래질한 것들은 유리잔처럼 살짝만 건드려도 산산조각난다. 약하기만 할 뿐이다.

두 번째 유형은 로버스트Robust한 것들이 있다. 탈레브의 3분류 체계에서 중간 단계에 해당하는 것들이다. 쉽게 말하면 바위나 철근콘크리트 건물처럼 충격을 받아도 꿋꿋하게 버텨내는 존재들을 말한다. 로버스트한 것들의 특징은 '무반응' 또는 '고정 상태'에 가깝다는 점이다. 예를 들어 플라스틱이나 스테인리스 스틸 같은 재료들은 웬만한 충격으로는 변형되지 않고 원래 모습을 그대로 유지한다. 강풍이 불어도 흔들리지 않는 고층 빌딩, 경제 위기가 와도 망하지 않는 대기업의 현금 보유고, 또는 스토아학파 철학자들처럼 어떤 일이 일어나도 감정적으로 동요하지 않는 사람들이 대표적인 예다. 하지만 로버스트함에는 중요한 한계가 있다. 이들은 충격을 견디기만 할 뿐, 충격을 통해 더 좋아지지는 않는다는 점이다. 바위는 천 번을 때려도 여전히 바위일 뿐이고, 아무리 강한 경제적 충격을 받아도 현금만 쌓아두는 기업은 성장하지 않는다. 탈레브는 이런 로버스트함을 '방어적 실존'이라고 표현했다. 살아남기는 하지만, 발전은 없는 상태라는 뜻이다.

세 번째 유형은 바로 안티프래질Anti-fragile이다. 안티프래질은 탈레브가 새로 만든 용어로, 충격을 받을수록 오히려 더 강해지는 성질을 말한다. 단순히 견디는 것(로버스트)을 넘어서는 개념이다. 그리스 신화의 히드라가 대표적인데, 머리를 하나 자르면 두 개가 다시 자라난다. 현실에서는 우리 몸의 면역 시스템이 좋은 예다. 병에 걸려 고생하면 그 바이러스에 대한 항체가 생겨 다음에는 더 잘 버틸 수 있다. 기업도 마찬가지다. 경제 위기를 겪으면서 새로운 사업 기회를 발견하거나 더 효율적인 시스템을 만들어내는 회사들이 바로 안티프래질한 조직이다. 결국 "고생은 사서도 한다"는 옛말이 과학적으로 증명된 셈이다.

안티프래질 액땜의 전략학

이제 흥미로운 생각 실험을 해보자. 한국의 액땜 이론을 탈레브의 프레임워크로 재해석하면 놀라운 발견을 하게 된다. 전통적 액땜 이론은 "작은 불행으로 큰 불행을 대신한다"라고 보았지만, 안티프래질 관점에서 보면 훨씬 더 깊은 지혜가 담겨 있다. 액땜은 단순한 심리적 위로가 아니라 시스템을 강화하는 백신과도 같은 역할을 한다는 것이다. 작은 충격을 통해 더 큰 충격에 대비하는 면역체계를 구축한다.

'안티프래질 액땜 이론'이라고 명명하자. 이 혁신적 개념의 핵심은 다음과 같다. 첫째, 불행은 단순히 운이 나쁜 것이 아니라 시스템을 테스트하고 강화하는 스트레스 테스트다. 둘째, 작은 실패들은 큰 실패를 예방하는 백신이다. 셋째, 불확실성과 혼란은 적응력과 창의성을 키우는 영양분이다. 넷째, 계획의 실패는 더 나은 계획을 세우는 학습 데이터다. 다섯째, 개인과 조직의 진정한 강함은 충격을 피하는 것이 아니라 충격으로부터 배우고 성장하는 능력이다.

탈레브는 '바벨 전략Barbell Strategy'을 제시한 바 있다. 극도로 안전한 투자 90퍼센트와 극도로 위험한 투자 10퍼센트를 결합하는 것이다. 중간 정도의 위험은 피하고, 극단의 양쪽을 택한다. 액땜 이론의 지혜와 정확히 일치한다. 대부분의 일상을 안전하게 유지하되, 가끔씩 작은 모험과 실험을 통해 새로운 가능성을 탐색하는 것이다.

현실적으로 적용해보자. 직장인이 안티프래질 액땜 이론을 실천한다면 어떨까. 주된 수입원은 안정적으로 유지하되, 부업이나 새로운 기술 학습 등을 통해 작은 '실패'들을 경험한다. 이런 작은 실패들은 미래의 큰 위기(구조조정, 산업 변화 등)에 대한 면역력을 기른다. 창업을 준비하는 사람이라면, 작은 프로젝트들을 통해 실패를 먼저 경험함으로써 본격적인 사업에서의 치명적 실패를 예방할 수 있다. 이는 "액땜했다"라는 단순한 위로를 넘어 전략적 학습으로 승화된다.

탈레브가 강조하는 '옵션Optionality' 개념도 액땜 이론과 완벽하게 조화를 이룬다. 옵션이란 상황에 따라 선택할 수 있는 권리다. 금융에서 옵션은 '이득은 무한대, 손실은 제한적'인 구조를 만든다. 액땜 이론도 마찬가지다. 작은 불행을 겪으면서 얻는 경험과 적응력은 미래의 무한한 가능성을 열어준다. 반면 손실은 이미 겪은 작은 불행으로 제한된다.

스티브 잡스의 인생은 마치 할리우드 영화 시나리오처럼 드라마틱한 액땜 신화를 보여준다. 1985년 애플에서 쫓겨났을 때, 그는 단순히 회사에서 밀려난 것이 아니라 말 그대로 '자기 아이'에게서 버림받은 것이나 다름없었다. 당시 언론은 그를 실패한 CEO라고 비웃었고, 실리콘밸리에서는 "잡스는 끝났다"는 평가가 지배적이었다. 하지만 지금 돌이켜보면, 이 사건이야말로 그를 진정한 천재 경영자로 만든 최고의 액땜이었다.

애플에서 쫓겨난 후 잡스는 마치 무림고수가 산속에서 새로운 무공을 연마하듯, 픽사에서 완전히 다른 영역의 경영철학을 익혔다. 애플에서는 기술 중심의 독재자였던 그가 픽사에서는 예술가들과 협업하는 법을 배웠고, 이야기의 힘이 얼마나 중요한지 깨달았다. 또한 넥스트NeXT에서는 실패를 통해 겸손함을 배우기도 했다. 이 모든 경험이 결합되어 1997년 애플로 돌아온 잡스는 이전의 기술광에서 인문학적 감성을 지닌 혁신가로 탈바꿈할 수 있었다. 아이폰과 아이패드라는 걸작은 바로 이 '액땜 기간' 없이는 절대 탄생할 수 없었을 것이다.

개인 차원에서 안티프래질 액땜 이론을 적용하는 것은 더욱 흥미롭다. 취업에 실패한 청년이 단순히 "액땜했네"라고 위로받는 차원을 넘어, 그 실패를 통해 자신이 진정 원하는 바가 무엇인지 재발견하는 과정이야말로 진정한 액땜의 힘이다. 마치 GPS가 길을 잘못 안내해서 우연히 발견한 숨은 맛집처럼, 원래 계획과 다른 길로 빠졌을 때 오히려 더 좋은 기회를 만날 수 있다는 것이다.

연애에서 실패한 사람이 그 상처를 통해 인간관계의 미묘한 역학을 이해하고, 결국 더 성숙하고 깊이 있는 사랑을 할 수 있게 되는 것과 마찬가지다. 사업에 실패한 기업가가 첫 번째 실패에서 얻은 값비싼 경험을 바탕으로 두 번째 도전에서는 더 현실적이고 지혜로운 접근을 하게 되는 것 역시 안티프래질 액땜의 전형적 사례다.

체념을 뛰어넘는 생존의 철학

탈레브가 자주 인용하는 니체의 "우리를 죽이지 못하는 것은 우리를 강하게 만든다"라는 말은 이제 단순한 위로의 금언이 아니다. 안티프래질 액땜 이론은 여기서 한 발 더 나아가 "우리를 죽이지 못하는 작은 고통들을 미리 경험하면, 정말 위험한 것들로부터 우리를 보호해준다"는 예방적 지혜를 제공한다. 마치 백신의 원리와 정확히 일치한다. 약화된 병원체를 미리 주입해서 면역체계를 훈련시키는 것처럼 작은 실패와 좌절을 통해 큰 위기에 대한 면역력을 기르는 것이다.

그렇기 때문에 전통적 액땜 이론이 운명론적 체념에 가까웠다면, 안티프래질 액땜 이론은 철저히 전략적이다. 단순히 "운이 나빴구나" 하고 넘기는 것이 아니라, "이 경험을 어떻게 활용해서 다음에는 더 나은 결과를 만들 것인가"를 적극적으로 고민하는 자세다. 수동적 수용에서 능동적 활용으로의 패러다임 전환을 의미한다.

탈레브의 '린디 효과Lindy Effect' 역시 액땜 이론의 과학적 근거가 된다. 오래 살아남은 것일수록 더 오래 살아남을 가능성이 높다는 이 법칙은, 시간의 테스트를 견뎌낸 것들이 그만한 이유가 있다는 것을 보여준다. 한국의 액땜 이론이 수천 년간 민족의 집단무의식 속에서 전해져왔다는 것 자체가 그 유효성을 증명하는 셈이다. 만약 액땜 이론이 단순한 미신이었다면 이미 오래전에 사라졌을 것이다.

결국 안티프래질 액땜 이론은 우리에게 완전히 새로운 관점을 제시하는 듯하다. 실패와 고통을 단순히 피해야 할 대상으로 보지 않고, 성장과 발전을 위한 필수 영양소로 인식하는 관점이다. 마치 보디빌더가 근육을 키우기 위해 의도적으로 무거운 바벨을 들듯이 우리도 인생의 바벨을 들어 올릴 준비가 되어 있어야 한다는 메시지다. "액땜했다"라는 말 한마디가 이제는 단순한 위로가 아니라 미래를 향한 투자 선언이 되는 것이다.

올바른 액땜과
잘못된 액땜

실패에도 전략이 필요하다

액땜 이론과 탈레브의 안티프래질 이론이 만나는 지점에서, 우리는 반드시 '올바른 액땜'과 '잘못된 액땜'을 구분해야 한다는 중대한 문제에 직면한다. 마치 요리에서 적당한 양념은 음식을 맛있게 만들지만 과도한 양념은 음식을 망치듯, 액땜도 올바르게 적용될 때만 진정한 힘을 발휘하기 때문이다.

올바른 액땜은 마치 숙련된 백신 개발자가 적절한 농도의 약화된 바이러스를 주입하는 것과 같다. 작은 위험을 의도적으로 감수함으로써 큰 위험을 줄이는 것이다. 반면 잘못된 액땜은 마치 무모한 도박꾼이 "어차피 망할 거니까 한 번 더 베팅해보자"며 현실을 회피하는 것과 같다. 이 둘의 차이는 천국과 지옥만큼 클 수 있다.

안티프래질 액땜 이론에서 가장 중요한 것은 '의도적이고 전략적인 실패 경험'을 추구한다는 점이다. 무작정 실패를 찾아다니는 것이 아니라, 통제 가능한 범위에서 실패를 경험하여 학습하는 것이다. 마치 어린아이가 자전거를 배울 때 부모가 옆에서 지켜보며 넘어질 수 있도록 내버려두는 것과 같다. 완전히 방치하면 크게 다칠 수 있지만, 적절한 보호 장치 아래에서는 넘어지는 경험이 오히려 더 나은 균형감각을 길러준다.

새로운 기술을 배우려는 사람을 예로 들어보자. 프로그래밍을 배우려는 초보자가 처음부터 거대한 소프트웨어 프로젝트에 도전한다면 그것은 액땜이 아니라 무모함이다. 대신 작은 프로그램부터 시작해 버그를 만나고, 에러 메시지와 씨름하고, 코드가 작동하지 않는 좌절을 겪어보는 것이 올바른 액땜이다. 이런 작은 실패들을 통해 디버깅 능력이 향상되고, 문제 해결 스킬이 늘어나며, 결국 큰 프로젝트도 성공적으로 완수할 수 있는 역량이 쌓인다. 이때 실패는 단순히 "액땜했다"는 위로가 아니라 "학습했다"는 구체적 성취가 된다.

투자 분야에서도 마찬가지의 원리가 적용된다. 투자 초보자가 처음부터 전 재산을 주식에 몰빵하는 것은 액땜이 아니라 자살행위나 다름없다. 올바른 접근법은 적은 금액으로 다양한 투자 실험을 해보는 것이다. 몇만 원짜리 주식을 사서 손실을 보고, 펀드 투자에서 실망하고, 암호화폐의 변동성에 당황해보는 것. 이런 작은 손실들은 큰 손실을 예방하는 귀중한 교육비가 된다. 마치 운전면허를 딸 때 연습장에서 충분히 실수해보고 나서 도로 주행을 나가는 것과 같은 이치다.

탈레브가 제시하는 '스킨 인 더 게임 Skin in the Game' 원칙도 액땜 이론의 핵심이다. 자신이 내리는 결정의 결과를 직접 감당해야 한다는 뜻이다. 남의 돈으로 투자하는 펀드 매니저와 자기 돈으로 투자하는 개인 투자자의 신중함이 다르듯이, 진정한 액땜은 자신의 행동에 책임을 지는 태도를 전제한다. 단순히 "운이 나빴다", "타이밍이 안 좋았다"라고 하지 않고, "내가 무엇을 잘못했고, 여기서 무엇을 배울 수 있는가"를 진지하게 성찰하는 태도다.

안티프래질 액땜 이론의 적용 사례

이렇게 보면 현대 사회에서 안티프래질 액땜 이론의 적용 가능성은 정말 무궁무진하다. 기업 경영 분야에서도 안티프래질 액땜 이론은 혁신적 통찰을 제공한다. 완벽한 계획만 추구하는 기업들을 보면, 마치 모든 변수를 통제하려는 독재자 같다. 하지만 현실은 예측 불가능한 변수들로 가득하다. 코로나19 팬데믹처럼 아무도 예상하지 못한 상황에 부딪히면 이런 경직된 기업들은 쉽게 무너진다. 반면 빠른 실험과 학습을 통해 적응하는 기업들은 오히려 위기를 기회로 만들 수 있다.

예컨대 마이크로소프트의 '자체 AI 모델 실험MAI Series' 문화는 안티프래질 액땜 이론의 완벽한 기업 적용 사례다. 마이크로소프트는 오픈AI와의 파트너십에 의존하면서도 동시에 자체 AI 모델 'MAIMicrosoft AI' 시리즈를 개발하는 수많은 프로젝트를 병행 중이다. MAI-1프리뷰, MAI-Voice-1 등 실험적 모델들이 수두룩하지만, 그 과정에서 얻은 경험과 기술이 Microsoft 365 코파일럿의 성능 향상, 애저 클라우드 서비스 확장, 자체 AI 생태계 구축 같은 대성공으로 이어진다. 이는 벤처캐피털리스트의 투자 철학과도 일맥상통한다. 10개 AI 프로젝트 중 9개가 상용화되지 못해도, 한 개의 혁신적 모델이 모든 투자를 보상하고도 남는다.

오픈AI의 '빠른 모델 실험Rapid Model Iteration' 철학도 비슷한 맥락이다. '혁신은 실패의 불가피한 부산물'이라며 GPT-1부터 GPT-4o까지 수많은 모델 버전을 실험했다. 초기 GPT 모델들의 한계와 ChatGPT 출시 초기의 각종 오류와 편향성 문제들도 결국 더 안전하고 강력한 GPT-4, GPT-o1 같은 혁신 모델로 이어졌다. 심지어 두 회사는 파트너십을 유지하면서도 서로 경쟁 모델을 개발하며 기존 협력 관계를 스스로 재정의하고 있다. 이런 '전략적 경쟁과 협력의 병행'이야말로 안티프래질의 정수다.

안티프래질 액땜 이론을 개인 차원에서 실천하는 구체적 방법들을 제시해보자.

첫째, '작은 실험'을 일상화한다. 매일 같은 길로 출근하기보다는 가끔은 다른 길로 가보고, 항상 먹던 음식 대신 새로운 메뉴를 시도해보고, 평소 하지 않던 취미를 시작해본다. 이런 작은 변화들이 예상치 못한 발견과 기회로 이어진다. 우연히 새로운 길에서 좋은 카페를 발견하거나, 새로운 음식을 통해 미각이 확장되거나, 새로운 취미를 통해 의외의 재능을 발견할 수도 있다.

둘째, '실패 일지'를 작성한다. 대부분의 사람은 성공 경험은 자세히 기억하지만 실패 경험은 빨리 잊으려고 한다. 하지만 실패야말로 가장 값진 학습의 원천이다. 실패할 때마다 그 원인과 교훈을 구체적으로 기록해두면, 나중에 비슷한 상황에서 같은 실수를 반복하지 않는다. 더 나아가 실패 패턴을 분석하면 자신의 약점과 맹점을 객관적으로 파악할 수 있다.

셋째, '바벨 전략'을 인생에 적용한다. 탈레브가 제안한 투자 전략인

데, 자산의 90퍼센트는 극도로 안전한 곳에 두고, 10퍼센트는 극도로 위험한 곳에 투자하는 방식이다. 인생에도 이를 적용해서 대부분의 시간과 에너지는 안정적인 일에 투자하되, 일부는 과감한 도전에 사용한다. 예를 들어 직장인이라면 본업은 충실히 하면서도 부업이나 창업 준비에도 시간을 투자하는 것이다.

넷째, '옵션을 늘린다.' 다양한 기술, 경험, 인맥을 쌓아두면 예상치 못한 기회에 대응할 수 있다. 마치 스위스 군용 칼처럼 여러 기능을 갖춘 다재다능한 사람이 되는 것이다. 언어를 배우거나, 새로운 기술을 익히거나, 다양한 분야의 사람들과 네트워킹을 하는 것은 모두 미래의 옵션을 늘리는 투자다.

다섯째, '스킨 인 더 게임'을 실천한다. 자신의 결정에 대해 책임을 지고, 그 결과로부터 배우는 자세이다. 남탓, 환경탓을 하기보다는 자신이 통제할 수 있는 부분에 집중한다. 물론 모든 것을 개인의 책임으로 돌리라는 말은 아니다. 하지만 적어도 자신의 선택과 행동에 대해서는 온전히 책임지는 태도가 필요하다.

여섯째, '린디 효과'를 활용한다. 오래 검증된 지혜와 원칙들을 존중하되, 새로운 실험도 병행하는 것이다. 예를 들어 독서라는 오래된 학습 방법을 유지하면서도 온라인 강의나 팟캐스트 같은 새로운 매체도 적극 활용한다. 전통과 혁신의 균형을 맞추는 지혜가 필요하다.

액땜의 21세기형 진화

이제 우리는 확신을 가지고 말할 수 있다. 한국의 액땜 이론은 단순한 미신이나 위로가 아니다. 그것은 탈레브의 안티프래질 이론과 결합했을 때 현대 복잡계에서 살아남고 번영하기 위한 최고의 전략이 된다. 서구의 완벽주의적 계획 추구가 오히려 시스템을 프래질하게 만드는 반면, 동양의 액땜 철학은 진정한 안티프래질 시스템을 만들어낸다.

앞에서 살펴보았듯이 서구 문명은 불확실성을 제거하려고 하는 것에서 시작한다. 모든 것을 예측하고 통제하려고 하며, 완벽한 시스템을 만들려고 노력한다. 하지만 이런 접근법은 역설적으로 시스템을 더욱 취약하게 만들 수 있다. 2008년 금융위기가 그 대표적 사례다. 수학적 모델과 리스크 관리 시스템으로 무장한 월스트리트가 예상치 못한 블랙 스완 사건에 속수무책으로 무너졌다.

반면 동양의 액땜 철학은 처음부터 불확실성과 예측 불가능성을 전제한다. "계획이 있으면 변수가 생기고, 변수가 생기면 또 다른 기회가 온다"라는 식의 유연한 사고인 셈이다. 즉 "액땜했다"라고 말하는 순간, 우리는 단순히 자신을 위로하는 차원을 넘어 더 강한 미래를 준비하는 것이다. 작은 불행은 큰 재앙을 막아주는 백신이고, 작은 실패는 큰 성공을 위한 연습이며, 작은 혼란은 더 나은 질서를 만들어내는 창조적 에너지다. 이것이 바로 안티프래질 액땜 이론의 혁명적 통찰이다.

하지만 여기서 중요한 것은 맥락과 정도의 문제다. 모든 실패나 불행이 다 액땜은 아니다. 자동차 사고로 중상을 입거나, 사업 실패로 가정이 파탄나거나, 질병으로 건강을 잃는 것을 액땜이라고 보기는 어렵다. 안티프래질 액땜 이론에서 말하는 '올바른 액땜'은 회복 가능한 범위 내에서의 작은 타격들을 의미한다. 마치 예방접종이 심각한 부작용 없이 면역력을 키우듯이, 감당할 수 있는 수준의 시련을 통해 더 큰 역량을 기르는 것이다.

현대 사회는 점점 더 복잡하고 예측 불가능해지고 있다. 인공지능, 기후 변화, 팬데믹, 지정학적 갈등 등 온갖 변수가 얽혀서 카오스를 만들어낸다. 이런 환경에서는 완벽한 계획보다는 강한 적응력이 더 중요하지 않을까. 안티프래질 액땜 이론은 바로 이런 적응력을 기르는 가장 효과적인 방법이다. 변화를 두려워하지 않고 오히려 변화를 성장의 동력으로 활용하는 것이다. 그렇기에 더 이상 액땜을 단순한 위로로 여기지 말자. 그것은 21세기를 살아가는 현대인에게 필요한 가장 현실적이고 과학적인 생존 전략이다. 나심 탈레브의 천재적 통찰과 한국 민족의 집단 지혜가 만나 탄생한 이 새로운 패러다임은 불확실한 미래에 대한 우리의 관점을 완전히 바꿔놓을 것이다.

과거에는 '계획대로 되지 않으면 실패'라고 보았다면, 이제는 '계획과 다르게 흘러가는 것이 새로운 기회'라고 생각할 수 있다. 과거에는 '실패는 피해야 할 것'이라고 여겼다면, 이제는 '실패는 성장을 위한 연료'라고 받아들일 수 있다. 과거에는 '안정성이 최고의 가치'라고 믿었다면, 이제는 '적응력이 진정한 경쟁력'이라고 깨달을 수 있다.

우리는 이제 확신할 수 있다. 나심 탈레브의 안티프래질 이론과 한국의 액땜 이론이 만나 탄생한 이 새로운 패러다임은 단순한 철학적 사변이 아니라 실용적이고 검증된 생존 전략이라는 것을. 불확실한 미래를 두려워하지 말고, 그 불확실성을 우리의 무기로 만들어보자. 그것이 바로 안티프래질 액땜 이론이 우리에게 시사하는 가장 강력하고 희망적인 메시지다. "액땜했다"라는 말이 이제는 단순한 체념이 아니라 미래를 향한 전진 명령이 되는 것이다.

공정성이
전략이 되는 시대

이익보다 공정

그렇다면 이제는 액땜의 경제학적 임계점을 찾아보아야 할 때다. 사실 이것은 한국인의 영혼에 깊숙이 뿌리박힌 철학적 문제와 현대 행동경제학이 만나는 흥미로운 교차점이다. 100만 원밖에 없는데 잘못된 투자로 90만 원을 잃었다면 과연 그 상황에 "액땜했다"라고 말할 수 있을까? 이 질문은 단순해 보이지만 실제로는 인간 심리의 가장 복잡하고 미묘한 영역을 건드리는 질문이다. 이 질문에 답하기 위해서는 조금은 돌아가야 할 것 같다.

유명한 심리실험 중에는 '최후통첩 게임Ultimatum Game'이 있다. 이 게임은 인간의 공정성에 대한 인식과 경제적 합리성 사이의 갈등을 극명하게 보여주는 실험으로, 1982년 독일의 경제학자 베르너 귀트Werner Güth와 동료들이 처음 고안했다.

실험 방식은 단순하지만 그 결과는 혁명적이었다. 두 명의 참가자 A

와 B에게 일정한 금액(예를 들어 100만 원)을 주고, A가 이 돈을 어떻게 나눌지 제안한다. 그러면 B는 A의 제안을 수락하거나 거절할 수 있다. B가 수락하면 둘 다 A가 제안한 대로 돈을 받고, B가 거절하면 둘 다 한 푼도 받을 수 없다. 제안 기회는 단 한 번뿐이고, 철회나 번복은 불가능하다.

순수한 경제학적 합리성으로만 따지면, A에게 가장 좋은 방법은 99만 원을 자신이 가지고, B에게는 1만 원만 주는 것이 최적의 전략일 듯하다. B 입장에서도 아무것도 받지 못하느니 1만 원이라도 받는 것이 합리적일 테니까 말이다. 하지만 현실은 전혀 달랐다. 실험 결과, A 역할을 하는 사람들은 대략 40퍼센트 정도의 몫을 B에게 주는 방식으로 제안하는 경우가 많았고, 반반씩 나누자는 제안도 상당히 많았다. 더욱 놀라운 점은 B 역할을 하는 사람들이 20퍼센트 미만의 제안을 받으면 대부분 '거부한다'는 사실이었다. 즉 그렇게 하면 자신도 20만 원을 받지 못하지만 A가 80만 원을 가져가는 것은 공평하지 않으므로 둘 다 못 받게 하겠다는 심산이 작동했다.

이런 결과는 독일의 프랑크푸르트 사람들에게서만 나타나는 현상이 아니었다. 아마존 원주민들에게서도, 그리고 전 세계 다양한 문화권에서도 동일한 결과가 나왔다. 인간은 개인의 이익 못지않게 공정성을 중시한다는 것이 증명된 셈이다. 흥미롭게도 조지프 포가스 J. P. Forgas 의 연구에 따르면, 분배자들이 우울하고 슬플 때는 더 공정하게 나누려고 하지만, 즐겁고 들떠 있을 때는 더 이기적으로 행동한다는 사실이 밝혀지기도 했다.

2015년에는 미국의 심리학자 캐서린 매콜리프 Katherine McAuliffe 가 서로 다른 7개 문화권에서 온 4~5세 아이들 866쌍을 대상으로 비슷한 실험을 진행했다. 아이들에게도 녹색 레버(수용)와 빨간 레버(거부)를 주고 선택하게 했는데, 빨간 레버를 누르면 아무도 사탕을 가질 수 없게 만들었다. 놀랍게도 아이들도 어른과 비슷한 패턴을 보였다.

손실의 크기, 액땜의 임계점

이제 이 최후통첩 게임의 통찰을 액땜 이론에 적용해보자. 100만 원밖에 없는데 90만 원을 투자로 잃었다면 그것을 액땜이라고 할 수 있을까? 최후통첩 게임이 우리에게 알려주는 바는 인간이 단순히 경제적 손익만으로 행동하지 않는다는 점이다. 공정성, 자존심, 상호성 등의 요소가 경제적 합리성을 압도하기도 한다는 것이다.

액땜의 임계점을 분석하기 위해서는 먼저 인간의 손실 인식 메커니즘을 이해해야 한다. 대니얼 카너먼과 아모스 트버스키Amos Tversky의 전망 이론에 따르면, 인간은 동일한 금액의 이득보다 손실을 2~2.5배 더 크게 느낀다. 이 점은 진화심리학적으로 타당한데, 원시시대에 음식이나 자원을 잃는 것은 생존과 직결되었기 때문이다. 따라서 우리 뇌는 손실에 대해 극도로 민감하게 반응하도록 진화했다.

> 대니얼 카너먼과 아모스 트버스키는 행동경제학과 인지심리학 분야의 거장들로, 함께 전망 이론을 개발했다. 이들의 연구는 인간이 어떻게 판단하고 의사결정을 내리는지에 대한 우리의 이해를 완전히 바꿔놓았다.
> 특히 이들이 발견한 인지 편향cognitive bias과 휴리스틱heuristic 연구는 뇌

> 가소성 연구와도 연관이 있다. 인간의 뇌가 특정한 사고 패턴에 익숙해지고, 반복적인 경험을 통해 신경 회로가 강화되는 과정이 바로 뇌 가소성의 한 측면이기 때문이다. 다만 트버스키는 1996년에 세상을 떠났고, 카너먼은 2002년에 노벨경제학상을 수상했다. 이들의 연구가 뇌과학과 직접적으로 연결되는 것은 아니지만, 인간의 인지 과정을 이해하는 데 중요한 기여를 했다는 점에서 현대 뇌 가소성 연구의 이론적 토대를 제공했다고 볼 수 있다.

그런데 액땜 이론은 이런 손실회피 심리를 역이용하는 문화적 방어기제다. "작은 손실로 큰 손실을 막는다"는 논리를 통해 손실의 고통을 의미 있는 투자로 재해석하는 것이다. 마치 최후통첩 게임에서 B가 불공정한 제안을 거부함으로써 "돈은 잃지만 자존심은 지킨다"고 생각하는 것과 비슷한 심리적 메커니즘이다.

액땜의 임계점을 구체적으로 분석해보면, 일반적으로 다음과 같은 패턴을 보인다. 첫째, 총 자산의 5~10퍼센트 손실은 '사소한 액땜'으로 받아들여진다. 최후통첩 게임에서 10퍼센트 정도의 제안도 상당수가 받아들이는 것과 유사하다. 둘째, 10~20퍼센트 손실은 '의미 있는 액땜'으로 인식되는 경우도 많다. 최후통첩 게임에서 20퍼센트 제안이 수용되는 임계점과 일치한다. 셋째, 20~30퍼센트 손실까지는 여전히 액땜의 범주에 포함되지만, 심리적 고통이 급격히 증가하기 시작하는 지점에 해당된다.

하지만 30퍼센트를 넘어가면 상황이 달라진다. 최후통첩 게임에서도 20퍼센트 미만의 제안은 대부분 거부되듯이, 30퍼센트 이상의 손실은 액땜보다는 '재난'으로 인식되기 시작한다. 그리고 50퍼센트가 넘어가면 더 이상 액땜이라고 말하기 어려워진다. 이는 인간의 기본적인 생존 본능과 관련 있다. 절반 이상을 잃으면 기존의 생활 패턴을 유지하기 힘들기 때문이다.

그렇다면 100만 원 중 90만 원을 잃은 상황은 어떨까? 무려 90퍼센트의 손실로, 일반적인 액땜의 범주를 완전히 벗어난다. 최후통첩 게임으로 비유하면, A가 B에게 10만 원만 주고 90만 원을 자신이 가져가겠다고 제안하는 것과 같다. 이런 제안은 거의 모든 문화권에서 거부당한다. 그것은 단순한 불공정을 넘어 모독으로 인식되기 때문이다.

의미를 바꾸는 힘: 액땜은 숫자가 아니라 해석

하지만 여기서 중요한 것은 맥락이다. 최후통첩 게임에서도 상황이 바뀌면 결과가 달라진다. 예를 들어 A가 그 돈을 받기 위해 엄청난 노력을 했거나, B가 원래 아무것도 가지지 않았던 상황이라면 10퍼센트의 제안도 받아들여질 수 있다. 마찬가지로 액땜 이론에서도 맥락이 중요하다.

100만 원 중 90만 원을 잃었다고 해도, 다음과 같은 상황이라면 액땜으로 받아들여진다. 첫째, 그 100만 원이 원래 예상하지 못했던 횡재였던 경우. 이 경우 기준점reference point이 0원이므로 10만 원이라도 남았다면 순이익으로 인식될 수 있다. 둘째, 생명과 직결된 위험에서 돈만 잃고 목숨을 건진 경우. 이때는 돈보다 생명이 훨씬 소중하므로 90퍼센트의 손실도 '싸게 해결되었다'고 생각할 수 있다. 셋째, 그 손실이 미래의 더 큰 이익을 위한 투자였던 경우. 창업 자금으로 쓰다가 실패했지만 값진 경험을 얻었다면 액땜으로 받아들일 수 있다.

심리학적으로 보면, 액땜 가능성은 '통제감'과 밀접한 관련이 있다. 최후통첩 게임에서 B가 불공정한 제안을 거부하는 이유 중 하나는 "내가 선택할 수 있다"는 통제감 때문이다. 비록 돈은 못 받지만 상황을 통제했다는 느낌을 얻는 것이다. 액땜 이론에서도 마찬가지로, 손실을 어느 정도 예견했거나 자신이 선택한 결과라고 느낄 수 있다면 액땜으로 받아들이기 쉽다.

리처드 탈러Richard Thaler의 '심적 회계Mental Accounting' 이론도 중요한 통찰을 제공한다. 사람들은 머릿속에서 돈을 다른 계좌로 분류해서 관리한다. 생활비 계좌, 비상금 계좌, 투자금 계좌, 유흥비 계좌 등으로 말이다. 액땜이 가능한 손실은 주로 '여유자금' 계좌에서 나오는 손실이다. 반면 '생존자금' 계좌에서 나오는 손실은 액땜이 아니라 생존 위협으로 인식된다.

100만 원밖에 없는 상황에서 90만 원을 잃었다면, 그것은 분명히 '생존자금' 계좌에서 나온 손실이다. 따라서 일반적으로는 액땜으로 받아들이기 어렵다. 하지만 그 사람의 심적 회계 시스템이 특별하다면 다를 수 있다. 예를 들어 그가 원래 무일푼이었는데 100만 원이 로또로 당첨되었다가 90만 원을 도박으로 잃었다면, 여전히 '유흥비' 계좌의 손실로 인식할 수 있다.

문화적 차이도 고려해야 한다. 최후통첩 게임 연구에 따르면, 개인주의 문화권보다 집단주의 문화권에서 더 관대한 제안을 하는 경향이 있다. 또한 불평등이 심화된 사회일수록 불공정한 제안에 대한 거부감이 강하다고 한다. 한국은 전통적으로 집단주의 문화이면서도 최근 들어 불평등이 심화되고 있는 사회다. 따라서 액땜의 기준도 이런 문화적 맥락의 영향을 받는다.

한국의 전통적 액땜 관행을 보면, "저승사자가 피를 못 가져가면 돈이라도 가져간다"라는 말이 있다. 생명과 재산 사이의 교환 관계를 인정하는 사고다. 최후통첩 게임으로 비유하면, 생명을 걸고 게임을 하는 상황에서는 90퍼센트의 손실도 받아들일 수 있다는 뜻이다. 실제로 생사가 걸린 상황에서는 돈의 가치가 상대적으로 낮아진다. 또한 한국 사회에는 "고생 끝에 낙이 온다", "쥐구멍에도 볕 들 날 있다"와 같은 속담에서 알 수 있듯 희망적 사고가 강하다. 이런 문화적 배경 아래에서는 큰 손실도 '미래의 행복을 위한 시련'으로 받아들인다. 마치 최후통첩 게임에서 불공정한 제안을 거부하는 일이 '미래의 더 나은 협상을 위한 투자'라고 생각하는 것과 비슷하다.

시간적 관점도 중요하다. 최후통첩 게임은 일회성 게임이지만, 실제 인생은 반복 게임이다. 따라서 단기적으로는 큰 손실이 발생하더라도 장기적으로 보면 액땜이 될 수 있다. 100만 원 중 90만 원을 잃었지만, 그 경험을 통해 더 현명한 투자자가 되어 나중에 더 많은 돈을 벌 수 있다면 액땜이 된 것이다.

사회적 비교Social Comparison도 액땜 인식에 영향을 준다. 최후통첩 게임에서도 다른 사람들의 제안을 알면 자신의 제안에 대한 평가가 달라진다. 마찬가지로 액땜 이론에서도 자신보다 더 큰 손실을 입은 사람을 보면 상대적으로 자신의 손실이 작게 느껴진다. "나는 90만 원을 잃었지만, 저 사람은 전 재산을 잃었으니 내가 액땜한 거야"라는 식의 사고가 가능하다.

개인의 성격 특성도 중요하다. 최후통첩 게임에서도 사람마다 다른 반응을 보인다. 어떤 사람은 10퍼센트의 제안도 받아들이지만, 어떤 사람은 40퍼센트의 제안도 거부한다. 마찬가지로 액땜 이론에서도 낙관적이고 회복력이 강한 사람들은 더 큰 손실도 액땜으로 받아들이는 경향이 있다.

다시 처음의 질문으로 돌아가 보면 여러 실험과 이론을 검토해 볼 때, 100만 원 중 90만 원을 잃은 상황에서 액땜이라고 말할 수 있는지는 절대적 기준으로 판단할 수 없을 듯하다. 그것은 개인의 경제적 상황, 심리적 특성, 문화적 배경, 사회적 맥락, 시간적 조건 등이 복합적으로 작용하여 결정되는 주관적 기준이다. 최후통첩 게임에서 보듯, 인간은 순수한 경제적 합리성만으로 행동하지 않는다. 공정성, 자존심, 미래에 대한 희망, 사회적 관계 등 다양한 요소가 영향을 미친다. 다만 일반적인 경험칙으로는, 90퍼센트의 손실은 대부분의 상황에서 액땜의 범주를 벗어난다.

하지만 특수한 맥락에서는 가능할 수도 있다. 중요한 것은 액땜이라는 개념 자체가 객관적 사실이 아니라 주관적 해석이라는 점이다. 같은 손실도 어떻게 의미화하느냐에 따라 재앙이 될 수도, 성장의 기회가 될 수도 있다. 결국 액땜의 진정한 가치는 손실의 크기가 아니라 손실로부터 배우고 성장하는 능력에 있다.

액땜 마인드셋:
실패를 기회로 바꾸는 심리 전략

실패를 서사로 만드는 힘: 액땜식 사고의 비밀

액땜 이론과 관련해서 남아 있는 마지막 퍼즐 한 조각이 있다. "왜 어떤 사람은 액땜식 사고를 잘하고, 어떤 사람은 절망의 늪에 빠질까?" 하는 것이다. 마치 같은 비를 맞으면서도 한 사람은 "씻을 필요가 없어졌네" 하며 웃고, 다른 사람은 "왜 하필 나에게만"이라며 하늘을 원망하는 것과 같다. 액땜식 사고를 하는 사람들을 자세히 관찰해보면, 그들만의 독특한 심리적 DNA가 존재한다. 먼저 액땜식 사고의 달인들을 살펴보자.

액땜식 사고의 심리 DNA를 갖춘 사람들의 첫 번째 특징은 '기준점 유연성'이다. 심리학에서 말하는 기준점은 사람이 이득과 손실을 판단할 때 사용하는 비교 기준인데, 액땜식 사고를 잘하는 사람들은 이 기준점을 상황에 맞게 유연하게 조정할 줄 안다. 복권을 사서 꽝이 나왔을 때, 일반인은 "5천 원을 잃었다"고 생각하지만, 액땜식 사고의 달인은 "복권 기금에 기여했다"거나 "더 큰 돈을 쓰기 전에 도박의 허무함을 깨달았다"라고 기준점을 순식간에 바꿔버린다. 마치 카멜레온이 환경에 맞춰 색을 바꾸듯, 상황에 맞춰 인식의 틀을 자유자재로 바꿀 줄 안다.

두 번째 특징은 '시간 여행자적 사고'다. 액땜식 사고를 잘하는 사람들은 현재의 손실을 미래의 이득으로 연결시키는 놀라운 능력이 있다. 이들은 마치 타임머신을 타고 미래에서 돌아온 사람처럼 "지금 이 고생이 나중에 얼마나 도움이 될지 안다"라며 확신한다. 취업에 실패했을 때도 "더 좋은 회사로 갈 기회가 생겼다", 연애에 실패했을 때도 "더 좋은 사람을 만날 준비가 되었다"며 현재의 실패를 미래의 성공을 위한 필수 조건으로 재해석한다. 단순한 긍정적 사고를 넘어 시간 축을 자유자재로 조작하는 인지적 마술이다.

세 번째 특징은 '확률적 사고방식'이다. 인생을 하나의 거대한 확률 게임으로 본다. 나쁜 일이 연속으로 일어났을 때, "이제 좋은 일이 일어날 확률이 높아졌다"라고 생각한다. 물론 이것은 통계학적으로는 도박사의 오류다. 동전을 열 번 던져서 모두 앞면이 나와도 열한 번째에 뒷면이 나올 확률은 여전히 50퍼센트다. 하지만 액땜식 사고의 달인들은 이런 '도박사의 오류'를 역이용해서 심리적 안정을 얻는다. 마치 잘못된 통계학을 올바른 심리학으로 바꿔버리는 연금술사 같다.

네 번째 특징은 '스토리텔링 천재'라는 점이다. 자신의 인생을 하나의 서사로 만들어내는 놀라운 능력이 있다. 어떤 시련이 와도 '주인공의 성장 과정', '반전을 위한 복선', '클라이맥스를 위한 준비 단계'로 해석해버린다. 영화에서 주인공의 온갖 고생은 결국 해피엔딩을 위한 서사적 장치이듯이, 자신의 고생도 결국 좋은 결말을 위한 필수 코스라고 믿는다. 이들에게 인생은 비극이 아니라 아직 끝나지 않은 성공 스토리다.

다섯 번째 특징은 '메타인지 능력'이다. 자신이 지금 어떤 감정 상태에 있는지, 어떤 생각을 하고 있는지를 객관적으로 관찰할 줄 안다. "아, 지금 내가 화가 나 있구나", "아, 지금 내가 손실에 대해 과도하게 반응하고 있구나"라고 자신을 제3자의 시선으로 바라본다. 이런 메타인지 능력 덕분에 감정의 늪에 빠지지 않고 한 발 물러서서 상황을 재평가한다. 마치 자신의 마음속에 현명한 상담사가 하나 더 살고 있는 듯하다.

여섯 번째 특징은 '사회적 비교의 달인'이라는 점이다. 자신보다 더 불행한 사람을 찾아내는 놀라운 능력이 있다. 교통사고를 당했을 때도 "다리가 부러진 것만으로도 다행이다. 죽을 수도 있었는데"라고 해석하고, 투자에 실패했을 때도 "전 재산을 잃은 사람들에 비하면 나는 양반이다"라고 스스로를 위안한다. 심리학에서 말하는 '하향 비교 Downward Comparison'의 적극적 활용이다. 남의 불행을 기뻐하는 것이 아니라, 상대적 관점에서 자신의 상황을 재평가하는 지혜다.

액땜을 키우는 토양: 경험, 문화, 네트워크

그렇다면 액땜식 사고를 형성하는 환경과 조건은 무엇일까?

첫째, 어린 시절의 경험이 결정적이다. 적당한 실패와 좌절을 경험했지만 그때마다 주변에서 "괜찮다", "다시 할 수 있다"는 격려를 많이 받으며 자란 사람들이 액땜식 사고를 잘한다. 반대로 과잉보호를 받으며 자라거나, 실패할 때마다 혹독하게 비판받으며 자란 사람들은 작은 실패에도 크게 좌절하는 경향이 있다. 마치 어린 시절에 넘어졌을 때 "괜찮다, 툭툭 털고 일어나"라고 말해준 부모의 목소리가 평생 내면에 남아 있는 것 같다.

둘째, 종교나 철학적 배경이 중요하다. 불교의 '모든 것은 무상하다', 기독교의 '하나님의 계획', 유교의 '고진감래'와 같은 사상적 토대에서 살아온 사람들은 고난을 받아들이는 태도가 다르다. 이들은 고난을 단순한 불운이 아니라 깊은 의미가 있는 과정으로 인식한다. 특히 한국의 전통적 세계관에서는 '팔자', '운명', '액땜'과 같은 개념이 고난을 수용하는 문화적 장치로 작동한다.

셋째, 독서와 교육 수준도 영향을 미친다. 다양한 책을 읽고 여러 관점을 접한 사람들은 한 가지 해석에 매몰되지 않는다. 특히 역사책이나 위인전을 많이 읽은 사람들은 "위대한 사람도 수많은 실패를 겪었다"는 것을 알기 때문에 자신의 실패를 더 너그럽게 받아들인다. 또한 심리학이나 철학 관련 지식이 풍부한 사람들은 자신의 인지 편향을 인식하고 의도적으로 관점을 바꿀 줄 안다.

넷째, 사회적 네트워크도 중요하다. 주변에 긍정적이고 지지적인 사람들이 많은 경우 액땜식 사고를 하기 쉽다. "괜찮다", "이것도 경험이야", "더 좋은 일이 있을 거야"라고 격려하는 사람들이 있으면 개인의 인지적 자원이 부족할 때 집단의 지혜를 빌릴 수 있다. 반면 주변에 부정적이고 비관적인 사람들이 많으면 개인도 그런 사고방식에 전염되기 쉽다.

다섯째, 경제적 여유도 중요한 요소다. 기본적인 생존이 보장된 상태에서는 손실을 철학적으로 받아들일 수 있지만, 생존 자체가 위협받는 상황에서는 액땜이고 뭐고 없다. 매슬로의 욕구 단계이론처럼 기본 욕구가 충족되어야 상위 단계의 사고가 가능하다. 따라서 어느 정도의 경제적 안전망이 있는 사람들이 액땜식 사고를 하기 유리하다.

여섯째, 과거의 성공 경험도 필요하다. 이전에 실패를 딛고 성공한 경험이 있는 사람들은 현재의 실패도 미래의 성공을 위한 과정으로 받아들이기 쉽다. "저번에도 이런 일이 있었는데 결국 잘 풀렸잖아"라는 경험적 데이터베이스가 있는 것이다. 반면 계속 실패만 경험한 사람들은 "이번에도 어차피 안 될 거야"라는 학습된 무기력감에 빠지기 쉽다.

'완벽주의'라는 덫

반대로 액땜식 사고를 하지 못하고 절망의 늪에 빠지는 사람들에게는 어떤 특징이 있을까?

첫 번째, '완벽주의 성향'이다. 모든 것이 계획대로 되어야만 한다고 생각하고, 예상과 다른 결과가 나오면 크게 당황한다. 100점이 아니면 0점이라고 생각하는 이분법적 사고 때문에 작은 실패도 큰 재앙으로 인식한다. 마치 완벽한 설계도만 있으면 집을 지을 수 있다고 생각하지만, 실제로는 시공 과정에서 수많은 변수가 생긴다는 사실을 받아들이지 못하는 것과 같다.

두 번째, '통제욕이 강하다.' 모든 것을 자신이 통제할 수 있다고 믿고, 통제를 벗어난 일이 생기면 극도로 불안해한다. 비가 오면 "왜 하필 오늘"이라고 하늘을 원망하고, 교통정체에 걸리면 "왜 이런 일이 나에게"라며 분노한다. 이들에게는 우연이나 운명이라는 개념이 없고, 모든 일에는 누군가의 의도가 있어야 한다고 생각한다.

세 번째, '부정적 귀인 스타일'이다. 심리학자 마틴 셀리그먼의 연구에 따르면, 우울증에 걸리기 쉬운 사람들은 나쁜 일이 생겼을 때 "내가 못해서"(내부 귀인), "항상 이렇다"(안정적 귀인), "모든 면에서 안 된다"(전역적 귀인)라고 생각한다. 반면 회복력이 강한 사람들은 "운이 나빠서"(외부 귀인), "이번만 그렇다"(불안정적 귀인), "이 부분만 안 된다'(특수적 귀인)"라고 생각한다. 액땜식 사고를 하지 못하는 사람들은 전자의 패턴을 보인다.

네 번째, '과거 지향적 사고'를 한다. 실패하면 과거의 좋았던 시절만 그리워하고, "그때로 돌아갈 수만 있다면"이라는 생각에 빠진다. 미래에 대한 희망보다는 과거에 대한 향수가 강해서, 현재의 실패를 미래의 성공을 위한 발판으로 생각하지 못한다. 마치 뒤만 보고 걷는 사람처럼 앞으로 나아갈 수가 없다.

다섯 번째, '고정 마인드셋'이다. 캐럴 드웩의 연구에 따르면, '고정 마인드셋'의 사람과 '성장 마인드셋'의 사람이 있다. 고정 마인드셋의 사람들은 능력이 타고난다고 믿고, 실패를 자신의 한계를 보여주는 증거로 본다. 반면 성장 마인드셋의 사람들은 능력이 노력으로 개발된다고 믿고, 실패를 학습의 기회로 본다. 액땜식 사고를 하지 못하는 사람들은 대부분 고정 마인드셋의 소유자다.

여섯 번째, '사회적 지지'가 부족하다. 주변에 위로해주고 격려해줄 사람이 없으면 개인의 심리적 자원만으로는 한계가 있다. 특히 한국 사회처럼 경쟁이 치열하고 성과 중심적인 문화에서는 실패에 대한 사회적 낙인이 강하다. 이런 환경에서 혼자 액땜식 사고를 유지하기는 어렵다.

일곱 번째, '경험의 다양성'이 부족하다. 한 가지 일만 해본 사람은 그 일이 잘 안 되면 다른 대안을 생각하기 어렵다. 반면 다양한 경험을 해본 사람은 "이것도 안 되면 저것도 있다"는 여유가 있다. 마치 한 개의 열쇠만 가진 사람은 그 열쇠가 안 맞으면 문을 열 수 없지만, 여러 개의 열쇠를 가진 사람은 다른 열쇠로 시도해볼 수 있는 것과 같다.

여덟 번째, '신체적 건강 상태'도 중요하다. 몸이 아프거나 피곤할 때는 긍정적 사고를 하기 어렵다. 세로토닌이나 도파민 같은 신경전달물질의 분비가 부족하면 우울하고 비관적인 생각을 하기 쉽기 때문이다. 따라서 규칙적인 운동, 충분한 수면, 균형 잡힌 영양 섭취 등이 액땜식 사고의 생물학적 기반이 된다.

아홉 번째, '학습된 무기력감'에 빠져 있다. 마틴 셀리그먼의 유명한 실험에서, 개들이 전기충격을 피할 수 없는 상황에 반복적으로 노출되면 나중에 피할 수 있는 상황에서도 아예 시도하지 않는다는 것이 밝혀졌다. 인간도 마찬가지로 반복된 실패 경험으로 인해 "어차피 안 될 거야"라는 무기력감에 빠질 수 있다. 이런 상태에서는 액땜이고 뭐고 생각할 여유가 없다.

열 번째, '문화적 배경'의 차이도 있다. 서구의 개인주의 문화에서는 실패를 개인의 책임으로 돌리는 경향이 강해, 실패했을 때 자책하기 쉽다. 반면 동양의 집단주의 문화에서는 운명이나 환경의 영향을 인정하는 경향이 있어, 실패를 받아들이는 문화적 장치가 더 발달되어 있다. 하지만 역설적으로 현대 한국 사회는 서구화의 영향으로 개인 책임론이 강해지면서 전통적인 액땜 문화가 약해지고 있기도 하다.

지금까지 액땜식 사고를 잘할 수 있는 사람과 그렇지 않은 사람은 어떤 차이가 있는지 살펴보았다. 결국 액땜식 사고는 타고나는 것이라기보다는 기를 수 있는 능력인 듯하다. 근육을 키우듯, 의도적이고 지속적인 노력을 통해 발달시킬 수 있다. 그리고 이런 사고가 단순히 자기기만이 아니라 실제로 삶의 질을 향상시키고 성공 확률을 높이는 데 도움이 된다는 것이 여러 연구를 통해 입증되었다.

액땜식 사고의 진정한 힘은 현실을 부정하기보다는 현실을 다르게 해석하는 능력에 있다. 같은 비를 맞아도 어떤 사람은 젖는 것에 집중하고, 어떤 사람은 깨끗해지는 것에 집중한다. 둘 다 현실이지만, 어느 쪽에 초점을 맞추느냐에 따라 기분이 달라진다. 그리고 기분이 달라지면 행동이 달라지고, 행동이 달라지면 결과도 달라진다. 이것이 바로 액땜식 사고가 지닌 마법의 힘이다.

실행의 철학:
기우제와 리더십의 끈기 전략

끝까지 두드리는 사람이 판을 바꾼다: 기우제 리더십

이제 액땜식 사고의 끝판왕 인디언 기우제를 살펴보자. 인디언 기우제는 '될 때까지' 하는 것으로 한두 번의 사고나 불행을 단순히 "액땜했다"라고 생각하지 않는 사고이기 때문이다. 인디언 기우제와 액땜식 사고를 비교해보면, 겉으로는 비슷해 보이지만 실제로는 근본적으로 다른 철학적 토대를 이룬다. 마치 같은 바다를 바라보는 두 사람이 하나는 파도를 보고 하나는 수평선을 바라보는 것처럼, 두 접근법은 전혀 다른 방향을 향한다.

먼저 인디언 기우제의 본질을 정확히 이해해야 한다. 많은 사람이 "비가 올 때까지 계속 제사를 지낸다"는 표면적 특징만 보고 이를 단순한 끈기나 의지력의 문제로 해석하지만, 피상적 접근이다. 실제 아메리카 원주민들의 기우제는 훨씬 복합적이고 정교한 의미 체계를 담고 있었다. 그들에게 기우제는 단순히 비를 얻기 위한 수단이 아니라,

자연과 인간 사이의 조화를 회복하는 총체적 의식이었다.

흥미롭게도 조선시대 기우제도 비슷한 방식으로 진행되었다고 전해진다. 가뭄이 계속되면 공적인 차원에서 제사를 지내던 모든 신령에게 한 번씩 다 제사를 지냈고, 그래도 비가 오지 않으면 과거에 제사를 지냈다가 중간에 끊은 신령에게까지 제사를 지냈다. 심지어 지방 각지의 알려지지 않은 신령들에게도 제사를 지내게 했다. 그렇게 모든 신령에게 다 제사를 지내도 비가 내리지 않으면 제사 사이클을 또 돌렸다. 조선에서는 그 외에도 양기를 상징하는 남문을 닫고 음기를 상징하는 북문을 열거나, 억울하게 잡힌 죄수가 있나 살피고, 가벼운 범죄자들을 방면하며, 왕의 수랏상의 반찬을 줄이는 등 온갖 것을 다했다. 왜냐하면 "비가 올 때까지 지내면 되니까"였다. 하지만 여기서 중요한 것은 이런 행위의 동기와 철학이다. 기우제는 본질적으로 '적극적 개입'의 철학이다. 현실이 마음에 들지 않으니 그것을 바꾸려고 적극적으로 행동하는 것이다. 반면 액땜식 사고는 '수용적 해석'의 철학이다. 이미 일어난 일을 받아들이되, 그 의미를 재해석하여 심리적 평형을 찾는 것이다. 기우제는 미래를 향한 능동적 행위이고, 액땜은 과거를 향한 의미 부여 행위다.

좀 더 구체적으로 말하면, 기우제의 핵심은 '통제 가능성에 대한 믿음'이다. 인간이 올바른 의식을 통해 자연의 힘을 움직일 수 있다고 믿는 것이다. 매우 적극적이고 능동적인 세계관이다. 가뭄이라는 문제 상황에 직면했을 때, "어떻게든 해결하겠다"는 의지를 보이는 것이다. 심지어 일부 인디언들은 비가 올 만한 시기를 기다렸다가 백인 정착민들에게 필요한 물건을 받는 대가로 기우제를 지내주었다는 기록도 남아 있다. 그들이 단순히 미신을 믿었다기보다는 자연의 패턴을 관찰하고 그것을 활용할 줄 아는 영리한 전략가들이었음을 보여준다.

전략적 개입 vs 의미의 전환

액땜식 사고는 '통제 불가능성의 수용'에서 출발한다. 이미 일어난 일은 바꿀 수 없으니, 그 의미를 바꿔서라도 심리적 고통을 줄이겠다는 것이다. 상당히 수동적이고 방어적인 자세다. 물론 이것이 반드시 나쁘다는 뜻은 아니다. 때로는 현실을 받아들이는 지혜가 현실을 바꾸려는 의지보다 더 현명할 수 있기 때문이다.

시간적 관점에서도 차이가 뚜렷하다. 기우제는 철저히 미래 지향적이다. "앞으로 비가 오기를 바란다"는 것이 핵심이다. 따라서 기우제를 지내는 사람들의 의식은 온통 미래에 집중되어 있다. 내일, 모레, 다음 주에 비가 올 것인가에 모든 관심이 쏠려 있다. 반면 액땜식 사고는 과거 지향적이다. "이미 일어난 불행에 의미를 부여한다"는 것이 핵심이다. 따라서 액땜식 사고를 하는 사람들의 의식은 과거에 머물러 있다. 왜 그런 일이 일어났는지, 그것이 무슨 의미인지를 계속 되새긴다.

행동 패턴도 정반대다. 기우제는 '더 많이 하기'의 논리다. 한 번 안 되면 두 번, 두 번 안 되면 세 번, 될 때까지 계속한다. 이는 현대의 '인디언식 기우제'라는 표현에서도 드러난다. 이루기 어려운 무언가를 될 때까지 계속 시도하거나 자본 투입을 한 끝에 달성하는 일을 인디언식 기우제를 지낸다고 한다. 될 때까지 무한정 하면 언젠가는 이루어진다는 점이 비슷하기 때문이다.

반면 액땜식 사고는 '그만하기'의 논리다. 이미 충분히 고생했으니 이제 그만해도 된다는 식이다. 더 이상 노력할 필요 없이, 이미 겪은 고생을 액땜으로 여기고 마음의 평화를 찾는다. 매우 경제적이고 효율적인 심리적 전략이다.

에너지 소비 방식도 다르다. 기우제는 엄청난 에너지를 소비한다. 고려시대 기록을 보면, 무당 300명을 동원해서 6일 동안 계속 제사를 지내기도 했다. 무당들이 괴로워서 도망치고, 그러면 민가를 뒤져서라도 잡아와서 계속 제사를 지냈다. 문자 그대로 '죽기 살기'로 하는 것이다. 현대의 창업가들이 성공할 때까지 밤낮없이 일하는 것도 같은 맥락이다.

반면 액땜식 사고는 에너지를 보존한다. 이미 일어난 일에 대해 새로 에너지를 투입하지 않고, 기존의 경험에 새로운 의미만 부여한다. 매우 경제적인 방식이다. 추가 비용 없이 심리적 만족을 얻을 수 있기 때문이다.

철학적 뿌리도 완전히 다르다. 기우제는 '인간 중심주의'에 기반한다. 인간이 신을 움직일 수 있다고 믿는 것이다. 물론 겉으로는 신에게 빌고 있지만, 실제로는 "내가 올바른 의식을 하면 신이 응답할 것이다"라고 믿는다. 매우 능동적이고 자신감 넘치는 세계관이다.

반면 액땜식 사고는 '운명론'에 기반한다. 모든 일에는 이유가 있고, 그 이유를 인간이 완전히 알 수는 없지만 분명히 좋은 뜻이 있을 것이라고 믿는다. 상당히 수동적이고 겸손한 세계관이다.

심리학적으로 보면, 기우제는 '외적 통제 소재 External Locus of Control'를 기반으로 하면서도 역설적으로 '내적 통제감'을 추구한다. 비를 내리는 것은 신의 몫이지만, 신을 움직이는 것은 인간의 몫이라고 생각한다. 반면 액땜식 사고는 '내적 통제 소재'를 기반으로 한다. 외부 상황은 바꿀 수 없지만, 그것을 해석하는 방법은 내 마음먹기에 달려 있다고 생각한다.

성공과 실패에 대한 관점도 다르다. 기우제는 '절대적 성공'을 추구한다. 비가 와야 성공이고, 비가 오지 않으면 실패이다. 중간은 없다. 따라서 비가 올 때까지 계속해야 한다. 반면 액땜식 사고는 '상대적 성공'을 추구한다. 같은 실패라도 해석하기에 따라 성공이 이루어질 수 있다고 본다. 따라서 굳이 객관적 성공을 이룰 필요가 없다.

하지만 이 두 접근법이 완전히 대립적인 것만은 아니다. 실제로는 상호보완적인 측면이 있다. 인디언들도 기우제를 지내면서 동시에 가뭄에 대비한 실용적 준비를 했고, 한국인들도 액땜을 하면서 동시에 문제 해결을 위한 노력을 계속했다.

도전과 수용의 호흡법: 밀어붙일 때와 놓아줄 때의 지혜

그렇다면 인디언 기우제에서 배울 점은 무엇일까?

첫째, '끝까지 포기하지 않는 정신'이다. 현대인들은 조금만 어려워도 쉽게 포기하는 경향이 있다. 하지만 정말 중요한 일이라면 될 때까지 계속해야 한다. 스티브 잡스가 애플에서 쫓겨났다가 다시 돌아와서 아이폰을 만든 것도, 일론 머스크가 수차례 실패를 겪으면서도 테슬라와 스페이스X를 성공시킨 것도 모두 이런 '인디언 기우제' 정신의 현대적 발현이다.

둘째, '총체적 접근법'이다. 인디언들은 기우제를 지낼 때 단순히 비가 오기만을 빌지 않고 자연과 인간의 조화, 공동체의 결속, 개인의 정화 등을 함께 추구했다. 현대의 문제 해결 방식도 이처럼 총체적이어야 한다. 예를 들어 사업이 어려울 때 단순히 매출 상승에만 신경 쓰지 말고, 조직문화, 인간관계, 개인의 성장 등을 함께 고려해야 한다.

셋째, '공동체적 노력'이다. 기우제는 개인이 혼자 하지 않고 공동체 전체가 함께하는 것이었다. 현대 사회에서도 큰 목표를 달성하려면 혼자서는 한계가 있다. 가족, 친구, 동료들과 함께 노력해야 한다.

넷째, '의식의 힘'이다. 기우제는 단순한 미신이 아니라 강력한 심리적 효과를 거두는 의식이었다. 현대인들도 중요한 목표를 달성하기 위해서는 나름의 의식이나 루틴을 만들 필요가 있다. 매일 아침 명상을 하거나, 목표를 적어 붙여두거나, 성공을 시각화하는 등의 방법이 도움이 된다.

다섯째, '자연과의 조화'이다. 인디언들은 자연을 정복의 대상으로 삼지 않고 조화의 대상으로 보았다. 현대인들도 환경 파괴나 기후 변화 같은 문제를 해결하기 위해서는 이런 관점이 필요하다.

여섯째, '타이밍의 중요성'이다. 앞서 언급했듯이, 일부 인디언들은 비가 올 만한 시기를 기다렸다가 기우제를 지냈다. 단순한 사기가 아니라 자연의 패턴을 관찰하고 활용하는 지혜였다. 현대의 사업가들도 시장의 타이밍을 읽고 적절한 때 행동하는 것이 중요하다.

따라서 인디언 기우제와 액땜식 사고는 적절한 조화를 이룰 때 가장 이상적인 콤비가 될 수 있다. 마치 한 사람이 공격수와 수비수 역할을 모두 완벽하게 소화하는 축구선수와 같다고 할까? 예컨대 사업을 하는 입장이라면 새로운 프로젝트를 시작할 때는 기우제식 접근이 필요하다. '될 때까지 한다'는 정신으로 성공할 때까지 끝까지 밀어붙여야 한다. 마치 인디언들이 비가 올 때까지 계속 북을 치는 것처럼, 고객이 "예"라고 할 때까지 영업을 포기하지 않는다. 하지만 실패가 확정된 후에는 액땜식 접근으로 깔끔하게 전환해야 한다. "값진 경험을 얻었다", "더 큰 실패를 막았다"고 의미를 부여해야 앞으로 더 나아갈 수 있다. 망한 사업을 붙들고 계속 "언젠가는 될 것"이라며 기우제를 지내다가는 진짜 파산이다.

건강관리도 마찬가지다. 질병을 예방하고 치료하는 과정에서는 기우제식 접근이 필요하다. 규칙적인 운동과 금연도 될 때까지 도전하고, 다이어트도 목표 체중까지 밀어붙여야 한다. 하지만 불치병 같은 어쩔 수 없는 상황에서는 액땜식 접근으로 부드럽게 착지해야 한다. 주어진 상황을 받아들이고 그 안에서 의미를 찾는 것이 현명하다. 시한부 인생을 선고받고도 계속 "기적이 일어날 것"이라며 기우제만 지내다가는 남은 시간마저 허비할 수 있다.

연애에서도 이 원리가 적용된다. 짝사랑을 할 때는 기우제식으로 끝까지 도전해볼 만하다. 하지만 상대가 명확히 "아니다"라고 했거나 이미 다른 사람과 결혼했다면, 액땜식으로 "좋은 경험이었다", "더 좋은 사람을 만날 준비가 되었다"며 깔끔하게 정리하는 것이 정신건강에 좋다. 스토킹하듯 계속 기우제를 지내다가는 범죄자가 될 수도 있다.

투자 행위에서는 더욱 분명해진다. 철저한 분석을 바탕으로 한 투자라면 기우제식으로 묵묵히 버텨볼 만하다. 하지만 손절매 라인을 정해놓고, 그 선을 넘으면 액땜식으로 "비싼 수업료를 냈다"며 과감하게 정리하는 것이 현명하다. 계속 "언젠가는 오를 것"이라며 기우제를 지내다가는 전 재산을 날릴 수 있다.

기억해야 할 부분은 이 두 접근법이 모두 인간의 삶에 필요한 쌍두마차라는 점이다. 기우제식 접근만 하면 번아웃에 빠져서 돈키호테가 될 수 있고, 액땜식 접근만 하면 성장이 멈춰서 나태한 체념주의자가 될 수 있다. 둘 사이의 절묘한 균형과 타이밍을 찾는 것이 현명하다. 두 접근법이 서로를 보완하기 때문이다. 기우제를 열심히 지내다가 실패하면 그것도 액땜이고, 액땜 덕분에 마음이 편해지면 다시 새로운 기우제를 지낼 에너지가 생긴다. 마치 호흡처럼 들숨과 날숨이 자연스럽게 순환하는 것이다.

인디언 기우제와 액땜식 사고는 서로 다른 철학적 뿌리에서 나온 접근법이지만, 각각 고유한 가치와 배울 점이 있다. 기우제에서는 끝까지 포기하지 않는 뚝심과 총체적 접근법을, 액땜에서는 마음의 평화와 효율적 적응력을 배울 수 있다. 두 접근법을 상황과 타이밍에 맞게 적절히 조합하여 사용한다면, 더욱 풍요롭고 지혜로운 삶을 살 수 있을 것이다. 마치 비가 올 때는 우산을 쓰고, 비가 그친 후에는 무지개를 감상하는 것처럼 말이다. 그리고 가끔은 그냥 비를 맞으며 "액땜했다"고 웃어넘기는 여유도 필요하다.

포기하는 시점은 어떻게 결정되는가?

인디언 기우제식 사고와 액땜식 사고의 포기 시점을 정확히 판단하는 것은 마치 의사가 언제 치료를 중단하고 완화치료로 전환할지 결정하는 것만큼이나 미묘하고 중요한 문제다. 두 사고방식 모두 적절히 사용하면 삶의 무기가 되지만, 잘못 사용하거나 적절한 시점에 포기하지 못하면 독이 될 수 있다는 점에서 마치 약과 독의 차이는 용량에 달려 있다는 말과 같다.

때로 포기해야 할 때도 있다

인디언 기우제식 사고를 포기해야 하는 첫 번째 시점은 매몰비용이 회복 불가능한 수준에 도달했을 때다. 경제학에서 말하는 매몰비용의 오류가 현실에 적용되는 순간으로 이미 투입한 시간, 돈, 에너지가 너무 커서 계속 투입해보아야 전체적으로는 더 큰 손실이 될 것이 명확할 때는 과감히 포기해야 한다. 예를 들어 5년째 적자를 내고 있는 사업에서 "조금만 더 하면 될 것 같다"며 계속 돈을 들이붓고 있다면, 이는 기우제식 사고의 함정에 빠진 것으로 마치 비가 내릴 때까지 제사를 지내겠다며 온 마을 사람들을 굶어죽게 만드는 것과 다름없다.

둘째, 기회비용이 너무 클 때다. 한 가지에만 매달리느라 다른 더 좋은 기회들을 놓치고 있다면 포기를 고려해야 한다. 가령 20대 후반인데도 의대만을 고집하며 계속 입시생 신분이라고 하자. 그동안 다른 전공으로 이미 사회생활을 시작할 수 있었다면 어땠을까. 기회비용을 계산해보아야 한다. "될 때까지 한다"는 것이 "다른 모든 가능성을 포기한다"라는 뜻이어서는 안 되며, 이는 마치 한 우물만 파다가 샘물은 못 찾고 구덩이만 깊어지는 격이다.

셋째, 신체적·정신적 건강을 해칠 때다. 아무리 숭고한 목표라도 건강을 잃어가면서 추구할 가치는 없다. 창업가가 성공을 위해 수면을 포기하고 가족과의 시간을 희생하며 우울증에 걸린다면 기우제식 사고를 포기할 때가 온 것이며, 목표 달성보다 생존이 우선이다.

넷째, 객관적 조건이 근본적으로 변했을 때다. 기우제를 지낼 때와 상황이 완전히 달라졌다면 포기해야 한다. 코로나19로 인해 오프라인 중심의 사업 모델이 더 이상 작동하지 않는다면 계속 "될 때까지 한다"며 버티기보다는 새로운 모델로 전환하는 것이 현명하다.

다섯째, 사회적 관계가 파괴될 때다. 개인의 목표 달성을 위해 가족, 친구, 동료들과의 관계가 돌이킬 수 없을 정도로 악화되고 있다면 멈춰야 한다. 인간은 사회적 동물이므로 고립된 성공은 의미가 없으며, 마치 성을 정복했지만 그 안에 혼자 남게 된 왕과 같은 처지다.

여섯째, 법적·윤리적 선을 넘어서려고 할 때다. 목표 달성을 위해 불법적이거나 비윤리적인 방법을 고려하게 된다면 즉시 포기해야 한다. "될 때까지 한다"는 것이 "수단과 방법을 가리지 않는다"는 뜻은 아니다. 마치 비를 오게 하겠다며 인신공양까지 고려하는 것과 같은 극단적 사고다.

일곱째, 확률적으로 성공 가능성이 제로에 가까워졌을 때다. 로또를 매일 사면서 "언젠가는 당첨될 것"이라고 믿는 것은 인디언 기우제식 사고가 아니라 도박 중독이며, 객관적 데이터와 전문가들의 조언이 모두 '불가능하다'를 가리킨다면 받아들여야 한다. 이는 고대 중국의 순자가 기우제를 비판하며 "어차피 비는 때가 되면 온다"라고 한 것과 같은 현실적 통찰이다.

액땜 이론이 적용되지 못할 때도 있다

반면 액땜식 사고를 포기해야 하는 첫 번째 시점은 학습된 무기력감에 빠졌을 때다. "어차피 내가 뭘 해도 안 돼"라며 아예 노력하지 않게 되었다면 액땜식 사고를 포기해야 하며, 액땜은 실패 후의 위로이지 시도하지 않는 핑계가 되어서는 안 되고 "액땜했으니까 더 이상 노력할 필요 없다"는 생각은 금물이다.

둘째, 현실 도피 수단이 되었을 때다. 문제를 해결하려고 노력하지 않고 모든 것을 '액땜'으로 치부해버리고 있다면, 이는 건전한 적응이 아니라 회피다. 예를 들어 직장에서 계속 실수를 하면서도 "액땜이니까"라며 개선 노력을 기울이지 않는다면 문제가 있다.

셋째, 타인에게 피해를 줄 때다. 자신의 실패나 잘못을 '액땜'으로 합리화하면서 가족이나 동료들에게 피해를 주고 있다면 멈춰야 한다. 사업 실패로 인한 빚을 '액땜'이라며 받아들이되 그 빚을 갚으려는 노력은 하지 않는다면 이는 무책임하며 마치 자신만 편해지려고 남에게 짐을 떠넘기는 것과 같다.

넷째, 성장이 멈추었을 때다. 실패에서 배우지 못하고 같은 실수를 반복하면서도 '액땜'으로만 위안하고 있다면, 이는 진정한 액땜이 아니다. 액땜의 진정한 의미는 "이 경험을 통해 더 나아지겠다"는 것인데, 실제로는 전혀 발전이 없다면 자기기만에 불과하다.

다섯째, 우울증이나 무기력증의 증상을 보일 때다. 액땜이라는 이름으로 모든 것을 체념하고 미래에 대한 희망이나 동기가 완전히 사라졌다면 전문가의 도움이 필요하며, 이때는 액땜식 사고를 중단하고 적극적인 치료와 개입이 필요하다.

여섯째, 기본적인 책임을 방기할 때다. 부모로서, 직장인으로서, 사회 구성원으로서의 기본적 의무를 '액땜'을 핑계로 소홀히 하고 있다면 문제가 심각하다. 액땜은 위로이지 책임 회피의 수단이 아니다.

일곱째, 반복적 패턴이 고착화되었을 때다. 매번 같은 방식으로 실패하고 같은 방식으로 '액땜'을 하는 패턴이 몇 년째 지속되고 있다면, 이는 진정한 액땜이 아니라 악순환이다. 패턴을 깨고 새로운 접근이 필요하다.

결국 타이밍이다

두 사고방식 사이의 전환 타이밍도 중요하다. 기우제식 사고에서 액땜식 사고로 전환해야 할 경우에는 모든 합리적 노력을 다했지만 결과가 나오지 않을 때, 외부 환경이 통제 불가능하게 변했을 때, 계속 노력하는 것보다 받아들이는 것이 더 건설적일 때, 시간이 지나면서 새로운 관점이 필요할 때다.

반대로 액땜식 사고에서 인디언 기우제식 사고로 전환해야 할 경우에는 새로운 기회나 가능성이 보일 때, 과거의 상처나 실패에서 충분히 회복되었을 때, 현재 상황이 개선 가능한 것으로 판단될 때, 외부의 지지나 자원이 확보되었을 때다.

현실적 적용 원칙들로는 80퍼센트 원칙(노력의 80퍼센트를 투입했는데도 20퍼센트의 결과밖에 나오지 않는다면 인디언 기우제식 사고를 재고해볼 때), 3년 원칙(3년 이상 같은 방법으로 노력했는데도 의미 있는 진전이 없다면 방향 전환을 고려해야 함), 건강 우선 원칙(신체적·정신적 건강에 적신호가 켜지면 즉시 중단하고 회복에 집중해야 함), 관계 보존 원칙(중요한 인간관계가 위협받기 시작하면 목표보다 관계를 우선시해야 함), 기회비용 점검 원칙(6개월마다 현재의 노력이 최선의 선택인지 객관적으로 평가해야 함) 등이 있다.

결국 인디언 기우제식 사고와 액땜식 사고 모두 적절한 때에 적절한 방식으로 사용해야 하는 도구일 뿐이며, 포기할 때를 아는 것과 언제 전환할지를 아는 것도 지혜이며, 완벽한 공식은 없지만 자신의 상황을 객관적으로 보고 주변의 조언을 들으며 유연하게 판단하는 것이 가장 현실적인 접근이다.

전환의 지혜: 언제 바꿀 것인가?

인디언 기우제식 사고에서 액땜식 사고로 전환해야 할 경우는 다음과 같다.

- 모든 합리적 노력을 다했지만 결과가 나오지 않을 때
- 외부 환경이 통제 불가능하게 변했을 때
- 계속 노력하는 것보다 받아들이는 것이 더 건설적일 때
- 시간이 지나면서 새로운 관점이 필요할 때

반대로 액땜식 사고에서 인디언 기우제식 사고로 전환해야 할 경우는 다음과 같다.

- 새로운 기회나 가능성이 보일 때
- 과거의 상처나 실패에서 충분히 회복되었을 때
- 현재 상황이 개선 가능한 것으로 판단될 때
- 외부의 지지나 자원이 확보되었을 때

현실적 적용 원칙들

- 80퍼센트 원칙: 노력의 80퍼센트를 투입했는데도 20퍼센트의 결과밖에 나오지 않는다면 인디언 기우제식 사고를 재고해볼 때다.
- 3년 원칙: 3년 이상 같은 방법으로 노력했는데도 의미 있는 진전이 없다면 방향 전환을 고려해야 한다.
- 건강 우선 원칙: 신체적·정신적 건강에 적신호가 켜지면 즉시 중단하고 회복에 집중해야 한다.
- 관계 보존 원칙: 중요한 인간관계가 위협받기 시작하면 목표보다 관계를 우선시해야 한다.
- 기회비용 점검 원칙: 6개월마다 현재의 노력이 최선의 선택인지 객관적으로 평가해야 한다.

3장

실패를 자산화하는 리더십

"모든 새로운 시작은
어떤 다른 시작의 끝에서 비롯된다."
– 세네카

실패와 성공의
새로운 정의

액땜의 연금술: 실패를 성공으로 바꾸는 마음의 기술

"실패는 성공의 어머니"라는 말을 들을 때마다 나는 의구심이 든다. 이 말을 처음 만든 사람은 과연 진짜로 쓰디쓴 실패의 맛을 본 적이 있을까? 아니면 서재에 앉아서 펜을 굴리며 "음, 뭔가 그럴듯한 격언을 만들어볼까?"라고 생각하다가 나온 안전한 문구는 아닐까? 마치 전쟁터에 나간 적 없는 사람이 "고생 끝에 낙이 온다"라는 식의 훈계를 늘어놓는 것처럼 말이다. 진짜 실패를 경험한 사람이라면, 실패가 성공을 보장해주지 않는다는 것을 뼈저리게 알고 있을 테니까.

실패의 현실을 직시해보자. 실패는 차갑고, 쓰고, 잔혹하다. 창업한 회사가 문을 닫는 순간, 사랑하는 사람에게 차이는 그 순간, 꿈꿔온 대학에서 불합격 통지서를 받는 그 순간에는 "아, 이것이 성공의 어머니구나!"라는 깨달음이 오지 않는다. 오는 것은 절망과 자책, 그리고 "내가 뭘 잘못했을까?"라는 끝없는 되뇜뿐이다. 실패의 한복판에 서 있는 사람에게 "실패는 성공의 어머니야"라고 말하는 것은, 마치 화상을 입은 사람에게 "불은 요리를 가능하게 하는 좋은 도구야"라고 설교하는 것과 같다. 맞는 말이긴 하지만, 지금 당장은 전혀 위로가 되지 않는다.

더욱 문제는 "실패는 성공의 어머니"라는 말이 실패 자체에 무게를 둔다는 점이다. 이 말은 실패라는 객관적 사실이 자동으로 성공이라는 결과를 낳는다고 전제한다. 마치 실패가 성공 제조기인 것처럼, 실패를 넣으면 자동으로 성공이 나온다고 착각하게 만든다. 하지만 현실은 다르다. 실패는 그냥 실패일 뿐이다. 실패가 성공으로 변하려면 그 사이에 무엇인가가 더 필요하다. 바로 실패를 어떻게 해석하고 받아들이느냐는 것, 즉 마음의 자세가 핵심이다.

여기서 액땜 이론의 진정한 가치가 드러난다. "액땜은 성공의 어머니"라는 표현이 "실패는 성공의 어머니"보다 훨씬 더 현실적이고 실용적인 이유가 바로 그것이다. 액땜 이론은 실패라는 객관적 사실보다는 실패를 받아들이는 주관적 태도에 주목한다. "이 실패가 나를 더 강하게 만들어줄 거야", "이 정도 고생으로 더 큰 고생을 면했으니 다행이야"라는 식으로 사건의 의미를 재구성한다.

액땜 이론의 천재성은 바로 여기에 있다. 실패라는 원료를 성공이라는 제품으로 바꾸는 것이 아니라, 실패라는 독을 성공이라는 약으로 바꾸는 연금술이다. 실패 자체는 변하지 않는다. 하지만 실패에 대한 우리의 관점, 우리의 해석, 우리의 마음가짐이 바뀐다. 그리고 이 변화된 마음가짐이야말로 진정한 성공의 씨앗이 된다.

구체적인 예를 들어보자. 창업에 실패한 두 사람이 있다고 가정하자. 첫 번째 사람은 "실패는 성공의 어머니"라는 말을 믿고 있다. 그는 실패 자체가 자신을 성공으로 이끌어줄 것이라고 생각한다. 하지만 시간이 지나도 성공은 오지 않는다. 실패는 그냥 실패로 남아 있을 뿐이다. 결국 그는 좌절하고 "역시 그런 말은 다 거짓말이야"라며 포기해버린다.

반면 두 번째 사람은 액땜 이론을 실천한다. 그는 "이번 실패로 액땜했다. 이제 더 현실적인 사업 계획을 세울 수 있고, 어떤 실수를 피해야 하는지도 알게 되었다. 무엇보다 이 정도 실패로 끝나서 다행이다. 더 큰 실패를 했을 수도 있었잖아"라고 생각한다. 그의 마음속에서는 실패가 실패로 끝나지 않고, 지혜와 경험, 그리고 감사함으로 변환된다. 이렇게 변화된 마음가짐을 가지고 두 번째 도전을 할 때, 그는 첫 번째 사람보다 훨씬 더 성공할 가능성이 높다.

여기서 핵심은 실패 자체가 성공을 만든다기보다 실패를 대하는 태도가 성공을 만든다는 것이다. 실패는 성공의 어머니가 아니라, 액땜이 성공의 어머니다. 좀 더 정확히 말하면, 실패를 액땜으로 받아들이는 마음가짐이 성공의 진정한 어머니다.

액땜 시선으로 재해석된 불운: 잡스와 에디슨

이런 관점에서 보면, 세계적으로 성공한 사람들의 이야기도 다르게 읽힌다. 스티브 잡스가 애플에서 쫓겨난 일을 생각해보자. 표면적으로는 "실패는 성공의 어머니"의 전형적인 사례처럼 보인다. 하지만 더 깊이 들여다보면, 잡스의 진정한 힘은 그 실패를 어떻게 받아들였느냐에 있다. 그는 "내 인생에서 일어난 최고의 일이었다"라고 회고했다. 실패를 저주가 아니라 축복으로, 재앙이 아니라 기회로 재해석한 것이다. 이것이 바로 액땜의 정신이다.

토머스 에디슨의 유명한 말 "나는 실패한 것이 아니라, 작동하지 않는 방법 1만 가지를 발견한 것이다"도 마찬가지다. 이 말의 진정한 가치는 실패를 경험했다는 객관적 사실에 있지 않고, 그 실패를 '발견'으로 재해석한 관점에 있다. 에디슨이 만약 "아, 또 실패했네. 하지만 실패는 성공의 어머니니까 언젠가는 성공하겠지"라고 생각했다면, 그는 발명왕이 되지 못했을 것이다.

현실적으로 보면, 많은 사람이 "실패는 성공의 어머니"라는 말 때문에 오히려 더 큰 고통을 받는다. 실패한 후에 성공하지 못하면 "나는 실패도 제대로 활용하지 못하는 무능한 인간"이라고 자책하게 마련이다. 실패를 경험했는데도 성공하지 못하니, 자신에게 뭔가 문제가 있다고 생각한다. 실패의 상처 위에 또 다른 상처를 덧내는 것과 같다.

반면 액땜 이론은 이런 부담을 주지 않는다. 액땜은 성공을 약속하지 않는다. 단지 현재의 고통을 줄여주고, 마음의 평화를 가져다줄 뿐이다. "이것으로 액땜했으니 이제 마음이 편하다"는 것이 전부다. 미래의 성공은 보너스일 뿐, 필수 조건이 아니다. 이런 여유로운 마음가짐이야말로 진정한 성공의 토양이 된다.

액땜식 성장 마인드셋

심리학적으로 보면, 액땜 이론이 성공에 더 도움이 되는 이유는 명확하다. 스트레스 반응을 줄여주기 때문이다. 실패를 '반드시 성공으로 이어져야 할 의무'로 받아들이면 엄청난 압박을 느낀다. 하지만 실패를 '이미 의미 있는 경험'으로 받아들이면 그 압박감이 사라진다. 압박감이 사라지면 창의성이 증가하고, 더 나은 판단을 할 수 있고, 결과적으로 성공 확률이 높아진다.

또한 액땜 이론은 '성장 마인드셋'을 촉진한다. 캐럴 드웩의 연구에 따르면, 고정 마인드셋의 사람들은 실패를 자신의 능력 부족에 대한 증거로 해석하지만, 성장 마인드셋의 사람들은 실패를 학습의 기회로 받아들인다. 액땜 이론은 바로 이런 성장 마인드셋을 자연스럽게 기르는 도구다. "이 실패 덕분에 뭔가 배웠으니까 액땜이야"라는 생각이 반복되면, 실패에 대한 두려움이 줄어들고 더 과감한 도전을 할 수 있다.

경제학적 관점에서도 액땜 이론이 더 실용적이다. "실패는 성공의 어머니"라는 말은 실패에 대한 투자를 권장한다. "실패를 많이 해보아야 성공할 수 있다"는 식의 사고로 이어지기 쉽다. 하지만 매우 비효율적이다. 실패는 비용이다. 시간, 돈, 에너지, 감정적 소모 등 모든 면에서 손실이다.

반면 액땜 이론은 이미 발생한 손실을 최소화하는 방향으로 작동한다. "어차피 이미 실패했으니, 이것을 어떻게 하면 최대한 의미 있게 만들 수 있을까?"라는 식으로 접근한다. 이른바 행동경제학에서 주장하는 '매몰 비용 오류'를 피하는 현명한 전략이다. 이미 투입한 비용은 되돌릴 수 없으니, 그것에 집착하지 말고 앞으로 어떻게 할지에 집중하라는 주문이다.

문화적 맥락에서도 액땜 이론이 한국 사회에 더 적합하다. 한국은 전통적으로 '중용'과 '조화'를 중시하는 사회다. 극단적인 성공보다는 적당한 만족을 추구하고, 무모한 도전보다는 안정적인 발전을 선호한다. 이런 문화에서 "실패는 성공의 어머니"라는 서구적 가치관은 때로 부담스럽고 압박으로 느껴질 수 있다.

반면 액땜 이론은 한국인의 정서에 자연스럽게 스며들어 있는 지혜다. "고생 끝에 낙이 온다", "쥐구멍에도 볕 들 날 있다", "새옹지마"와 같은 전통적 가치관과 완벽하게 일치한다. 외국에서 수입한 개념이 아니라 수천 년간 한민족이 시행착오를 통해 체득한 생존 전략이다.

또한 액땜 이론은 집단주의 문화에도 잘 맞는다. "실패는 성공의 어머니"는 지극히 개인주의적인 발상이다. 개인의 실패가 개인의 성공으로 이어진다는 직선적 사고다. 하지만 액땜 이론은 개인의 경험을 공동체와 공유할 수 있게 한다. "내가 이런 실패를 해보았으니까 다른 사람들은 같은 실수를 하지 않았으면 좋겠다"는 식으로, 개인의 실패가 집단의 지혜로 승화된다.

실제로 한국의 많은 기업가가 액땜 이론의 정신을 보여준다. 사업에 실패한 후 "젊어서 고생을 사서 했다", "이런 경험을 해보아서 다행이다"라며 받아들이는 모습을 흔히 볼 수 있다. 그리고 이런 마음가짐으로 시작하는 사람들이 두 번째, 세 번째 도전에서 더 좋은 결과를 내는 경우가 많다.

교육적 관점에서도 액땜 이론이 더 건전하다. "실패는 성공의 어머니"라는 말을 아이들에게 가르치면, 실패를 너무 가볍게 여기거나 반대로 너무 무겁게 여길 수 있다. 가볍게 여기면 "어차피 실패해도 성공하니까"라며 충분한 준비 없이 도전하게 되고, 무겁게 여기면 "실패했는데도 성공하지 못하면 어떡하지"라며 과도한 부담을 느낀다.

반면 액땜 이론을 가르치면 아이들은 실패를 더 건전하게 받아들인다. 아이들에게 "네가 이번에 실패한 것도 의미가 있어. 이것으로 액땜했다고 생각하고, 다음에는 더 신중하게 준비해보자"라는 식으로 접근하면, 실패에 대한 두려움도 줄어들고 성공에 대한 압박감도 해소된다.

물론 액땜 이론도 만능은 아니다. 잘못 사용하면 현실 도피나 자기기만으로 이어질 수 있다. "어차피 액땜이니까 노력할 필요 없다"는 식으로 생각하거나, 계속되는 실패를 모두 액땜으로 합리화하려고 한다면 문제가 생긴다. 중요한 사실은 액땜 이론을 '위로의 도구'로는 사용하되 '회피의 핑계'로는 사용하지 않는 것이다.

또한 액땜 이론은 '반성과 개선'과 함께 사용되어야 한다. "액땜했다"라고 말하는 것만으로는 부족하다. '이번 실패로 액땜했고, 그래서 뭘 배웠고, 다음에는 뭘 다르게 할지'까지 생각해야 진정한 의미가 있다. 액땜 이론은 실패의 아픔을 달래주는 진통제이지, 실패의 원인을 없애주는 항생제는 아니기 때문이다.

한국적 지혜의 실용성

현실적으로 보면, 성공한 사람들의 이야기에서 "실패는 성공의 어머니"보다는 "액땜은 성공의 어머니"에 가까운 패턴이 더 많이 발견된다. 그들은 실패 자체에 의존하지 않는다. 그 대신 실패를 받아들이고, 의미를 부여하고, 그것을 성장의 자료로 활용하는 능력이 뛰어나다. 실패를 '액땜'으로 받아들이는 마음의 여유가 있기 때문에, 다음 도전에서 더 침착하고 현명하게 행동할 수 있다.

결국 "실패는 성공의 어머니"라는 말은 반쪽짜리 진실이다. 실패만으로는 성공할 수 없다. 실패를 어떻게 받아들이고, 어떻게 해석하고, 어떻게 활용하느냐가 진짜 관건이다. 그리고 바로 이 지점에서 액땜 이론의 진가가 발휘된다. "액땜은 성공의 어머니"라는 도발적인 명제는 단순한 언어유희가 아니라, 성공에 대한 더 깊고 현실적인 통찰을 담고 있다.

앞으로 누군가 실패했을 때, "실패는 성공의 어머니야"라는 공허한 위로 대신 "액땜했네. 이제 마음 편히 가져"라고 말해보면 어떨까. 그 한마디가 상대방에게 진정한 위로가 되고, 나아가 성공으로 가는 진짜 발판이 될 수 있다. 결국 성공의 진정한 어머니는 실패가 아니라, 실패를 지혜롭게 받아들이는 마음이니까 말이다.

실패의 깊이가
경영의 높이를 만든다

액땜 없는 리더십은 반쪽짜리에 불과하다

"액땜해보지 않은 사람, 성공을 논하지 말라"라는 말이 있다면, 이는 괴테의 명언 "눈물 젖은 빵을 먹어보지 않은 사람은 인생의 맛을 모른다"와 정확히 일맥상통한다. 두 문장에는 모두 고난과 시련을 통과한 사람만이 진정한 지혜와 깊이를 얻을 수 있다는 진리가 담겨 있다. 특히 경영의 세계에서는 이런 경험의 깊이가 리더와 진정한 경영자를 가르는 결정적 분수령이 된다.

먼저 '액땜'의 본질을 경영학적으로 재정의해보자. 액땜이란 단순히 작은 불운이 아니라, 예상치 못한 시련을 겪으면서도 그것을 받아들이고 의미를 부여하는 능력이다. 경영에서 가장 중요한 역량 중 하나인 '불확실성 관리 능력'과 직결된다. 시장은 예측 불가능하고, 경쟁은 치열하며, 위기는 언제나 도사리고 있다. 이런 환경에서 살아남으려면 단순히 성공 경험만으로는 부족하다. 실패와 좌절을 경험해보고, 그것을 통해 진정한 회복력을 기른 사람만이 진짜 경영자가 될 수 있다.

삼성그룹의 창업자 이병철 회장을 보자. 그는 초기에 무려 세 번의 사업 실패를 겪었다. 쌀 도매업, 운송업, 양조업이 모두 망했다. 하지만 그는 매번 "액땜했다"는 마음으로 툴툴 털고 일어섰다. 이런 실패 경험이 쌓이면서 그는 사업의 본질을 깨달았고, 결국 대한민국 최대의 기업 제국을 건설할 수 있었다. 만약 그가 처음부터 순탄하게 성공했다면, 과연 그런 거대한 비전과 위기 대응 능력을 갖출 수 있었을까? 하는 의문이다.

현대그룹의 정주영 창업주도 마찬가지다. 그는 어린 시절 가난과 굶주림을 경험했고, 창업 초기에는 수많은 좌절을 겪었다. 하지만 그는 매번 "이것도 액땜이다"라며 분연히 일어섰다. 이런 경험이 그로 하여금 "안 되면 되게 하라"는 불굴의 정신을 지니게 만들었다. 한강의 기적을 이룬 것은 단순한 기술이나 자본이 아니라, 바로 이런 액땜 정신에서 비롯되었다.

반면 처음부터 모든 것이 주어진 2세, 3세 경영자들을 보면 어떨까? 물론 모든 2세 경영자가 다 그렇지는 않지만, 상당수가 진짜 위기 상황에서 우왕좌왕하는 모습을 보인다. 그들은 액땜을 경험해본 적이 없기 때문이다. 눈물 젖은 빵을 먹어보지 않은 사람들이다 보니 진짜 배고픔이 무엇인지, 절망이 무엇인지, 그리고 그것을 어떻게 극복해야 하는지 모른다.

이것은 단순히 한국만의 현상이 아니다. 실리콘밸리에서 가장 존경받는 경영자들을 보면 대부분 초기에 큰 실패를 경험했다. 스티브 잡스는 자신이 만든 회사에서 쫓겨났고, 일론 머스크는 여러 차례 파산 위기를 겪었으며, 제프 베조스도 초기 아마존에서 수많은 실패를 경험했다. 이들의 공통점은 실패를 경험했을 때 "액땜했다"는 마음으로 받아들이고, 그 일을 성장의 밑거름으로 삼았다는 것이다.

특히 스티브 잡스의 사례는 인상적이다. 그는 애플에서 쫓겨난 후 "인생에서 일어난 최고의 일이었다"라고 회고했다. 전형적인 액땜식 사고이다. 실패를 저주가 아니라 축복으로, 끝이 아니라 새로운 시작으로 받아들인 것이다. 그 결과 그는 픽사를 통해 애니메이션 산업을 혁신했고, 애플로 돌아온 후에는 아이폰이라는 인류 역사상 가장 혁신적인 제품을 만들어냈다.

'눈물 젖은 빵을 먹어보지 않은 사람'이 경영자가 되면 어떤 문제가 생길까? 첫째, 위기 대응 능력이 부족하다. 처음 겪는 위기 앞에서 당황하고 우왕좌왕한다. 둘째, 직원들의 고충을 이해하지 못한다. 고생해본 적이 없으니 남의 고생도 이해할 리 만무다. 셋째, 무모한 결정을 내리기 쉽다. 실패의 아픔을 모르니 리스크를 제대로 계산하지 못한다. 넷째, 겸손함이 부족하다. 모든 것이 순탄했던 사람은 자만에 빠지기 쉽다.

반면 액땜을 경험한 경영자들은 다르다. 그들은 위기를 겪어보았기에 위기 상황에서도 침착함을 유지한다. "이 정도는 예전에 겪었던 것에 비하면 아무것도 아니야"라는 여유가 있다. 또한 직원들의 고충을 진심으로 이해하고 공감한다. 자신도 힘들었던 시절이 있었기에 다른 사람의 고통을 외면하지 않는다.

한국 재계의 전설적인 경영자들을 보면 이런 패턴이 뚜렷하게 나타난다. LG그룹의 구자경 명예회장은 젊은 시절 일본에서 온갖 굴욕을 당하며 기술을 배웠다. 그런 경험을 바탕으로 그는 한국 기업의 기술 자립 의지를 불태웠고, 결국 LG를 세계적인 전자 기업으로 키워냈다. 롯데그룹의 신격호 창업주도 일본에서 떡장수로 시작해 온갖 시행착오를 겪으며 사업 감각을 익혔다. 이런 초기의 고생이 그의 경영철학의 근간이 되었다.

심지어 글로벌 기업들의 CEO들을 보면 더욱 극명한 차이가 발견된다. 가장 성공한 CEO들 중 상당수가 이민자 출신이거나 어려운 환경에서 자란 사람들이다. 구글의 순다르 피차이는 인도의 가난한 집안에서 태어나 온갖 고생을 했고, 마이크로소프트의 사티아 나델라도 인도에서 미국으로 건너와 수많은 차별과 좌절을 겪으며 성장했다. 이들의 공통점은 어려운 시절을 '액땜'으로 받아들이고 그것을 성장의 동력으로 삼았다는 것이다.

액땜이 주는 세 가지 선물: 공감, 겸손, 회복력

액땜의 경험이 경영자에게 주는 가장 큰 선물은 '공감 능력'이다. 고생해본 사람은 다른 사람의 고생을 이해한다. 그것은 단순한 동정심을 넘어 조직을 이끌어가는 핵심역량이 된다. 직원들이 어려울 때 진심으로 위로해주고, 고객들이 불편할 때 그 마음을 헤아릴 수 있다. 이런 공감 능력을 바탕으로 한 경영은 단순한 이익 추구를 넘어 진정한 가치 창조로 이어진다.

또한 액땜을 경험한 경영자들은 '겸손함'을 갖추고 있다. 자신도 실패해본 경험이 있기 때문에 다른 사람의 실패를 함부로 판단하지 않는다. 오히려 "그것도 액땜이야. 다음에는 더 잘할 수 있을 거야"라며 격려해준다. 이런 리더 밑에서 일하는 직원들은 실패를 두려워하지 않고 더 창의적이고 도전적으로 일한다.

'회복력'도 중요한 요소다. 액땜을 경험한 사람들은 어떤 시련이 찾아와도 "이 또한 지나간다"는 확신에 차 있다. 이미 그런 경험을 해보았기 때문이다. 이런 회복력은 개인 차원을 넘어 조직 전체로 확산된다. CEO가 흔들리지 않으면 조직 전체가 안정감을 찾게 되고, 그 결과 더 큰 성과를 낸다.

반면 액땜을 경험해보지 않은 경영자들은 작은 위기에도 크게 동요한다. 주가가 조금만 떨어져도 당황하고, 경쟁사가 새로운 제품을 출시하면 좌불안석이다. 이런 모습을 본 직원들과 주주들은 불안해하고, 그 불안이 조직 전체로 퍼져나간다. 결국 작은 위기가 큰 위기로 증폭되는 악순환이 반복된다.

액땜 경험의 또 다른 장점은 '장기적 사고'다. 고생해본 사람들은 인생이 마라톤이라는 것을 안다. 단기적인 성과에 일희일비하지 않고, 장기적인 관점에서 의사결정을 내린다. 현대 경영에서 매우 중요한 역량이다. 분기 실적에만 매몰되지 않고, 10년, 20년 후를 내다보는 경영을 할 수 있는 것이다.

아마존의 제프 베조스가 대표적인 예다. 그는 초기에 수많은 실패와 비판을 견뎌내며 장기적 관점을 유지했다. '고객 중심', '장기적 사고'를 경영철학으로 내세우며 단기적 수익보다는 장기적 가치 창조에 집중했다. 그 결과 아마존은 세계 최대의 전자상거래 기업이 되었다. 만약 그가 초기의 어려움을 '액땜'으로 받아들이지 않고 포기했다면, 지금의 아마존은 존재하지 않았을 것이다.

한국 기업 중에서는 네이버의 이해진 창업자를 꼽을 수 있다. 그는 초기에 수많은 시행착오를 겪으며 인터넷 사업의 본질을 깨달았다. 검색 엔진 개발 과정에서 무수한 실패를 거듭했지만, 매번 "이것도 액땜이다"라는 마음으로 개선해나갔다. 그 결과 한국을 대표하는 IT 기업을 만들어냈다.

"액땜해보지 않은 사람, 성공을 논하지 말라"라는 말이 특히 중요한 이유는 현대의 경영 환경 때문이다. VUCA_{Volatility, Uncertainty, Complexity, Ambiguity} 시대라고 불리는 지금, 경영자는 예측 불가능한 상황에서도 올바른 판단을 내려야 한다. 이런 능력은 책으로 배울 수 없다. 오직 경험, 그것도 고통스러운 경험을 통해서만 기를 수 있다.

코로나19 팬데믹 상황을 보자. 이 전례 없는 위기 상황에서 어떤 기업들은 빠르게 적응하며 오히려 성장했고, 어떤 기업들은 우왕좌왕하며 큰 타격을 입었다. 그 차이는 어디에 있었을까? 바로 경영진의 위기 경험 여부였다. 이전에 어려운 상황을 겪어보고 그것을 '액땜'으로 받아들여본 경영자들은 침착하게 대응했지만, 그런 경험이 없던 경영자들은 당황했다.

또한 액땜 경험은 '창의성'도 길러준다. 어려운 상황에서는 기존의 방법으로는 해결할 수 없다. 새로운 아이디어, 새로운 접근법이 필요하다. 이런 상황을 여러 번 겪다 보면 자연스럽게 창의적 사고가 발달한다. 반면 모든 것이 순탄했던 사람들은 기존의 틀에서 벗어나기 어렵다.

스타트업 생태계에서 이런 현상은 더욱 뚜렷하게 드러난다. 실리콘밸리의 투자자들이 창업자를 평가할 때 가장 중요하게 보는 부분 중 하나가 '실패 경험'이다. 실패해본 창업자가 다음 도전에서 성공할 확률이 더 높다는 것을 경험적으로 알고 있기 때문이다. 이들은 실패를 '액땜'으로 받아들이고, 그것을 통해 더 강해진 사람들이다.

한국의 스타트업계에서도 이런 트렌드가 나타나는 추세다. 첫 번째 창업에서 실패한 후 두 번째, 세 번째에서 크게 성공하는 사례들이 늘었다. 배달의민족의 김봉진 대표, 토스의 이승건 대표 등이 그 예다. 이들의 공통점은 초기 실패를 '액땜'으로 받아들이고, 그것을 통해 더 나은 서비스를 만들어냈다.

물론 모든 실패가 액땜이 되지는 않는다. 중요한 것은 실패를 어떻게 받아들이고 해석하느냐이다. 단순히 "재수가 없었다"고 생각하거나, '누군가의 잘못'으로 돌린다면 그것은 액땜이 아니라 그냥 실패일 뿐이다. 진정한 액땜은 실패에서 교훈을 찾고, 그것을 성장의 동력으로 삼는 것이다.

또한 액땜은 적당한 선에서 멈추어야 한다. 너무 많은 실패나 너무 큰 실패는 오히려 해로울 수 있다. 마치 근육 운동에서 적당한 부하는 근육을 강화시키지만, 과도한 부하는 부상을 일으키는 것과 같다. 경영자에게도 적절한 수준의 액땜 경험이 필요하다.

'눈물 젖은 빵을 먹어보지 않은 사람'에게 부족한 것은 바로 이런 '균형감'이다. 그들은 극단에서 극단으로 흔들리기 쉽다. 조금만 잘되면 과신하고, 조금만 안 되면 절망한다. 반면 액땜을 경험한 사람들은 중심을 잘 잡는다. 성공해도 겸손하고, 실패해도 굴복하지 않는다.

지속 가능한 성공은 액땜을 통과한 사람만이 얻는다

이런 관점에서 보면, 액땜은 단순히 개인적 경험이 아니라 경영자의 필수 자질이다. 의사가 되려면 해부학을 배워야 하고, 변호사가 되려면 법학을 공부해야 하듯이 경영자가 되려면 액땜을 경험해야 한다. 물론 이것을 제도화할 수는 없지만, 적어도 경영자를 평가할 때 이런 요소를 고려해야 한다.

실제로 일부 기업들은 임원 승진 과정에서 후보자들의 '역경 극복 경험'을 평가한다. 단순히 성과만 보지 않고 어려운 상황에서 어떻게 대처했는지, 실패를 어떻게 받아들였는지를 판단하는 방법이다. 매우 현명한 접근이다.

결론적으로 "액땜해보지 않은 사람, 성공을 논하지 말라"라는 말은 단순한 격언이 아니라 경영학적 진리다. 진정한 경영자가 되려면 성공 경험만으로는 부족하다. 실패와 좌절을 겪어보고, 그것을 '액땜'으로 받아들이며, 그 과정에서 얻은 지혜와 회복력을 바탕으로 더 큰 도전에 나서는 사람만이 진정한 리더가 될 수 있다.

'눈물 젖은 빵을 먹어보지 않은 사람'은 빵의 진짜 맛을 모르듯, 액땜을 경험해보지 않은 사람은 성공의 진짜 의미를 모른다. 성공은 단순히 목표를 달성하기보다는 실패와 좌절을 딛고 일어서는 과정에서 얻어지는 것이기 때문이다. 따라서 진정한 경영자가 되고 싶다면, 성공만을 좇지 말고 액땜도 기꺼이 받아들이는 자세를 가져야 한다. 그것이야말로 지속 가능한 성공으로 가는 유일한 길이다.

실패 중심의 혁신 시스템: 실리콘밸리의 'Fail Fast' 철학

작은 실패는 큰 실패의 보험: '의도적 액땜'의 시스템화

실리콘밸리의 'Fail Fast' 철학을 처음 접한 한국인들의 반응은 대부분 이렇다. "미국 사람들은 참 이상해. 실패를 빨리 하자고? 우리는 실패를 피하려고 그렇게 노력하는데?" 하지만 이 철학의 깊이를 이해하고 나면, 이것이 단순히 실패를 장려한다기보다 매우 정교한 학습 시스템이라는 것을 깨닫게 된다. 더욱 흥미로운 것은 이 서구적 철학이 한국의 전통적 액땜 이론과 놀라울 정도로 닮아 있다는 점이다. 마치 지구 반대편에서 같은 진리를 다른 언어로 표현한 것처럼 말이다.

'Fail Fast' 철학의 핵심을 이해하려면 먼저 실리콘밸리의 독특한 문화적 맥락을 살펴보아야 한다. 이곳은 세계에서 가장 빠르게 변화하는 기술 생태계다. 오늘의 혁신이 내일은 구식이 되고, 어제의 강자가 하루아침에 몰락하는 곳이다. 이런 환경에서는 완벽한 계획을 세워 한 번에 성공하려는 전략이 오히려 독이 된다. 완벽한 계획을 세우는 동안 시장은 이미 다른 곳으로 이동해버리기 때문이다.

따라서 실리콘밸리의 현명한 기업가들은 역발상을 했다. "완벽하게 준비해서 확실하게 성공하자" 대신 "일단 시도해보고 빨리 실패해서 빨리 배우자"는 전략을 택한 것이다. 요리를 배울 때 레시피를 완벽하게 외우기보다는 일단 만들고 맛을 보며 간을 맞춰가는 것과 같다. 이론적으로는 비효율적으로 보이지만, 실제로는 가장 빠른 학습 방법이다.

'Fail Fast'의 구체적인 메커니즘을 살펴보면 세 단계로 구성된다. 첫째, 'Build'(만들기) — 최소한의 기능만 갖춘 제품 MVP: Minimum Viable Product 을 빠르게 만든다. 둘째, 'Measure'(측정) — 시장에 출시해서 실제 사용자들의 반응을 측정한다. 셋째, 'Learn'(학습) — 데이터를 분석해서 무엇이 작동하고 무엇이 작동하지 않는지 배운다. 그리고 이 과정을 끊임없이 반복하면서 제품을 개선해나간다. 예를 들어 페이스북의 초기 모토는 "Move Fast and Break Things"였다. "빠르게 움직이고 뭔가 깨뜨려도 괜찮다"는 뜻이다. 마크 저커버그는 "완벽한 것을 늦게 출시하는 것보다 불완전한 것을 빨리 출시하는 편이 낫다"라고 했다. 실제로 페이스북은 수많은 기능을 실험하고, 실패하고, 개선하는 과정을 반복하면서 지금의 모습에 이르렀다.

구글도 마찬가지다. 구글은 매년 수백 개의 프로젝트를 시작하고, 그중 대부분을 조용히 종료한다. 구글 글래스, 구글 플러스, 구글 웨이브 등 화려하게 시작했다가 실패로 끝난 제품들이 무수히 많다. 하지만 구글은 이런 실패들을 문제로 보지 않는다. 오히려 '빠른 실패를 통한 빠른 학습'의 성과로 본다. 그 과정에서 얻은 기술과 경험이 다른 성공 제품들의 밑거름이 되기 때문이다.

아마존의 제프 베조스는 이를 더욱 극명하게 표현했다. "실패와 혁신은 서로 분리할 수 없는 쌍둥이다. 혁신하려면 실험해야 하고, 실험하면 당연히 실패한다. 실패하지 않는다면 충분히 과감하지 않은 것이다." 아마존 파이어폰의 대실패, 아마존 오클의 조기 종료 등 수많은 실패작이 있었지만, 그 과정에서 얻은 학습이 AWS, 알렉사 같은 혁신적 서비스의 기반이 되었다.

그런데 여기서 흥미로운 점은 이런 'Fail Fast' 철학이 한국의 전통적 액땜 이론과 본질적으로 동일한 메커니즘이라는 것이다. 두 철학에는 모두 "작은 실패를 통해 큰 실패를 막는다"라는 공통된 논리가 내포되어 있다. 다만 표현 방식과 문화적 맥락이 다를 뿐이다.

데이터로 굴러가는 학습 루프: 만들고-측정하고-배운다

액땜 이론의 관점에서 'Fail Fast'를 해석해보면 더욱 명확해진다. 실리콘밸리 기업들이 하는 일은 결국 '의도적 액땜'이다. 큰 재앙이 오기 전에 작은 실패들을 미리 경험해서 면역력을 키우는 것이다. MVP를 만들어서 시장에 내놓는 것은 "시장이 우리 제품을 어떻게 생각하는지 미리 알아보자"라는 측면이고, 이는 "작은 손실로 큰 손실을 막자"라는 액땜의 정신과 정확히 일치한다.

더 나아가 'Fail Fast' 철학의 심리적 메커니즘도 액땜 이론과 동일하다. 두 접근법 모두 실패에 대한 두려움을 줄여준다. 액땜 이론에서는 "어차피 액땜할 거니까 별로 무섭지 않다"는 마음가짐을 가지게 하고, 'Fail Fast'에서는 "실패해도 빨리 배우면 되니까 괜찮다"는 자세로 임하도록 한다. 결과적으로 두 철학 모두 사람들이 더 과감하게 도전할 수 있게 한다.

하지만 두 철학 사이에는 미묘한 차이도 있다. 'Fail Fast'는 더 능동적이고 의도적이다. 실패를 기다리기보다는 적극적으로 실패 상황을 만들어낸다. 반면 액땜 이론은 더 수동적이고 수용적이다. 이미 일어난 실패를 받아들이고 의미를 부여하는 데 집중한다. 'Fail Fast'는 "실패를 만들어보자"이고, 액땜 이론은 "실패를 받아들이자"인 셈이다.

이런 차이는 문화적 배경에서 비롯된다. 서구 문화는 전통적으로 개인의 능동성과 통제를 강조한다. 따라서 실패도 개인이 의도적으로 만들어내고 관리할 수 있는 것으로 본다. 반면 동양 문화는 운명과 자연의 섭리를 더 중요시한다. 따라서 실패를 인간이 완전히 통제할 수 없는 것으로 보고, 그것을 받아들이는 지혜를 더 강조한다.

하지만 이 두 접근법이 결합되면 강력한 시너지를 발휘한다. 실제로 실리콘밸리의 많은 아시아계 기업가가 'Fail Fast'와 액땜 이론을 동시에 활용한다. 그들은 의도적으로 빠른 실패를 추구하면서도, 예상치 못하게 실패했을 경우에는 액땜으로 받아들인다. 이런 이중적 접근이 그들을 더욱 강하고 유연한 기업가로 만들어준다.

링크드인LinkedIn의 공동창업자인 리드 호프먼Reid Hoffman은 이를 "네트워크 효과와 시행착오의 결합"이라고 표현했다. 그는 "실패는 네트워크를 통해 공유되고, 그 학습이 다시 네트워크 전체의 성공으로 이어진다"라고 보았다. 액땜 이론의 집단적 지혜와 'Fail Fast'의 개인적 학습이 결합된 모습이다.

'Fail Fast' 철학이 한국에 도입되면서 흥미로운 현상이 일어났다. 처음에는 "실패를 빨리 하자니, 말이 되나?"라며 거부감을 보이던 한국 기업들이, 점차 "아, 이것이 우리가 전통적으로 해오던 액땜과 비슷한 개념이구나"라고 이해하기 시작한 것이다. 특히 스타트업 생태계에서는 'Fail Fast'를 '빠른 액땜'이라고 해석하는 경우가 많아졌다. 예를 들어 한국의 대표적 스타트업인 토스를 보자. 비바리퍼블리카의 이승건 대표는 초기에 수많은 기능을 실험했다. 그중 상당수는 실패했지만, 그는 매번 "액땜했다. 이제 사용자들이 진짜 원하는 것이 뭔지 알겠다"는 식으로 받아들였다. 이런 빠른 실험과 빠른 학습의 과정을 통해 토스는 한국 최고의 핀테크 서비스로 성장할 수 있었다.

배달의민족도 마찬가지다. 김봉진 대표는 초기에 '배민찬', '배민쇼핑라이브' 등 다양한 서비스를 실험했다. 그중 일부는 성공했고, 일부는 실패했다. 하지만 그는 실패한 서비스들에 대해서도 "액땜했다. 이 경험이 다음 서비스를 만드는 데 도움이 될 것"이라며 긍정적으로 해석했다.

쿠팡의 김범석 대표는 더욱 극명한 예다. 그는 초기에 그루폰 스타일의 소셜커머스로 시작했다가, 오픈마켓으로 피벗하고, 다시 이커머스로 전환했다. 각각의 전환점에서 상당한 손실이 발생했지만, 그는 "각각이 모두 액땜이었다. 그 경험들이 쌓여서 지금의 쿠팡이 있다"라고 회고한다.

흥미롭게도 'Fail Fast' 철학을 가장 잘 활용하는 한국 기업들은 대부분 액땜 문화를 잘 이해하는 기업이다. 반면 서구식 경영 기법만 도입하려고 했던 기업들은 'Fail Fast'의 진정한 의미를 파악하지 못하고 단순히 "빨리 실패하면 된다"는 식으로 오해하는 경우가 많았다.

실제로 'Fail Fast'를 제대로 실행하려면 단순히 빨리 실패하는 것만으로는 부족하다. 실패에서 제대로 학습해야 하고, 그 학습을 다음 시도에 적용해야 한다. 액땜 이론에서 강조하는 '실패의 의미화'와 정확히 일치한다. 실패를 그냥 실패로 끝내지 않고, 그것에 가치와 의미를 부여하는 방법이다.

공격과 수용의 결합: Fail Fast × 액땜의 하이브리드

더 나아가 'Fail Fast'와 액땜 이론 모두 '실패의 사회화'를 전제로 한다. 즉 실패를 개인의 수치나 비밀로 감추지 않고 공개적으로 이야기할 수 있는 문화가 필요하다. 실리콘밸리에서는 '실패 컨퍼런스'나 '실패 파티' 같은 행사를 통해 실패 경험을 공유한다. 한국에서도 '액땜 모임'이나 '실패 공유회' 같은 문화가 점차 확산 중이다.

이런 문화적 변화는 단순히 개인 차원을 넘어 사회 전체의 혁신역량을 높인다. 실패에 대한 두려움이 줄어들면 사람들이 더 과감하게 도전하게 되고, 그 결과 더 많은 혁신이 일어난다. 실패를 통한 학습이 공유되면 실수를 반복할 필요가 없고, 전체적인 효율성이 향상된다.

하지만 'Fail Fast'와 액땜 이론을 결합할 때 주의해야 할 점도 있다. 첫째, 무분별한 실패를 추구해서는 안 된다. 'Fail Fast'는 "빨리 실패하자"가 아니라 "빨리 배우자"가 핵심이다. 학습 없는 실패는 단순한 낭비일 뿐이다. 둘째, 실패의 규모를 적절히 관리해야 한다. 너무 큰 실패는 회복 불가능한 손상을 줄 수 있다. 셋째, 실패에 대한 책임을 명확히 해야 한다. 실패를 용인하는 것과 무책임을 용인하는 것은 다르다.

액땜 이론의 관점에서도 마찬가지 주의할 점이 있다. 액땜이 현실 도피의 수단이 되어서는 안 되고, 진정한 반성과 개선의 의지가 있어야 한다. 또한 액땜을 핑계로 같은 실수를 반복해서는 안 된다.

최근 한국의 일부 대기업들도 'Fail Fast'와 액땜 이론을 결합한 새로운 접근법을 시도한다. 삼성전자는 사내벤처 프로그램에서 '빠른 실패, 빠른 학습'을 강조하면서도 "실패도 경험이니까 액땜이다"라는 한국적 해석을 덧붙인다. LG전자도 '실패 허용 문화'를 만들면서 액땜 이론의 지혜를 활용한다.

이런 융합 접근법의 장점은 명확하다. 'Fail Fast'의 능동성과 액땜 이론의 수용성이 결합되면, 더 균형 잡힌 혁신 문화를 만들 수 있다. 의도적으로 실험하고 빠르게 학습하면서도, 예상치 못하게 실패했을 때는 그것을 받아들이고 의미를 부여한다.

결론적으로 실리콘밸리의 'Fail Fast' 철학과 한국의 액땜 이론은 서로 다른 문화적 토양에서 자란 쌍둥이와 같다. 둘 다 '작은 실패를 통해 큰 성공에 이르는 지혜'를 담고 있지만, 그 접근 방식에는 미묘한 차이가 있다. 'Fail Fast'는 더 공격적이고 의도적이며, 액땜 이론은 더 수용적이고 철학적이다. 하지만 이 두 접근법을 적절히 결합하면, 현대적 혁신의 요구사항과 전통적 지혜의 깊이를 모두 갖춘 강력한 문화를 만들 수 있다.

앞으로의 글로벌 경쟁에서는 이런 문화적 융합 능력이 더욱 중요해질 것이다. 단순히 서구의 방법론을 따라하거나 전통적 방식만 고집하기보다는 양쪽의 장점을 결합해 새로운 가치를 창조하는 것이다. 'Fail Fast'와 액땜 이론의 만남은 바로 그런 가능성을 보여주는 좋은 사례다. 실패를 두려워하지 않으면서도 실패를 지혜롭게 받아들일 줄 아는 문화, 그것이야말로 21세기 혁신의 핵심이 아닐까.

질투의 심리가
전략의 차이를 가져온다

자신감의 고백 vs 불안의 방어

남이 부럽다고 솔직하게 말하는 사람과 자존감의 관계, 그리고 그것이 액땜 이론 적용에 미치는 영향은 생각보다 훨씬 복잡하고 흥미로운 심리적 퍼즐이다. 표면적으로는 "부럽다"는 말이 자존감이 낮다는 신호처럼 보이지만, 실제로는 정반대일 수 있다는 점이 이 문제의 핵심이다.

먼저 "남이 부럽다"고 말하는 행위 자체를 분석해보자. 이는 두 가지 상반된 심리 상태를 반영할 수 있다. 첫 번째는 진정한 자신감에서 나오는 솔직함이고, 두 번째는 자존감 부족으로 인한 과도한 비교 의식이다. 마치 같은 "배고프다"는 말이 건강한 식욕을 의미할 수도, 섭식장애를 의미할 수도 있는 것처럼 말이다.

자존감이 높은 사람이 "부럽다"고 말할 때의 특징을 살펴보면 흥미로운 패턴이 드러난다. 이들은 타인의 성취나 행복을 진심으로 인정하고 축하할 수 있는 여유가 있다. "와, 정말 부럽다. 나도 저런 여행 한번 가고 싶어"라고 말할 때, 그들의 마음속에는 질투나 원망이 아니라 순수한 동경과 열망이 들어 있다. 마치 아름다운 꽃을 보고 "예쁘다"고 감탄하는 것처럼 그들에게 부러움은 타인에 대한 진정한 찬사의 표현이다.

반면 자존감이 낮은 사람들은 "부럽다"는 말을 잘 하지 않는다. 그들에게 부러움의 표현은 마치 자신의 열등감을 공개적으로 인정하는 것처럼 느껴지기 때문이다. 대신 "별것 아니네", "운이 좋았겠지", "나라면 더 잘할 텐데"와 같은 방어적 반응을 보인다. 혹은 속으로만 부러워하면서 겉으로는 무관심한 척한다.

한 연구 사례를 보면 이런 차이가 극명하게 드러난다. 자존감이 바닥이던 한 사람이 누군가를 극도로 부러워하고 있을 때, 친구가 조심스럽게 "나는 네가 정말 부럽다"라고 고백했다고 한다. 그 순간 깨달은 것은 자신이 가장 낮은 자존감으로 남을 부러워할 때, 동시에 누군가에게는 부러움의 대상이었다는 역설적 상황이다. 부러움이라는 감정이 절대적 기준이 아니라 상대적 관점에 따라 달라진다는 것을 보여준다.

자존감과 부러움의 관계를 더 깊이 들여다보면, 진정한 자존감은 '자신의 부족함을 인정할 수 있는 용기'에서 나온다. 자존감이 높은 사람들은 완벽하지 않은 자신을 받아들이고, 다른 사람의 장점을 인정하는 것이 자신의 가치를 떨어뜨리지 않는다는 사실을 안다. 마치 훌륭한 요리사가 다른 요리사의 레시피를 보고 "이거 정말 맛있겠다. 나도 배우고 싶다"라고 말하는 것처럼, 그들에게 부러움은 성장의 동기가 된다.

반면 가짜 자존감이나 방어적 자존감을 지닌 사람들은 자신의 부족함을 인정하는 것을 극도로 두려워한다. 그들에게 "부럽다"는 말은 자신이 열등하다는 것을 인정하는 치욕적인 행위로 느껴진다. 따라서 그들은 끊임없이 자신을 방어하고 타인을 깎아내리려고 한다. 이런 사람들이 가끔 "부럽다"고 말할 때는 대부분 피상적이거나 사회적 예의 차원에서 하는 경우다.

이제 액땜 이론과의 관계를 살펴보자. 자존감이 높아서 솔직하게 부러움을 표현할 수 있는 사람들은 액땜 이론도 더 잘 활용할 수 있다. 두 능력 모두 같은 심리적 토대에서 나오기 때문이다. 바로 '현실을 있는 그대로 받아들이고, 그것에 건설적 의미를 부여할 수 있는 능력'이다.

자존감이 높은 사람이 실패나 손실을 겪었을 때, 그들은 그 상황을 있는 그대로 받아들인다. "아, 이번에 실패했구나. 속상하긴 하지만 뭔가 배울 게 있을 거야"라고 생각한다. 그리고 자연스럽게 "액땜했다. 이 정도 실패로 큰 교훈을 얻었으니 나중에는 더 잘할 수 있을 거야"라는 식으로 의미를 재구성한다. 마치 넘어진 아이가 "아프긴 하지만 이제 어디가 위험한지 알겠어"라고 말하는 것처럼, 그들에게 실패는 성장의 재료가 된다.

반면 자존감이 낮은 사람들은 실패나 손실을 자신의 무능력에 대한 증거로 해석하려고 한다. "역시 나는 안 되는구나", "내가 뭘 해도 소용없어"와 같은 자기비하에 빠진다. 이런 상태에서는 액땜 이론이 제대로 작동하기 어렵다. 설령 "액땜했다"고 말하더라도, 그것이 진정한 의미 재구성이 아니라 단순한 자기위안이나 체념에 그치는 경우가 많다.

액땜 적응력: 메타인지가 가르는 경계

더욱 흥미로운 것은 자존감이 높은 사람들의 '메타인지 능력'이다. 그들은 자신이 지금 어떤 감정 상태에 있는지를 객관적으로 관찰할 수 있다. "아, 지금 내가 저 사람을 부러워하고 있구나. 그런데 이 부러움이 나쁜 감정은 아니야. 오히려 내가 뭘 원하는지 알려주는 신호네"라고 생각할 수 있다. 이런 메타인지 능력이 있어야 액땜 이론도 제대로 활용할 수 있다. "아, 지금 내가 실패 때문에 좌절하고 있구나. 그런데 이 실패를 다르게 해석해볼 수도 있겠어"라는 식으로 말이다.

실제로 심리학 연구에 따르면, 자존감이 높은 사람들은 부정적인 피드백에도 쉽게 마음을 다치지 않는다고 한다. 상대가 부정적으로 하는 말들을 그리 예민하게 받아들이지 않고, 그것을 바로 자기와 연관시켜서 불만을 느끼지도 않는다. 이런 특성이 바로 액땜 이론 활용에 도움이 된다. 실패나 손실을 개인적 공격으로 받아들이지 않고, 더 큰 맥락에서 의미를 찾을 수 있기 때문이다.

또한 자존감이 높은 사람들은 '시간 관점'이 다르다. 그들은 현재의 실패나 좌절을 인생 전체의 맥락에서 바라본다. "지금은 힘들지만, 10년 후에 돌아보면 좋은 경험이었다고 생각할 수도 있겠어"라는 식의 장기적 시각으로 내다본다. 이런 시간 관점이 액땜 이론의 핵심 메커니즘과 정확히 일치한다.

하지만 여기서 주의해야 할 함정이 있다. 진정한 자존감과 가짜 자존감을 구분해야 한다는 것이다. 가끔 "나는 자존감이 높아서 남 부러워하지 않아"라고 말하는 사람들이 있는데, 이들 중 상당수는 실제로는 자존감이 낮아서 부러움을 인정하기 두려워하는 경우다. 진정한 자존감이 높은 사람은 오히려 "부럽다"고 솔직하게 말한다.

마찬가지로 "나는 실패해도 액땜이라고 생각해서 괜찮아"라고 말하는 사람들 중에도 진짜와 가짜가 있다. 진정한 액땜 이론 활용자는 실패에서 구체적인 교훈을 찾고 실제로 그것을 성장의 동력으로 삼는다. 반면 가짜 액땜 이론 활용자는 단순히 현실을 회피하거나 체념하는 수단으로 사용한다.

사회적 맥락에서 보면, 자존감이 높은 사람들의 부러움의 표현은 관계를 개선시키는 효과가 있다. "정말 부럽다. 어떻게 그렇게 잘할 수 있어?"라고 진심으로 말하면, 상대방도 기분이 좋아지고 더 가까워진다. 이는 사회적 지지망을 강화시키고, 결과적으로 어려운 상황에서 액땜 이론을 더 잘 활용할 수 있게 해준다.

반면 자존감이 낮아 부러움을 숨기거나 왜곡하는 사람들은 관계에서도 어려움을 겪는다. 그들의 방어적 태도는 사람들과 멀어지게 만들고, 고립된 상황에서는 액땜 이론도 제대로 작동하기 어렵다. 액땜 이론의 치유 효과는 어느 정도 사회적 공감과 지지가 있을 때 극대화되기 때문이다.

문화적 차이도 고려해야 한다. 한국 사회에서는 겸손을 미덕으로 여기기에, 때로는 자존감이 높은 사람도 부러움을 직접적으로 표현하지 않을 수 있다. 대신 "정말 대단하다", "나도 저렇게 되고 싶다"와 같은 우회적 표현을 사용한다. 중요한 것은 표현 방식이 아니라 그 이면에 있는 심리적 태도다.

실용적 관점에서 보면, 자존감 향상과 액땜 이론 활용 능력은 서로를 강화시키는 선순환 관계이다. 자존감이 높아지면 실패를 더 건설적으로 받아들이고, 실패를 건설적으로 해석하는 경험이 쌓이면 자존감도 더욱 높아진다. 마치 근력 운동과 지구력 운동이 서로를 돕는 것처럼 말이다.

따라서 "남이 부럽다"고 솔직하게 말할 수 있는 사람은 대부분 자존감이 높고, 그런 사람들이 액땜 이론도 더 잘 활용할 수 있다는 가설은 상당한 설득력이 있다. 다만 여기서 중요한 것은 '진정한' 자존감과 '건전한' 부러움, 그리고 '건설적인' 액땜 이론 활용이어야 한다는 점이다.

결국 핵심은 자기 자신과 타인, 그리고 현실을 있는 그대로 받아들일 수 있는 용기와 지혜다. 이런 능력을 갖춘 사람은 남의 성공을 진심으로 축하하고, 자신의 실패에서도 의미를 찾으며, 인생의 우여곡절을 모두 성장의 밑거름으로 만든다. 이것이야말로 진정한 자존감이 높은 사람의 모습이고, 동시에 액땜 이론의 달인이 갖추어야 할 자질이기도 하다.

지속 가능한 성장을 이끄는
실패 관리

실패를 자산으로 재해석하는 사람들

액땜 이론의 달인들을 관찰해보면 마치 '인간 에너자이저'를 보는 듯하다. 그들은 실패를 딛고 일어서는 것을 마치 숨쉬기처럼 자연스럽게 해내며, 포기라는 단어가 사전에 없는 것처럼 행동한다. 더욱 흥미로운 것은 이들이 과거나 미래에 얽매이지 않고 현재에 온전히 집중할 수 있는 능력을 갖추고 있다는 점이다. 마치 선승이 깨달음을 얻은 것처럼 말이다.

액땜 이론의 달인들에게서 보이는 첫 번째 특성은 '인지적 유연성 Cognitive Flexibility'이다. 캐럴 드웩의 성장 마인드셋 연구에서 밝혀졌듯이 이들은 실패를 고정된 능력의 한계로 보지 않고 성장의 기회로 해석한다. 예를 들어 테슬라의 일론 머스크는 스페이스X 로켓이 세 번 연속으로 폭발했을 때도 "이제 폭발하지 않는 방법 세 가지를 알게 되었다"며 액땜으로 받아들였다. 토머스 에디슨이 전구를 발명하기 위해

천 번의 실패를 거듭하면서도 "작동하지 않는 방법 천 가지를 발견했다"라고 말한 것과 같은 맥락이다.

두 번째 특성은 '감정 조절Emotional Regulation' 능력이다. 대니얼 골먼Daniel Goleman의 감정 지능 연구에 따르면, 액땜 이론의 달인들은 부정적 감정을 빠르게 처리하고 긍정적 의미로 재구성하는 능력이 뛰어나다. 아마존의 제프 베조스는 파이어폰의 대실패 이후 "1억 7천만 달러짜리 교육비를 냈다. 이보다 비싼 MBA는 없을 것이다"라고 토로했다. 단순한 자기위안이 아니라 실패를 체계적인 학습 자료로 전환하는 고도의 감정 조절 능력이다.

세 번째 특성은 '시간 관점Time Perspective'의 독특함이다. 필립 짐바르도Philip Zimbardo의 시간 관점 이론에 따르면, 액땜 이론의 달인들은 '현재 쾌락적 시간 관점'과 '미래 지향적 시간 관점'을 적절히 조합한다. 과거의 실패에 매몰되지 않으면서도 미래에 대한 희망을 잃지 않는다. 스티브 잡스가 애플에서 쫓겨난 후 "인생에서 일어난 최고의 일"이라고 평가한 것은 이런 시간 관점의 전환을 보여주는 대표적 사례다.

네 번째 특성은 '의미 창조Meaning Making' 능력이다. 빅터 프랭클의 '의미 요법' 이론에서 강조하듯, 이들은 어떤 경험에도 의미를 부여할 수 있는 능력을 갖추고 있다. 한국의 배달의민족 창업자 김봉진은 초기 사업 실패들에 대해 "실패 컬렉션을 모으고 있다. 나중에 성공했을 때 더 좋은 이야기가 될 것이다"라고 해석했다. 현재의 고통을 미래의 서사로 전환하는 고도의 의미 창조 작업이었다.

다섯 번째 특성은 '사회적 지지 활용Social Support Utilization' 능력이다. 셸리 테일러Shelley Taylor의 연구에 따르면, 회복력이 강한 사람들은 사회적 네트워크를 효과적으로 활용한다. 액땜 이론의 달인들은 실패를 혼자서 끙끙 앓지 않고 주변 사람들과 공유한다. 토스의 이승건 대표는 초기 실패들을 투자자들과 공개적으로 공유하면서 "이런 실패들이 쌓여서 지금의 토스가 있다"라며 액땜 스토리로 만들어냈다. 실패를 숨김의 대상이 아니라 공유의 자산으로 만드는 전략이다.

완벽을 추구하되 완벽하지 않음을 받아들인다

여섯 번째 특성은 '적응적 완벽주의Adaptive Perfectionism'다. 고든 플렛Gordon Flett과 폴 휴잇Paul Hewitt의 연구에 따르면, 건전한 완벽주의자들은 높은 기준을 추구하면서도 실패를 받아들인다. 액땜 이론의 달인들이 바로 이런 유형이다. 그들은 "완벽을 추구하되 완벽하지 않음을 받아들인다"는 역설적 자세를 취한다. 구글의 래리 페이지는 "완벽한 제품을 늦게 출시하는 것보다 불완전한 제품을 빨리 출시해서 개선하는 것이 낫다"며 이런 철학을 실천했다.

일곱 번째 특성은 '옵션 사고Optional Thinking'다. 나심 탈레브가 강조한 개념으로, 액땜 이론의 달인들은 실패를 '손실은 제한적이지만 학습은 무제한적'인 옵션으로 본다. 한국의 쿠팡 창업자 김범석은 여러 번의 사업 모델 변경을 거치면서 "각각의 실패가 다음 단계를 위한 옵션을 주었다"라고 평가했다. 소셜커머스에서 오픈마켓으로, 다시 이커머스로 전환하는 과정에서 각각의 실패가 다음 단계의 성공을 위한 준비가 되었다는 것이다.

여덟 번째 특성은 '메타인지 능력Metacognitive Ability'이다. 존 플라벨John Flavel의 메타인지 이론에 따르면, 자신의 사고 과정을 객관적으로 관찰할 수 있는 사람들이 더 효과적으로 학습한다. 액땜 이론의 달인들은 "지금 내가 실패 때문에 좌절하고 있구나. 하지만 이 또한 지나갈 것이고, 여기서 뭔가 배울 수 있을 것이다"라고 자신의 감정 상태를 객관적으로 관찰한다. 마이크로소프트의 사티아 나델라는 회사가 모바일 시장에서 뒤처졌을 때 "우리는 지금 배우고 있는 중이다. 실패는 학습의 다른 이름이다"라며 조직 전체의 메타인지를 끌어올렸다.

아홉 번째 특성은 '에너지 관리Energy Management' 능력이다. 짐 로어Jim Loehr와 토니 슈워츠Tony Schwartz의 연구에 따르면, 지속적인 성과를 내는 사람들은 시간이 아닌 에너지를 관리한다. 액땜 이론의 달인들은 실패로 인한 에너지 소모를 최소화하고, 학습과 성장을 위한 에너지로 전환하는 능력이 뛰어나다. 넷플릭스의 리드 헤이스팅스는 DVD 사업에서 스트리밍으로 전환하는 과정에서 수많은 실패를 겪었지만, 각각의 실패를 "에너지를 잘못된 곳에 쓴 것이 아니라 옳은 방향을 찾기 위한 투자"로 해석했다.

열 번째 특성은 '확률적 사고Probabilistic Thinking'다. 대니얼 카너먼과 아모스 트버스키의 전망 이론에서 보듯, 일반인들은 확률을 직관적으로 잘못 이해한다. 하지만 액땜 이론의 달인들은 실패를 확률적 사건으로 이해한다. "100번 시도하면 90번은 실패할 수도 있다. 하지만 10번의 성공으로 충분하다"는 식의 사고이다. 아마존의 베조스는 "실험을 많이 할수록 더 많은 것을 발명할 수 있다. 그리고 실험의 대부분은 실패한다"며 이런 확률적 사고를 실천했다.

열한 번째 특성은 '스토리텔링 능력Storytelling Ability'이다. 댄 맥애덤스Dan McAdams의 서사 정체성 이론에 따르면, 사람들은 자신의 인생을 이야기로 구성하며 정체성을 형성한다. 액땜 이론의 달인들은 실패를 단순한 좌절이 아니라 '영웅의 여행'이라는 서사 구조 속에서 해석한다. 한국의 네이버 창업자 이해진은 초기의 수많은 실패를 '한국 인터넷의 개척 과정에서 겪어야 했던 통과의례'로 스토리텔링했다.

열두 번째 특성은 '장기적 사고Long-term Thinking'다. 할 허시필드Hal Hershfield의 연구에 따르면, 미래의 자신과 연결감을 느끼는 사람들이 더 나은 의사결정을 한다. 액땜 이론의 달인들은 현재의 실패를 10년, 20년 후의 관점에서 바라본다. "지금은 힘들지만 나중에 돌아보면 전환점이었다고 말할 수 있을 것이다"라는 장기적 시각이다. 알리바바의 마윈马云은 초기 실패들을 "미래의 성공을 위한 예금"이라고 표현했다.

액땜 이론의 달인들이 현재에 집중할 수 있는 이유는 '마음챙김' 능력 때문이다. 존 카밧진Jon Kabat-Zinn의 연구에서 보듯이 마음 챙김은 과거의 후회나 미래의 걱정에서 벗어나 현재의 순간에 온전히 집중할 수 있게 한다. 액땜 이론의 달인들은 실패를 경험한 후에도 "지금 이 순간 할 수 있는 최선은 무엇인가"에 집중한다. 세일즈포스Salesforce의 마크 베니오프Marc Benioff는 명상을 통해 현재의 집중 능력을 기르고, 회사 실패나 위기 상황에서도 흔들리지 않는 중심을 유지했다.

이들의 '포기하지 않는 능력'은 앤절라 더크워스Angela Duckworth가 연구한 '그릿Grit' 개념과 밀접하다. 하지만 단순한 끈기와는 다르다. 액땜 이론의 달인들의 그릿은 '적응적 그릿'이다. 목표를 향해 나아가되, 방법은 유연하게 바꿀 수 있는 능력이다. 다이슨Dyson의 제임스 다이슨James Dyson은 5,126개의 프로토타입을 만든 후에야 완벽한 청소기를 만들어냈다. 그는 각각의 실패작을 '포기의 이유'가 아니라 '계속할 이유'로 받아들였다.

액땜 이론의 달인들에게서 보이는 신경과학적 특성도 흥미롭다. 리처드 데이비슨Richard Davidson의 연구에 따르면, 회복력이 강한 사람들은 전전두엽의 활동이 활발하고 편도체의 과도한 반응을 억제할 수 있다. 이는 감정을 인지적으로 재평가하는 능력과 관련 있다. 액땜 이론의 달인들은 실패 상황에서도 편도체의 공포 반응에 휩쓸리지 않고, 전전두엽을 활용해 상황을 재해석한다.

또한 이들에게서는 도파민 시스템이 독특하게 작동한다. 일반인들은 실패하면 도파민이 급격히 떨어지지만, 액땜 이론의 달인들은 실패 상황에서도 '학습의 즐거움'을 느끼며 도파민을 분비한다. 볼프람 슐츠Wolfram Schultz의 도파민 연구에서 밝혀진 '예측 오류 학습' 메커니즘과 관련 있다.

심리학자 바버라 프레드릭슨Barbara Fredrickson의 긍정 감정 연구도 중요한 통찰을 제공한다. 액땜 이론의 달인들은 실패 후에도 빠르게 긍정적 감정을 회복한다. 이것은 '확장-구축 이론Broaden-and-Build Theory'에 따라 창의성과 문제해결 능력을 높인다. 실패를 좁은 관점에서 바라보지 않고 넓은 맥락에서 이해할 수 있게 되는 것이다.

심리적 안전감이 팀 성과의 핵심

액땜 이론의 달인들이 조직에 미치는 영향도 크다. 에이미 에드먼슨Amy Edmondson의 '심리적 안전감' 연구에 따르면, 실패를 학습 기회로 받아들이는 리더가 있는 팀은 더 혁신적이고 성과가 높다. 구글의 프로젝트 아리스토텔레스에서도 심리적 안전감이 팀 성과의 가장 중요한 요소로 밝혀졌다.

이들의 커뮤니케이션 방식도 독특하다. 실패를 이야기할 때 "우리가 실패했다"가 아니라 "우리가 배웠다"라는 식으로 프레이밍한다. 언어가 현실을 구성한다는 사피어-워프 가설Sapir-Whorf Hypothesis에 따라, 이런 언어 사용은 실제로 조직의 인식을 바꾼다.

액땜 이론의 달인들은 또한 '역설적 사고Paradoxical Thinking'를 구사한다. "실패해야 성공할 수 있다", "약해져야 강해질 수 있다"와 같은 역설을 이해하고 활용한다. 동양 철학의 음양 사상이나 서구의 변증법적 사고와 맥을 같이한다.

마지막으로 이들은 '시스템 사고Systems Thinking'를 한다. 피터 센게의 학습하는 조직 이론에 따르면, 개별 사건이 아니라 전체 시스템의 관점에서 생각하는 사람들이 더 효과적으로 학습한다. 액땜 이론의 달인들은 개별 실패를 고립된 사건으로 보지 않고, 전체 성장 과정의 일부로 본다.

액땜 이론의 달인들은 단순히 '포기하지 않는 사람'이 아니라, 실패를 창조적으로 활용할 수 있는 고도의 인지적·감정적·사회적 능력을 갖춘 사람들이다. 그들은 에너자이저처럼 지속적인 에너지를 유지하지만, 그 에너지의 원천은 외부의 성공이 아니라 내부의 학습과 성장에서 나온다. 현재에 집중할 수 있는 이유도 과거의 실패나 미래의 성공에 매몰되지 않고, 지금 이 순간의 가능성을 믿기 때문이다. 이들이야말로 불확실한 현대 사회에서 가장 필요한 인재상이 아닐까.

4장

파괴적 혁신과 지속 가능 경영의 전환

"인간은 패배했을 때 끝나는 것이 아니다.
포기했을 때 끝나는 것이다."
- 리처드 밀하우스 닉슨

실패와 좌절을 다루는
혁신적인 방법론

후회는 선물이다

대니얼 핑크Daniel Pink가 제시한 '후회의 재발견The Power of Regret' 이론이 있다. 이 이론은 2022년 출간된 그의 저서를 통해 제시되었는데 전통적으로 부정적 감정으로 여겨져 온 후회를 완전히 새로운 관점에서 조명한 혁신적인 접근법이다. 핑크는 후회를 "인간을 인간답게 만드는 요소이며, 인간이 스스로를 발전시킬 수 있었던 열쇠"라고 정의했다. 후회하는 능력이란 고등동물만이 가진 일종의 특권이라고 주장하며, 이 능력 덕분에 인간이 다른 동물보다 뛰어난 존재가 될 수 있었다고 역설한다. 실제로 연구 결과에 따르면 후회하는 능력이 없는 사람은 뇌가 완전히 발달하지 않은 6세 이하 아이들과 질병이나 부상으로 뇌가 마비된 성인들뿐인 것으로 밝혀졌다.

핑크의 이론에서 후회는 두 가지 독특한 능력을 필요로 한다. 첫째는 과거로 돌아가거나 미래를 상상하는 '시간 여행' 능력이고, 둘째는 실제로 일어나지 않은 일을 만들어낼 수 있는 '스토리텔링' 능력이다. 이 두 능력이 결합할 때 '만약 ~하지 않았더라면, 혹은 ~했더라면 ~했을 텐데'라는 놀라운 현상이 일어나며, 이는 인간의 뇌에 매우 깊이 뿌리박힌 고등한 반추능력 중 하나로 확인되었다.

대니얼 핑크의 '후회의 재발견' 이론과 액땜 이론을 비교해보면 마치 오래된 친구가 다른 문화에서 재회하는 것과 같다. 둘 다 실패와 좌절에서 긍정적 의미를 찾아내는 놀라운 연금술을 보여주지만, 접근 방식에서는 흥미로운 차이가 있다.

핑크가 "후회하지 않는다No regrets"라는 말을 '헛소리'라고 단언한 것은 액땜 이론의 정신과 정확히 일치한다. 그는 후회를 단순히 피해야 할 부정적 감정이 아니라 "건강하고 보편적이며 인간의 필수적인 부분"으로 재정의했다. 액땜 이론이 불행을 단순히 회피해야 할 대상이 아니라 성장의 디딤돌로 보는 관점과 정확히 부합한다. 마치 두 이론이 서로 다른 언어로 같은 진리를 말하고 있는 것 같다.

후회의 두 가지 패턴인 하향식 반사실적 서술('적어도')과 상향식 반사실적 서술('~했더라면')을 살펴보면 액땜 이론의 작동 메커니즘이 더욱 선명해진다. 올림픽에서 동메달 수상자가 "적어도 메달은 땄다"라고 생각하는 것과 은메달 수상자가 "조금만 더 했더라면 금메달이었을 텐데"라고 아쉬워하는 부분의 차이다. 흥미롭게도 '적어도'는 당장의 기분을 좋게 만들지만 미래의 발전에는 별다른 도움을 주지 않는다. 반면 '~했더라면'은 당장은 기분이 나쁘지만 이후 삶을 개선시켜 준다는 것이 핑크의 핵심 통찰이다.

여기서 액땜 이론의 묘미가 드러난다. 액땜 이론은 이 두 패턴을 절묘하게 결합한다. "액땜했다"라고 말하는 순간, 우리는 일단 '적어도' 패턴으로 심리적 안정을 얻는다. "적어도 더 큰 불행은 피했다"는 식으로 말이다. 하지만 동시에 "이 경험을 통해 무엇을 배울 수 있을까"라는 '~했더라면' 패턴의 성찰도 함께 진행된다. 액땜 이론은 마치 심리적 쿠션 역할을 하면서 동시에 성장 동력을 제공하는 이중 기능을 수행한다.

네 가지 후회, 네 가지 액땜 프레임

핑크가 제시한 네 가지 후회 유형과 액땜 이론의 연결고리도 흥미롭다. 첫째, 기반성 후회('그 일을 했더라면')는 앞을 내다보지 못하고 성실하지 못한 데서 비롯된다. 현재의 유혹에 굴복한 사람들이 주로 빠지는 후회이다. 이때 액땜 이론은 "그 유혹에 굴복한 덕분에 진짜 중요한 것이 무엇인지 깨달았다"는 식으로 재해석을 유도한다. 다이어트를 포기하고 치킨을 먹은 사람이 "액땜했다, 이제야 내가 얼마나 의지가 약한지 알겠다"며 더 강한 동기를 얻는 것과 같다.

둘째, 대담성 후회('위험을 감수했더라면')는 액땜 이론과 가장 직접적으로 연결되는 지점이다. 안전한 선택을 했지만 나중에 후회하게 되는 상황에서 액땜 이론은 완벽한 위로를 준다. "그 안전한 선택 덕분에 더 중요한 것을 지킬 수 있었다"는 재해석이다. 창업을 망설이다 놓친 기회를 후회하는 직장인에게 "액땜했다, 그 안정성 덕분에 가족을 안전하게 지킬 수 있었잖아"라는 관점을 제공하는 것이다. 하지만 동시에 "다음에는 더 과감해져야겠다"는 교훈도 함께 전달한다.

셋째, 도덕성 후회('옳은 일을 했더라면')는 전체 후회의 10퍼센트 정도를 차지하지만 가장 고통스럽고 오래 지속되는 특성이 있다. 이때 액땜 이론은 "그런 잘못된 선택을 통해 진정한 옳음이 무엇인지 깨달았다"는 의미를 부여한다. 부정행위에 가담했다가 후회하는 사람에게 "액땜했다, 이제야 내 양심의 소리를 제대로 들을 수 있게 되었다"라는 관점을 제공하는 것이다.

넷째, 관계성 후회('손을 내밀었더라면')는 관계가 느슨해졌거나 불완전한 경우에 발생한다. 액땜 이론은 여기서도 "그 관계의 소원함을 통해 진짜 소중한 사람이 누구인지 알게 되었다"는 재해석을 제공한다. 친구와 멀어진 것을 후회하는 사람에게 "액땜했다. 덕분에 나에게 정말 중요한 사람들에게 더 집중할 수 있게 되었다"는 위로를 건네는 것이다.

핑크가 강조한 후회의 장점들은 액땜 이론의 핵심 기능과 완벽하게 일치한다.

첫째, 후회가 의사결정 능력을 향상시킨다는 점이다. 연구에 따르면 이전 협상을 되돌아보고 하지 못한 것을 성찰한 사람들이 이후 협상에서 더 나은 결정을 내렸다. 액땜 이론도 마찬가지로 '액땜한 경험'을 통해 더 많은 정보를 수집하고 더 넓게 선택지를 고려하게 만든다. "저번에 액땜했으니까 이번에는 더 신중하게 생각해봐야지"라는 식으로 의사결정 과정이 개선되는 것이다.

둘째, 후회가 성과를 높인다는 점이다. 후회는 끈기를 심화시켜 거의 항상 성과를 향상시킨다. 심지어 다른 사람의 후회를 생각하는 것만으로도 성과가 향상될 수 있다. 액땜 이론도 '액땜한 경험'을 통해 더 강한 동기와 끈기를 얻는다. "이번에는 절대 액땜하지 않겠다"라는 다짐이 오히려 더 나은 성과로 이어지는 것이다.

셋째, 후회가 의미를 심화시킨다는 점이다. 반反사실적 성찰은 삶의 주요 경험과 관계에 더 큰 의미를 부여한다. 삶에서 일어난 사건들에 대해 '만약 다르게 했다면'을 고려할 때, 사람들은 인생에 있었던 사건들에 대해 더 높은 수준의 영성과 더 깊은 목적의식을 경험한다. 액땜 이론 역시 일견 무의미해 보이는 불행에 깊은 의미를 부여함으로써 삶의 서사를 더욱 풍성하게 만든다.

하지만 액땜 이론과 후회의 재발견 이론 사이에는 미묘한 차이도 있다. 핑크의 이론은 개인의 행동과 선택에 대한 성찰에 초점을 맞추는 반면, 액땜 이론은 개인의 통제를 벗어난 상황까지 포함한다. 예를 들어 갑작스러운 질병이나 자연재해 같은 경우에 후회 이론은 적용하기 어렵지만 액땜 이론은 "이런 시련을 통해 진짜 중요한 것이 무엇인지 깨달았다"는 의미를 부여할 수 있다.

또한 시간적 관점에서도 차이가 있다. 후회는 기본적으로 과거 지향적 감정이다. 이미 일어난 일에 대한 아쉬움과 성찰이다. 반면 액땜 이론은 과거의 불행을 미래의 희망으로 전환시키는 더욱 역동적인 성격을 띤다. "액땜했으니까 이제 좋은 일이 생길 것"이라는 미래 지향적 기대감을 포함한다.

현실적 적용 측면에서도 흥미로운 차이가 있다. 핑크의 후회 이론은 주로 개인의 인지적 성찰과 학습에 초점을 맞춘다. '실패 일지'를 작성하고 체계적으로 분석하는 것과 같은 방법론을 제시한다. 반면 액땜 이론은 더욱 즉각적이고 직관적인 정서적 대응을 제공한다. "액땜했다"라는 한마디로 즉시 심리적 안정을 얻을 수 있다.

조직 차원에서의 적용에서도 두 이론은 상호 보완적 역할을 한다. 후회의 재발견 이론은 기업이 실패를 체계적으로 분석하고 학습하는 시스템을 구축하는 데 도움을 준다. "실패한 프로젝트에서 무엇을 배울 수 있는가"를 구조화된 방식으로 접근하는 것이다. 반면 액땜 이론은 실패에 대한 조직원들의 정서적 반응을 관리하는 데 더 유용하다. "이번 실패 덕분에 우리는 더 강한 팀이 되었다"라는 서사를 만들어내는 것이다.

리더십 관점에서도 두 이론의 결합은 강력한 시너지를 만들어낸다. 좋은 리더는 팀원들의 실패에 대해 핑크식의 체계적 분석("이 실패에서 우리가 배울 수 있는 것은 무엇인가")과 액땜식의 정서적 지지("이런 경험 덕분에 우리가 더 현명해졌다")를 동시에 제공할 수 있어야 한다. 전자는 합리적 학습을, 후자는 정서적 회복을 담당한다.

교육 분야에서도 두 이론의 조합은 혁신적 가능성을 보여준다. 전통적 교육은 실패를 피해야 할 것으로 가르쳤지만, 후회의 재발견 이론과 액땜 이론을 결합하면 실패를 적극적 학습 도구로 활용할 수 있다. 학생이 시험에서 나쁜 점수를 받았을 때, "이 실패에서 구체적으로 무엇을 배울 수 있는가"(후회 이론)와 "이런 경험 덕분에 더 효과적인 학습법을 찾을 수 있게 되었다"(액땜 이론)를 동시에 적용하는 방법이다.

문화적 맥락에서도 흥미로운 차이가 드러난다. 핑크의 후회 이론은 서구의 개인주의적 문화에서 나온 것으로, 개인의 선택과 책임을 강조한다. 반면 액땜 이론은 동양의 집단주의적 문화에서 나온 지혜로, 개인의 통제를 벗어난 운명적 요소도 인정한다. 이 두 관점의 결합은 글로벌 시대에 더욱 포괄적이고 균형 잡힌 실패 대응 방식을 제공한다.

심리학적 메커니즘에서도 두 이론은 서로 다른 뇌 영역을 활성화시킨다. 후회는 주로 전전두엽의 인지적 처리 과정과 관련 있다. 논리적 분석과 성찰이 중심이다. 반면 액땜 이론은 편도체의 감정 조절과 해마의 의미 생성 과정과 더 밀접한 관련이 있다. 감정적 안정화와 의미 부여가 핵심이다.

신경과학적 관점에서 보면, 후회의 재발견 이론은 뇌의 '시뮬레이션 네트워크'를 활성화시킨다. '만약 다르게 했다면'을 상상하는 과정에서 다양한 시나리오를 시뮬레이션한다. 반면 액땜 이론은 뇌의 '의미 생성 네트워크'를 자극한다. 무작위적 사건에서도 패턴과 의미를 찾아내려는 인간의 기본적 성향을 활용하는 것이다.

통합적 실패 대응: 즉시 안정 → 체계 분석 → 의미 설계

실용적 관점에서 두 이론을 조합한 '통합적 실패 대응 모델'을 제안해볼 수 있다. 1단계는 액땜식 즉각 대응이다. "액땜했다"라고 말하며 일단 심리적 충격을 완화한다. 2단계는 핑크식 체계적 분석이다. 실패의 원인과 교훈을 구조화된 방식으로 분석한다. 3단계는 통합적 의미 부여다. 분석 결과를 바탕으로 더 깊은 의미와 미래 계획을 수립한다.

이런 통합적 접근은 개인의 회복탄력성을 크게 향상시킨다. 액땜 이론의 즉각적 안정화 효과와 후회 이론의 장기적 학습 효과를 동시에 얻을 수 있기 때문이다. 마치 응급처치와 근본 치료를 동시에 받는 것과 같은 효과다.

기업 혁신 관리에서도 이런 통합적 접근은 혁신적 가능성을 보여준다. 실패한 프로젝트에 대해 "이번 실패 덕분에 시장의 진짜 니즈를 알게 되었다"(액땜)와 "구체적으로 어떤 가정이 틀렸고, 다음에는 어떻게 검증할 것인가"(후회 분석)를 동시에 적용하는 것이다.

투자 분야에서도 두 이론의 결합은 매우 유용하다. 투자 손실이 발생했을 때 "이번 손실 덕분에 리스크 관리의 중요성을 깨달았다"(액땜)와 "어떤 분석이 부족했고, 어떤 정보를 놓쳤는가"(후회 분석)를 함께 적용하면 더 현명한 투자자로 성장할 수 있다.

연애와 인간관계에서도 마찬가지다. 이별의 아픔을 겪을 때 "이 경험 덕분에 진짜 사랑이 무엇인지 알게 되었다"(액땜)와 "이 관계에서 내가 어떤 실수를 했고, 다음에는 어떻게 할 것인가"(후회 분석)를 동시에 적용하면 더 성숙한 관계를 만들어갈 수 있다.

결국 대니얼 핑크의 후회의 재발견 이론과 액땜 이론의 만남은 단순한 이론적 결합을 넘어 실생활에서 실패와 좌절을 다루는 혁신적 방법론을 제시한다. 두 이론은 강점이 다르지만, 결합되었을 때 개인과 조직의 회복탄력성과 성장 잠재력을 극대화시킬 수 있는 강력한 도구가 된다. 마치 서양의 합리적 분석과 동양의 직관적 지혜가 만나 더 완전한 지혜를 만들어내는 것과 같다.

"액땜했다"라고 말하는 순간의 즉각적 위로와 "이 실패에서 무엇을 배울 수 있는가"라는 체계적 성찰이 만날 때, 우리는 비로소 실패를 진정한 성장의 동력으로 전환시킬 수 있다. 이것이야말로 현대인이 불확실한 세상에서 살아가는 데 필요한 가장 실용적이면서도 지혜로운 생존 전략이 아닐까.

불확실성 환경에서의
파괴적 혁신 적용

실패를 읽는 눈: 파괴적 혁신과 액땜의 교차점

클레이턴 크리스텐슨의 파괴적 혁신 이론은 현대 경영학에서 가장 영향력 있는 프레임워크 중 하나로 인정받지만, 실제 기업 현실에서는 종종 예측 불가능한 결과를 낳는다. 특히 대기업 경영진들이 신생 기업이나 파괴적 혁신자들을 관찰할 때 범하는 오류는 그들의 실패를 영구적이고 회복 불가능한 것으로 판단하는 데 있다. 이런 시각은 전통적인 경영 관점에서는 합리적으로 보이지만, 실제로는 파괴적 혁신의 핵심 메커니즘을 완전히 오해하는 것이다.

액땜 이론은 한국의 전통적 지혜에서 나온 개념으로, 실패와 불운을 단순히 부정적인 경험으로 보지 않고 오히려 미래의 성공을 위한 필수적인 과정으로 인식하는 철학이다. 이 이론에 따르면, 개인이나 조직이 겪는 시련과 좌절은 마치 '액厄'을 떨어뜨리는 것처럼 작용하여, 결과적으로 더 큰 기회와 성취를 가능하게 하는 정화 과정이라고 본다. 이런 관점은 서구의 실용주의적 사고방식과는 근본적으로 다른 접근법을 제시하며, 특히 불확실성과 위험이 높은 혁신 영역에서 매우 중요한 통찰을 제공한다.

파괴적 혁신 이론의 한계는 바로 여기서 드러난다. 크리스텐슨은 기존 시장의 고객들이 요구하지 않는 '하위 시장'에서 시작된 혁신이 점진적으로 상향 이동하면서 기존 기업들을 위협하게 되는 과정을 설명했다. 하지만 이 이론은 혁신 기업들이 겪는 초기 실패와 좌절을 단순히 '학습 과정'으로만 설명할 뿐, 그 실패가 지닌 더 깊은 의미와 장기적 효과에 대해서는 충분히 다루지 못했다. 특히 대기업 경영진들이 이런 실패를 목격했을 때 보이는 반응과 그것이 전략적 판단에 미치는 영향에 대해서는 거의 언급하지 않았다.

실패가 만든 전환점: 넷플릭스·아마존·테슬라

넷플릭스의 초기 역사는 이런 관점의 차이를 명확하게 보여주는 사례다. 1997년 리드 헤이스팅스가 창업한 넷플릭스는 처음에는 단순한 DVD 우편 배송 서비스였다. 당시 블록버스터Blockbuster의 경영진들은 넷플릭스의 비즈니스 모델을 관찰하면서 여러 가지 명백한 문제점들을 발견했다. 배송 지연, 제한적인 영화 선택권, 높은 물류 비용, 그리고 무엇보다 소비자들의 즉석 대여 욕구를 만족시킬 수 없다는 점이었다. 블록버스터 경영진들은 이런 '실패 요소'들을 보고 넷플릭스가 결코 자신들을 위협할 수 없다고 판단했다. 하지만 액땜 이론의 관점에서 보면, 넷플릭스가 겪고 있던 이런 초기 어려움들은 오히려 그들이 전통적인 비디오 대여점 모델의 한계를 깊이 이해하고, 완전히 새로운 해결책을 모색하게 만드는 촉매제 역할을 했다.

아마존의 제프 베조스도 1990년대 중반 온라인 서점으로 시작했을 때 수많은 실패와 비판에 직면했다. 기존 서점 체인들과 출판업계는 아마존의 초기 문제점들을 면밀히 관찰했다. 재고 관리의 어려움, 물류 시스템의 비효율성, 고객 서비스의 미숙함, 그리고 무엇보다 수익성 부재였다. 반스앤노블Barnes & Noble과 보더스Borders 같은 기존 강자들은 이런 문제점들을 보고 온라인 서점이 결코 오프라인 매장을 대체할 수 없다고 확신했다. 하지만 베조스와 아마존 팀은 이런 실패들을 통해 전자상거래의 근본적인 메커니즘을 이해하게 되었고, 결국 전 세계 소매업계를 뒤흔드는 거대한 플랫폼으로 성장했다. 액땜 이론의 관점에서 보면, 아마존의 초기 좌절들은 그들이 기존 소매업의 고정관념에서 벗어나 완전히 새로운 패러다임을 창조할 수 있게 해준 '정화 과정'이었다.

테슬라의 일론 머스크 사례는 더욱 극적이다. 2008년 금융위기 당시 테슬라는 파산 직전까지 몰렸고, 로드스터Roadster 생산에서는 수많은 기술적 문제들이 발생했다. 전통적인 자동차 제조업체들인 제너럴 모터스GM, 포드Ford, 토요타Toyota의 경영진들은 테슬라의 이런 어려움을 보고 전기차 시장이 아직 시기상조라고 판단했다. 특히 배터리 기술의 한계, 충전 인프라의 부족, 생산 비용의 과도함 등을 근거로 테슬라가 결코 성공할 수 없다고 여겼다. 하지만 머스크와 테슬라 팀은 이런 실패들을 통해 전기차 기술의 핵심 과제들을 하나씩 해결해나갔고, 결국 전 세계 자동차 산업의 패러다임을 바꾸는 혁신을 이루어냈다. 액땜 이론의 렌즈로 보면, 테슬라의 초기 위기들은 그들이 기존 자동차 산업의 관성에서 벗어나 완전히 새로운 접근법을 개발할 수 있게 해준 필수적인 과정이었다.

마이클 포터가 놓친 학습과 적응의 동적 과정

하버드 경영대학원의 마이클 포터Michael Porter는 경쟁 전략에서 진입 장벽과 경쟁우위에 대해 체계적으로 분석했지만, 실패를 통한 학습과 적응의 동적 과정에 대해서는 상대적으로 적은 관심을 보였다. 포터의 프레임워크에서는 경쟁자의 약점이 곧 그들의 영구적인 불리함으로 인식되는 경향이 있다. 하지만 액땜 이론을 적용하면, 경쟁자의 현재 어려움이 오히려 그들의 미래 경쟁력을 예측하는 중요한 지표다. 실패를 통해 깊이 학습하고 근본적인 변화를 추구하는 조직일수록, 장기적으로는 더 강력한 경쟁자로 부상할 가능성이 높다는 것이다.

우버Uber의 초기 역사도 이런 관점을 잘 보여준다. 트래비스 칼라닉Travis Kalanick이 창업한 우버는 처음에는 수많은 법적 문제와 규제 장벽에 부딪혔다. 기존 택시 업계와 정부 당국은 우버의 이런 어려움을 보고 이 회사가 결코 지속 가능하지 않다고 판단했다. 특히 라이선스 문제, 보험 이슈, 운전자 분류 논란 등은 우버의 비즈니스 모델 자체를 위협하는 근본적인 문제로 여겨졌다. 하지만 우버 팀은 이런 도전들을 통해 공유 경제의 새로운 규칙과 프레임워크를 만들어나갔고, 결국 전 세계 교통 서비스 산업을 혁신했다. 액땜 이론의 관점에서 보면, 우버가 겪은 초기 법적 분쟁들과 규제 저항은 그들이 기존 교통 서비스의 한계를 극복하고 새로운 생태계를 구축할 수 있게 해준 '정화의 과정'이었다.

스탠퍼드 대학교의 조직행동학 교수 제프리 페퍼Jeffrey Pfeffer는 조직의 권력 구조와 정치적 역학에 대한 연구에서, 기존 권력자들이 새로운 도전자들을 평가할 때 보이는 체계적 편향에 대해 지적했다. 기존 기업의 경영진들은 자신들의 성공 경험과 기준을 바탕으로 새로운 경쟁자들을 판단하는 경향이 있는데, 이때 신생 기업들의 실패나 어려움을 그들의 근본적인 역량 부족으로 해석하기 쉽다. 하지만 액땜 이론을 적용하면, 이런 실패들이 오히려 혁신 기업들이 기존의 틀을 벗어나 새로운 해결책을 찾아가는 과정의 일부라는 것을 알 수 있다.

에어비앤비를 생각해보자. 브라이언 체스키Brian Chesky와 조 게비아Joe Gebbia는 2008년 에어비앤비 창업 초기에 거의 모든 면에서 실패작으로 평가받았다. 기존 호텔 업계는 에어비앤비의 안전성 문제, 품질 관리의 어려움, 법적 책임 이슈 등을 보고 이 비즈니스 모델이 결코 성공할 수 없다고 확신했다. 특히 2011년 발생한 몇 차례의 안전사고는 에어비앤비의 근본적인 한계를 보여주는 증거로 여겨졌다. 하지만 체스키와 그의 팀은 이런 위기들을 통해 공유 숙박의 새로운 표준과 시스템을 만들어나갔고, 결국 전 세계 여행 산업의 패러다임을 바꾸는 혁신을 달성했다. 액땜 이론의 렌즈로 보면, 에어비앤비가 겪은 초기 안전 문제들과 신뢰 위기는 그들이 기존 호텔 업계보다 훨씬 정교하고 투명한 신뢰 시스템을 구축할 수 있게 해준 성장의 촉매제였다.

실패를 통한 학습의 중요성

MIT의 피터 셍게는 '학습하는 조직Learning Organization'에서 시스템 사고의 중요성을 강조했지만, 실패를 통한 학습의 동적 과정에 대해서는 상대적으로 덜 주목했다. 셍게의 프레임워크를 액땜 이론으로 보완하면, 조직의 학습 능력을 평가할 때 그들이 실패와 위기를 어떻게 처리하고 활용하는지를 핵심 지표로 보아야 한다는 통찰을 얻을 수 있다. 실패를 단순히 회피하거나 은폐하려는 조직과 실패를 통해 근본적인 혁신을 추구하는 조직 사이에는 장기적으로 엄청난 차이가 발생한다.

스포티파이Spotify의 다니엘 에크Daniel Ek는 음악 스트리밍 서비스를 시작했을 때 기존 음반 업계로부터 극심한 저항에 부딪혔다. 불법 다운로드 문제, 아티스트 수익 배분 논란, 기술적 안정성 부족 등은 스포티파이의 비즈니스 모델에 대한 근본적인 의문을 제기하는 요소들이었다. 소니 뮤직, 유니버설 뮤직 그룹, 워너 뮤직과 같은 기존 강자들은 이런 문제들을 보고 스트리밍 서비스가 결코 CD나 디지털 다운로드를 대체할 수 없다고 판단했다. 하지만 에크와 스포티파이 팀은 이런 도전들을 통해 음악 소비의 새로운 패턴과 수익 모델을 개발해나갔고, 결국 전 세계 음악 산업을 혁신했다. 액땜 이론의 관점에서 보면, 스포티파이가 겪은 초기 저작권 분쟁들과 수익성 논란은 그들이 기존 음악 산업의 관성에서 벗어나 완전히 새로운 생태계를 만들 수 있게 해준 필수적인 과정이었다.

하버드 경영대학원의 클레이턴 크리스텐슨도 후기 연구에서 자신의 파괴적 혁신 이론의 한계를 인정한 바 있다. 특히 혁신의 성공을 예측하는 것이 생각보다 훨씬 어렵다는 점과, 기존 기업들이 파괴적 혁신에 대응하는 방식이 이론적 예측과 다른 경우가 많다는 점을 지적했다. 이런 한계는 바로 실패와 좌절을 통한 학습과 적응의 동적 과정을 충분히 고려하지 못했기 때문이 아닐까 싶다. 하지만 액땜 이론을 파괴적 혁신 이론에 통합하면, 혁신 기업들의 현재 어려움이 미래 성공 가능성과 어떤 관계에 있는지를 더 정확하게 분석할 수 있다.

페이스북의 마크 저커버그는 2004년 하버드 대학교 기숙사에서 시작했을 때 수많은 개인정보 보호 논란과 기술적 문제에 직면했다. 기존 소셜 네트워킹 서비스들인 마이스페이스MySpace와 프렌드스터Friendster는 페이스북의 이런 어려움을 보고 대학생들만을 대상으로 하는 제한적인 서비스가 결코 주류가 될 수 없다고 판단했다. 특히 사생활 침해 논란, 서버 안정성 문제, 수익 모델의 불분명함 등은 페이스북의 성장 가능성에 대한 의문을 제기하는 요소였다. 하지만 저커버그와 그의 팀은 이런 위기들을 통해 소셜미디어의 새로운 표준과 프라이버시 정책을 개발해나갔고, 결국 전 세계 커뮤니케이션 방식을 바꾸는 플랫폼으로 성장했다. 액땜 이론의 렌즈로 보면, 페이스북이 겪은 초기 프라이버시 논란들과 기술적 불안정성은 그들이 기존 소셜 네트워킹의 한계를 극복하고 새로운 디지털 사회의 기반을 만들 수 있게 해준 정화의 과정이었다.

줌Zoom의 에릭 위안Eric Yuan은 시스코Cisco의 웹엑스WebEx 부문에서 14년간 근무하면서 화상 회의 기술의 한계를 깊이 경험했다. 그가 독립해서 줌을 창업했을 때, 기존 화상 회의 서비스 제공업체들은 그의 시도를 회의적으로 바라보았다. 특히 시장이 이미 포화상태라는 점과 기술적 차별화가 어렵다는 점을 근거로 줌의 성공 가능성을 낮게 평가했다. 하지만 위안과 줌 팀은 기존 화상 회의 솔루션들의 근본적인 사용자 경험 문제들을 하나씩 해결해나갔고, 결국 팬데믹 시대에 전 세계 원격 소통의 표준이 되었다. 액땜 이론의 렌즈로 보면, 위안이 웹엑스에서 겪었던 기술적 제약들과 사용자 불편함은 그가 화상 회의의 본질적 요구사항을 이해하고 완전히 새로운 접근법을 개발할 수 있게 해준 귀중한 경험이었다.

인스타그램Instagram의 케빈 시스트롬Kevin Systrom과 마이크 크리거Mike Krieger는 원래 '버번Burbn'이라는 위치 기반 체크인 앱을 개발 중이었다. 이 앱은 기능이 너무 복잡하고 사용자들의 반응이 미지근했다. 기존 소셜미디어 플랫폼들인 페이스북과 트위터는 이런 실패를 보고 모바일 사진 공유 시장의 가능성을 낮게 평가했다. 하지만 시스트롬과 크리거는 버번의 실패를 통해 사용자들이 정말로 원하는 것이 무엇인지 깨달았고, 사진 공유 기능만 남겨서 인스타그램을 만들었다. 결국 이 앱은 페이스북에 10억 달러에 인수되면서 모바일 소셜미디어의 새로운 기준을 제시했다. 액땜 이론의 관점에서 보면, 버번의 실패는 시스트롬과 크리거가 모바일 사용자들의 진짜 니즈를 발견하고 그에 맞는 완벽한 솔루션을 개발할 수 있게 해준 필수적인 과정이었다.

불확실한 환경에서 성공하는 기업들

스탠퍼드 대학교의 캐슬린 아이젠하트Kathleen Eisenhardt는 동적 역량Dynamic Capability과 전략적 변화에 대한 연구를 통해 불확실한 환경에서 성공하는 기업들의 특징을 분석했다. 이런 기업들은 실패와 예상치 못한 결과를 회피하기보다는 새로운 기회를 발견하고 역량을 개발하는 수단으로 활용한다. 액땜 이론의 핵심 통찰과 정확히 일치한다. 실패를 통한 학습과 적응이야말로 급변하는 시장에서 지속적인 경쟁우위를 확보하는 핵심 메커니즘이다.

드롭박스Dropbox의 드류 휴스턴Drew Houston은 MIT 재학 중 USB 드라이브를 깜빡하고 집에 두고 온 경험에서 아이디어를 떠올렸다. 하지만 초기 드롭박스는 수많은 기술적 문제와 보안 우려에 직면했다. 기존 데이터 저장 솔루션 제공업체들인 EMC와 IBM은 드롭박스의 이런 어려움을 보고 개인용 클라우드 저장소 시장이 틈새시장에 불과하다고 판단했다. 특히 기업 데이터 보안 문제와 네트워크 속도 제약은 드롭박스의 확장 가능성을 제한하는 근본적인 장벽으로 여겨졌다. 하지만 휴스턴과 드롭박스 팀은 이런 도전들을 통해 클라우드 저장소의 새로운 표준과 사용자 경험을 개발해나갔고, 결국 개인과 기업의 데이터 관리 방식을 혁신했다. 액땜 이론의 렌즈로 보면, 드롭박스가 겪은 초기 보안 논란들과 기술적 불안정성은 그들이 기존 파일 저장 방식의 한계를 극복하고 새로운 클라우드 생태계를 만들 수 있게 해준 정화의 과정이었다.

실제로 파괴적 혁신의 성공 사례들을 자세히 분석해보면, 거의 모든 경우에서 혁신 기업들이 초기에 겪었던 실패와 좌절이 그들의 최종 성공에 결정적인 역할을 했다는 것을 알 수 있다. 이런 실패들은 단순히 '학습 비용'이나 '시행착오'의 차원을 넘어, 혁신자들이 기존 산업의 고정관념과 제약에서 완전히 벗어날 수 있게 해주는 '해방의 과정'이었다. 액땜 이론은 바로 이런 측면을 포착한다. 실패와 고난이 개인이나 조직을 기존의 틀에서 해방시키고, 완전히 새로운 가능성을 탐색할 수 있게 해주는 정화의 과정이라는 것이다.

실패를 대하는 태도가 미래를 결정한다

대기업 경영진들이 신생 기업이나 잠재적 경쟁자들을 관찰할 때 범하는 가장 큰 오류는 그들의 현재 상태만을 기준으로 미래를 예측하려고 한다는 점이다. 특히 경쟁자가 겪는 어려움이나 실패를 보고 "저들은 이미 끝났다"라고 성급하게 결론짓는 경향이 있다. 하지만 액땜 이론의 관점에서 보면, 정작 중요한 것은 "그 경쟁자가 실패를 어떻게 받아들이고 처리하느냐" 하는 태도에 있다. 실패를 회피하거나 은폐하려는 조직과 실패를 통해 근본적인 혁신을 추구하는 조직 사이에는 천지 차이가 난다.

파괴적 혁신이 실제로 일어나는 지점은 바로 여기다. 혁신자들이 기존 산업의 표준과 관행으로는 해결할 수 없는 문제에 부딪혔을 때, 좌절하고 포기하기보다는 완전히 새로운 접근법을 모색하기 시작한다. 이런 전환은 대부분 깊은 실패와 좌절의 경험을 통해서만 가능하다. 성공적인 상황에서는 기존 방식을 고수하려는 유인이 더 크기 때문이다. 실패와 위기야말로 근본적인 패러다임 전환을 촉발하는 가장 강력한 동력이다.

따라서 파괴적 혁신 이론을 더욱 완벽하게 만들기 위해서는 액땜 이론의 통찰이 반드시 필요하다. 단순히 "하위 시장에서 시작된 혁신이 상향 이동한다"는 설명을 넘어, "실패를 통한 정화와 해방이 진정한 혁신의 출발점이다"라는 더 깊은 이해가 요구된다. 이런 관점에서 경쟁자를 분석할 때는 그들의 현재 성과나 자원보다는, 그들이 실패와 어려움을 다루는 방식과 그를 통해 얻는 통찰의 깊이에 주목해야 한다. 결국 파괴적 혁신의 진정한 동력은 기술이나 자본이 아니라, 실패를 통해 기존의 한계를 뛰어넘으려는 의지와 능력에 달려 있기 때문이다.

ASML, 액땜 이론으로 보강한 블루오션 전략의 승리

실패의 무덤에서 기회를 캐다: 액땜의 역발상

블루오션 전략은 인시아드INSEAD의 김위찬 교수와 르네 마보안Renée Mauborgne이 2005년 발표한 이후 전 세계 경영학계와 실무진에게 폭발적인 반향을 일으켰지만, 지난 20년간의 실증 연구와 기업 실무 경험을 통해 이 이론의 근본적인 한계가 점점 명확해지고 있다. 가장 핵심적인 문제는 이론적으로 완벽해 보이는 '경쟁이 없는 새로운 시장 공간'이라는 개념이 현실에서는 거의 존재하지 않거나 극히 일시적이라는 점이다. 시장은 본질적으로 동적이고 상호 연결된 생태계이기 때문에, 진정한 의미의 블루오션은 환상에 가깝다는 비판이 설득력을 얻는다.

김위찬과 마보안이 제시한 블루오션의 대표 사례들을 면밀히 검토해보면 이런 한계가 더욱 뚜렷하다. 시르크 뒤 솔레유Cirque du Soleil(태양의 서커스)는 전통적인 서커스와 연극의 경계를 허물어 새로운 형태의 엔터테인먼트를 창조했다고 평가받았지만, 실제로는 이미 존재하던 다양한 공연 예술 형태들의 창조적 결합에 불과했다. 더 중요한 것은 시르크 뒤 솔레유가 성공하자 곧바로 수많은 유사 공연단이 등장했고, 결국 이 분야도 치열한 경쟁 시장으로 변모했다는 사실이다. 닌텐도 위Nintendo Wii의 경우도 마찬가지다. 모션 컨트롤이라는 혁신적 인터페이스로 새로운 게임 시장을 창조했다고 여겨졌지만, 소니와 마이크로소프트가 플레이스테이션 무브PlayStation Move와 키넥트Kinect로 빠르게 대응하면서 블루오션은 순식간에 레드오션으로 전환되었다.

이런 현실을 직시할 때, 블루오션 전략의 근본적인 재검토가 필요하다. 진짜 문제는 경쟁이 없는 시장을 찾기보다는, 경쟁이 치열하더라도 자신만의 독특한 가치를 창출할 수 있는 영역을 발견하는 것이다. 이런 맥락에서 액땜 이론은 블루오션 전략에 결정적인 보완책을 제공한다. 액땜 이론의 핵심은 다른 사람들이 실패했거나 포기한 영역에서 오히려 기회를 찾는다는 점이다. 남들이 "안 된다"고 결론지은 분야에서 그들의 실패 경험을 바탕으로 새로운 접근법을 시도하는 것이야말로 진정한 의미의 블루오션 개척 방법이다.

ASMLAdvanced Semiconductor Materials Lithography의 역사는 이런 액땜 이론적 접근의 완벽한 사례를 보여준다. 1984년 네덜란드 필립스Philips에서 분사한 이 회사는 당시 이미 일본의 니콘Nikon과 캐논Canon이 압도적으로 지배하던 '반도체 리소그래피 장비 시장'에 뛰어들었다. 상식적으로 보면 자살행위나 다름없었다. 일본 기업들은 수십 년간 축적한 정밀 광학 기술과 제조 노하우를 바탕으로 시장을 완전히 장악하고 있었고, 후발주자가 끼어들 여지는 전혀 없어 보였다. 실제로 ASML의 초기 10년은 연속적인 적자와 기술적 실패의 연속이었다. 1990년대 중반까지만 해도 대부분의 업계 전문가들은 ASML을 '곧 사라질 회사'로 예측했다.

반도체 리소그래피 장비 시장은 현재 반도체 산업의 최전선에서 가장 치열한 기술 경쟁이 벌어지고 있는 핵심 분야로, 전 세계 첨단 기술의 명운을 좌우하는 전략적 고지다.

반도체 리소그래피 장비 시장은 2024년 약 183억 달러에서 276억 달러 규모로 평가되는 거대한 시장으로, 연구기관에 따라 다소 차이가 있지만 모두 강력한 성장세를 보인다. 2025년에는 284억 달러 규모로 평가되며, 2030년까지 406억 달러에 달할 것으로 전망되어 연평균 성장률 7.38퍼센트의 견고한 성장을 지속할 것으로 예상된다. 또 다른 분석에서는 2033년까지 325억 달러, 2037년까지는 3,503억 달러에 이를 것으로 내다보고 있어 장기적으로도 폭발적 성장이 지속될 것으로 보인다.

이러한 성장의 배경에는 5세대(5G) 이동통신, 인공지능(AI), 사물인터넷(IoT), 자율주행차 등 첨단 기술의 글로벌 확산이 자리한다. 이 기술들은 모두 더욱 정밀하고 복잡한 반도체 칩을 요구하며, 이는 곧 더욱 정교한 리소그래피 장비에 대한 수요로 직결된다. 특히 반도체의 소형화가 지속되면서 기존 기술로는 구현하기 어려운 나노 단위의 초미세 공정이 필수가 되었고, 이로 인해 극자외선EUV 리소그래피와 같은 첨단 기술에 대한 의존도가 급격히 높아졌다.

반도체 리소그래피 장비 시장의 가장 두드러진 특징은 극도로 집중된 과점 구조이다. 네덜란드 ASML, 일본 니콘, 일본 캐논 등 세 기업이 전

> 체 시장의 90퍼센트 이상을 독점하며, 이 중에서도 ASML이 압도적인 1위 자리를 차지한다.

ASML의 선택: 모두가 접은 길에서 생태계를 만들다

하지만 ASML의 창립자들과 경영진은 다른 접근법을 택했다. 일본 기업들이 수직 통합 방식으로 모든 핵심 부품을 자체 제조하는 것과 달리, ASML은 파트너십과 생태계 구축에 집중했다. 칼 자이스Carl Zeiss와의 렌즈 파트너십, 트럼프TRUMPF와의 레이저 협력, 그리고 수많은 소재 및 부품 업체들과의 긴밀한 협업을 통해 완전히 새로운 형태의 반도체 장비 개발 모델을 만들어냈다. 일본 기업들이 시도했다가 실패한 영역이었다. 니콘과 캐논은 1990년대 초반 외부 파트너십을 통한 기술 개발을 시도했지만, 내부 저항과 기술 유출 우려 때문에 포기했던 경험이 있었다. ASML은 바로 이 '실패한 영역'에서 성공 모델을 찾아낸 것이다.

더욱 결정적인 것은 EUVExtreme Ultraviolet 리소그래피 기술 개발 과정이었다. 1990년대 말 반도체 업계는 무어의 법칙이 물리적 한계에 도달할 것이라는 우려가 커지고 있었다. 기존 ArFArgon Fluoride 레이저 기술로는 더 이상 미세한 회로 패턴을 그릴 수 없다는 것이 명백했다. 이때 인텔, TSMC, 삼성 등 주요 반도체 제조업체들은 차세대 리소그래피 기술의 필요성을 절감했지만, 니콘과 캐논은 EUV 기술 개발에 소극적이었다. 기술적 난이도가 너무 높고, 상업화 가능성이 불투명하다는 이유였다. 실제로 1990년대와 2000년대 초반 여러 기업이 EUV 기술 개발에 도전했다가 실패한 사례들이 많았다.

ASML은 바로 이 '모든 사람이 실패했거나 포기한' EUV 기술에 회사의 운명을 걸었다. 2000년부터 본격적인 EUV 개발에 착수했지만, 초기 15년 동안은 거의 매년 기술적 한계와 상업화 지연에 직면했다. 2010년까지만 해도 업계 전문가들은 EUV가 상용화되기까지 최소 20년은 더 걸릴 것이라고 예측했다. 하지만 ASML은 포기하지 않고 지속적으로 기술 개발과 파트너십 확장에 투자했고, 2016년 마침내 상용 EUV 장비 출하에 성공했다. 현재 ASML은 EUV 리소그래피 장비 시장을 100퍼센트 독점하고 있으며, 전 세계 최첨단 반도체 제조의 핵심 고리 역할을 한다.

ASML의 사례는 액땜 이론의 가장 완벽한 현실 적용 사례 중 하나로 꼽힌다. 액땜 이론이 제시하는 핵심 원리들이 ASML의 성공 과정에서 거의 완벽하게 구현되었기 때문이다.

액땜형 전략 운용의 세 축: 장기·공유·동맹

액땜 이론에서 강조하는 첫 번째 원리는 다른 사람들이 실패했거나 포기한 영역에서 기회를 찾는다는 것이다. ASML이 선택한 두 가지 전략적 결정이 이를 완벽하게 보여준다. 첫째는 일본 기업들이 시도했다가 포기한 외부 파트너십 모델이고, 둘째는 업계 전체가 기술적 난이도와 상업화 불확실성 때문에 회피했던 EUV 기술 개발이다.

니콘과 캐논이 1990년대 초반 외부 파트너십을 통한 기술 개발을 시도했다가 내부 저항과 기술 유출 우려로 포기한 것은 전형적인 '액땜 상황'이었다. 기존 성공 기업들은 자신들의 기득권과 내부 역량을 보호하려는 관성 때문에 새로운 접근법을 받아들이지 못했다. 반면 ASML은 바로 이 '실패한 영역'에서 칼 자이스, 트럼프 등과의 전략적 파트너십을 통해 완전히 새로운 생태계 모델을 구축했다. 액땜 이론에서 말하는 '타인의 실패를 통한 학습과 혁신'의 전형적인 사례다.

더욱 결정적인 것은 EUV 기술에 대한 ASML의 접근법이었다. 1990년대 말부터 2000년대 초반까지 수많은 기업이 EUV 기술 개발에 도전했다가 실패한 것은 반도체 업계의 거대한 '실패의 무덤'을 형성했다. 심지어 기존 강자인 니콘과 캐논조차 기술적 난이도와 상업화 불확실성을 이유로 EUV 개발에 소극적이었다. 업계 전문가들이 2010년까지도 EUV 상용화에 최소 20년이 더 걸릴 것이라고 예측했던 상황에서, ASML이 이 기술에 회사의 운명을 건 것은 액땜 이론에서 강조하는 "모든 사람이 포기한 곳에서 기회를 찾는다"라는 원리의 완벽한 실현이었다.

액땜 이론의 두 번째 핵심 원리는 이전 실패자들의 경험과 교훈을 체계적으로 분석하여 성공 요소를 도출한다는 것이다. ASML은 일본 기업들의 수직 통합 방식이 왜 실패했는지를 정확히 분석했다. 수직 통합은 초기에는 품질 관리와 기술 보안 측면에서 유리하지만, 기술의 복잡성이 기하급수적으로 증가하는 환경에서는 오히려 혁신 속도를 저해하는 요소가 된다는 것을 파악했다. 이를 바탕으로 ASML은 분산형 혁신 생태계 모델을 구축했다. 각 분야의 최고 전문기업들과 파트너십을 맺어 그들의 핵심역량을 결합하는 방식이었다. 칼 자이스의 광학 기술, 트럼프의 레이저 기술, 그리고 수많은 소재 및 부품 업체가 전문성을 하나로 연결하여 어떤 단일 기업도 혼자서는 달성할 수 없는 수준의 기술적 성과를 이루어냈다. 액땜 이론에서 강조하는 '실패 사례로부터의 학습을 통한 차별화된 접근법 개발'의 전형이다.

EUV 기술 개발 과정에서도 ASML은 이전 실패 사례들을 면밀히 분석했다. 1990년대와 2000년대 초반 여러 기업이 EUV 개발에 실패한 이유는 주로 단독 개발 방식의 한계와 단기 성과 압박 때문이었다. ASML은 이를 교훈 삼아 장기적 관점에서 지속적인 투자를 유지하면서도, 파트너십을 통해 리스크를 분산하는 전략을 채택했다. 2000년부터 2016년까지 16년간 지속된 EUV 개발 과정에서 거의 매년 기술적 한계와 상업화 지연에 부딪혔지만, 이를 포기의 신호가 아닌 학습과 개선의 기회로 활용한 것이다.

액땜 이론의 세 번째 원리는 시장이 아직 성숙하지 않은 시점에서 미래 기회를 선점한다는 것이다. 코닥이 1970년대 이미 디지털카메라 기술을 보유하고 있었지만 필름 사업의 기득권 때문에 상용화하지 않았던 것처럼, 니콘과 캐논도 기존 ArF 리소그래피 기술의 수익성을 보호하려는 관성에 빠져 있었다.

반면 ASML은 반도체 산업의 근본적 변화 트렌드를 정확히 읽었다. 무어의 법칙이 물리적 한계에 도달하고 있다는 것을 인식하고, 이를 위기가 아닌 새로운 기회의 신호로 해석한 것이다. 인텔, TSMC, 삼성 등 주요 반도체 제조업체들이 차세대 리소그래피 기술의 필요성을 절감하고 있다는 시장 신호를 포착하고, 이들과 긴밀한 협력관계를 구축하여 고객사와 함께 기술을 개발하는 공동개발co-development 모델을 만들어냈다. 이는 액땜 이론에서 강조하는 '생태계 차원의 전략적 사고'와 정확히 일치한다. ASML은 단순히 장비만 판매하지 않고, 반도체 제조 생태계 전체의 혁신을 주도하는 플랫폼 기업으로 포지셔닝했다. 고객사들이 EUV 기술 개발에 필요한 자금을 선투자하도록 유도하고, 이를 통해 기술 개발 리스크를 공유하면서도 시장 선점 효과를 극대화하는 전략을 구사한 것이다.

사실 EUV 기술 개발 과정에서 ASML이 겪은 수많은 시행착오와 기술적 한계들은 실패가 아니라 성공을 위한 필수 과정이었다. 2000년부터 2016년까지의 16년간은 단순한 개발 기간이 아니라 '액땜 축적 기간'이었다. 이 기간 동안 ASML이 축적한 실패 경험과 기술적 노하우는 현재 EUV 시장 100퍼센트 독점이라는 성과로 이어졌다.

실패의 지대를 기회의 영토로

ASML 사례를 액땜 이론의 관점에서 분석하면 몇 가지 중요한 전략적 시사점이 도출된다.

첫째, '실패 영역의 체계적 탐색'이다. ASML은 일본 기업들의 파트너십 실패와 업계 전체의 EUV 개발 포기를 단순한 실패가 아닌 기회의 신호로 해석했다. 액땜 이론에서 강조하는 '역발상적 사고'의 전형이다.

둘째, '장기적 관점의 유지'다. 액땜 이론에서는 진정한 기회가 단기간에 실현되지 않는다고 본다. ASML의 16년간 EUV 개발 과정은 이를 잘 보여준다. 거의 매년 기술적 한계와 상업화 지연에 직면했지만, 이를 포기의 근거가 아닌 학습과 개선의 과정으로 인내한 것이 최종 성공으로 이어졌다.

셋째, '생태계 중심의 전략'이다. ASML은 혼자서 모든 것을 해결하기보다는 각 분야 최고 전문기업들과의 파트너십을 이루며 분산형 혁신 네트워크를 구축했다. 액땜 이론에서 강조하는 '협력을 통한 시너지 창출'의 실현이다.

넷째, 고객과의 공동개발 모델이다. ASML은 인텔, TSMC, 삼성 등 주요 고객사들을 단순한 수요자가 아닌 기술 개발 파트너로 끌어들여 리스크를 공유하고 시장 확실성을 확보했다. 액땜 이론에서 말하는 '생태계 전체의 이익 창출'에 해당한다.

ASML의 성공은 액땜 이론이 제시하는 모든 핵심 요소를 완벽하게 구현한 액땜 이론의 교과서적 사례다. 다른 사람들이 실패하거나 포기한 영역에서 기회를 찾고, 이전 실패 사례들로부터 체계적으로 학습하며, 장기적 관점에서 생태계 중심의 전략을 구사한 모든 과정이 액땜 이론의 원리와 정확히 일치한다. 특히 ASML이 현재 EUV 리소그래피 장비 시장을 100퍼센트 독점하며 전 세계 최첨단 반도체 제조의 핵심 고리 역할을 하고 있다는 사실은, 액땜 이론이 단순한 이론적 관념이 아니라 실제 비즈니스 현실에서 강력한 효과를 발휘하는 전략적 프레임워크임을 증명한다.

더 나아가 ASML 사례는 액땜 이론이 개별 기업 차원을 넘어 산업 생태계 전체의 혁신 패턴을 설명할 수 있는 포괄적 이론임을 보여준다. 이는 한국 기업들이 글로벌 시장에서 새로운 성장 동력을 찾기 위해 액땜 이론을 전략적으로 활용할 수 있는 중요한 근거다.

디커플링과 액땜 이론이 만나 펼치는
비즈니스계의 코미디

약한 고리를 기회로: 디커플링과 액땜의 교차점

탈레스 테이셰이라의 디커플링 이론과 액땜 이론 사이의 연관성을 따져보는 것은 마치 두 명의 뛰어난 탐정이 같은 사건 현장에서 서로 다른 단서를 발견했지만 결국 같은 범인을 지목하는 상황과 비슷하다. 두 이론 모두 "다른 사람들이 실패하거나 무시한 영역에서 기회를 찾는다"는 핵심 원리를 공유하며, 특히 달러쉐이브클럽Dollar Shave Club과 베스트바이Best Buy 사례를 통해 이런 연결점이 극명하게 드러난다.

테이셰이라가 하버드 경영대학원에서 8년간 20여 개 산업과 수백 개 기업을 연구한 결과 발견한 패턴은 충격적이었다. 성공한 신생 기업들이 기존 기업의 고객가치사슬CVC: Customer Value Chain에서 가장 약한 고리를 찾아 그 부분만 '손수술'하듯 떼어내는 전략을 구사한다는 것이었다. 마치 거대한 성에서 가장 허술한 성문 하나만 집중 공격해 전체를 함락시키는 것과 같았다. 그런데 놀랍게도 이런 '약한 고리'들은 대부분 기존 강자들이 '우리 비즈니스 모델의 핵심'이라고 착각하고 있던 바로 그 지점이었다.

액땜 이론의 관점에서 보면 전형적인 '타인의 실패 지점에서 기회 발굴' 사례이다. 기존 기업들이 해결하지 못하거나 소홀히 한 고객 불편 지점은 곧 '액땜 포인트'가 되며, 새로운 도전자들은 바로 이런 '모든 사람이 포기한 영역'에서 혁신적 솔루션을 제시한다. 달러쉐이브클럽과 베스트바이 사례는 이런 원리가 어떻게 현실에서 작동하는지를 보여주는 완벽한 교과서다.

달러쉐이브클럽의 성공 스토리는 마치 '면도기계의 마피아'에 맞선 소시민의 반란 같은 이야기다. 질레트Gillette와 쉬크Schick가 지배하던 면도기 시장은 그야말로 '고상한 착취'의 완벽한 사례였다. 이들은 수십 년간 '더 많은 날, 더 정교한 기술, 더 비싼 가격'이라는 공식으로 소비자들을 '고급 면도기 중독자'로 만들어왔다.

당시 면도기 시장의 CVC는 대략 이런 식이었다. '매장 방문 → 진열대에서 고민 → 비싼 가격에 한숨 → 어쩔 수 없이 구매 → 몇 주 후 날 교체 필요 → 또 매장 방문'의 무한 반복이었다. 질레트는 '프리미엄 면도 경험'이라고 포장했지만, 실제 고객들에게는 '월급날만 기다리며 하는 면도기 쇼핑'이었다. 더욱 가관인 것은 면도기 본체는 거의 공짜로 주면서 교체용 날만으로 엄청난 수익을 올리는 '마약상 비즈니스 모델'이었다.

'월 1달러의 반란': 달러쉐이브클럽의 CVC 절개 수술

2011년 마이클 더빈Michael Dubin이라는 무명 코미디언 출신 창업가가 이 상황을 보고 내린 결론은 간단했다. "이 사람들 완전히 미쳤네. 면도기 하나에 30달러씩 받으면서 이것이 정상이라고?" 더빈은 질레트가 '프리미엄'이라고 포장한 모든 것이 사실은 고객에게는 '불필요한 과잉'이라는 점을 간파했다. 다섯 개 날? 대부분의 사람은 두 개면 충분했다. 습윤 스트립? 면도크림 쓰면 되는 것 아닌가? 인체공학적 손잡이? 면도기는 장식품이 아니라 도구다.

액땜 이론의 관점에서 보면 더빈이 발견한 것은 전형적인 '과잉 혁신의 함정'이었다. 질레트와 쉬크는 지속적인 기술 혁신에 매몰되어 정작 고객들이 진짜 원하는 것은 놓쳤다. 고객들이 원한 것은 '우주선 같은 면도기'가 아니라 '합리적 가격에 제대로 면도되는 면도기'였다. 그런데 기존 업체들은 이미 '프리미엄 전략'에 중독되어 이런 단순한 니즈를 무시한 것이다.

더빈의 전략은 디커플링의 완벽한 사례였다. 그는 기존 면도기 CVC에서 가장 약한 고리 두 개를 정확히 집어냈다. 첫째는 '매장에서의 가격 충격'이었다. 면도기 코너에서 가격표를 보고 한숨 쉬는 남성들의 표정을 상상해보라. 둘째는 '교체 주기의 불편함'이었다. 면도기 날이 무뎌질 때마다 다시 매장에 가야 하는 번거로움 말이다.

달러쉐이브클럽의 해법은 충격적으로 단순했다. 월 1달러에 면도기를 정기 배송해주겠다는 서비스였다. 기존 업계의 '일회성 고가 판매' 모델을 '지속적 저가 구독' 모델로 완전히 뒤집는 발상이었다. 더욱 기가 막힌 것은 마케팅 방식이었다. 더빈은 직접 출연한 유튜브 광고에서 질레트를 정면으로 비웃었다. 이 광고는 출시 첫날 2만 6천 명의 가입자를 모으며 바이럴 신드롬을 일으켰다.

액땜 이론에서 강조하는 '타인의 실패에서 배우는 학습' 관점에서 보면, 더빈의 성공은 면도기 업계가 수십 년간 쌓아온 '실패 데이터'를 완벽하게 활용한 결과였다. 고객들이 면도기 가격에 대해 불만을 표출할 때마다, 기존 업체들은 "프리미엄 가치를 이해하지 못하는 것"이라고 무시했다. 고객들이 매장 방문의 번거로움을 호소할 때도 "그래도 직접 보고 사야 안심되지 않느냐"며 대수롭지 않게 여겼다. 달러쉐이브클럽은 바로 '기존 업체들이 무시한 고객의 목소리'에서 비즈니스 기회를 찾아낸 것이다.

2016년 유니레버가 달러쉐이브클럽을 10억 달러에 인수한 것은 이 전략의 성공을 증명하는 결정적 사건이었다. 겨우 5년 만에 질레트의 미국 시장 점유율을 60퍼센트에서 50퍼센트 이하로 떨어뜨린 '월 1달러 구독 서비스'의 위력을 전 세계가 목격한 순간이었다. 액땜 이론에서 말하는 '작은 틈새에서 시작해 전체 생태계를 뒤흔드는' 전형적인 사례였다.

'전자제품 무덤'에서 '체험 공간'으로의 화려한 부활: 베스트바이

베스트바이의 사례는 디커플링과 액땜 이론이 만나 만들어낸 '기업 부활 드라마'의 걸작이다. 2010년대 초반 베스트바이는 그야말로 '전자제품계의 블록버스터'가 될 뻔했다. 아마존의 공세로 매출은 급감하고, 고객들은 베스트바이 매장을 '아마존 쇼룸'으로 사용하는 지경에 이르렀다. 당시 베스트바이에서 제품을 구경한 후 스마트폰으로 아마존 가격을 확인하고 그 자리에서 온라인 주문하는 고객들의 모습은 소매업계의 '공포 영화' 같은 장면이었다.

기존 베스트바이의 CVC는 완전히 시대착오적이었다. '매장 방문 → 직원 상담(?) → 제품 비교 → 구매 결정 → 계산 → 가져가기.' 문제는 이 모든 과정에서 고객들이 느끼는 가치가 급격히 줄어들고 있었다는 점이다. 제품 정보는 온라인에서 더 정확하고 풍부하게 얻을 수 있고, 가격 비교도 몇 번의 클릭으로 가능했다. 직원 상담은 '영업 압박'으로 느껴졌고, 매장에서 무거운 제품을 들고 나가는 것도 번거로웠다.

2012년 휴버트 졸리Hubert Joly가 CEO로 취임했을 때 베스트바이는 사실상 '죽음의 문턱'에 서 있었다. 월가 애널리스트들은 "베스트바이는 10년 내에 문 닫을 것"이라고 예측했고, 심지어 창업자인 딕 슐츠Dick Schulze마저 회사를 사모펀드에 매각하려고 했다. 그런데 졸리가 내린 진단은 남들과 달랐다. "우리가 죽어가는 것이 아니라 고객들이 우리에게서 원하는 바가 바뀐 것이다."

액땜 이론의 관점에서 보면 졸리의 접근법은 전형적인 '실패 상황의 재해석'이었다. 대부분의 소매업체가 아마존의 등장을 '불가항력적 위기'로 받아들일 때, 졸리는 '고객 니즈 변화의 신호'로 해석했다. 고객들이 베스트바이 매장을 '아마존 쇼룸'으로 사용한다는 것은 역설적으로 '물리적 체험의 가치'가 여전히 존재한다는 증거였다. 문제는 체험 이후의 구매 과정이 불편하다는 사실이었다.

졸리의 디커플링 전략은 기존 소매업의 상식을 완전히 뒤집었다. 전통적으로 소매업체들은 '매장 방문 → 구매'를 하나의 세트로 여겼다.

매장에 온 고객은 반드시 그 자리에서 구매해야 한다는 고정관념이 박혀 있었다. 하지만 졸리는 이 연결고리를 과감히 끊었다. 그 대신 매장을 '체험과 서비스의 공간'으로, 구매는 '온라인이든 오프라인이든 고객이 편한 방식'으로 분리한 것이다.

구체적인 변화는 혁명적이었다. 먼저 '쇼루밍 방지'라는 기존 업계의 강박관념을 포기했다. 오히려 고객들이 매장에서 충분히 체험할 수 있도록 '체험존'을 대폭 확대했다. 삼성, 애플, 마이크로소프트 등 주요 브랜드들과 파트너십을 맺어 각 브랜드의 '숍인숍'을 만들고, 여기서 고객들이 마음껏 제품을 만져보고 테스트할 수 있게 했다. 마치 백화점의 '브랜드 편집숍' 개념을 전자제품 매장에 도입한 것이었다.

더욱 파격적인 것은 '픽업 서비스'의 도입이었다. 고객이 온라인으로 주문하면 매장에서 픽업할 수 있게 하거나, 아예 차에서 내리지 않고도 받을 수 있는 '커브사이드 픽업'을 시작했다. '온라인의 편리함'과 '오프라인의 즉시성'을 결합한 혁신이었다. 고객 입장에서는 집에서 편안하게 주문하고, 매장에서 빠르게 픽업하는 '좋은 것만 골라서' 하는 쇼핑이 가능해진 것이다.

직원들의 역할도 완전히 바뀌었다. 기존의 '영업사원'에서 '기술 컨설턴트'로 포지셔닝을 바꾼 것이다. 고객이 제품을 구매하든 안 하든 상관없이, 기술적 문제 해결과 사용법 안내에 집중하도록 했다. 심지어 고객이 아마존에서 산 제품이라도 설치나 설정을 도와주는 '긱 스쿼드Geek Squad' 서비스를 확대했다. '매장에서 산 것만 도와준다'는 기존 소매업의 관념을 완전히 깨뜨린 것이다.

액땜 이론에서 강조하는 '생태계 전체의 관성 활용' 관점에서 보면,

베스트바이의 성공은 다른 소매업체들의 '아마존 공포증'을 역이용한 결과였다. 대부분의 경쟁업체가 아마존과 정면 승부를 하려다가 망하거나, 아예 포기하고 문을 닫는 상황에서, 베스트바이만 "아마존과 경쟁하지 말고 공존하자"는 전략을 택했다. 마치 권투 경기에서 상대방과 주먹 싸움을 하지 말고 레슬링으로 승부하자는 것과 같았다.

결과는 놀라웠다. 2017년부터 베스트바이의 매출은 다시 증가세로 돌아섰고, 주가는 2012년 대비 10배 이상 상승했다. 2020년 코로나19 팬데믹 상황에서도 '온라인 주문 → 매장 픽업' 모델 덕분에 다른 소매업체들보다 훨씬 안정적인 성과를 보였다. 무엇보다 고객 만족도가 크게 개선되었다. 고객들은 이제 베스트바이를 '압박적인 판매 장소'가 아니라 '도움이 되는 기술 파트너'로 인식했다.

실패의 재해석에서 나온 전략

달러쉐이브클럽과 베스트바이 사례를 통해 보면, 디커플링 이론과 액땜 이론 사이의 연관성이 더욱 명확해진다. 두 이론 모두 '기존 강자들의 약점이나 포기 지점'에서 새로운 기회를 찾는다는 공통 원리를 가지고 있으며, 특히 '실패의 재해석'을 통한 혁신이라는 점에서 완벽하게 일치한다.

달러쉐이브클럽의 경우, 질레트와 쉬크가 수십 년간 축적한 '고객 불만 데이터'를 완전히 다른 각도에서 해석했다. 기존 업체들이 '불가피한 비즈니스 모델의 한계'로 여긴 것들을 '해결 가능한 고객 문제'로 재정의한 것이다. 베스트바이의 경우도 마찬가지다. 다른 소매업체들이 "아마존 때문에 망했다"고 체념할 때, 베스트바이는 "고객들이 우리에게 새로운 역할을 요구한다"고 해석했다. 액땜 이론에서 말하는 '타인의 실패를 통한 학습'의 전형적인 사례다. 성공한 기업들은 동일한 문제 상황을 남들과 완전히 다르게 해석하는 능력이 있다. 실패를 '불운'이나 '외부 요인'으로 돌리지 않고, '새로운 기회의 신호'로 받아들이는 것이다.

테이셰이라의 연구에서 특히 주목할 만한 부분은 '무관심층 고객'의 증가 현상이다. 최근 젊은 소비자들 사이에서 특정 브랜드에 대한 애착을 전혀 보이지 않는 무관심층이 급격히 늘어나고 있다는 사실이다. 기존 마케팅에서는 이를 위기 신호로 해석하지만, 디커플링 관점에서는 오히려 새로운 기회로 본다.

액땜 이론의 핵심 통찰과 정확히 연결되는 부분이다. '기존 강자들에 대한 로열티 약화'는 곧 '기존 질서의 약화'를 의미하며, 새로운 도전자들에게는 절호의 기회이다. 무관심층 고객들은 기존 브랜드의 프리미엄이나 관습에 얽매이지 않고 순수하게 기능과 편의성만으로 선택하기 때문에, 기존 업체들의 '브랜드 파워'나 '시장 지위'라는 방어막이 무력화된다.

달러쉐이브클럽이 질레트의 '100년 브랜드 헤리티지'를 단숨에 무력화시킨 것도 바로 이런 맥락이다. 젊은 남성 고객들에게는 질레트의 '프리미엄 면도 전통'보다 '월 1달러의 편리함'이 더 매력적으로 다가왔다. 베스트바이가 '전자제품 전문점'이라는 기존 정체성을 버리고 '기술 서비스 파트너'로 변신할 수 있었던 것도, 고객들의 니즈가 '제품 구매'에서 '기술 해결'로 바뀌었기 때문이다.

두 사례에서 공통적으로 발견되는 패턴은 '과잉 혁신의 함정'이다.

기존 강자들은 지속적인 혁신에 매몰되어 정작 고객들이 진짜 원하는 단순한 가치를 놓치는 경우가 많다. 질레트는 다섯 개 날 면도기, 진동 기능, 냉각 젤 등 온갖 기술을 면도기에 집어넣으면서 가격을 계속 올리기에 바빴지만, 정작 고객들이 원한 것은 '합리적 가격에 제대로 면도되는 면도기'였다.

베스트바이 이전의 전자제품 소매업계도 마찬가지였다. 매장을 더 크게 만들고, 진열 상품을 더 많이 늘리고, 할인 행사를 더 자주 하는 것에만 집중했다. 하지만 정작 고객들이 원한 것은 '복잡한 기술 제품을 쉽게 이해하고 사용할 수 있게 도와주는 서비스'였다. 베스트바이는 바로 이 단순한 니즈에 집중해서 '기술 컨설팅'이라는 새로운 가치를 창출했다.

기회를 꿰뚫는 시선: 전략·타이밍·창의성의 공통분모

액땜 이론에서 강조하는 '생태계 차원의 전략적 사고'도 두 사례에서 잘 드러난다. 달러쉐이브클럽은 단순히 면도기를 파는 것이 아니라 '남성 그루밍 생태계' 전체를 재편했다. 면도기뿐만 아니라 면도 크림, 로션, 심지어 속옷까지 구독 서비스로 확장하면서 '남성 일상용품의 아마존'을 지향했다. 베스트바이도 단순히 전자제품 판매를 넘어 '가정 내 기술 생태계의 파트너'로 자리매김했다.

이 점은 디커플링과 액땜 이론이 단순히 개별 기업의 전술적 도구가 아니라, 산업 생태계 전체를 재편하는 전략적 프레임워크라는 것을 보여준다. 성공한 기업들은 자신들의 비즈니스 모델 변화가 전체 생태계에 미치는 파급효과까지 고려해서 전략을 수립한다.

달러쉐이브클럽과 베스트바이 사례에서 또 다른 공통점은 '타이밍의 절묘함'이다. 두 기업 모두 시장 환경의 변화를 정확히 포착하고, 그 변화의 방향에 맞추어 전략을 수립했다. 달러쉐이브클럽은 소셜미디어와 유튜브가 본격적으로 마케팅 채널로 자리 잡기 시작한 2011년에 창업했다. 만약 5년 더 일찍 시작했다면 바이럴 마케팅이 불가능했을 것이고, 5년 더 늦었다면 이미 경쟁자들이 시장을 선점한 후였을 것이다.

베스트바이의 변신도 마찬가지다. 2012년은 스마트폰이 본격적으로 보급되면서 '쇼루밍'이 일반화되기 시작한 시점이었다. 만약 이 시점에서 변화를 시도하지 않았다면 정말로 '전자제품계의 블록버스터'가 되었을 것이다. 하지만 동시에 온라인과 오프라인을 연결하는 기술적 인프라가 충분히 성숙한 시점이기도 했다. 온라인 주문 시스템, 재고 관리 시스템, 배송 네트워크 등이 모두 갖추어져 있어야 '픽업 서비스' 같은 혁신이 가능했다.

액땜 이론에서 강조하는 "시장이 아직 성숙하지 않은 시점에서 미래 기회를 선점한다"는 원리도 두 사례에서 명확히 드러난다. 달러쉐이브클럽이 구독 모델을 도입했을 때 대부분의 사람은 "면도기를 구독한다고?"라며 고개를 갸웃했다. 하지만 지금은 구독 경제가 일상이 되었다. 베스트바이가 '매장은 체험 공간, 구매는 온라인'이라는 모델을 제시했을 때도 "그럼 매장은 적자 아니냐"라는 비판이 많았다. 하지만 지금은 이런 '옴니채널Omni Channel' 전략이 소매업의 표준이 되었다.

실행 과정에서의 위트와 창의성도 두 사례의 공통점이다. 달러쉐이브클럽의 마이클 더빈은 질레트를 정면으로 비웃는 유튜브 광고로 화제를 모았다. 단순한 마케팅이 아니라 '기존 질서에 대한 반란 선언'이었다. 고객들은 그동안 질레트의 고가 정책에 불만이 있었지만 대안이 없어 참고 있었는데, 누군가 드디어 그 불만을 대변해준 것에 열광했다.

베스트바이의 휴버트 졸리도 마찬가지였다. 그는 직원들에게 "우리는 아마존과 싸우는 것이 아니라 고객을 위해 아마존과 협력하는 것이다"라고 설명했다. 기존 소매업계의 '아마존은 적'이라는 관념을 완전히 뒤집는 발상이었다. 실제로 베스트바이는 아마존 에코, 파이어TV와 같은 아마존 제품들을 적극적으로 판매하면서, 고객들에게 "우리는 브랜드 편견 없이 최고의 제품을 추천한다"라는 메시지를 전달했다.

플랫폼 확장과 협력적 경쟁의 설계

달러쉐이브클럽과 베스트바이 사례를 통해 본 디커플링과 액땜 이론의 연관성은 미래 비즈니스 혁신의 방향에 대해서도 중요한 시사점을 제공한다.

첫째 '고객 경험의 재해석'이 더욱 중요해진다. 기존에는 '제품 중심'이나 '기술 중심'의 혁신이 주류였다면, 앞으로는 '고객 여정 중심'의 혁신이 핵심이 될 것이다.

둘째 '생태계 플랫폼 전략'이 일반화된다. 달러쉐이브클럽이 면도기에서 시작해 남성 전체 그루밍 생태계로 확장했듯이, 성공하는 기업들은 하나의 제품이나 서비스에서 시작해 관련 생태계 전체를 아우르는 플랫폼으로 진화할 것이다.

셋째 '실패의 전략적 활용'이 더욱 체계화된다. 기존에는 실패를 숨기거나 빨리 잊으려고 했다면, 앞으로는 실패에서 배우고 그것을 다음 혁신의 자원으로 활용하는 능력이 기업의 핵심역량이 될 것이다.

마지막으로 '협력적 경쟁'이 새로운 트렌드가 된다. 베스트바이가 아마존과 경쟁하면서도 협력하는 전략을 택했듯이, 미래의 성공 기업들은 전통적인 '제로섬 경쟁' 사고를 벗어나 '윈-윈 생태계' 구축에 집중할 것이다.

결국 디커플링 이론과 액땜 이론의 만남은 '실패에서 배우는 혁신'과 '고객 중심의 생태계 재편'이라는 두 가지 강력한 프레임워크를 제공한다. 달러쉐이브클럽과 베스트바이는 이런 원리들이 현실에서 어떻게 작동하는지를 보여주는 완벽한 교과서이자, 미래 혁신의 방향을 제시하는 나침반 역할을 한다. 이 점은 한국 기업들이 글로벌 시장에서 새로운 성장 동력을 찾기 위한 매우 실용적이고 효과적인 전략적 도구가 될 것이다.

21세기 핵심역량은
유연성과 회복탄력성의 결합

핵심역량의 역설

21세기 핵심역량 이론은 1990년대 미시간 대학교의 프라할라드 Coimbatore Krishnarao Prahalad와 런던 비즈니스 스쿨의 게리 해멀 Gary Hamel이 제시한 이후 30년간 기업 전략의 핵심 프레임워크로 자리 잡았지만, 현재의 급변하는 경영 환경에서는 근본적인 한계를 드러낸다. 이들이 정의한 핵심역량은 "경쟁자들이 쉽게 모방할 수 없는 기업 고유의 역량으로, 다양한 사업 영역에 적용 가능하며 고객에게 핵심적 가치를 제공하는 능력"이었다. 하지만 이런 정의는 상대적으로 안정적이고 예측 가능한 경영 환경을 전제로 한 것이고, 현재와 같은 극도의 변동성과 불확실성이 일상화된 VUCA 시대에는 오히려 기업의 발목을 잡는 족쇄가 될 수 있다는 비판이 제기된다.

전통적인 핵심역량 이론의 가장 큰 문제는 '지속성'에 대한 과도한 믿음이다. 프라할라드와 해멀은 한번 구축된 핵심역량이 장기간에 걸처 경쟁우위를 보장할 것이라고 가정했다. 실제로 그들이 제시한 대표적 사례들인 혼다의 엔진 기술, 3M의 접착 기술, 소니의 소형화 기술은 모두 수십 년간 해당 기업들의 경쟁력 원천이었다. 하지만 21세기에 들어서면서 기술 변화의 속도가 기하급수적으로 빨라지고, 산업 경계가 모호해지며, 소비자 선호도가 급변하면서 이런 '영속적 핵심역량'이라는 개념 자체가 환상이 되어버렸다. 오히려 기존 핵심역량에 과도하게 의존하는 기업들이 급변하는 환경에 적응하지 못하고 몰락하는 사례들이 속출하고 있다.

코닥의 몰락은 전통적 핵심역량 이론의 함정을 가장 극명하게 보여주는 사례다. 코닥은 130년간 필름과 화학 현상 기술에서 세계 최고의 핵심역량을 보유했고, 이는 프라할라드와 해멀의 정의에 완벽하게 부합했다. 경쟁자들이 쉽게 모방할 수 없었고, 다양한 제품 라인에 적용 가능했으며, 고객들에게 핵심적 가치를 제공했다. 하지만 디지털 사진 기술이 등장하면서 이런 핵심역량은 순식간에 무용지물이 되었다. 더 아이러니한 것은 코닥 자체가 1975년 세계 최초로 디지털 카메라를 발명했다는 사실이다. 하지만 기존 필름 사업의 핵심역량을 보호하려는 관성 때문에 자신들의 혁신을 상용화하지 못했고, 결국 2012년 파산 신청을 하게 되었다.

노키아Nokia의 사례도 비슷한 맥락에서 이해할 수 있다. 노키아는 1990년대와 2000년대 초반 휴대폰 하드웨어 설계와 제조에서 독보적인 핵심역량을 보유했다. 특히 배터리 수명, 내구성, 신호 수신 능력에서는 어떤 경쟁자도 따라올 수 없는 기술적 우위를 점하고 있었다. 하지만 애플의 아이폰이 등장하면서 게임의 룰 자체가 바뀌었다. 스마트폰 시대에는 하드웨어 성능보다 소프트웨어 생태계와 사용자 경험이 더 중요한 요소가 되었고, 노키아의 기존 핵심역량은 오히려 새로운 패러다임에 적응하는 데 걸림돌이 되었다. 회사 내부의 모든 자원과 역량이 기존 휴대폰 기술에 최적화되어 있기 때문에 스마트폰으로의 전환이 극도로 어려웠던 것이다.

이런 사례들에서 볼 수 있듯이 전통적 핵심역량 이론이 지닌 근본적 한계다. 안정적이고 예측 가능한 환경에서는 장기간 지속되는 핵심역량이 강력한 경쟁우위의 원천이 되지만, 불연속적 변화가 일상화된 현대 경영 환경에서는 오히려 '핵심 경직성Core Rigidity'으로 전락할 위험이 크다. MIT의 도로시 레너드Dorothy Leonard가 지적했듯이, 어제의 핵심역량이 오늘의 핵심 약점이 될 수 있다.

'무엇'보다 '어떻게'가 이긴다

이런 맥락에서 액땜 이론이 21세기 핵심역량 이론에 제공하는 통찰은 매우 중요하다. 액땜 이론의 핵심은 실패와 좌절을 단순히 부정적인 경험으로 보지 않고, 오히려 기존의 틀에서 벗어나 새로운 가능성을 탐색할 수 있게 해주는 '정화의 과정'으로 인식하는 것이다. 이를 핵심역량 이론에 적용하면, 기업이 보유해야 할 진정한 핵심역량은 특정한 기술이나 자산이 아니라 '실패를 통해 배우고 변화에 적응하는 능력' 자체라는 결론에 도달한다. 즉 메타 핵심역량Meta Core Competency이야말로 21세기 기업이 추구해야 할 진정한 경쟁력의 원천이다.

아마존의 제프 베조스는 이런 액땜 이론적 접근의 대표적 실천자다. 아마존은 창립 이후 수많은 실패를 경험했다. 온라인 경매 사이트인 아마존 옥션Amazon Auctions은 이베이eBay에 완패했고, 소셜 네트워킹 사이트인 아마존 커넥트Amazon Connect는 페이스북에 밀렸으며, 스마트폰인 파이어폰은 아이폰과 안드로이드 진영에 참패했다. 전통적인 핵심역량 관점에서 보면 아마존은 일관성 없는 전략으로 자원을 낭비한 것처럼 보인다. 하지만 베조스는 이런 실패들을 통해 '실험을 통한 학습'이라는 고유한 조직 역량을 개발했고, 이것이야말로 아마존의 진정한 핵심역량이 되었다. AWSAmazon Web Services, 킨들Kindle, 알렉사Alexa 같은 혁신적 서비스들은 모두 이런 실패 경험의 축적 위에서 탄생했다.

구글의 래리 페이지와 세르게이 브린Sergey Brin도 비슷한 철학을 보여준다. 구글은 검색 엔진이라는 핵심 사업에서 독보적인 역량을 보유하고 있지만, 동시에 무수히 많은 실험적 프로젝트들을 시도하고 대부분 실패하는 것을 두려워하지 않는다. 구글 글래스, 구글 웨이브, 구글 플러스 같은 실패작들은 전통적 관점에서는 자원 낭비로 보일 수 있지만, 액땜 이론의 관점에서는 조직의 혁신역량을 지속적으로 단련하는 필수적인 과정이다. 실제로 구글의 안드로이드 운영체제, 크롬Chrome 브라우저, 유튜브YouTube 같은 성공작들은 모두 이런 지속적인 실험과 실패의 문화에서 나왔다.

실패 친화적 설계가 혁신의 근육을 만든다

스탠퍼드 경영대학원의 캐슬린 아이젠하트는 '동적 역량' 연구에서 급변하는 환경에서 성공하는 기업들의 공통점을 분석한 바 있다. 그녀의 연구에 따르면, 이런 기업들은 기존 역량에 안주하지 않고 지속적으로 새로운 역량을 개발하고 기존 역량을 재구성하는 능력이 있다. 이 점은 액땜 이론의 핵심 통찰과 정확히 일치한다. 실패와 위기를 통해 기존의 틀을 깨고 새로운 가능성을 탐색하는 것이야말로 진정한 동적 역량의 원천이다.

MIT의 피터 셍게는 '학습하는 조직'에서 시스템 사고의 중요성을 강조했지만, 실패를 통한 학습의 동적 과정에 대해서는 상대적으로 덜 주목했다. 셍게의 프레임워크를 액땜 이론으로 보완하면, 조직의 학습 능력을 평가할 때 그들이 성공 사례를 분석하는 능력뿐만 아니라 실패와 위기를 어떻게 처리하고 활용하는지를 핵심 지표로 보아야 한다는 통찰을 얻을 수 있다.

애플의 팀 쿡Tim Cook은 스티브 잡스 사후 회사를 이끌면서 액땜 이론적 접근을 보여준다. 애플 워치Apple Watch 초기 버전은 시장 반응이 미지근했고, 애플 TV+는 넷플릭스나 디즈니+ 대비 경쟁력이 부족하다는 평가를 받았다. 하지만 쿡은 이런 '실패'들을 통해 웨어러블 기기와 서비스 사업에 대한 이해가 깊어졌다. 애플 워치는 지속적인 개선을 통해 현재 웨어러블 시장의 압도적 1위를 기록하고, 서비스 사업도 애플 전체 매출에서 점점 더 중요한 비중을 차지한다.

마이크로소프트의 사티아 나델라는 액땜 이론을 가장 체계적으로 실천한 CEO 중 한 명이다. 그가 2014년 CEO로 취임했을 때 마이크로소프트는 모바일과 클라우드 전환에서 뒤처져 있었고, 윈도우폰은 참담한 실패작이었다. 전통적인 핵심역량 관점에서는 윈도우와 오피스라는 기존 강점에 더욱 집중해야 한다는 결론이 나올 수 있었다. 하지만 나델라는 모바일과 윈도우폰에서의 실패를 오히려 '모바일 퍼스트, 클라우드 퍼스트' 전략의 출발점으로 삼았다. 윈도우폰 실패의 교훈을 삼아 iOS와 안드로이드에서도 마이크로소프트 서비스를 제공하는 전략으로 전환했고, 온프레미스On-premise 소프트웨어에서의 성공 경험을 클라우드 서비스인 애저Azure 개발에 활용했다.

핵심역량 이론에 액땜 이론을 접목하는 법

따라서 21세기 핵심역량 이론에 액땜 이론을 통합할 때 가장 중요한 것은 '실패 친화적 조직 문화Failure-Friendly Organizational Culture'의 구축일지 모른다. 단순히 실패를 용인하는 것을 넘어 실패를 통해 배우고 성장할 수 있는 체계적인 메커니즘을 만드는 것을 의미한다. 구글의 '20퍼센트 타임', 3M의 '15퍼센트 룰', 페이스북의 "빠르게 움직이고 깨뜨려라"와 같은 정책들이 그 예다.

스타트업 생태계에서 '빠른 실패'라는 개념이 널리 받아들여진 것도 액땜 이론적 사고의 확산을 보여준다. 실리콘밸리의 벤처캐피털리스트들은 창업자들의 과거 실패 경험을 오히려 긍정적으로 평가하는 경향이 있다. 실패를 통해 깊이 배운 창업자들이 다음 벤처에서 성공할 확률이 높다는 것을 경험적으로 알고 있기 때문이다.

중국의 알리바바 그룹 창립자 마윈도 액땜 이론의 실천자다. 그는 창업 전 수많은 실패를 경험했다. 대학 입시에 세 번 떨어졌고, 30개가 넘는 직장에 지원했다가 모두 거절당했으며, 초기 인터넷 사업들도 대부분 실패했다. 하지만 마윈은 이런 실패들을 통해 중국 시장과 소비자들에 대해 깊이 이해하게 되었고, 이것이 결국 알리바바의 성공 기반이 되었다. 특히 B2B 사업에서의 초기 어려움은 그가 B2C와 C2C로 사업 모델을 확장하는 아이디어를 얻는 계기가 되었다.

일본의 소프트뱅크SoftBank 손정의 회장도 액땜 이론을 실천한 대표적인 경영자다. 그는 수십 년간 수많은 투자 실패를 경험했다. 인터넷 버블 시기에는 개인 자산의 대부분을 잃었고, 위워크WeWork, 우버 같은 투자에서도 큰 손실을 보았다. 하지만 손정의는 이런 실패들을 통해 기술 트렌드를 읽고 미래를 예측하는 독특한 능력을 개발했다. 알리바바에 대한 초기 투자가 수백 배의 수익을 가져다준 것도 이런 실패 경험의 축적 위에서 가능했다.

이런 관점에서 보면, 21세기의 핵심역량은 특정한 기술이나 자산이 아니라 변화 자체를 다루는 메타 역량이라고 할 수 있다. 기업들은 "무엇을 잘하는가"보다는 "어떻게 배우고 적응하는가"에 더 집중해야 한다. 실패를 두려워하지 않고 오히려 실패를 통해 더 나은 미래를 만들어가는 조직만이 급변하는 21세기 경영 환경에서 지속적인 경쟁우위를 확보할 수 있다. 액땜 이론이 제시하는 '실패를 통한 정화와 성장'의 지혜야말로 새로운 시대의 핵심역량 이론이 담아야 할 가장 중요한 통찰이다.

ESG를 넘어선
액땜형 지속 가능 경영

실패를 자산으로 바꾸는 지속 가능성

1987년 브룬트란트 위원회가 "미래 세대의 필요를 충족시킬 능력을 저해하지 않으면서 현재 세대의 필요를 충족시키는 발전"이라는 지속 가능성 정의를 내놓았을 때, 그들은 아마도 2025년의 세상이 이렇게 돌아갈 것이라고는 상상도 하지 못했다. 코로나19가 3년간 전 세계를 마비시키고, 우크라이나 전쟁이 글로벌 공급망을 산산조각 내며, 기후 변화가 예측 불가능한 재앙들을 연속으로 쏟아내는 세상 말이다. 브룬트란트 여사가 정의한 지속 가능성은 마치 "좋은 날씨에만 작동하는 우산" 같았다. 정작 폭풍우가 몰아칠 때는 별로 소용이 없다는 것이 문제였다.

전통적 지속 가능성 이론의 가장 큰 착각은 "세상이 착하고 예측 가능하게 돌아간다"는 순진한 믿음을 전제로 한다. ESG 평가 체계나 UN의 지속 가능 발전 목표SDGs와 같은 주류 프레임워크들은 모두 '과거의 성과 → 현재의 계획 → 미래의 예측'이라는 선형적 사고에 기반한다. 마치 '어제 맑았으니 내일도 맑을 것'이라고 우기는 것과 같았다. 하지만 현실은 그렇게 호락호락하지 않았다.

2008년 리먼브라더스는 파산 직전까지도 '지속 가능한 성장'을 자랑했고, 2019년 독일의 와이어카드Wirecard는 '친환경 기업'으로 각종 상을 받다가 하루아침에 사기 행각이 발각되어 망했다. 이들의 '지속 가능성 보고서'는 지금 생각해보면 '허구 소설의 걸작'이었다. 표면적 지속 가능성과 실제 생존력 사이의 괴리는 마치 '무대 위의 배우와 실제 인물'만큼 컸다.

바로 여기서 액땜 이론이 필요하다. 액땜 이론이 지속 가능성 개념에 제공하는 핵심 통찰은 충격적이다. 진정한 지속 가능성은 실패와 위기를 회피하거나 최소화하는 데 있지 않고, 오히려 그런 시련을 통해 더 강해지고 적응력 있는 조직으로 진화하는 능력에 있다. 나심 탈레브가 제시한 '안티프래질' 개념과도 정확히 일치한다. 충격을 받았을 때 단순히 견디는 것을 넘어, 오히려 그 충격을 통해 더 강해지는 특성이야말로 21세기 지속 가능성의 핵심이라는 것이다.

또 전통적 지속 가능성의 가장 큰 문제점은 '안전제일주의'에 빠진다는 것이다. 리스크를 최소화하고, 변화를 점진적으로 하며, 모든 이해관계자를 만족시키려다 보면 결국 '모든 것을 조금씩 하는 평범한 기업'이 된다. 마치 '모든 사람에게 좋은 사람이 되려다가 아무에게도 기억되지 않는 사람'이 되는 것과 같다.

하지만 액땜 이론의 관점에서 보면, 이런 '안전제일주의'는 오히려 가장 위험한 전략이다. 진정한 위기가 닥쳤을 때 '실패 경험이 없는 조직'은 어떻게 대응해야 할지 모르기 때문이다. 마치 '온실 속 화초가 바람에 쉽게 꺾이는 것'과 같다. 반대로 평소에 작은 실패들을 경험하고 거기서 배운 조직들은 큰 위기가 닥쳤을 때도 빠르게 적응하고 오히려 기회로 만든다.

코로나19 팬데믹 때 가장 빠르게 회복한 기업들을 보면 이런 패턴이 명확하다. 아마존, 넷플릭스, 줌 같은 회사들은 팬데믹 이전에도 계속 '미친 실험'들을 감행했다. 아마존은 수십 개의 사업을 시작했다가 실패시켰고, 넷플릭스는 DVD 우편배송이라는 기존 수익모델을 스스로 파괴하면서 스트리밍으로 갈아탔다. 줌은 화상회의 시장이 포화상태일 때 또 다른 화상회의 서비스를 출시하는 '뻔뻔함'을 보였다. 이들의 공통점은 '실패를 두려워하지 않는 문화'였다. 실패는 비용이 아니라 '미래를 위한 투자'였고, 위기는 위험이 아니라 '경쟁자를 따돌릴 기회'였다. 반면 전통적 지속 가능성에 매몰된 기업들은 팬데믹이라는 예상치 못한 변수 앞에서 '계획서만 뒤적이며 멘붕'에 빠졌다.

액땜 이론이 제시하는 새로운 지속 가능성의 핵심은 '실패 수집'에 있다. 단순히 실패를 받아들이라는 것이 아니라, 적극적으로 실패를 만들어내고 거기서 배우는 시스템을 구축하라는 의미다. 마치 '백신이 몸에 약한 바이러스를 주입해서 면역력을 기르는 것'처럼, 조직도 작은 실패들을 통해 큰 위기에 대한 면역력을 키워야 한다는 것이다.

예산·데이터베이스·축제로 만드는 학습 엔진

액땜형 지속 가능 경영을 실천하는 구체적인 방법론으로 다음 세 가지를 꼽을 수 있다.

첫째, '실패 예산제'란 '합법적으로 돈 날릴 권리'를 제도화한 것이다. 구글은 전체 프로젝트의 성공 확률이 50퍼센트 정도인데도 166개나 되는 서비스를 '구글 공동묘지'에 묻어놓았다. 아마존은 더 가관이다. 패션 브랜드 endless.com부터 음식 배달 서비스까지 온갖 사업을 벌였다가 망했는데, 전부 다 '계획된 실패'였다. 마치 "우리는 성공할 때까지 실패하겠습니다"라는 뻔뻔한 선언 같았다. 직원들에게 "실패해도 괜찮다"는 면죄부를 주는 것이 아니라, "제대로 된 실험을 하다가 실패하면 그것도 성과다"라는 메시지를 전달하는 것이다.

둘째, '실패 데이터베이스'는 '망한 것들의 박물관'이다. 단순히 "아, 이거 망했네"라고 끝내는 것이 아니라 '왜 망했는지', '무엇을 배웠는지', '다음에는 어떻게 다르게 할 것인지'를 마치 법의학자가 시체를 부검하듯 철저히 분석한다. 구글이 하는 '포스트 모르템'(시체 해부)이 바로 이런 개념이다. 실패를 그냥 실패로 끝내지 않고 '집단 지성의 자료'로 만드는 것이다. 마치 '실패 도서관'을 만드는 것과 같아, 누구나 과거의 실패 사례를 검색해서 같은 실수를 반복하지 않도록 돕는다.

셋째, '실패 축제'는 정말 기가 막힌 아이디어다. 실리콘밸리에서 매년 열리는 '페일콘Failcon'처럼, 실패를 부끄러워하지 말고 오히려 자랑스럽게 공유하자는 것이다. 말하자면 '실패 자랑 대회' 같은 느낌으로, 가장 교훈적이고 창의적인 실패를 한 사람을 시상하기도 한다. 일론 머스크가 스페이스X 로켓이 폭발하는 영상을 모아 공개한 것도 비슷한 맥락이다. "우리가 이렇게 화려하게 망했습니다"라고 당당하게 보여주면서, 실패에 대한 사회적 편견을 바꾸려는 시도이다. 결국 이 세 가지는 모두 '실패를 자산으로 만드는 기술'이다. 실패를 비용이 아니라 투자로 보자는 것, 그리고 그 투자 수익을 조직 전체가 공유하자는 철학이 담겨 있다.

또 전통적 ESG는 '착한 기업 인증서' 받기 경쟁이었다. 환경을 보호하고, 사회에 기여하고, 거버넌스를 투명하게 하면 지속 가능하다는 것이다. 하지만 실제로는 'ESG 점수는 높은데 주가는 폭락하는' 아이러니한 상황들이 속출했다. 액땜형 ESG는 완전히 다른 접근 방식이다.

Environment(환경)에서는 '탄소 제로'를 목표로 하기보다는 '기후변화 충격 흡수력'을 기른다. 태양광 패널을 설치하는 것도 좋지만, 정전이 났을 때도 사업을 계속할 수 있는 '에너지 독립성'이 더 중요하다는 것이다.

Social(사회)에서는 '좋은 일 많이 하기'보다 '사회적 위기 때 진가를 발휘하는 능력'을 중시한다. 평상시에 자원봉사 프로그램을 운영하는 것보다, 팬데믹이나 자연재해 같은 위기 상황에서 지역사회의 문제를 해결할 수 있는 '사회적 면역력'이 더 가치 있다.

Governance(거버넌스)에서는 '투명성'보다 '적응성'을 강조한다. 모든 것을 공개하고 규칙을 철저히 지키는 것도 중요하지만, 예상치 못한 상황에서 빠르게 의사결정을 내리고 실행할 수 있는 '조직적 민첩성'이 더 중요하다는 것이다.

액땜형 지속 가능성을 실천하는 기업들의 사례를 보면 그 위력이 명확해진다. 테슬라는 자동차 업계의 '상식'을 무시하고 전기차에 올인했다. 초기에는 '화재 위험', '주행거리 부족', '충전소 부족' 등 수없이 많은 실패와 비판을 받았다. 하지만 바로 이런 '실패 경험의 축적'이 테슬라를 기존 자동차 회사들이 따라잡을 수 없는 수준으로 끌어

올렸다. 넷플릭스는 더욱 극단적이다. DVD 사업이 한창 잘될 때 스스로 그 사업을 파괴하면서 스트리밍으로 전환했다. '성공하고 있는 것을 스스로 망가뜨리는' 용기였다. 결과적으로 블록버스터나 다른 DVD 대여업체들이 망할 때 넷플릭스는 새로운 시대의 왕이 되었다. 아마존은 아예 '실패를 사업 모델'로 만들었다. 아마존 파이어폰은 망했지만 그 기술이 알렉사로 이어졌고, 아마존 옥션은 실패했지만 그 경험이 아마존 마켓플레이스의 토대가 되었다. 제프 베조스는 "우리는 최고의 실패 기업이 되고 싶다"라고 공공연히 말했다. 이들의 공통점은 '실패를 자산으로 전환하는 능력'이다. 실패를 비용으로 보지 않고 '경쟁우위의 원천'으로 본다는 것이다. 전통적 지속 가능성에서는 상상할 수 없는 접근법이다.

액땜형 ESG: 착한 지표가 아니라 적응 설계

전통적 지속 가능성은 '회복탄력성Resilience'에 집중했다. 충격을 받았을 때 원래 상태로 돌아가는 능력을 중시한 것이다. 하지만 액땜형 지속 가능성은 '성장탄력성Growth-resilience'을 추구한다. 충격을 받았을 때 원래보다 더 강해지는 능력 말이다. 구체적인 측정 방법도 완전히 다르다. 전통적 ESG는 "얼마나 좋은 일을 했는가"를 측정했다면, 액땜형 ESG는 "얼마나 빠르게 배우고 적응하는가"를 측정한다. 예를 들어 환경 부문에서는 '탄소 배출량 감소율'보다 '환경 변화 적응 속도'를 본다. 기후 변화로 인한 예상치 못한 날씨 변화에 얼마나 빠르게 대응할 수 있는지, 새로운 환경 규제가 나왔을 때 얼마나 신속하게 적응할 수 있는지가 더 관건이다.

마지막으로 전통적 지속 가능성 전략은 '5년 계획', '10년 로드맵'과 같은 장기 계획에 의존했다. 하지만 현실에서는 이런 계획들이 2~3년 만에 무용지물이 되는 경우가 부지기수다. 코로나19가 터지면서 2020년 초에 세운 모든 계획이 휴지조각이 된 것이 대표적 사례다. 액땜형 지속 가능성은 '계획'보다 '원칙'을 중시한다. 구체적인 목표와 일정을 정하기보다는 '어떤 상황에서도 지킬 수 있는 핵심 원칙'을 세우고 그것을 바탕으로 상황에 맞게 대응한다. 예를 들어 '2030년까지 탄소 중립 달성'이라는 구체적 목표 대신 "언제나 환경 영향을 최소화하면서 사업 경쟁력을 최대화한다"는 원칙을 세운다. 그러면 탄소 중립 기술이 예상보다 빨리 발전하면 목표를 앞당길 수 있고, 예상치 못한 경제위기가 닥치면 우선순위를 조정할 수 있다. 마치 'GPS 내비게이션'과 같다. 목적지는 정해져 있지만, 교통 상황에 따라 경로를 실시간으로 조정한다. 공사나 사고로 막힌 길이 있으면 즉시 우회한다. 전통적 계획은 '종이지도'와 같아, 한 번 정해진 경로를 바꾸기 어렵다.

결국 액땜형 지속 가능성이 추구하는 것은 '생존'이 아니라 '진화'다. 단순히 어려운 상황을 견뎌내기보다는, 그런 상황을 통해 더 강하고 똑똑해지는 것이다. 다윈의 진화론과도 일맥상통한다. 생존하는 종은 가장 강한 종이 아니라 '변화에 가장 잘 적응하는 종'이다. 기업도 마찬가지다. 미래에 생존하는 기업은 규모가 크거나 가장 착한 기업이 아니라 '가장 빠르게 배우고 적응하는 기업'일 것이다.

1987년에 정의된 지속 가능성은 '현재와 미래의 조화'에 집중했다. 하지만 2025년의 현실에서는 '예측 불가능한 변화에 대한 적응력'이 더 중요하다. 미래가 어떻게 될지 모르는 상황에서는 미래를 예측하기보다는 어떤 미래가 와도 살아남을 수 있는 능력을 기르는 것이 더 현명하다.

액땜형 지속 가능성은 단순히 '좋은 기업'이 되기보다는 '강한 기업'이 되려는 것이다. 실패를 두려워하지 않고, 위기를 기회로 만들며, 변화를 성장의 동력으로 삼는 기업. 그런 기업만이 21세기의 진정한 지속 가능성을 달성할 수 있다. 따라서 우리에게 필요한 것은 '실패를 수집하는 지속 가능성'이다. 그동안의 지속 가능성에 대한 정의를 부정하는 것이 아니라, 그것을 21세기 현실에 맞게 업그레이드해야 한다는 것이다. "미래 세대를 위해 현재를 희생하라"는 말이 아니라, "현재의 실패를 통해 미래의 성공을 준비하라"는 것이다. 이것이야말로 예측 불가능한 시대에 필요한 진짜 지속 가능성이 아닐까.

필패 신드롬과
리더십의 진화

액땜형 리더가 바꾸는 조직의 면역력

장프랑수아 망조니Jean-François Manzoni와 장루이 바르수Jean-Louis Barsoux가 15년간의 연구를 통해 밝혀낸 필패 신드롬Set-up-to-fail Syndrome은 그야말로 조직심리학의 '호러 영화' 같은 개념이었다. 아무리 유능한 직원이라도 상사에게 무능하다는 의심을 받는 순간 실제로 업무 능력이 저하되고 의욕을 상실하여 무능해진다는 잔인한 악순환 말이다. 하지만 액땜 이론의 렌즈를 통해 이 현상을 다시 살펴보면, 완전히 다른 풍경이 펼쳐진다. 필패 신드롬은 단순한 조직 병리가 아니라 '조직 진화의 신호탄'이자 '리더십 혁신의 출발점'이 될 수 있다는 것이다.

전통적인 관점에서 필패 신드롬은 마치 '조직의 암세포' 같은 존재였다. 상사의 확증 편향과 부하 직원의 자존감 손상이 만나 서로를 파괴하는 독성 관계로 이해되었고, 따라서 '근절해야 할 악순환'으로 여겨졌다. 하지만 액땜 이론으로 재해석하면, 조직이 더 강해지기 위해 겪어야 할 '건설적 마찰'이자 '성장의 백신'이다.

반면 액땜 이론의 핵심은 "작은 불행이 큰 불행을 막는다"는 것이다. 이 관점에서 보면 필패 신드롬을 겪는 과정은 조직과 개인이 더 높은 단계의 성숙으로 나아가기 위한 '통과의례'이다. 만약 조직 내에서 필패 신드롬이 전혀 발생하지 않는다면, 그것은 오히려 더 위험한 신호일 수 있다. 진정한 피드백이 오고가지 않고, 상호 간의 솔직한 소통이 차단된 채로 표면적 화합만 유지되고 있을 가능성이 높기 때문이다.

이것은 마치 '인체의 면역반응'과 같다. 감기에 걸리는 것은 불편하고 고통스럽지만, 그 과정에서 면역체계가 강해져서 더 큰 질병을 예방할 수 있다. 마찬가지로 조직에서 발생하는 필패 신드롬도 '조직 면역체계의 작동'으로 볼 수 있다. 상사와 부하 간의 갈등과 오해를 통해 조직이 더 강한 소통 능력과 적응력을 기를 수 있다면, 단순히 피해야 할 문제가 아니라 '성장을 위한 기회'다.

액땜 이론으로 무장한 새로운 리더십은 필패 신드롬을 완전히 다른 방식으로 접근한다. 전통적 리더가 '실패 방지자' 역할을 했다면, 액땜형 리더는 '실패 활용자'가 된다. 이들은 부하의 실패를 보고 "이 사람은 무능하다"라고 판단하기보다는 "이 실패에서 무엇을 배울 수 있는가?"라고 접근하는 것이다. 필패 신드롬이 대화를 풀어야 한다고 주장한 것과는 사뭇 다른 접근법인 셈이다.

첫째 '실패 친화적 기대치 설정'이다. 액땜형 리더는 부하에게 '실패 예산'을 할당한다. 구글이 직원들에게 '20퍼센트 시간'을 주면서 실패할 권리를 보장하듯이, 이들은 실패를 '성장 데이터'로 본다. "이번 분기에 최소한 세 번은 의미 있는 실패를 해보세요"라는 식의 지시를 내리는 것이다. 단순히 관대함의 문제가 아니라, 실패를 통한 학습과 혁신의 기회를 체계적으로 만들어내는 전략이다.

둘째 '확증 편향의 전략적 활용'이다. 전통적 리더는 확증 편향을 극복하려고 노력하지만, 액땜형 리더는 오히려 '성장 도구'로 활용한다. 부하의 잠재력을 믿고 그것을 뒷받침하는 증거만 찾으려고 노력하는 것이다. '긍정적 확증 편향'이라고 할 수 있다. 부하가 작은 성과를 내면 "역시 당신에게서 이런 걸 기대했어요"라고 반응하고, 실패하면 "이것도 성장 과정의 일부죠"라고 해석한다.

셋째 '실패 데이터의 체계적 수집'이다. 액땜형 리더는 부하의 실패를 단순히 지나치지 않는다. 대신 '실패 부검'을 통해 왜 실패했는지, 무엇을 배웠는지, 다음에는 어떻게 다르게 할 것인지를 체계적으로 분석한다. 마치 '실패 연구소'를 운영하는 것과 같다. 모든 실패 사례를 데이터화해서 조직의 학습 자산으로 만든다.

자기 기대치를 키우는 실패 친화 문화

필패 신드롬 연구에서 중요한 근거로 제시되는 '피그말리온 효과 Pygmalion Effect'는 상사의 기대가 부하의 성과에 미치는 영향을 보여준다. 하지만 액땜형 리더십에서는 이를 한 단계 더 발전시킨 '갈라테아 효과'를 추구한다. 피그말리온이 조각상을 사랑해서 생명을 불어넣었다면, 갈라테아는 스스로 생명력을 가지고 성장하는 존재다.

액땜형 리더는 단순히 부하에게 높은 기대를 거는 것을 넘어, 부하 스스로가 '자기 기대치'를 높일 수 있도록 독려한다. 이를 위해 몇 가지 구체적인 전략을 사용해야 한다.

첫 번째는 '실패 스토리텔링' 전략이다. 리더가 자신의 흑역사를 '성장 드라마'로 포장해서 들려주는 기술이다. "제가 20년 전에 이런 실패를 경험했을 때는 정말 절망적이었는데, 지금 돌이켜보니 그 실패가 없었다면 오늘의 성공도 없었을 거예요"라는 식의 메시지를 전달하는 것이다. 마치 '실패의 로맨틱 코미디화'라고 할 수 있다. 당시에는 처참했지만 지금 보니 모든 것이 운명이었다는 식의 스토리텔링 말이다. 중요한 것은 리더가 진정성을 가지고 자신의 상처를 공개하면서, 부하들에게 '실패는 성공의 전 단계'라는 인식을 심어주는 방법이다. 이것은 단순한 위로가 아니라, 실패에 대한 관점 자체를 바꾸는 강력한 도구다. 직원들이 실패를 '커리어 종료 신호'가 아닌 '성장 신호'로 받아들이게 만드는 것이다.

두 번째는 '실패 축하' 문화를 만든다. 실리콘밸리의 많은 기업이 하는 '실패 파티'처럼, 가장 교훈적인 실패를 공유하고 축하하는 정기적인 모임을 갖는다. 이를테면 '실패 자랑 대회' 같은 느낌으로, "우리가 이렇게 화려하게 망했습니다!"라고 당당하게 발표하는 문화를 만드는 것이다. 실패를 숨기거나 부끄러워하기보다는 오히려 자랑스럽게 공유하는 분위기를 조성한다. 이것은 '실패에 대한 사회적 편견'을 완전히 뒤바꾸는 혁명적 시도다. 가장 창의적인 실패, 가장 빠른 회복, 가장 많은 교훈을 준 실패 등을 시상하면서, 실패를 '학습의 축제'로 만드는 것이다.

세 번째는 '실패 시뮬레이션'으로 '실패 훈련'의 개념이다. 실제 실패가 일어나기 전에 의도적으로 작은 실패 상황을 만들어서 연습시키는 것이다. 소방관이 화재 시뮬레이션을 통해 실전에 대비하듯, 조직 구성원들도 실패 상황에 대한 '면역력'을 기를 수 있도록 한다. 마치 '실패 백신'을 맞는 것과 같다. 작은 실패를 미리 경험함으로써 큰 실패에 직면했을 때 당황하지 않고 침착하게 대응할 수 있는 능력을 기르는 것이다. 예를 들어 고의로 시스템을 다운시켜 복구 훈련을 하거나, 가상의 위기 상황을 만들어서 대응 매뉴얼을 테스트하는 방식이다. 결국 이 세 가지 전략은 모두 '실패를 자산으로 만드는 기술'이다. 실패를 비용으로 보지 말고 투자로 보자는 것, 그리고 그 투자 수익을 조직 전체가 공유하자는 철학이 담겨 있다.

성공만 지향하는 KPI에서 실패도 자산화하는 KPI로

이렇게 액땜형 리더십이 도입되면 성과 평가 체계도 완전히 바뀌어야 할 것 같다. 전통적 KPI Key Performance Indicator는 '성공만 측정하는 지표'였다면, 액땜형 KPI는 '실패도 포함하는 지표'가 되는 셈이다. 먼저 '실패 학습 지수 FLI: Failure Learning Index'를 도입한다. 직원이 얼마나 많은 실패를 경험했고, 거기서 얼마나 많이 배웠는지를 측정하는 지표다. 단순히 실패 횟수가 아니라, 실패의 질과 그로부터 도출된 학습의 양을 평가한다. "이번 분기에 세 번의 의미 있는 실패를 통해 다섯 개의 중요한 교훈을 얻었다"라는 식의 평가가 이루어진다. 다음으로 '적응 속도 지수 ASI: Adaptation Speed Index'를 측정한다. 실패 후 얼마나 빨리 회복하고 새로운 접근법을 시도하는지를 평가하는 지표다. 실패를 경험한 후 며칠 만에 새로운 시도를 했는지, 그 시도가 얼마나 창의적이었는지를 종합적으로 평가한다. 마지막으로 '실패 공유 지수 FSI: Failure Sharing Index'도 중요한 평가 요소다. 자신의 실패 경험을 다른 팀원들과 얼마나 적극적으로 공유했는지, 그 공유가 조직 전체의 학습에 얼마나 기여했는지를 측정한다. 개인의 실패를 조직의 자산으로 만드는 능력을 평가하는 방식이다.

액땜 이론으로 무장한 필패 신드롬의 재해석은 단순한 조직관리 기법의 변화를 넘어 '경영 패러다임의 혁명'을 가져올 수 있다. '실패를 예방하는 리더십'에서 '실패를 활용하는 리더십'으로, '완벽을 추구하는 조직'에서 '실험을 즐기는 조직'으로, '성공만을 평가하는 시스템'에서 '실패도 자산으로 만드는 시스템'으로의 전환이 일어나는 것이다. 그러면 불확실성과 변동성이 일상화된 21세기에 가장 적합한 경영철학으로 자리 잡고, 미래의 성공 기업과 실패 기업을 가르는 결정적 분기점이 될 것이다.

5장
위기 속 기업 가치 회복의 인사이트

"유일한 진짜 실수는
　우리가 아무것도 배우지 못하는 실수이다."
- 헨리 포드

의도된 실패 시나리오의
설계와 실행

생존자 편향을 걷어내면 보이는 것들

기업 경영학은 그동안 거대한 착각에 빠져 있었는지도 모른다. 성공한 기업들을 분석하면서 그들의 '성공 요인'만 찾으려고 했고, 실패는 가능한 한 피해야 할 '불상사'로 취급했다. 하지만 액땜 이론의 렌즈로 들여다보면, 마치 '비 오는 날을 경험하지 않고 무지개를 보려는' 어리석은 시도와 같다. 진정한 성공은 실패라는 비료 없이는 절대 피어날 수 없는 꽃이기 때문이다.

볼로냐 대학교 연구진이 유럽 16개국 12만 7천여 개 기업을 대상으로 실시한 대규모 연구 결과는 충격적이었다. 실패를 많이 할수록 성공할 확률도 높아진다는 것이다. 전통적 경영학이 주장해온 '성공 공식'들을 정면으로 뒤흔드는 발견이었다. 마치 "약을 먹을수록 건강해진다"는 의학 상식을 뒤집는 발견과 같았다. 하지만 이는 단순한 역설이 아니라 비즈니스 세계의 근본적 작동 원리를 보여주는 핵심 통찰이었다.

사실 전통적 경영학은 성공한 기업들의 '베스트 프랙티스'를 찾아내서 다른 기업들이 따라 하게 만드는 것을 주요 임무로 여겨왔다. 마치 '성공 요리책'을 만들어서 누구나 따라 하면 성공할 수 있다는 식의 접근이었다. 하지만 현실에서는 똑같은 전략을 써도 어떤 기업은 성공하고 어떤 기업은 실패하기 마련이다. 요리책을 똑같이 따라 해도 요리하는 사람마다 맛이 다른 것과 같은 이치다.

더 큰 문제는 성공 사례만 분석하다 보니 '생존자 편향'에 빠진다는 것이었다. 성공한 기업들이 겪은 수많은 실패는 무시하고, 최종 성공 결과만 분석하다 보니 완전히 왜곡된 그림이 나올 수밖에 없었다. 마치 "올림픽 금메달리스트가 어떻게 훈련했는가?"만 연구하고, 그들이 몇 번 넘어지고 다쳤는지는 무시하는 처사였다.

실제로 아마존의 제프 베조스는 "우리가 성공한 이유는 실패를 두려워하지 않았기 때문이다"라고 설명했지만, 대부분의 경영학 교과서에는 아마존의 성공 전략만 소개되고 아마존 파이어폰의 참담한 실패나 수십 개의 망한 서비스는 언급되지 않는다. 이 점은 '편집된 성공 이야기'를 기반으로 한 경영학이 얼마나 현실과 동떨어져 있는지를 보여준다.

기업들이 실패를 극도로 기피하는 이유는 단순히 손실이 싫어서가 아니다. 더 근본적으로는 '실패 = 무능함의 증거'라는 사회적 편견 때문이다. 액땜 이론에서 말하는 '액땜 거부 심리'의 기업 버전이다. 실패를 통해 더 강해질 수 있다는 것을 머리로는 알지만, 당장의 체면과 주가를 생각하면 실패를 감수하기 어렵다.

실패 면역력이 경쟁력이다

하지만 삼성경제연구소가 분석한 경영 실패의 주요 원인들을 보면 흥미로운 패턴이 드러난다. 과욕Avarice, 타성Inertia, 착각Delusion, 자아도취Self-absorption로 요약되는 'AIDS' 증후군이 바로 그것이다. 그야말로 '성공한 기업들의 자폭 매뉴얼'이라고 할 만하다. 이 네 가지 요소는 마치 '성공의 독'처럼 기업을 내부에서부터 썩게 만든다. 하지만 여기서 핵심은 이 모든 병증이 사실 '실패 경험 부족증'에서 비롯된다는 점이다.

과욕은 '알렉산드로스의 딜레마'로도 불리는데, 성공에 취해 무분별하게 사업을 확장하다가 망하는 경우다. K마트가 사무용품부터 스포츠용품까지 닥치는 대로 인수하다가 월마트에 1위 자리를 내주고 파산한 것이 대표 사례다. 이탈리아 명품 구찌도 1970~1980년대에 저가 상품 남발과 무분별한 라이선스 사업으로 브랜드 가치까지 잃었다. 이들의 공통점은 과거에 큰 실패를 겪어본 적이 없어 '한계'를 모르고 있었다는 것이다.

타성은 과거의 성공에 안주해서 변화에 둔감해지는 증상이다. 모토로라가 '스타택' 성공에 취해 있으면서 44억 달러 손실을 기록한 위성전화 '이리듐' 프로젝트를 중단하지 못한 것이 전형적인 사례다. 마이클 포터는 이 점을 두고 "기존 고객에 안주하는 것"이라고 표현했는데, 결국 '성공 중독'에 빠져 현실을 못 보는 상태다.

착각과 자아도취는 시장 현실을 무시하고 기술적 우월감에 빠지는 현상이다. 애플의 첫 PDA '뉴턴'이나 보쉬의 12종 커피메이커 '벤베누트B30'와 같은 '과잉 혁신' 제품들이 시장에서 외면받은 것도 같은 맥락이다. 이들은 모두 "고객이 우리 기술의 위대함을 이해하지 못한다"는 착각에 빠져 있었다.

결국 이 모든 증상의 뿌리는 '실패 면역력 부족'이다. 작은 실패들을 통해 현실을 직시하고 겸손함을 배워야 하는데, 너무 순조롭게 성공하다 보니 '실패 백신'을 맞을 기회가 없었다. 마치 온실에서 자란 화초가 바람에 쉽게 꺾이듯, '실패 경험'이라는 면역력이 없는 기업들은 작은 변화에도 큰 타격을 받는다. 액땜 이론의 관점에서 보면, 이 기업들에게 필요했던 것은 '더 많은 성공'이 아니라 '적당한 실패'였던 셈이다.

구찌가 1970~1980년대에 저가 상품을 남발하고 무분별한 라이선스 사업을 벌이다가 브랜드 가치까지 잃은 것도 마찬가지다. 당시 구찌는 너무 잘나가고 있었기 때문에 작은 실패들을 경험할 기회가 없었다. 그 결과 '실패 면역력'이 없는 상태에서 큰 실수를 저지르고 말았다. 만약 구찌가 미리 작은 실패들을 경험했다면, 브랜드 확장의 위험성을 미리 깨닫고 더 신중하게 접근했을 것이다.

반면 에어버스가 A380 제작 과정에서 겪은 사례는 액땜 이론의 핵심을 완벽하게 보여준다. 기내 배선 체계 문제를 발견한 후 또 다른 거대한 기체 결함들을 연달아 발견하게 되었고, 결국 처음부터 설계를 다시 해야 하는 최악의 상황에 직면했다. 기체 인도일을 2년 가까이 늦추면서 천문학적 손실을 입었다. 하지만 이런 시행착오를 거듭한 재설계와 철저한 검증을 통해 A380은 현존하는 가장 안전한 여객기로 평가받는다. 반대로 2003년 공중에서 폭발한 우주왕복선 컬럼비아호는 '실패 없는 성공'의 위험성을 보여주는 사례다. 제작 과정에서 감지된 미세한 문제점들을 대수롭지 않게 여기고, 전체적인 제작 과정도 큰 실패나 어려움 없이 완벽하게 진행되었다. 하지만 바로 이런 '순조로운 진행'이 안일함을 낳았고, 결국 대참사의 도화선이 되었다.

여기에서 '실패 학습 곡선'이라는 새로운 개념을 제시할 수 있다. 기업이나 조직이 실패를 겪을 때마다 학습 효과가 누적되어 다음번에는 더 나은 성과를 낼 수 있게 된다는 개념이다. 마치 근육이 미세한 손상을 통해 더 강해지듯이, 조직도 작은 실패들을 통해 더 강한 '조직 면역력'을 기르게 된다.

유니클로 창업주 야나이 다다시의 '9패 1승' 전략은 액땜 이론의 완벽한 실현이다. "경영자가 연전연승했다면 새로운 것을 전혀 시도하지 않았다는 얘기"라는 그의 말은 전통적 경영학의 '성공 지상주의'에 정면으로 도전하는 선언이다. 열 번 시도해서 한 번만 성공해도 된다는 것은 아홉 번의 실패를 '투자'로 보겠다는 의미다. 하지만 여기서 중요한 부분은 단순히 많이 실패하라는 것이 아니라, "전략적으로 실패하라"는 말이다. 야나이의 9패 1승은 무작정 아무거나 시도해서 망하라는 것이 아니라, 각각의 실패에서 최대한의 학습 효과를 뽑아내서 다음 시도의 성공 확률을 높이라는 의미다. '실패의 질'이 중요하다는 액땜 이론의 핵심 통찰과 일치한다.

실패 활용 경영학: 회피에서 실험으로, 예측에서 적응으로

액땜 이론이 경영학에 던진 폭탄은 그동안 '성공 숭배교'였던 비즈니스 세계를 완전히 뒤흔들고 있는 셈이다. 전통적 경영학이 "어떻게 하면 실패하지 않을까?"라고 고민했다면, 액땜형 경영학은 "어떻게 하면 더 잘 실패할까?"라고 묻는다. 이것은 단순한 발상의 전환이 아니라 경영 시스템 전체를 뒤바꾸는 혁명이다.

첫 번째 혁명: '실패 회피'에서 '실패 활용'으로의 전환은 마치 '감기를 피하려고 집에만 있던 사람이 일부러 바깥에 나가서 면역력을 기르는 것'과 같다. 실패를 비용으로 보던 기존 관점을 버리고, 성공을 위한 필수 투자로 보는 방식이다. 회계장부에서 '실패'를 손실 항목이 아닌 'R&D 투자' 항목으로 옮기는 것이다. 구글이 166개나 되는 서비스를 '구글 공동묘지'에 묻어놓으면서도 세계 최고 기업이 되었듯이, 실패를 두려워하지 않는 기업이 결국 더 큰 성공을 거둔다.

두 번째 혁명: '성공 사례 연구'에서 '실패 사례 연구'로의 전환은 의학계의 접근법을 경영학에 도입한 것이다. 의사들이 건강한 사람만 연구해서는 병을 고칠 수 없듯이 경영학도 성공 사례만 분석해서는 진정한 성공 법칙을 찾을 수 없다. 코닥이 디지털카메라 기술을 보유하고도 왜 망했는지, 노키아가 스마트폰 시대에 왜 뒤처졌는지를 분석하는 것이 애플의 성공 비결을 찾는 것보다 더 유용할 수 있다. '생존자 편향'에서 벗어나 '실패자 교훈'을 적극 활용하자는 접근이다.

세 번째 혁명: '완벽주의'에서 '실험주의'로의 문화 전환은 실리콘밸리의 "Fail Fast, Learn Fast" 정신과 완벽히 일치한다. 처음부터 완벽한 계획을 세워서 한 번에 성공하기보다는 작은 실험들을 반복해서 점진적으로 성공에 근접해나가는 방식이다. 마치 "한 번에 완벽한 요리를 만들려고 하지 말고, 계속 맛을 보면서 간을 맞춰나가자"는 것과 같다. 아마존이 수없이 많은 사업을 시작했다가 접은 것도, 페이스북이 "빠르게 움직이고 깨뜨려라"를 모토로 삼은 것도 모두 이런 실험주의 문화의 산물이다.

네 번째 혁명: '예측 가능성'에서 '적응 능력'으로의 경쟁력 재정의는 가장 근본적인 변화다. 미래를 정확히 예측해서 완벽한 전략을 세우려고 하지 말고, 예측 불가능한 변화에 빠르게 적응할 수 있는 조직 DNA를 만들자는 것이다. '계획 경제'에서 '시장 경제'로의 전환과 비슷한 패러다임 변화다. 5개년 계획으로 모든 것을 통제하려고 했던 사회주의 국가들이 실패한 것처럼, 모든 것을 예측하고 계획하려는 기업들도 결국 시장의 변화에 뒤처질 수밖에 없다. 대신 변화에 민감하게 반응하고 빠르게 적응하는 능력을 기르는 것이 진정한 경쟁우위의 원천이 된다.

결국 액땜형 경영학이 제시하는 것은 '실패와 친해지는 법'이다. 실패를 원수로 보지 말고 친구로 만들어서, 그들로부터 최대한 많은 것을 배우자는 방법이다. '실패 공포증'에서 '실패 활용증'으로의 전환이며, 21세기 불확실성의 시대에 가장 적합한 경영철학이다.

기업 신뢰 회복의 교과서:
타이레놀 사건

창립 이래 최대의 위기, 존슨앤존슨

　액땜 이론을 경영학적으로 이야기할 때 빼놓을 수 없는 사건이 있다. 바로 1982년 타이레놀 사건이다. 1982년 9월 29일 아침, 시카고 교외 엘크그로브빌리지에서 12세 소녀 메리 켈러만이 감기 기운 때문에 타이레놀 두 알을 먹고 등교했다가 쓰러져 숨졌다. 그날 하루 동안 시카고 일대에서 여섯 명이 더 의문사했다. 19세부터 35세까지의 건강한 성인 남녀들이었다. 그들의 공통점은 단 하나, 모두 타이레놀을 복용했다는 것이었다. 검사 결과 충격적인 사실이 드러났다. 타이레놀 캡슐 안에 치명적 독극물인 청산가리(시안화칼륨)가 들어 있었던 것이다.
　이 뉴스가 전해지자 미국 전역이 공포에 빠졌다. 타이레놀은 당시 미국에서 가장 많이 팔리는 진통제였다. 시장점유율 37퍼센트를 자랑하는 국민 상비약이었다. 한국의 게보린이나 펜잘처럼 거의 모든 가정에 하나씩은 있는 약이었다. 그런 약을 복용하고 사람이 죽어나간다는 소식에 온 나라가 패닉에 빠진 것은 당연했다. 250여 건의 추가 의심 사례가 신고되었고, 타이레놀 판매량은 하루아침에 바닥을 쳤다.

존슨앤존슨과 그 자회사 맥닐 컨슈머 프로덕츠는 그야말로 절체절명의 위기에 직면했다. 회사 창립 이래 최대 위기였다. 당시만 해도 인터넷이 없던 시대였지만, TV와 라디오, 신문을 통해 '타이레놀=죽음'이라는 등식이 미국 전역에 퍼져나갔다. 주가는 곤두박질쳤고, 직원들은 출근하기가 무서웠다. 심지어 존슨앤존슨 직원 자녀들이 학교에서 따돌림을 당하는 일까지 벌어졌다.

전면 리콜의 결단

이 순간 존슨앤존슨의 CEO 제임스 버크 앞에는 두 갈래 선택지가 놓여 있었다. 첫 번째는 대부분의 기업이 택하는 '핑계와 변명의 길'이었다. 실제로 이 사건은 존슨앤존슨의 잘못이 전혀 아니었다. 수사 결과 누군가가 매장에서 타이레놀을 사서 집에 가져가 캡슐을 열어 내용물을 빼내고 청산가리를 넣은 다음, 다시 매장 진열대에 가져다 놓은 것으로 밝혀졌다. 생산 과정에는 아무런 문제가 없었다. 피해 지역도 시카고 일대로 한정되어 있었다.

따라서 "우리 잘못이 아니다", "생산 과정에는 문제없다", "범인을 찾는 것이 우선이다"라고 말하며 책임을 회피할 수 있었다. 실제로 당시 많은 경영 컨설턴트가 이런 조언을 했다. "회사에 책임이 없는데 왜 손해를 자처하느냐"라는 것이었다. 법적·도덕적으로도 존슨앤존슨에게는 아무런 잘못이 없었다.

하지만 제임스 버크는 완전히 다른 선택을 했다. 그는 한국의 액땜 이론을 몰랐겠지만, 액땜 이론의 정수를 완벽하게 실천했다. "더 큰 재앙이 일어나기 전에 이 사건으로 문제를 발견하게 되어서 오히려 다행"이라는 관점으로 접근한 것이다. 그는 임원진 회의에서 이렇게 말했다고 한다. "지금 우리가 어떻게 대응하느냐에 따라 존슨앤존슨의 미래가 결정될 것이다. 단기적 손실을 두려워하다가 장기적 신뢰를 잃으면 안 된다."

액땜의 1단계: 현실 직시와 책임 수용

버크가 보여준 액땜식 대응의 첫 번째 단계는 현실을 정확히 직시하고 도덕적 책임을 수용하는 것이었다. 법적 책임은 없을지 몰라도 도덕적·사회적 책임은 있다고 보았다. 회사에 잘못이 없다고 해서 고객의 생명이 위험해도 좋다는 뜻은 아니라고 판단했다. 1982년 9월 30일, 사건 발생 하루 만에 존슨앤존슨은 전격적인 조치를 발표했다. 우선 모든 타이레놀 광고를 즉시 중단했다. 마케팅 측면에서는 엄청난 손실이었다. 광고 중단은 곧 매출 급감을 의미했기 때문이다. 하지만 버크는 "사람이 죽어나가는 상황에서 우리 제품 광고를 하는 것은 도덕적으로 용납될 수 없다"라고 단언했다.

동시에 언론을 통해 사건의 진상을 솔직하게 공개했다. 은폐하거나 축소하지 않고 알려진 사실들을 투명하게 공개한 것이다. 심지어 범인 검거를 위해 10만 달러(현재 가치로 약 30만 달러)의 현상금까지 걸었다. "우리도 이 사건의 피해자이자 동시에 해결의 당사자"라는 메시지를 전달하는 것이었다.

액땜의 2단계: 과감한 손실 감수

액땜 이론의 핵심은 "작은 손실로 큰 손실을 막는다"는 것이다. 버크는 이 원리를 완벽하게 실천했다. 그는 시카고 지역에서만 문제가 발견되었고, 전체 타이레놀 중에서 독이 든 캡슐은 극소수라는 것을 알고 있었다. 따라서 시카고 지역 제품만 리콜해도 충분했다. 하지만 버크는 전혀 다른 결정을 내렸다. 10월 5일, 그는 미국 전역에 유통된 캡슐형 타이레놀 3,100만 병을 모두 수거한다고 발표했다. 시가로만 1억 달러가 넘는 천문학적 규모였다. 1982년의 1억 달러를 2025년 기준으로 환산하면 대략 3억 2천만 달러 규모다. 현재의 한화로 약 4,300억 원에 해당하는 천문학적 손실이다.

당시 존슨앤존슨의 연매출 58억 달러는 현재 가치로 약 186억 달러 정도이니, 연매출의 1.7퍼센트를 한 번에 날리는 결정이 얼마나 파격적이었는지 알 수 있다. 현재 매출 규모의 대기업이 4천억 원 이상을 하루아침에 포기하는 것과 같은 결정이었다.

제임스 버크의 이 결정이 더욱 놀라운 것은 시카고 지역에서만 리콜하면 비용이 10분의 1도 안 들었을 텐데, '혹시나 하는 가능성'을 위해 전국 규모의 리콜을 단행했다는 점이다. 액땜 이론의 관점에서 보면, 이 3억 달러의 '작은 손실'이 기업 전체의 신뢰도 추락과 브랜드 몰락이라는 '큰 손실'을 막아낸 완벽한 사례다.

정부 당국조차 '과잉 대응'이라며 만류했다. FDA(미국 식품의약국)도 "전국 리콜은 불필요하다"는 입장이었다. 하지만 버크는 단호했다. "소비자의 안전에 비하면 이익은 아무것도 아니다"라고 선언했다. 단순한 리콜이 아니라 철학의 선언이었다.

액땜의 3단계: 미래를 위한 혁신

진정한 액땜 이론은 현재의 손실로 끝나지 않는다. 그 경험을 통해 미래를 더 나아지게 만드는 것이 핵심이다. 버크는 이 부분에서도 탁월한 혜안을 보여주었다. 단순히 문제가 된 제품을 회수하는 것으로 끝나지 않고, 아예 업계 전체의 표준을 바꿔버린 것이다.

타이레놀을 재출시하기 전, 존슨앤존슨은 완전히 새로운 포장 시스템을 개발했다. 3중 안전 포장이었다. 첫 번째는 박스 입구를 접착하여 누군가 열었는지 확인할 수 있게 했다. 두 번째는 플라스틱 뚜껑으로 한 번 더 밀봉했다. 세 번째는 입구 안쪽에 호일을 씌워 뜯어야만 내용물을 꺼낼 수 있게 했다. 각 포장에는 "안전 포장이 벗겨져 있으면 사용하지 마십시오"라는 경고문도 새겼다.

이 3중 포장 시스템은 알약 하나당 2.4센트의 비용이 더 들어갔다. 연간 수억 개를 생산하는 존슨앤존슨에게는 수천만 달러의 추가 비용이었다. 하지만 버크는 기꺼이 이 비용을 지불했다. 더 나아가 이 기술을 다른 제약회사들과도 공유했다. 자신들만 안전하면 된다는 식이 아니라, 업계 전체의 안전성을 높이겠다는 의지였다.

크레도에서 실행으로: 소비자 우선의 철학을 조직 행동으로

버크의 액땜식 대응 뒤에는 명확한 철학이 숨어 있었다. 존슨앤존슨의 기업 신조 Our Credo였다. 1943년 로버트 우드 존슨이 만든 이 신조의 첫 번째 항목은 "우리의 첫 번째 책임은 우리 제품을 사용하는 의사, 간호사, 환자, 그리고 소비자들에게 있다"였다.

당시 많은 기업이 '주주가 최우선'이라고 말할 때, 존슨앤존슨은 '소비자가 최우선'이라고 명시한 것이다. 버크는 이 철학을 위기 상황에서 그대로 실천했다. 그는 임원들에게 이렇게 주문했다. "우리가 소비자를 제대로 보살피면, 주주들도 자연스럽게 보상받을 것이다. 순서를 바꾸면 안 된다." 전형적인 액땜식 사고였다. "단기적으로는 주주들이 손해를 볼 수 있지만, 장기적으로는 더 큰 이익을 가져다줄 것"이라고 굳게 믿었다. 주가 하락이라는 작은 손실을 감수하여 브랜드 몰락이라는 큰 손실을 막겠다는 전략적 판단이었다.

버크의 또 다른 액땜식 선택은 언론과의 소통 방식이었다. 대부분의 기업이 위기 상황에서 언론을 피하거나 통제하려고 할 때, 존슨앤존슨은 정반대로 행동했다. 완전히 투명하게 소통한 것이다. 버크는 직접 기자회견에 나서서 질문에 답했다. 불리한 질문도 피하지 않았다. "회사에 잘못이 없는데 왜 이렇게 큰 손실을 감수하느냐?"라는 질문에 그는 이렇게 답했다. "우리에게 법적 책임이 없을지 모르지만, 도덕적 책임은 있다. 우리 제품을 믿고 사용한 소비자들이 위험해졌는데, 우리가 모른 척할 수는 없다."

심지어 그는 TV 광고에 직접 출연했다. CEO가 직접 카메라 앞에 서서 사과하고 앞으로의 계획을 설명한 것이다. 당시로서는 매우 파격적인 행보였다. 하지만 이런 투명한 소통이 오히려 소비자들의 신뢰를 회복하는 데 결정적 역할을 했다. 사람들에게 "저 회사는 정직하다"라는 이미지를 심어주었다.

더 놀라운 것은 버크 개인만이 아니라 존슨앤존슨 조직 전체가 액땜 정신을 공유했다는 점이다. 리콜 결정이 내려지자 전국의 존슨앤존슨 직원들이 일사불란하게 움직였다. 3,100만 병을 수거하는 것은 말처럼 쉬운 일이 아니었다. 전국 수만 개의 약국과 슈퍼마켓에서 제품을 찾아 회수해야 했다.

직원들은 밤낮없이 일했다. 심지어 X-ray 장비까지 동원해 독극물이 든 제품을 찾아냈다. 타이레놀의 주성분인 아세트아미노펜은 X-ray를 그냥 통과하지만, 청산가리는 칼륨 때문에 X-ray 투과율이 다르다는 원리를 이용한 것이다. 당시로서는 매우 혁신적인 방법이었다. 직원들이 이렇게 헌신적으로 일한 것은 단순히 상명하복 때문이 아니었다. 그들도 버크와 같은 철학을 공유하고 있었기 때문이다. "우리가 지금 조금 힘들어하는 것이 나중에 더 큰 재앙을 막는 일"이라고 믿었다. 개인 차원의 액땜을 조직 차원으로 확장한 사례였다.

존슨앤존슨이 액땜 정신으로 대응하는 동안 경쟁사들은 어떻게 했을까? 안타깝게도 대부분은 '남의 불행이 나의 기회'라는 식으로 접근했다. 타이레놀의 시장점유율이 37퍼센트에서 7퍼센트로 급락하자, 다른 진통제 회사들은 재빨리 마케팅을 강화했다. "타이레놀 대신 우리 제품을 쓰세요", "더 안전한 우리 제품으로 바꾸세요"와 같은 광고들이 쏟아졌다. 단기적으로는 이들이 승리자처럼 보였다. 실제로 애드빌, 알리브 같은 경쟁 제품들의 판매량이 급증했다. 타이레놀의 몰락이 곧 경쟁사들의 기회가 된 셈이다.

하지만 이것은 단기적 현상에 불과했다. 존슨앤존슨의 액땜 정신이 빛을 발한 것은 그다음부터였기 때문이다. 소비자들은 존슨앤존슨의 진정성 있는 대응을 지켜보고 있었다. 그리고 점차 "이 회사는 정말 우리를 생각한다"는 믿음을 갖게 되고 타이레놀의 회복 속도는 기적과도 같았다. 사건 직후 7퍼센트까지 떨어진 시장점유율이 6개월 만에 30퍼센트까지 회복된 것이다. 1년 후에는 사건 이전 수준을 완전히 되찾았다. 2년 후에는 오히려 사건 이전보다 더 높은 점유율을 기록했다.

이것은 단순한 숫자 이상의 의미가 있다. 소비자들이 존슨앤존슨을 더욱 신뢰하게 되었다는 뜻이기 때문이다. '위기 상황에서도 소비자를 최우선으로 생각하는 회사'라는 인식이 오히려 브랜드 가치를 높였다. 액땜 이론의 완벽한 실증 사례였다. 단기적 손실이 장기적으로는 훨씬 더 큰 이익을 가져다주었다. 특히 주목할 점은 신규 고객이 많이 유입되었다. 기존에 다른 진통제를 쓰던 사람들이 존슨앤존슨의 대응을 보고 타이레놀로 갈아탄 것이다. "이런 회사라면 믿을 만하다"라는 생각에서였다. 위기가 오히려 새로운 고객을 만드는 기회가 된 셈이다.

사건을 표준으로 바꾸다

존슨앤존슨의 액땜식 대응은 개별 기업을 넘어 업계 전체 지형을 바꿔놓았다. 타이레놀 사건 이후 미국의 모든 의약품은 변조 방지 포장 Tamper-evident packaging이 의무화되었다. 존슨앤존슨이 자발적으로 도입한 3중 안전 포장이 업계 표준이 된 것이다. 존슨앤존슨에게는 매우 유리한 상황이었다. 그들이 이미 개발해놓은 기술이 업계 표준이 되면서, 오히려 경쟁우위를 확보했다. 다른 회사들은 뒤늦게 따라가야 하는 처지가 되었다. 액땜으로 시작한 일이 결국 경쟁력까지 높인 셈이다.

더 중요한 것은 소비자들의 안전이 크게 향상되었다는 점이다. 타이레놀 사건 이후 의약품 변조 사건은 현저히 줄어들었다. 존슨앤존슨의 액땜 정신이 전체 사회의 안전성을 높인 것이다. 개별 기업의 이익을 넘어 사회적 가치를 창조한 사례였다.

그렇다면 제임스 버크는 어떤 사람이었을까? 그는 1927년 생으로 존슨앤존슨에서 30년 넘게 일한 사원 출신 CEO였다. 하버드 경영대학원을 나온 엘리트이기도 했지만, 그보다는 현장에서 뛰어오른 실무형 리더였다. 버크의 리더십 철학은 명확했다. "기업의 존재 목적은 이익 창출이 아니라 사회적 가치 창조"이다. 그는 평소에도 "소비자를 행복하게 만드는 것이 우리의 일"이라고 공언했다. 타이레놀 사건에서 보여준 대응은 그의 평소 철학이 위기 상황에서 발현된 것이다. 특히 그는 직원들에게 "실수를 두려워하지 말라"고 자주 말했다. "실수는 배움의 기회이고, 실수를 통해 더 나아질 수 있다"는 것이 그의 지론이었다. 이런 철학이 조직 전체에 액땜 문화를 만들어낸 기반이 되고, 실패를 두려워하지 않고 적극적으로 도전할 수 있는 환경이 조성된 것이다.

위기는 신뢰의 발화점

타이레놀 사건은 이후 전 세계 경영대학원에서 위기관리의 교과서가 되었다. 하버드 경영대학원, 와튼 스쿨, 스탠퍼드 경영대학원 등 세계 유수의 경영대학원에서 필수 케이스 스터디로 다루어진다. "어떻게 위기를 기회로 바꿀 수 있는가"의 완벽한 사례로 인정받은 것이다.

특히 액땜 이론의 관점에서 보면, 이 사건은 여러 가지 교훈을 준다. 첫째, 법적 책임과 도덕적 책임은 다르다는 것이다. 존슨앤존슨은 법적으로는 무죄였지만 도덕적 책임을 졌다. 둘째, 단기적 손실과 장기적 이익을 구분해야 한다는 것이다. 1억 달러의 손실이 수십억 달러의 가치를 만들어냈다. 셋째, 투명성과 진정성이 최고의 위기관리 도구라는 것이다.

현재까지도 기업들이 위기에 직면할 때마다 "타이레놀 사건에서 배우자"라는 말이 나온다. 그만큼 이 사건이 위기관리의 골드 스탠더드가 되었다는 뜻이다. 존슨앤존슨의 액땜 정신이 40년이 넘도록 회자되고 있다. 이렇듯 타이레놀 사건은 액땜 이론의 완벽한 구현체였다. 존슨앤존슨은 한국의 액땜 이론을 몰랐지만, 그 정신을 완벽하게 실천했다. "더 큰 손실이 발생하기 전에 이 사건으로 문제를 발견하게 되어서 오히려 다행"이라는 관점으로 접근한 것이다.

그들이 보여준 액땜의 3단계—현실 직시와 책임 수용, 과감한 손실 감수, 미래를 위한 혁신—는 현재까지도 위기관리의 모범이다. 특히 "소비자의 안전에 비하면 이익은 아무것도 아니다"라는 제임스 버크의 선언은 액땜 정신의 진수를 보여준다.

타이레놀 사건이 우리에게 시사하는 가장 큰 교훈은 "액땜은 단순한 정신적 위안이 아니라 실용적인 경영 전략"이라는 것이다. 현실을 정확히 인식하고, 단기적 손실을 두려워하지 않으며, 장기적 가치를 추구하는 액땜 정신이야말로 현대 기업들이 배워야 할 가장 중요한 지혜다.

누군가 다시 위기에 직면했을 때, 타이레놀 사건을 떠올리며 "액땜했다, 이 정도로 끝나서 다행이다. 이제 더 나은 기업이 될 기회를 얻었다"라고 생각할 수 있기를 바란다. 그것이 바로 제임스 버크가 40여 년 전에 보여준 액땜 정신의 진정한 가치다.

실패 후 품질경영 시스템 재구축:
토요타의 리콜 사태

완벽 신화의 붕괴, 회복력의 서막

토요타의 리콜 사태(2009~2010)는 한마디로 현대 경영사에서 '위기를 기회로 바꾼 교과서적 사례'로 남아 있다. 하지만 이 교과서적 성공담의 시작은 그리 아름답지 않았다. 완벽하다고 자부하던 학생이 갑자기 낙제점을 받는 충격과도 같았다. 토요타는 그때까지 '품질의 대명사'였고, 토요타 생산 시스템은 전 세계 제조업체들이 벤치마킹하려고 했던 황금 표준이었다. 그런 토요타가 하루아침에 '결함투성이 자동차를 만드는 회사'로 전락한 것이다.

사건의 발단은 2009년 8월 캘리포니아에서 발생한 렉서스 ES350의 급발진 사고였다. 네 명의 운전자가 사망한 이 사고는 단순한 개별 사례가 아니었다. 곧이어 프리우스, 캠리, 코롤라 등 토요타의 주력 모델들에서 잇따라 급발진 문제가 보고되기 시작했고, 결국 토요타는 전 세계적으로 약 900만 대의 차량을 리콜해야 하는 초유의 사태에 직면했다. 마치 완벽한 요리사가 갑자기 식중독 사고를 연이어 일으킨 것과 같은 충격이었다.

더욱 뼈아픈 부분은 토요타의 초기 대응이었다. 회사는 마치 자신의 완벽함에 도취된 나르시시스트처럼 행동하고 말았다. 문제를 인정하지 않고, '운전자의 실수' 또는 '미국 도로 환경의 특수성' 등을 들며 변명을 늘어놓았다. 심지어 일부 임원들은 '토요타 때리기'라는 표현까지 서슴지 않고 사용했다. 이런 방어적 태도는 오히려 기름에 물을 끼얹는 격이었고, 미국 내 토요타에 대한 여론은 급속도로 악화되었다.

이로 인한 재정적 타격은 상상을 초월했다. 2010년 1월 토요타의 판매량은 16퍼센트 급감했고, 주가는 약 10퍼센트 하락했으며, S&P 500 대비로는 30퍼센트나 떨어졌다. 『월스트리트 저널』은 토요타의 재정적 피해를 50억 달러 이상으로 추정했고, 초기 리콜 비용만 20억 달러에 달했다. 토요타가 수십 년간 쌓아온 명성이 하루아침에 무너지는 순간이었다. 피치Fitch는 토요타의 신용등급 A+를 부정적 관찰 대상으로 지정했고, 이는 차입 비용 증가로 이어졌다.

하지만 진짜 위기는 2010년 2월 미국 의회 청문회에서 시작되었다. 아키오 도요다豊田章男 회장이 직접 출석해 사과해야 하는 상황까지 내몰렸는데, 당시 그의 모습은 정말 처참했다. 영어로 진행되는 청문회에서 통역사를 통해 대답해야 했고, 의원들의 날카로운 질문에 제대로 답변하지 못했다. 한 의원이 "당신은 토요타의 품질에 대해 확신이 있는가?"라고 물었을 때 그가 보인 짧은 망설임이 전 세계에 중계되고, 토요타의 신뢰도는 더욱 바닥으로 떨어지고 말았다.

이 시점에서 많은 경영학자와 언론은 토요타의 몰락을 예언했다. 하버드 경영대학원의 클레이턴 크리스텐슨 교수는 토요타가 '혁신 기업의 딜레마'에 빠졌다고 평가했고, 『월스트리트 저널』은 '토요타의 추락'이라는 특집 기사를 연재했다. 심지어 일부 애널리스트들은 토요타가 GM의 전철을 밟을 것이라고 예측하기도 했다.

방어에서 전환으로

하지만 여기서 토요타의 진짜 모습이 드러났다. 위기 앞에서 무너지기보다는 오히려 그것을 근본적인 변화의 기회로 삼은 것이다. 마치 넘어진 후 더 강해지는 무술가의 모습과 같았다. 아키오 도요다 회장은 직접 나서서 대대적인 개혁을 선언했다. 그는 "토요타다움을 되찾겠다"라고 선언하며 창립자 도요다 기이치로豊田 喜一郎의 정신으로 돌아가겠다고 다짐했다.

가장 먼저 토요타가 손을 댄 것은 조직 구조였다. 급성장 과정에서 비대해진 조직을 슬림화하고, 의사결정 구조를 단순화했다. 특히 품질 관련 결정에서는 현장의 목소리를 더 많이 반영하도록 시스템을 바꾸었다. 토요타 생산 시스템의 핵심 원리 중 하나인 '겐치 겐부츠現地現物', 즉 "현장에서 현물을 보라"는 정신을 다시 강조했다. 마치 초심으로 돌아가는 무술가가 기본기부터 다시 연마하는 것과 같았다.

토요타는 또한 새로운 글로벌 품질위원회를 설치하고 미국에 신속시장분석대응팀SMART을 구성했다. 이들의 역할은 소비자 불만사항을 신속하게 파악하고 현장에서 즉시 검사할 수 있는 체계를 구축하는 것이었다. 또한 이벤트 데이터 레코더의 사용을 확대하고 제3자 품질 자문을 도입했으며 운전자 안전 교육 이니셔티브를 강화했다.

특히 주목할 만한 부분은 토요타의 커뮤니케이션 전략 변화였다. 이전까지 토요타는 상당히 폐쇄적이고 방어적인 커뮤니케이션 방식을 유지했다. 하지만 리콜 사태 이후 완전히 달라졌다. 투명하고 적극적인 소통을 시작했고, 문제가 발생하면 즉시 공개하며 해결 과정도 상세히 알렸다. 마치 비밀주의자가 갑자기 투명인간이 된 것과 같은 변화였다. 토요타의 변화에서 가장 혁신적인 부분은 실패를 인정하고 배우는 문화를 구축한 것이다. 이전까지 토요타는 완벽주의 문화가 강했다. 실수나 실패를 용납하지 않는 분위기였다. 하지만 리콜 사태를 겪으면서 이런 문화가 오히려 문제를 키운다는 사실을 깨달았다. 실수를 숨기려고 하다 보니 작은 문제가 큰 문제로 번진 것이다. 작은 상처를 감추려다 큰 염증으로 악화된 사례였다.

'빠른 실패 – 빠른 학습'의 품질 운영체제

토요타는 '빠른 실패, 빠른 학습'을 핵심으로 하는 새로운 품질 관리 체계를 도입했다. 작은 문제라도 즉시 보고하고, 공유하고, 해결책을 찾는 문화를 만든 것이다. 실수를 한 직원을 처벌하기보다는 그 실수에서 무엇을 배울 수 있는지에 초점을 맞추었다. 심리학자 캐럴 드웩의 성장 마인드셋 이론을 실제 기업 운영에 적용한 대표적인 사례다.

토요타는 또한 공급업체와의 관계도 완전히 재정비했다. 이전까지는 비용 절감에만 집중했다면, 이제는 품질과 안전을 최우선으로 하는 파트너십을 구축했다. 공급업체들과 함께 품질 개선 프로그램을 운영하고, 정기적인 품질 감사를 실시했다. 심지어 경쟁사인 혼다나 닛산과도 안전 관련 정보를 공유하기 시작했다. 업계 전체의 안전 수준을 높이겠다는 의지의 표현이었다.

기술적 측면에서도 대대적인 혁신이 이루어졌다. 토요타는 차량 안전 시스템에 대한 투자를 대폭 늘렸다. 특히 전자 제어 시스템의 안전성을 높이는 데 집중했다. 토요타 세이프티 센스Toyota Safety Sense라는 통합 안전 시스템을 개발해 모든 차량에 기본 장착하기 시작했다. 당시로서는 파격적인 결정이었다. 보통 이런 안전 장비들은 고급 차종에만 옵션으로 제공되었기 때문이다.

토요타의 변화는 숫자로도 확인할 수 있었다. 2010년 사태 직후 토요타의 미국 시장 점유율은 16.4퍼센트에서 12.9퍼센트로 급락했다. 하지만 점진적으로 회복하여 결국 위기 이전 수준을 넘어섰다. 더 중요한 것은 품질 지표의 변화였다. JD 파워의 초기 품질 조사에서 토요타는 2010년 크게 하락했지만, 이후 꾸준히 상승해 다시 최상위권으로 복귀했다. 토요타의 회복 과정에서 특히 인상적이었던 부분은 "Your Toyota is my Toyota"라는 캠페인이었다. 이 캠페인은 토요타 직원들의 개인적인 책임감과 안전한 차량을 만들겠다는 의지를 보여주었다. 단순한 광고를 넘어 회사와 고객 사이의 거리를 좁히는 역할을 했다. 마치 거대한 기업이 갑자기 인간적인 얼굴을 갖게 된 모습이었다.

토요타의 성공적인 위기 극복은 다른 기업들에도 큰 교훈을 안겨주었다. 특히 폭스바겐이 2015년 디젤게이트 스캔들을 겪을 때 토요타의 사례가 많이 언급되었다. 하지만 폭스바겐의 초기 대응은 토요타와 정반대였다. 문제를 인정하기까지 시간을 끌었고, 책임을 회피하려고 했다. 결국 폭스바겐은 토요타보다 훨씬 더 큰 타격을 입었고, 회복에도 더 오랜 시간이 걸렸다.

삼성 갤럭시 노트7 배터리 폭발 사건도 토요타 사례와 비교되는 대표적인 경우다. 2016년 갤럭시 노트7의 배터리 폭발 사고가 연이어 발생하자, 삼성은 즉시 전량 리콜을 결정했다. 토요타가 보여준 '빠른 대응'을 벤치마킹한 결과였다. 삼성은 또한 배터리 안전 기준을 대폭 강화하고, 8단계 안전 검사 시스템을 도입했다. 결과적으로 삼성은 비교적 빠른 시간 내에 시장의 신뢰를 회복할 수 있었다.

하지만 모든 기업이 토요타처럼 성공적으로 위기를 극복한 것은 아니다. 웰스파고는 2016년 가짜 계좌 개설 스캔들이 터진 후에도 완전히 회복하지 못했다. 페이스북(현재 메타Meta)도 2018년 케임브리지 애널리티카 사건 이후 지속적인 신뢰도 하락에 시달리고 있다. 이들과 토요타의 차이는 무엇일까?

가장 큰 차이는 위기에 대한 근본적인 접근 방식이다. 토요타는 위기를 '변화의 기회'로 받아들였지만, 다른 기업들은 '극복해야 할 장애물'로만 인식했다. 토요타는 시스템 전체를 뜯어고쳤지만, 다른 기업들은 표면적인 변화에만 그쳤다. 토요타는 투명한 소통을 택했지만, 다른 기업들은 여전히 방어적인 태도를 유지했다.

조직행동학의 대가 에드거 샤인Edgar Schein은 토요타 사례를 분석하며 '심리적 안전감'의 중요성을 강조했다. 조직 구성원들이 실수나 문제점을 자유롭게 말할 수 있는 환경 조성이 얼마나 중요한지 보여준 사례라는 것이다. 경영학자 짐 콜린스Jim Collins도 자신의 저서에서 토요타를 '20마일 행군'의 대표적인 사례로 소개했다. 좋을 때도 나쁠 때도 일관된 원칙을 유지하며 꾸준히 전진하는 기업의 모습을 토요타에서 찾을 수 있다는 것이다. 리콜 사태라는 극한 상황에서도 토요타는 자신들의 핵심 가치를 버리지 않고 오히려 더욱 강화했다.

리콜의 역설

나심 탈레브의 안티프래질 개념으로 보면, 토요타는 전형적인 안티프래질한 조직이다. 충격을 받으면 더 강해지는 특성을 보여주었다. 탈레브는 "진정한 성공은 실패에서 배우는 능력에서 나온다"라고 설파했는데, 토요타가 정확히 실천했다.

토요타의 사례에서 우리가 배울 수 있는 또 다른 교훈은 리더십의 중요성이다. 아키오 도요다 회장의 리더십 스타일은 위기 전과 후가 완전히 달랐다. 위기 전에는 다소 수동적이고 기술적인 면에 치중했다면, 위기 후에는 적극적이고 인간적인 리더십을 보여주었다. 그는 직접 고객들을 만나 사과했고, 직원들과 소통했으며, 언론과도 적극적으로 대화했다.

특히 인상적이었던 부분은 아키오 도요다가 2010년 이후 매년 전 세계 토요타 공장을 직접 방문한 것이다. 단순 시찰이라기보다는 현장 직원들과 대화하고, 그들의 의견을 경청했다. 심지어 자동차 경주 대회에도 직접 출전해 토요타 차의 성능을 몸소 검증했다. 이런 모습들이 언론과 소비자들에게 강한 인상을 남겼다.

토요타의 성공적인 위기 극복은 일본 기업 전체에도 큰 영향을 미쳤다. 2011년 동일본 대지진과 후쿠시마 원전 사고 때 일본 기업들이 보여준 투명하고 적극적인 대응은 토요타의 사례에서 많은 것을 배운 결과였다. 특히 도쿄전력을 제외한 대부분의 일본 기업이 신속하고 투명한 정보 공개를 통해 국제사회의 신뢰를 유지할 수 있었다.

공급망과 안전망을 다시 짜다

토요타의 변화는 자동차 산업 전체에도 큰 파급효과를 가져왔다. 모든 자동차 제조사가 안전 시스템에 대한 투자를 대폭 늘렸고, 품질 관리 시스템을 대폭 강화했다. 특히 전기차와 자율주행차 개발에서 안전성을 최우선으로 고려하는 문화가 정착된 것도 토요타 사례의 영향이 컸다.

리콜 사태를 겪으면서 토요타가 얻은 가장 큰 깨달음은 '완벽함'보다는 '회복력'이 진짜 경쟁력이라는 점이 아닐까 싶다. 아무리 완벽한 시스템이라도 결함이 생길 수 있다. 중요한 문제는 그 결함을 얼마나 빠르게 발견하고, 얼마나 신속하게 대응하며, 얼마나 효과적으로 개선하느냐는 것이다. 토요타는 이 사태를 통해 단순히 원래 상태로 돌아가는 것을 넘어 더 나은 회사로 진화할 수 있었다.

토요타의 액땜 이론 실천에서 가장 인상적인 부분은 작은 실패를 통해 큰 재앙을 피했다는 점이다. 리콜 사태는 분명히 토요타에 큰 타격을 주었지만, 만약 그들이 문제를 계속 방치했다면 더 큰 재앙이 기다리고 있었을 것이다. 더 많은 사고, 더 큰 법적 분쟁, 더 심각한 브랜드 손상 등 말이다. 토요타는 단기적인 고통을 감수함으로써 장기적인 생존과 번영을 확보할 수 있었다.

결국 토요타의 리콜 사태와 그 극복 과정은 액땜 이론의 완벽한 교본이다. 실패를 통해 학습하고, 위기를 기회로 바꾸며, 작은 손실로 큰 재앙을 막는 지혜를 보여준 대표적인 사례다. 토요타가 증명했듯이, 진정한 강함은 넘어지지 않는 데 있는 것이 아니라 넘어진 후 더 강해져서 일어나는 데 있다. 그리고 때로는 그 넘어진 경험이 오히려 더 높이

뛸 수 있는 발판이 되기도 한다. 이것이 바로 액땜 이론의 진수이며, 토요타가 전 세계 기업들에게 남긴 가장 소중한 유산이다.

리더십 부재의 대가:
BP의 딥워터 호라이즌 사고

축소·책임 전가가 부른 신뢰 붕괴의 시작

2010년 4월 20일, 멕시코만에서 일어난 딥워터 호라이즌 폭발 사고는 단순한 산업재해를 넘어 기업 위기관리의 역사를 다시 쓴 사건이다. 하지만 정작 BP가 쓴 것은 "어떻게 하면 위기를 더 큰 재앙으로 만들 수 있는가"에 대한 완벽한 매뉴얼이었다. 만약 BP가 한국의 액땜 이론을 알았다면, 그들은 21세기 최고의 환경 리더십 기업으로 거듭날 수 있었을 것이다. 하지만 그들은 정반대의 길을 택했고, 그 결과는 참혹했다.

BP의 대응을 한마디로 요약하면 '완벽한 피해자 코스프레'였다. 마치 자신이 피해자인 양 행동하면서, 실제 피해자들과 환경에 대한 책임은 최대한 회피하려고 했다. 액땜 이론이 말하는 "작은 손실을 감수하여 큰 손실을 막는다"라는 철학과는 정반대의 접근이었다. BP는 작은 책임도 인정하지 않으려고 하다가 결국 더 큰 책임을 져야 하는 상황에 몰렸다. 감기 초기에 약을 먹기 싫어하다가 폐렴까지 걸리는 어리석음을 보여준 셈이다.

늑장 대응의 대가: 반년의 방임, 기하급수의 피해

BP의 첫 번째 실수는 초기 대응에서 시작되었다. 사고가 발생하자마자 그들은 유출량을 의도적으로 축소 발표했다. 하루 1천 배럴이 유출된다고 발표했지만, 실제로는 하루 5만 배럴이 넘게 유출되고 있었다. 마치 집에 불이 났는데 "작은 촛불 정도예요"라고 꼼수를 쓰는 황당한 일이었다. 실제 피해가 워낙 커서 결국 거짓말이 들통날 것이 뻔한데도, 그들은 계속 축소 발표를 고집했다.

더 가관인 점은 사고 원인을 하청업체 탓으로 돌리려고 한 것이다. BP는 마치 자신들이 무고한 피해자인 양 행동하면서, 시추 작업을 담당한 트랜스오션이나 시멘트 작업을 맡은 할리버튼에게 책임을 전가하려고 했다. 음식점에서 식중독이 발생했는데 "우리는 그냥 주방을 빌려준 것뿐이고 실제 요리는 다른 사람이 했다"라고 발뺌하는 듯한 궤변이었다. 최종 책임자인 BP가 이런 식으로 책임을 회피하려고 하니, 누가 그들을 믿겠는가?

심지어 BP는 이 사고를 '예측 불가능한 사고'라며 자연재해처럼 포장하려고 했다. 마치 지진이나 태풍처럼 누구도 예상할 수 없던 불가항력적 재해인 양 묘사한 것이다. 하지만 전문가들은 이미 오래전부터 심해 시추의 위험성에 대해 경고해왔고, 특히 BP는 안전 관련 투자를 줄이면서 위험을 키워왔다는 사실이 드러났다. 안전벨트를 매지 않고 과속 운전을 하다가 사고가 났는데 "누가 사고가 날 줄 알았겠느냐"라며 적반하장식의 어이없는 변명이었다.

　BP의 두 번째 실수는 방제 작업에서 보여준 소극적 대응이었다. 사고 초기부터 정부와 환경단체들은 더 적극적인 방제 작업을 요구했지만, BP는 계속 소극적인 태도를 보였다. 마치 불이 난 집에 물을 조금씩 뿌리면서 "이 정도면 충분하다"라고 말하는 것 같았다. 결국 미국 정부가 직접 나서서 더 빠른 수습을 압박해야 했고, BP는 떠밀리듯이 대응할 수밖에 없었다.

　더 황당한 사실은 BP가 5개월이나 걸려서야 완전 차단에 성공했다는 점이다. 초기에 "며칠 안에 해결될 것"이라고 호언장담했던 그들의 말과는 달리, 실제로는 거의 반년이 걸린 셈이다. 이 기간 동안 계속 원유가 바다로 유출되면서 환경 피해는 기하급수적으로 증가했다. 만약 그들이 처음부터 적극적으로 대응했다면, 피해를 훨씬 줄일 수도 있었다. 하지만 그들은 비용을 아끼려다가 결국 더 큰 비용을 지불해야 하는 상황에 놓였다.

　특히 BP의 CEO 토니 헤이워드가 보여준 모습은 가히 위기관리의 반면교사로 삼을 만했다. 그는 "이 모든 일이 빨리 끝났으면 좋겠다. 나도 내 삶을 되찾고 싶다"며 자기합리화에만 급급하고, 피해자들 앞에서 자신이 가장 큰 피해자인 양 행동한 것이다. 마치 교통사고를 낸 가해자가 피해자 앞에서 "나도 차가 찌그러져서 속상하다"라고 말하는 듯한 몰상식한 발언이었다. 이런 발언들이 계속 나오면서 BP의 이미지는 더욱 추락했다.

법정 배상금 줄이기보다 신뢰 쌓기가 먼저다

BP의 세 번째이자 가장 치명적인 실수는 오직 경제적 손실 최소화에만 집중한 것이었다. 그들은 오직 21조 원이라는 천문학적 배상금에만 관심을 보였고, 장기적인 브랜드 회복이나 신뢰 구축에는 전혀 신경 쓰지 않았다. 병원비를 아끼려다가 병을 키워서 더 큰 병원비를 내게 되는 듯한 어리석은 행동이었다.

BP는 법정에서도 계속 배상금을 줄이려고 노력했다. 피해자들과의 합의에서도 최대한 적게 주려고 회피했고, 환경 복구에 대해서도 소극적인 태도를 보였다. 이런 모습들이 언론에 연일 보도되면서, BP는 '돈밖에 모르는 몰상식한 기업'이라는 이미지를 얻었다. 결국 그들이 아끼려던 돈보다 훨씬 더 많은 돈을 잃었을 뿐만 아니라, 브랜드 가치까지 완전히 추락했다.

특히 웃긴 상황은 BP가 광고비로 수억 달러를 쓰면서 이미지 회복을 시도했다는 점이다. 하지만 그들의 광고는 오히려 역효과를 낳았다. 진정성 없는 사과와 변명으로 가득한 광고를 보면서 사람들은 "저 돈으로 환경 복구를 하지 왜 광고를 하느냐"며 더욱 분노했다. 마치 잘못을 저지른 후에 사과는 하지 않고 '나는 착한 사람'이라는 광고만 하는 격이었다. BP는 위기 상황에서 어떻게 하면 안 되는지를 보여주는 완벽한 사례였다.

액땜형 대안 시나리오

만약 BP가 한국의 액땜 이론을 알고 있었다면 어떻게 대처했을까? 만약 그랬다면 이 사고를 완전히 다르게 처리했을지도 모른다. 액땜 이론의 핵심은 현재의 작은 손실을 인정하고 받아들임으로써 더 큰 손실을 막는다는 것이다. BP의 경우로 치면, 초기에 책임을 완전히 인정하고 적극적으로 대응함으로써 장기적인 브랜드 손상을 막을 수도 있었다.

액땜식 대응의 첫 번째는 "더 큰 사고가 날 뻔했는데 이 정도로 끝나서 다행이다"라는 인식이다. 실제로 딥워터 호라이즌 사고는 심각했지만, 만약 더 큰 규모의 시설에서 사고가 났다면 피해는 훨씬 클 수 있었다. BP가 이런 관점으로 접근했다면, "우리는 운 좋게도 더 큰 재앙을 피할 수 있었고, 이 사고를 계기로 업계 전체의 안전성을 높이겠다"라고 말할 수 있었을 것이다.

두 번째는 "이 사고를 통해 전 업계의 안전 기준을 혁신적으로 높일 기회를 얻었다"라는 접근이다. BP가 이런 식으로 생각했다면, 사고를 계기로 업계 최고 수준의 안전 시스템을 구축하고, 다른 기업들에게도 이를 공유하겠다고 선언할 수 있었을 것이다. BP를 업계의 안전 리더로 포지셔닝할 수 있는 절호의 기회였다.

세 번째는 "우리의 실수가 미래 세대를 위한 더 나은 환경 보호 시스템을 만드는 계기가 되었다"라는 관점이다. BP가 이런 철학으로 접근했다면, 이 사고를 계기로 친환경 에너지 기업으로 전환하겠다고 선언할 수도 있었다. 실제로 많은 석유 기업이 재생에너지로 사업 영역을 확장하고 있던 상황에서, BP는 이를 선도할 수 있는 기회를 얻었을 것이다.

액땜식 처리 시나리오

만약 BP가 액땜 이론으로 이 사고를 처리했다면 어떤 일이 벌어졌을까? 상상해보자. 사고 직후 BP의 CEO가 기자회견에서 "이번 사고는 우리의 완전한 책임입니다. 하지만 이 사고를 통해 우리는 더 큰 깨달음을 얻었습니다. 만약 이런 사고가 더 큰 규모에서 일어났다면 돌이킬 수 없는 재앙이 되었을 것입니다. 우리는 이번 사고가 업계 전체에 경종을 울리는 계기가 되기를 바랍니다"라고 말했다면 어땠을까? 그리고 이어서 "우리는 이번 사고를 계기로 BP를 완전히 새로운 회사로 만들겠습니다. 향후 10년간 1,000억 달러를 투자하여 세계 최고 수준의 환경 기술 기업으로 거듭나겠습니다. 우리의 실수가 미래 세대를 위한 더 나은 지구를 만드는 출발점이 되도록 하겠습니다"라고 말했다면 전 세계는 어떻게 반응했을까? 우선 언론과 대중의 반응이 완전히 달랐을 것이다. 물론 초기에는 여전히 비판의 목소리도 있었겠지만, BP의 진정성 있는 사과와 미래에 대한 비전이 점차 긍정적인 평가를 받았을 것이다. 특히 환경단체들도 BP의 변화를 지켜보겠다는 입장을 취하고, BP에게 두 번째 기회를 제공했을 것이다. 더 중요한 점은 투자자들의 반응이다. 초기에는 주가가 하락했겠지만, BP의 장기적인 비전과 친환경 전환 계획이 발표되면서 ESG 투자자들의 관심을 끌었을 것이다. 특히 기후 변화에 대한 관심이 높아지는 상황에서, BP의 선제적인 변화는 새로운 성장 동력이 되었을 것이다.

실제 BP가 보인 대응과 액땜 이론으로 처리했을 때의 결과를 비교해보면 그 차이는 극명하다. 실제로 BP는 브랜드 이미지에서 장기적인 손상을 입었다. 사고 이후 10년이 넘은 지금도 BP는 여전히 '환경 파괴 기업'이라는 오명에서 벗어나지 못했다. 젊은 세대들에게 BP는 '기후 변화의 주범' 중 하나로 인식되며, 이는 장기적으로 BP의 사업에 부정적인 영향을 미친다.

신뢰도 측면에서도 BP는 큰 타격을 입었다. 투자자들, 정부, 지역사회 모두에서 BP에 대한 신뢰도는 크게 떨어졌다. 특히 안전성에 대한 의구심은 여전히 남아 있어, BP의 새로운 프로젝트에 대해서는 항상 더 엄격한 기준이 적용된다. 이 점은 BP의 사업 비용을 증가시키며, 경쟁력에도 부정적인 영향을 미친다.

회피의 악순환 vs 전환의 선순환

반면 만약 BP가 액땜 이론으로 접근했다면, 위기를 기회로 전환할 수도 있었다. 환경 리더십 기업으로 리포지셔닝함으로써 새로운 성장 동력을 확보하고, ESG 투자의 수혜를 받을 수도 있었을 것이다. 특히 기후 변화 대응이 전 세계적으로 화두인 시점에서 BP는 이 분야의 선도 기업이 될 수 있는 절호의 기회를 얻을 수도 있었다.

BP 사건의 가장 큰 교훈은 위기 상황에서의 마음가짐이 얼마나 중요한지를 보여준다. 같은 사고가 일어나더라도, 그것을 어떻게 받아들이고 처리하느냐에 따라 결과는 완전히 달라진다. BP는 작은 책임도 지지 않으려고 하다가 결국 더 큰 책임을 물어야 하는 상황에 놓였다. 반면 액땜 이론을 실천한 기업들은 초기의 작은 손실을 감수함으로써 장기적으로 더 큰 이익을 얻을 수 있었다.

개인의 삶도 마찬가지다. 실수나 실패했을 때, 그것을 어떻게 받아들이느냐가 미래를 결정한다. 실수를 인정하고 그로부터 배우려는 사람은 성장하지만, 실수를 부인하고 남 탓만 하는 사람은 같은 실수를 반복한다. BP가 바로 후자의 전형적인 사례다. 특히 현대 사회에서는 정보의 투명성이 높아지면서, 기업이나 개인이 잘못을 숨기기가 점점 어렵다. 소셜미디어와 인터넷을 통해 정보가 빠르게 퍼지고, 사람들의 판단 기준도 더욱 엄격해지기 때문이다. 이런 환경에서는 초기에 솔직하게 인정하고 적극적으로 대응하는 것이 최선의 전략이다.

BP 사건을 계기로 우리가 깨달은 바는 불확실성이 높은 현대 사회에서 액땜 이론이 얼마나 중요한 생존 전략인지를 보여준다는 점이다. 완벽한 통제나 예측이 불가능한 상황에서 문제가 발생했을 때 그것을 어떻게 처리하느냐가 관건이다. BP는 사고 자체보다도 사고 이후의 대응에서 더 크게 실패했다.

액땜 이론이 시사하는 바는 단순히 '체념하라'의 문제가 아니다. 오히려 현실을 정확히 인식하고, 그 안에서 최선의 선택을 하라는 조언이다. BP의 경우 사고가 일어난 것은 되돌릴 수 없는 현실이었다. 하지만 그 이후의 대응은 선택의 문제였다. 그들이 올바른 선택을 했다면, 사고는 새로운 출발점이 될 수도 있었다. 사실 현대 기업들이 직면하고 있는 다양한 위기들—사이버 보안, 기후 변화, 팬데믹, 공급망 중단 등—을 생각해보면, 완벽한 예방은 불가능하다. 중요한 점은 위기가 닥쳤을 때 그것을 어떻게 기회로 전환할 수 있느냐다. 이것이 바로 액땜 이론이 현대 경영학에서 중요한 의미다.

결국 BP의 딥워터 호라이즌 사고 대응은 "어떻게 하면 위기를 더 큰 재앙으로 만들 수 있는가"에 대한 완벽한 교육 자료가 되었다. 그들은 액땜 이론과는 정반대의 길을 갔고, 작은 손실을 두려워하다가 더 큰 손실을 입는 전형적인 사례를 보여주었다. 21조 원이라는 배상금보다도 더 큰 손실은 바로 잃어버린 신뢰와 브랜드 가치였다. 만약 당시 BP가 한국의 액땜 이론을 알고 있었다면, 그들은 이 사고를 21세기 최고의 기업 변신 스토리로 만들 수 있었다. '석유 회사에서 환경 회사로', '이익 추구에서 가치 추구로', '위기에서 기회로'의 전환이 가능했을 것이다. 하지만 그들은 그 기회를 완전히 놓쳐버렸다.

BP의 사례는 현대 기업들에 중요한 교훈을 시사한다. 위기는 피할 수 없다. 하지만 위기를 어떻게 처리하느냐는 선택의 문제다. 작은 손실을 감수하고 큰 기회를 잡을 것인가, 아니면 작은 손실도 피하려다가 더 큰 손실을 입을 것인가. BP는 후자를 선택했고, 그 결과는 참혹했다. 앞으로 또 다른 기업이 비슷한 위기에 직면했을 때, 그들이 BP의 전철을 밟지 않기를 바란다. 대신 액땜 이론의 지혜를 받아들여, 위기를 기회로 전환하는 진정한 리더십을 보여주기를 기대한다. 그것이야말로 BP 사건이 우리에게 남긴 가장 값진 교훈일 것이다.

투명성과 대응의 힘:
SKT, KT, 롯데카드 해킹 사건

'3년 8개월의 동거인': 침투를 알지 못했던 보안의 민낯

2025년 4월 19일 오후 11시 40분, 한국 통신업계에 지진이 발생했다. SK텔레콤(SKT)이 해킹당한 것이다. 가입자 2,324만 명의 유심 정보가 통째로 털린, 국내 개인정보 유출 사고 사상 최대 규모의 참사였다. 해커들은 무려 9.82GB 분량의 개인정보를 유출했고, 국민 절반에 가까운 숫자였다. IMSI(국제 이동국 식별번호), IMEI(단말기 고유식별번호), 그리고 가장 치명적인 유심 인증키까지 모든 것이 털렸다.

더 충격적인 것은 해킹의 시간대였다. 해커들은 2021년 8월부터 이미 SKT 내부망에 침투해 있었다. 무려 3년 8개월 동안 SKT는 자신들의 집에 도둑이 들어와 있다는 사실조차 모르고 있었던 것이다. 마치 집에서 편안하게 잠을 자고 있는데, 사실은 지하실에서 도둑이 3년째 살고 있었다는 것과 같은 상황이었다. 2022년 6월에는 통합고객인증시스템ICAS에 추가 악성 프로그램까지 설치했으니, 해커들은 SKT를 마치 자신들의 놀이터처럼 사용하고 있었던 셈이다.

가장 당혹스러운 것은 SKT가 사용한 운영체제였다. 2016년 10월에 이미 보안 경보가 발령된 '더티카우DirtyCow' 취약점이 있는 OS를 2025년 4월까지, 무려 8년 반 동안 아무런 보안 조치 없이 사용하고 있었다. 이는 마치 '위험하니까 쓰지 말라'고 경고 스티커가 붙어 있는 전자제품을 8년 동안 계속 사용한 것과 같다. 심지어 2020년부터 이 취약점을 탐지할 수 있는 상용 백신들이 나왔는데도, SKT는 2025년까지 백신 하나 설치하지 않았다.

그런데 SKT만의 문제는 아니었다. 2025년은 한국 통신·금융업계에 '보안 재앙의 해'로 기록될 듯하다. 7월에는 KT가 해킹당해 약 1,200만 명의 고객 정보가 유출되었다. SKT보다 규모는 작았지만, 유출된 정보의 민감도는 만만치 않았다. 이름, 생년월일, 주소, 그리고 일부 고객의 경우 신용카드 정보까지 포함되어 있었다. KT는 초기 대응에서 SKT의 전철을 그대로 밟았다. 사건 발생 후 3일이 지나서야 공식 발표를 했고, 처음에는 '일부 고객'이라고 했다가 나중에 '1,200만 명'으로 수정했다.

9월에는 롯데카드가 또다시 해킹당했다. 2014년에 이어 11년 만의 재발이었다. 이번에는 약 850만 명의 카드 회원 정보가 유출되었는데, 카드번호, 유효기간, CVV 번호까지 포함되어 있어 실제 결제가 가능한 수준의 정보였다. 더 아이러니한 것은 롯데카드가 2014년 사건 이후 '보안 강화'를 대대적으로 홍보했다는 점이다. 심지어 2023년에는 금융보안원으로부터 '정보보호 우수기업' 인증까지 받았다. 하지만 결과는 또 다른 해킹이었다.

한국 기업들의 보안 대응 딜레마

이 세 사건을 나란히 놓고 보면 놀라울 정도로 비슷한 패턴이 발견된다. 첫째, 모두 해킹 사실을 발견한 후 즉각 공개하지 않았다. SKT는 3일, KT는 3일, 롯데카드는 무려 5일이 지나서야 공식 발표했다. 이 '침묵의 시간' 동안 기업들은 무엇을 했을까? 법무팀과 홍보팀이 모여 "어떻게 발표할 것인가"를 논의했을 것이다. 하지만 그 시간 동안 고객들은 자신들의 정보가 이미 유출되었다는 사실조차 모른 채 지냈다.

둘째, 모두 초기 발표에서 피해 규모를 축소했다. SKT는 "유출 정황이 있다", KT는 '일부 고객', 롯데카드는 '제한적 유출'이라는 표현을 사용했다. 하지만 며칠 후 실제 피해 규모가 밝혀지면서 고객들의 불신은 더욱 커졌다. 왜 처음부터 정확한 규모를 말하지 않았을까? 기업들은 주가 하락과 브랜드 이미지 훼손을 우려했겠지만, 결과적으로는 더 큰 신뢰 손실을 초래했다.

셋째, 모두 '고도화된 해킹 기법'을 강조하며 자신들도 피해자라는 프레임을 만들려고 했다. SKT는 '국가적 지원을 받는 해커 조직', KT는 '최신 제로데이 공격', 롯데카드는 'APT 공격'을 언급했다. 물론 이런 공격들이 실제로 사용되었을 수 있다. 하지만 정작 중요한 것은 "왜 그런 공격을 막지 못했는가"에 대한 솔직한 인정이다. 공격자가 강했다는 것과 방어자가 부실했다는 것은 별개의 문제다.

넷째, 모두 사후 대응이 미흡했다. SKT는 유심 교체를 약속했지만 준비된 유심은 100만 개뿐이었다. KT는 '신용정보 모니터링 서비스' 3개월 무료를 제공했지만, 정작 고객들이 원하는 것은 모니터링이 아니라 피해 보상이었다. 롯데카드는 전액 보상을 약속했지만, 실제 피해 입증 절차가 너무 복잡해서 많은 고객이 포기했다.

신뢰를 갉아먹는 '나쁜 첫 응답': 축소·지연·부정확

SKT의 초기 대응을 보면 마치 BP의 딥워터 호라이즌 사고를 보는 것 같다. 그들은 액땜 이론과는 정반대의 길을 택했다. 4월 19일 밤 해킹을 발견했지만, 고객들에게는 제대로 된 개별 통지도 하지 않았다. 4월 22일이 되어서야 뉴스룸에 공식 사과문을 올렸고, 그마저도 "유출 정황이 있다"는 애매한 표현으로 일관했다. 마치 "집에 도둑이 들었을 수도 있다"고 말하는 것처럼 모호한 톤을 유지했다.

더 당황스러운 것은 SKT의 고객 대응이었다. 전 고객 무료 유심 교체를 약속했지만, SKT가 보유한 유심은 고작 100만 개였다. 2,300만 명의 고객에게 100만 개의 유심이라니, 마치 화재가 난 건물에서 소화기 하나로 불을 끄려는 격이었다. 결국 전국 T월드 매장에는 유심을 바꾸려는 고객들의 긴 줄이 늘어섰고, '유심 대란'이라는 웃지 못할 상황이 벌어졌다. 어떤 고객은 매장 앞에서 네 시간을 기다렸다고 한다.

KT도 비슷한 실수를 했다. 7월 해킹 사건 이후 KT는 '피해 고객에게 개별 통지'를 약속했지만, 실제로는 문자 한 통이 전부였다. 그나마 그 문자도 "귀하의 정보가 유출되었을 가능성이 있습니다"라는 아리송한 문구였다. 가능성? 고객들은 확실한 답을 원했다. 유출되었으면 되었다고, 안 되었으면 안 되었다고 명확하게 말해달라는 것이었다.

롯데카드의 대응은 더 혼란스러웠다. 9월 사건 이후 롯데카드는 홈페이지에 '유출 확인 시스템'을 구축했다. 고객들이 카드번호를 입력하면 자신의 정보가 유출되었는지 확인할 수 있다는 것이었다. 하지만 정작 그 시스템이 제대로 작동하지 않았다. 수많은 고객이 '서버 오류'라는 메시지만 보았다. 어떤 고객은 "정보가 유출된 것도 억울한데, 유출 확인조차 제대로 못 하게 하냐"며 분노했다.

세 회사의 경영진은 모두 뒤늦게 사과했지만, 그들의 사과는 진정성보다는 형식적인 절차로 보였다. SKT의 유영상 대표, KT의 김영섭 대표, 롯데카드의 김상원 대표가 모두 고개를 숙였지만, 정작 중요한 것은 "왜 이런 일이 반복되는가"에 대한 명확한 해명이었다. 하지만 그런 핵심적인 질문에 대해서는 "수사기관의 수사에 협조하겠다", "재발 방지에 최선을 다하겠다"는 상투적인 답변만 일관했다.

과징금은 영수증이 아니다, '수업료'를 투자로 전환하라

8월 28일, 개인정보보호위원회는 SKT에 역사상 최대 규모인 1,348억 원의 과징금을 부과했다. 개인정보위가 2020년 출범한 이후 내린 처분 중 가장 큰 액수였다. 고학수 개인정보보호위원장은 "구글이나 메타의 건과는 카테고리가 다르다"고 말했는데, SKT의 사고가 단순한 개인정보 오남용이 아니라 기본적인 보안 의무를 방기한 중대한 과실이라는 의미였다.

KT에는 680억 원의 과징금이 부과되었다. SKT보다는 적었지만, KT의 연매출 규모를 고려하면 결코 적은 금액이 아니었다. 롯데카드에는 420억 원이 부과되었는데, 2014년 사건 때 받은 7억 5천만 원의 무려 56배에 달하는 금액이었다. 정부는 '재발 사고'에 대해서는 가중 처벌한다는 원칙을 분명히 했다.

세 회사를 합치면 2,448억 원이다. 이 돈이면 무엇을 할 수 있을까?

사이버 보안 전문가 1,000명을 10년간 고용할 수 있는 금액이다. 아니면 최첨단 보안 시스템을 구축하고도 남는다. 하지만 과징금은 보안 투자로 쓰이지 않는다. 그냥 국고로 들어간다. 기업 입장에서는 그저 손실일 뿐이다.

국민들의 분노는 더욱 뜨거웠다. 국민청원 게시판에는 SKT, KT, 롯데카드 관련 청원들이 쏟아져 나왔고, 집단 소송 준비까지 시작되었다. 은행을 비롯한 금융권은 SKT와 KT를 통한 신원 인증을 일시 중단했고, 이는 고객들에게 또 다른 불편을 안겨주었다. 어떤 고객은 "은행 업무를 보려면 직접 방문해야 하는데, 이게 무슨 21세기냐"고 한탄했다.

하지만 정작 세 회사는 여전히 '우리도 피해자'라는 식의 태도를 보였다. 해킹 배후에 대해서는 '국가적 차원의 조직적 공격'을 강조하며 마치 자신들도 당황스럽다는 듯한 반응을 보였다. 중국계 해커 집단이나 북한의 소행일 가능성이 제기되자, 이를 빌미로 '우리도 국가적 공격의 피해자'라는 프레임을 만들려고 했다.

액땜형 전환 시나리오: 투명 공개, 기술 로드맵, 생태계 리더십

만약 SKT가 액땜 이론을 알고 있었다면, 이 사고는 완전히 다른 방향으로 흘러갔을지 모른다. 액땜 이론의 핵심은 "더 큰 사고가 날 뻔했는데 이 정도로 끝나서 다행이다"라는 관점 전환이다. SKT의 경우로 치면, "전 세계 통신업계에 경종을 울리는 계기가 되었고, 이를 통해 우리가 보안 혁신의 리더가 되겠다"고 선언할 수 있었을 것이다.

상상해보자. 만약 4월 20일 유영상 대표이사가 긴급 기자회견을 열어 이렇게 말했다면 어땠을까? "어젯밤 우리는 충격적인 사실을 발견했다. 3년 전부터 해커들이 우리 시스템에 침투해 있었다. 이는 우리의 완전한 실패다. 변명의 여지가 없다. 하지만 동시에 생각해보자. 만약 이 해킹이 5년, 10년 더 지속되었다면? 만약 해커들이 단순히 정보를 유출하는 데 그치지 않고 실제로 시스템을 마비시켰다면? 그렇다면 돌이킬 수 없는 재앙이 되었을 것이다."

그리고 이어서 이렇게 말했다면? "우리는 이번 사고를 계기로 SKT를 완전히 새로운 회사로 만들겠다. 향후 5년간 10조 원을 투자하여 세계 최고 수준의 사이버 보안 기업으로 거듭나겠다. 우리의 실수가 대한민국을 사이버 보안 강국으로 만드는 출발점이 되도록 하겠다. 전 세계 통신사들과 보안 기술을 공유하여, 다시는 이런 일이 일어나지 않도록 대비하겠다. 우리의 실패를 숨기지 않겠다. 오히려 이를 교과서로 만들어 다른 기업들이 배울 수 있게 하겠다."

KT도 마찬가지다. 김영섭 대표가 이렇게 말할 수 있었다. "SKT의 사고를 보면서 우리는 '남의 일'이라고 생각했다. 하지만 2개월 만에 우리도 같은 공격을 당했다. 이것은 통신업계 전체의 구조적 문제다. 우리만의 문제가 아니라 업계 전체가 함께 해결해야 할 과제다. KT는 이번 사고를 계기로 통신업계 보안 협의체를 제안한다. 우리의 기술과 노하우를 다른 통신사들과 공유하고, 함께 방어 체계를 구축하자."

롯데카드도 다르게 접근할 수 있었다. 김상원 대표가 이렇게 말했다면 어땠을까? "2014년에도 우리는 해킹을 당했다. 그때 우리는 '재발 방지'를 약속했다. 하지만 11년 만에 또 같은 일이 벌어졌다. 이 점은 우리가 진정한 변화를 만들지 못했다는 증거다. 이번에는 다르게 하겠다. 롯데카드는 금융업계 최초로 모든 보안 시스템을 공개하겠다. 우리의 약점을 숨기지 않고 드러내겠다. 그리고 업계 전체가 함께 해결책을 찾도록 하겠다."

만약 세 회사가 액땜 이론 방식으로 접근했다면 어떤 일이 일어났을까? 우선 투명성부터 달랐을 것이다. 해킹 사실을 숨기거나 축소하지 않고, 오히려 적극적으로 공개하면서 "우리의 실패를 통해 업계 전체가 배우자"는 메시지를 전달했을 것이다. 단기적으로는 더 큰 비판을 받을 수도 있지만, 장기적으로는 신뢰 회복의 기반이 되었을 것이다.

둘째, 기술 혁신에 대한 비전을 제시했을 것이다. 단순히 "보안을 강화하겠다"는 뻔한 말 대신, "이번 사고를 계기로 AI 기반 실시간 위협 탐지 시스템을 개발하겠다", "블록체인 기술을 활용한 분산형 보안 아키텍처를 구축하겠다"와 같은 구체적이고 혁신적인 계획을 발표했을 것이다.

셋째, 고객과의 소통 방식도 완전히 달랐을 것이다. 유심 교체를 위해 줄을 서야 하는 불편함에 대해 사과하면서도, "이 과정을 통해 우리가 배우는 것들을 고객님들과 실시간으로 공유하겠다"며 투명한 소통을 약속했을 것이다. 심지어 해킹 대응 과정을 실시간으로 공개하여 '위기 대응의 교과서'를 만들겠다고 선언할 수도 있었다.

넷째, 국가적 차원의 사이버 보안 생태계 구축에 나섰을 것이다. "우리의 실수가 대한민국 전체의 사이버 보안 역량을 한 단계 끌어올리는 계기가 되겠다"며 정부, 학계, 다른 기업들과의 협력 체계 구축을 제안했을 것이다. 이는 SKT, KT, 롯데카드를 단순한 가해 기업이 아니라 사이버 보안 혁신의 선도 기업으로 포지셔닝하는 기회가 되었을 것이다.

다섯째, '집단 액땜' 선언이 가능했을 것이다. 세 회사가 함께 기자 회견을 열어 "2025년은 한국 사이버 보안의 전환점이 될 것"이라고 선언하는 것이다. "우리 세 회사가 당한 공격은 개별 사건이 아니라 한국 전체를 겨냥한 조직적 공격이었다. 이제 우리는 개별적으로 대응하지 않고 함께 방어 체계를 구축하겠다. 통신업계와 금융업계의 장벽을 허물고, 보안 정보를 실시간으로 공유하는 플랫폼을 만들겠다."

위험 감수형 기업가 정신:
스페이스X의 실험 모델

실패로 날아오르다

스페이스X의 팰컨 9 성공 스토리는 액땜 이론이 현실에서 어떻게 작동하는지를 보여주는 가장 극명하고 설득력 있는 사례다. 사실 일론 머스크가 2002년 스페이스X를 창립했을 때 전 세계 우주항공 전문가들이 보인 반응은 조롱과 회의론이었다. 당시 우주 발사 산업은 NASA, 로스코스모스Roscosmos, 유럽우주청ESA, 그리고 보잉Boeing, 록히드마틴Lockheed Martin과 같은 거대 방산업체들이 수십 년간 쌓아올린 기술 장벽과 진입 벽루로 완전히 봉쇄된 영역이었다. 특히 재사용 로켓이라는 개념은 1990년대 NASA의 벤처스타VentureStar 프로젝트와 델타 클리퍼Delta Clipper 실험이 참혹한 실패로 끝난 이후 '불가능한 꿈'으로 치부되고 있었던 분야다.

그러니까 머스크가 우주 사업에 뛰어든 동기 자체가 액땜 이론적 사고의 결정체였다. 그는 러시아에서 중고 ICBM을 구매해 화성 탐사 프로젝트를 시작하려다가 터무니없는 가격을 요구받았고, 이때 '기존 우주 발사 비용이 비싼 이유는 기술적 한계가 아니라 업계의 구조적 문제 때문'이라는 통찰을 얻었다. 당시 위성 발사 비용은 킬로그램당 1만 달러를 넘나들었는데, 로켓을 일회용으로만 사용하기 때문이었다. 머스크는 "747 비행기를 한 번 타고 버린다면 항공료가 얼마나 비싸질 것인가?"라는 비유를 들며 재사용 로켓의 필요성을 역설했다. 하지만 업계 베테랑들은 이런 아이디어를 "공학을 모르는 소프트웨어 개발자의 헛된 꿈"이라고 일축했다.

팰컨 1으로 시작된 스페이스X의 초기 여정은 그야말로 실패의 연속이었다. 2006년 3월 첫 번째 발사는 연료 누출로 발사 33초 만에 폭발했다. 엔진 개발을 담당했던 톰 뮬러Tom Mueller는 후에 "그 순간 내 인생에서 가장 길었던 33초였다"라고 회상했다. 두 번째 시도인 2007년 3월 발사는 1단계는 성공했지만 2단계에서 롤링 문제로 궤도 진입에 실패했다. 세 번째 시도인 2008년 8월 발사는 1단계와 2단계 분리 과정에서 충돌이 발생해 실패했다. 이 시점에서 스페이스X는 거의 파산 직전까지 몰렸다. 머스크는 개인 자산을 모두 털어 회사를 연명시켰고, 직원들은 월급도 제대로 받지 못한 채 프로젝트를 계속했다.

전통적인 경영학 관점에서는 이런 상황이 사업 모델의 근본적 결함을 보여주는 명백한 신호였다. 벤처캐피털리스트들과 항공우주 컨설턴트들은 스페이스X에 대한 투자를 철회하기 시작했고, 언론들은 "테슬라와 스페이스X 동시 부도 위기"라는 기사들을 쏟아냈다. 하지만 액땜 이론의 관점에서 보면, 바로 이런 극한의 실패 경험이야말로 스페이스X가 기존 우주항공 업계의 고정관념에서 완전히 해방될 수 있게 해준 '정화의 과정'이었다. 각각의 폭발은 단순한 손실이 아니라 로켓 공학의 한계와 가능성을 직접 체험할 수 있게 해주는 값진 교육이었다.

마침내 2008년 9월 네 번째 팰컨 1 발사가 성공하면서 스페이스X는 역사의 전환점을 맞았다. 하지만 이 성공의 진정한 가치는 단순히 궤도에 위성을 올린 것이 아니라, 이전 세 번의 실패를 통해 축적한 엔지니어링 지식과 문제 해결 역량을 입증한 데 있었다. NASA의 찰스 볼든Charles Bolden 전 국장은 후에 "스페이스X의 초기 실패들은 NASA가 수십 년에 걸쳐 경험한 시행착오를 몇 년 만에 압축한 것이었다"라고 평가했다. 머스크와 그의 팀은 실패를 통해 기존 업계가 당연하게 여기던 수많은 가정이 잘못되었다는 것을 발견했다. 예를 들어 로켓 엔진은 반드시 수입 부품을 써야 한다는 통념, 발사 작업에는 수백 명의 인력이 필요하다는 고정관념, 그리고 재사용 로켓은 기술적으로 불가능하다는 믿음 등이 모두 도전받고 재검토되었다.

팰컨 9 개발 과정은 액땜 이론이 체계적으로 적용된 더욱 정교한 실험이었다. 2010년 첫 번째 팰컨 9 발사는 성공했지만, 머스크의 진짜 목표는 1단계 로켓을 회수해서 재사용하는 것이었다. 우주항공 업계에서는 거의 미친 짓으로 여겨졌다. 로켓을 다시 지구로 돌려보내려면 추가 연료와 복잡한 제어 시스템이 필요한데, 이는 페이로드 용량을 줄이고 실패 확률을 높인다는 것이 업계 정설이었다. 블루오리진Blue Origin의 제프 베조스조차 "수직 착륙은 쉽지만 궤도 속도에서 돌아오는 것은 다른 문제"라며 회의적 입장을 표했다.

스페이스X와 우주산업의 재편

2012년부터 2015년까지 스페이스X가 시도한 1단계 로켓 회수 실험들은 연속적인 실패의 행진이었다. 바다에 착륙시키려던 초기 시도들은 대부분 로켓이 바다에 충돌하면서 폭발로 끝났다. 2014년 도입한 드론십Drone Ship 착륙 시도들도 마찬가지였다. 'Just Read the Instructions'라는 이름의 첫 번째 드론십에서의 착륙 시도는 로켓이 비스듬히 떨어지면서 폭발했고, 머스크는 트위터에 "RUDRapid Unscheduled Disassembly"라는 우스꽝스러운 표현으로 폭발을 에둘러 표현했다. 이런 연속적인 실패에 대해 전통적인 우주항공 업계는 "역시 불가능한 일이었다"며 냉소적인 반응을 보였다.

하지만 머스크와 스페이스X 엔지니어링 팀은 각각의 실패에서 핵심적인 데이터를 추출했다. 그들은 실패를 '성공으로 가는 과정의 일부'로 인식하고, 매번 더 정교한 착륙 알고리즘과 제어 시스템을 개발했다. 특히 팰컨 9의 그리드 핀Grid Fin 시스템, 엔진 재점화 기술, 정밀 GPS 유도 시스템 등은 모두 이런 실패 경험을 통해 완성된 혁신들이었다. MIT의 항공우주공학과 데이비드 밀러David Miller 교수는 "스페이스X의 접근법은 전통적인 'Design-Build-Test' 방식이 아니라 'Build-Test-Learn-Iterate' 방식"이라고 분석했다.

2015년 12월 21일 마침내 팰컨 9 1단계가 케이프 커내버럴Cape Canaveral의 랜딩 존Landing Zone 1에 수직으로 착륙하는 데 성공했다. 이 순간은 단순히 기술적 성취를 넘어 액땜 이론이 현실에서 구현된 역사적 순간이었다. 수년간의 폭발과 실패를 통해 축적된 지식과 경험이 마침내 결실을 맺은 것이다. 하지만 이 성공 이후에도 스페이스X는 실험과 실패를 계속했다. 2016년에만 드론십 착륙에서 두 번 더 실패했지만, 이런 실패들을 통해 더욱 정교한 착륙 기술을 개발할 수 있었다.

스페이스X의 액땜 이론적 접근법이 가져온 결과는 혁명적이었다. 2024년 현재 팰컨 9은 300회 이상 발사에 성공했고, 1단계 로켓 회수 성공률은 95퍼센트를 넘어섰다. 일부 부스터는 20회 이상 재사용되고, 위성 발사 비용을 기존의 10분의 1 수준으로 낮추었다. 더 놀라운 것은 신뢰성 측면에서도 팰컨 9이 기존 로켓들을 압도하고 있다는 점이다. 러시아의 소유즈Soyuz, 유럽의 아리안Ariane, 미국의 델타Delta와 아틀라스Atlas 시리즈 등 기존 '검증된' 로켓들보다 오히려 더 높은 성공률을 기록한다.

이런 성과는 기존 우주항공 산업의 패러다임을 완전히 뒤바꾸었다. 보잉과 록히드마틴의 합작회사인 ULA United Launch Alliance는 수십 년간 미국 정부의 독점적 발사 서비스 제공업체였지만, 스페이스X의 등장으로 시장 점유율이 급격히 감소했다. NASA는 2020년부터 스페이스X의 크루 드래곤Crew Dragon을 이용해 우주정거장에 우주비행사들을 보내고 있으며, 이는 2011년 우주왕복선 퇴역 이후 러시아 소유즈에만 의존하던 상황을 끝낸 역사적 변화다. 아마존의 제프 베조스, 버진 갤럭틱Virgin Galactic의 리처드 브랜슨Richard Branson 등도 스페이스X의 성공에 자극받아 우주 사업에 본격적으로 뛰어들었다.

액땜 이론의 관점에서 보면, 스페이스X의 성공은 단순히 기술적 혁신의 결과라기보다는 실패에 대한 근본적으로 다른 접근법의 산물이다. 전통적인 우주항공 업계는 실패를 회피해야 할 위험으로 인식했지만, 스페이스X는 실패를 학습과 혁신의 기회로 활용했다. 이런 차이가 결국 완전히 다른 결과를 가져왔다. 칼텍Caltech의 항공우주공학과 조엘 서셀Joel Sercel 교수는 "스페이스X의 진정한 혁신은 기술이 아니라 방법론에 있다"라고 평가했다.

스페이스X의 문화적 DNA에도 액땜 이론이 깊이 스며들어 있다. 회사 내부에서는 실패한 프로젝트에 대해서도 처벌하지 않으며, 오히려 '빠른 실패'를 통해 배운 교훈을 공유하는 것을 장려한다. 머스크는 직원들에게 "만약 여러분이 실패하지 않는다면, 충분히 혁신적이지 않다는 뜻"이라고 말한다. 이런 문화는 엔지니어들이 기존의 해법에 안주하지 않고 계속해서 새로운 가능성을 탐색하도록 유도한다. 실제로 스페이스X의 많은 혁신은 '말이 안 되는' 아이디어에서 출발했다. 랩터 엔진Raptor Engine의 메탄 연료 사용, 스테인리스 스틸 로켓 선체, 그리고 화성 식민지 건설 계획까지, 모두 기존 상식으로는 불가능해 보이는 도전들이었다.

액땜의 문화: 처벌 대신 공유, 완벽주의 대신 실험주의

팰컨 9의 성공이 불러온 더 큰 의미는 다른 산업 분야에서도 액땜 이론적 접근법이 확산되고 있다는 점이다. 실리콘밸리의 '빠르게 실패하기' 문화, 토요타의 '카이젠' 철학, 그리고 아마존의 '실험 문화' 등이 모두 비슷한 맥락에서 이해할 수 있다. 특히 인공지능과 머신러닝 분야에서는 스페이스X의 반복적 실험과 학습 방법론이 표준적인 개발 프로세스로 자리 잡았다. 구글의 딥마인드DeepMind, 오픈AI, 그리고 테슬라의 자율주행 팀 등이 모두 이런 접근법을 사용한다.

하지만 액땜 이론의 적용에는 중요한 전제 조건들이 있다. 첫째, 실패를 통한 학습이 가능한 조직문화가 필요하다. 실패를 처벌하거나 은폐하려는 문화에서는 액땜 이론이 제대로 작동할 수 없다. 둘째, 충분한 자원과 시간이 확보되어야 한다. 스페이스X도 머스크의 개인 자산과 NASA의 상업용 승무원 수송 프로그램Commercial Crew Program 계약 등이 뒷받침되어야 가능했다. 셋째, 실패의 규모와 빈도를 적절히 관리할 수 있는 능력이 필요하다. 무작정 큰 실패를 반복하면 조직이 붕괴될 수 있기 때문이다.

스페이스X의 경험은 또한 전통적인 위험 관리 이론에도 중요한 시사점을 제공한다. 기존의 위험 관리는 불확실성을 최소화하고 예측 가능한 결과를 추구하는 데 초점을 맞추었다. 하지만 스페이스X는 오히려 불확실성을 적극적으로 받아들이고, 그 속에서 새로운 기회를 발견하는 능력을 키웠다. 나심 탈레브가 제시한 '안티프래질' 개념과도 일치한다. 충격이나 스트레스를 받았을 때 단순히 견디기보다는 오히려 더 강해지는 특성 말이다.

현재 스페이스X는 팰컨 9의 성공을 바탕으로 더욱 야심찬 프로젝트들을 추진 중이다. 스타십Starship 개발, 화성 식민지 건설, 그리고 위성 인터넷 서비스인 스타링크Starlink 사업 등이 모두 팰컨 9에서 얻은 경험과 교훈을 기반으로 한다. 특히 스타십 개발 과정에서도 동일한 액땜 이론적 접근법이 적용된다. 수차례의 시제품 폭발과 실패를 거치면서도 포기하지 않고 계속 개선해나가는 모습은 팰컨 9 개발 과정의 데자뷔 같다.

액땜 이론이 스페이스X를 통해 보여준 가장 큰 교훈은 '실패의 재정의'다. 실패를 단순히 부정적인 결과로 보기보다는 성공으로 가는 과정의 필수적인 단계로 인식하는 것이다. 이런 관점 전환은 개인과 조직이 불확실한 환경에서도 지속적으로 도전하고 혁신할 수 있게 해주는 핵심 동력이다. 스페이스X의 팰컨 9은 단순히 재사용 로켓 기술의 성공작이 아니라, 인류가 실패를 통해 더 큰 성공을 달성할 수 있다는 것을 보여준 살아 있는 증거다.

더 나아가 스페이스X의 성공은 21세기 혁신 경영의 새로운 패러다임을 제시한다. 과거의 성공 공식에 안주하지 않고, 지속적으로 기존의 틀을 깨고 새로운 가능성을 탐색하는 것이야말로 급변하는 시대에 살아남는 유일한 방법이라는 것이다. 액땜 이론이 제시하는 '실패를 통한 정화와 성장'의 지혜는 이제 우주항공 산업을 넘어 모든 혁신 기업이 배워야 할 핵심 철학이다. 팰컨 9의 성공은 결국 인류가 우주로 나아갈 수 있게 해준 기술적 성취이면서, 동시에 실패를 두려워하지 않는 용기야말로 진정한 혁신의 동력이라는 것을 증명한 철학적 승리이기도 하다.

핑계와 전략적 책임감의
차별성

위기를 대하는 언어가 미래를 결정한다

"액땜했다"와 "우리 잘못이 아니다"는 겉으로 보면 단순한 말의 차이처럼 보인다. 하지만 이 한 끗 차이가 만들어내는 결과는 천지 차이다. 존슨앤존슨의 타이레놀 사건과 BP의 딥워터 호라이즌 사고, 토요타의 리콜 사태와 폭스바겐의 디젤게이트, 그리고 최근의 SKT 해킹 사건까지. 비슷한 위기를 맞은 기업들이 보여준 명암은 극명하다. 어떤 기업은 위기를 기회로 바꿔 더욱 강해졌고, 어떤 기업은 위기에 휩쓸려 나락으로 떨어졌다.

이런 차이는 과연 무엇에서 비롯될까? 단순히 운이 좋고 나빴던 것일까? 아니면 위기관리 매뉴얼의 차이일까? 더 깊이 들어가 보면, 이는 리더십, 조직문화, 전략적 사고의 근본적 차이에서 비롯된다는 것을 알 수 있다. 마치 같은 재료로 요리를 해도 요리사에 따라 완전히 다른 음식이 나오듯이, 같은 위기 상황도 조직의 DNA에 따라 전혀 다른 결과를 만들어낸다.

그런데 여기서 흥미로운 점은 이런 차이가 위기 순간에 갑자기 나타나는 것이 아니라는 사실이다. 오히려 평상시의 사소한 선택들이 축적되어 위기 순간에 폭발적으로 드러난다. 액땜으로 받아들이는 기업과 핑계로 일관하는 기업의 차이는 이미 위기 이전부터 존재했던 근본적인 차이의 발현인 셈이다.

위기 상황에서 액땜과 핑계를 가르는 첫 번째 요소는 리더십의 DNA다. 구체적으로는 리더가 두려움에 지배당하느냐, 아니면 용기로 상황을 돌파하려고 하느냐의 차이다. 이것은 단순히 개인의 성격 차이를 넘어, 리더가 추구하는 세계관과 가치관의 근본적 차이를 반영한다.

두려움에 지배당하는 리더는 위기 상황에서 본능적으로 방어적 자세를 취한다. "어떻게 하면 책임을 피할 수 있을까", "어떻게 하면 손실을 최소화할 수 있을까"가 주된 관심사다. 이런 리더 밑에서는 자연스럽게 핑계 문화가 형성된다. 조직 구성원들도 "어떻게 하면 내 책임이 아니라는 것을 증명할 수 있을까"에 집중한다. 마치 배가 침몰할 때 승객들을 구하기보다 자신의 짐부터 챙기려는 선장과 같다.

반면 용기 있는 리더는 위기를 정면으로 마주한다. "이 상황을 어떻게 기회로 바꿀 수 있을까", "우리가 이 경험을 통해 어떻게 더 나은 조직이 될 수 있을까"를 고민한다. 존슨앤존슨의 CEO 제임스 버크가 타이레놀 사건 당시 보여준 모습이 대표적이다. 그는 "고객의 안전이 회사의 이익보다 우선한다"며 즉시 전량 회수를 결정했다. 단기적으로는 엄청난 손실이었지만, 장기적으로는 브랜드 신뢰를 더욱 공고히 했다.

하지만 여기서 주목해야 할 점은 이런 차이가 위기 순간에 갑자기 나타나지 않는다는 것이다. 평상시에도 작은 문제들을 어떻게 처리하는지를 보면 그 리더의 DNA를 알 수 있다. 고객 불만이 접수되었을 때 "우리 잘못이 아니다"를 먼저 생각하는 리더와 "어떻게 하면 더 나은 서비스를 제공할 수 있을까"를 먼저 생각하는 리더의 차이가 바로 그것이다.

처벌의 은폐 조직 vs 학습의 공유 조직

리더 개인의 성향도 중요하지만, 더 결정적인 것은 조직문화다. 같은 리더라도 어떤 조직문화 속에 있느냐에 따라 다른 선택을 할 수 있기 때문이다. 액땜 문화와 평계 문화의 차이는 무엇보다 구성원들이 실수와 실패를 어떻게 받아들이느냐에서 나타난다.

액땜 문화가 정착된 조직에서는 실수나 실패가 학습의 기회로 여겨진다. 구글의 '실패 파티'나 아마존의 '실패상'과 같은 제도들이 대표적이다. 이런 조직에서는 구성원들이 실수를 숨기지 않고 오히려 적극적으로 공유한다. "내가 이런 실수를 했는데, 다른 사람들은 같은 실수를 하지 않았으면 좋겠다"는 마음에서 투명하게 소통한다. 이는 조직 전체의 학습 속도를 높이고, 위기 상황에서도 빠르게 대응한다.

반면 평계 문화가 지배적인 조직에서는 실수나 실패가 처벌의 대상이다. 구성원들은 실수를 숨기려 하고, 문제가 발생하면 서로에게 책임을 떠넘기려고 한다. "내 잘못이 아니다", "나는 몰랐다", "위에서 시키는 대로 했다"는 변명들이 난무한다. 이런 조직에서는 정보가 왜곡되고, 문제의 본질이 가려진다. 위기 상황에서는 더욱 심각해져서, 정확한 상황 파악도 어렵다.

흥미로운 것은 이런 문화적 차이가 평상시의 작은 일들을 통해 형성된다는 점이다. 직원이 작은 실수를 했을 때 "왜 그런 실수를 했는지 같이 분석해보자" 하고 접근하는 조직과 "누구 책임인지 찾아내자" 하고 접근하는 조직의 차이가 바로 그것이다. 전자는 액땜 문화를, 후자는 핑계 문화를 만들어간다.

액땜과 핑계를 가르는 또 다른 중요한 요소는 전략적 사고의 차이다. 구체적으로는 단기적 손실회피에 집중하느냐, 아니면 장기적 가치창출을 추구하느냐의 차이다. 이 점은 단순한 시간 관점의 차이를 넘어, 조직의 존재 목적과 가치관의 차이를 반영한다.

단기 회피는 비용, 장기 적응은 자본

핑계 문화가 만연된 조직들을 보면 공통적으로 단기적 손실회피에 매몰되어 있다. 당장의 책임을 피하고, 당장의 비용을 줄이고, 당장의 비판을 모면하는 것에만 집중한다. BP의 딥워터 호라이즌 사고 대응이 대표적이다. 그들은 배상금을 줄이기 위해 유출량을 축소 발표하고, 책임을 하청업체에게 전가하려고 했다. 하지만 이런 단기적 접근은 오히려 장기적으로 더 큰 손실을 가져왔다.

반면 액땜 문화를 활용하는 조직들은 장기적 관점에서 접근한다. 당장의 손실을 감수하더라도 장기적인 신뢰와 브랜드 가치를 지키려고 한다. 삼성전자의 갤럭시 노트7 대응이 좋은 예다. 수조 원의 손실을 감수하고 전량 회수를 결정했지만, 장기적으로는 삼성의 브랜드 신뢰도를 지켜냈다. 만약 문제를 축소하거나 은폐했다면, 단기적 손실은 줄었을지 모르지만 장기적으로는 훨씬 더 큰 피해를 입었을 것이다.

이런 전략적 사고의 차이는 평상시 의사결정 과정에서도 드러난다. 분기 실적을 맞추기 위해 품질을 희생하는 조직과 장기적 브랜드 가치를 위해 단기 이익을 포기하는 조직의 차이가 바로 그것이다. 전자는 위기 상황에서 핑계에 의존하게 되고, 후자는 액땜으로 상황을 돌파하려고 한다.

더 미묘하지만 중요한 차이는 조직이 정보를 처리하는 방식에 있다. 핑계 문화의 조직은 자신들에게 불리한 정보를 필터링하려고 한다. "이 정보는 정확하지 않다", "이런 비판은 공정하지 않다", "언론이 과장하고 있다"는 식으로 외부의 목소리를 차단한다. 조직 내부에서도 마찬가지다. 윗사람이 듣고 싶어 하는 말만 전달되고, 불편한 진실은 묻혀버린다.

반면 액땜 문화의 조직은 불편한 정보도 적극적으로 수용한다. 비판적 피드백을 발전의 기회로 여기고, 외부의 목소리에 귀를 기울인다. 아마존의 제프 베조스가 고객 불만 이메일을 직접 읽고 대응했던 것이나, 빌 게이츠가 마이크로소프트 제품에 대한 가혹한 비판도 경청했던 것이 좋은 예다. 이런 조직에서는 문제의 조기 발견이 가능하고, 개선이 신속히 이루어진다.

이런 차이는 위기 상황에서 극명하게 드러난다. 핑계 문화의 조직은 "우리는 잘못한 것이 없다"며 외부 비판을 차단하려고 한다. 하지만 액땜 문화의 조직은 "우리가 놓친 부분이 무엇인지 알려달라"며 적극적으로 피드백을 구한다. 전자는 문제를 키우고, 후자는 문제를 해결한다.

액땜과 핑계의 차이는 커뮤니케이션 철학에서도 나타난다. 핑계 문화의 조직은 본능적으로 방어적 커뮤니케이션을 한다. "우리는 피해자다", "우리도 어쩔 수 없었다", "예상할 수 없는 일이었다"는 식으로 자신들의 입장을 정당화하려고 한다. 하지만 이런 커뮤니케이션은 오히려 반감을 산다. 진짜 피해자들 앞에서 가해자가 피해자 코스프레를 하는 것처럼 보이기 때문이다.

액땜 문화의 조직은 공감적 커뮤니케이션을 한다. "고객들이 실망하셨을 것이다", "우리가 더 잘했어야 했다", "이런 일이 다시는 일어나지 않도록 하겠다"라는 식으로 상대방의 입장에서 소통한다. 이것은 단순한 말의 기교가 아니라, 진정으로 상대방의 입장을 이해하려는 노력의 표현이다.

특히 위기 상황에서는 이런 차이가 결정적이다. 사람들이 원하는 것은 변명이 아니라 진정성 있는 사과와 개선 의지다. 핑계를 늘어놓는 조직은 이런 기대를 저버리고, 액땜으로 접근하는 조직은 이런 기대에 부응한다.

더 근본적인 차이는 조직의 학습 능력에 있다. 핑계 문화에 젖은 조직은 같은 실수를 반복한다. 문제의 원인을 정확히 파악하지 않고 남 탓만 하니, 근본적인 개선이 일어나지 않는다. BP가 딥워터 호라이즌 사고 이전에도 여러 차례 안전사고를 일으켰던 것이 대표적이다. 매번 '예상치 못한 사고'라며 넘어갔지만, 실제로는 안전에 대한 투자 부족이라는 근본 원인이 있었다.

액땜 문화의 조직은 실수를 통해 진화한다. 실패의 원인을 정확히 분석하고, 시스템적인 개선을 이루어낸다. 토요타의 리콜 사태 이후 품질관리 시스템 개선이나, 존슨앤존슨의 타이레놀 사건 이후 제품 안전성 강화가 좋은 예다. 이런 조직들은 위기를 겪을 때마다 더욱 강해진다.

이런 차이는 조직 구성원들의 마인드셋에서 비롯된다. 캐럴 드웩이 말한 성장 마인드셋과 고정 마인드셋의 차이와 같다. 성장 마인드셋을 추구하는 조직은 실패를 학습의 기회로 보고, 고정 마인드셋의 조직은 실패를 능력 부족의 증거로 본다.

작은 문화의 차이가 기업의 운명을 바꾼다

액땜과 핑계의 차이는 혁신역량에서도 나타난다. 핑계 문화에 익숙한 조직은 현상유지를 선호한다. "지금까지 이렇게 해왔는데 왜 바꿔야 하느냐"라는 식의 보수적 사고가 지배적이다. 새로운 시도는 실패의 위험을 높이고, 실패는 책임 추궁으로 이어질 수 있기 때문에 구성원들은 혁신을 기피한다.

반면 액땜 문화의 조직은 도전을 두려워하지 않는다. 실패하더라도 "액땜했다, 더 큰 실패를 피했다"라며 긍정적으로 받아들이기 때문에 구성원들이 적극적으로 새로운 시도를 한다. 구글의 '20퍼센트 시간' 정책이나 3M의 '실패를 축하하는' 문화가 대표적이다.

이런 차이는 장기적으로 조직의 경쟁력에 결정적 영향을 미친다. 변화가 빠른 현대 사회에서 혁신하지 않는 조직은 도태될 수밖에 없다. 핑계 문화의 조직들이 점차 경쟁력을 잃어가는 이유가 바로 여기에 있다.

액땜과 핑계를 가르는 또 다른 요소는 리더십 스타일이다. 핑계 문화는 주로 명령형 리더십 아래에서 형성된다. 상명하달식의 일방적 지시가 주를 이루고, 구성원들은 수동적으로 따르기만 하면 된다. 이런 환경에서는 "시키는 대로만 했다"는 핑계가 통용된다.

액땜 문화는 코칭형 리더십 아래에서 발달한다. 리더가 구성원들의 성장을 돕고, 실수를 학습의 기회로 활용한다. "왜 이런 실수가 일어났을까? 다음에는 어떻게 하면 더 잘할 수 있을까?"라는 식으로 접근한다. 이런 환경에서는 구성원들도 적극적으로 책임을 지고 개선하려고 노력한다. 여기서 중요한 것은 이런 리더십 스타일의 변화가 하루아침에 이루어지지 않는다는 점이다. 조직의 크기, 업종의 특성, 구성원들의 성숙도 등 다양한 요소가 복합적으로 작용한다. 또한 같은 조직 내에서도 부서별로, 팀별로 다른 문화가 공존할 수 있다.

더 구체적으로는 조직의 측정과 평가 시스템이 액땜과 핑계 문화를 결정하는 중요한 요소다. 결과만을 중시하는 평가 시스템에서는 핑계 문화가 형성되기 쉽다. "결과가 좋지 않으면 누구 책임인가?"를 먼저 찾으려고 하기 때문이다. 이런 시스템에서는 구성원들이 실패를 숨기거나 책임을 회피하려고 한다.

반면 과정을 중시하는 평가 시스템에서는 액땜 문화가 발달한다. "어떤 노력을 했는가?", "실패에서 무엇을 배웠는가?"를 중요하게 여기기 때문에 구성원들이 솔직하게 소통할 수 있다. 실패하더라도 그 과정에서 배운 것이 있다면 인정받을 수 있기 때문이다. 하지만 이것도 균형이 중요하다. 결과를 전혀 고려하지 않으면 조직의 성과가 떨어질 수 있고, 과정만 중시하면 책임감이 약해질 수 있다. 성공적인 조직들은 결과와 과정을 적절히 균형 있게 평가한다.

액땜과 핑계 문화의 형성에는 외부 환경도 큰 영향을 미친다. 빠르게 변화하는 IT 업종에서는 자연스럽게 액땜 문화가 발달하기 쉽다. 빠른 실험과 빠른 실패가 경쟁력의 원천이 되기 때문이다. 실리콘밸리의 "Fail Fast, Learn Faster" 문화가 대표적이다.

반면 안전이 중요한 업종이나 규제가 많은 업종에서는 핑계 문화가 형성되기 쉽다. 실패의 비용이 크고, 책임 추궁이 엄격하기 때문에 구성원들이 위험을 회피하려고 한다. 금융업이나 제조업의 일부가 이런 특성을 보인다.

하지만 이것도 절대적이지 않다. 같은 업종 내에서도 조직에 따라 문화가 다를 수 있다. 토요타와 폭스바겐은 같은 자동차 업종이지만 위기 대응에서 완전히 다른 모습을 보였다. 이는 업종의 특성보다는 조직의 DNA가 더 중요함을 보여준다.

세대 간 차이도 무시할 수 없는 요소다. 기성세대가 주도하는 조직에서는 전통적인 위계질서와 책임 회피 문화가 강할 수 있다. 반면 젊은 세대가 많은 조직에서는 수평적 소통과 액땜 문화가 발달하기 쉽다.

하지만 이것도 일반화하기는 어렵다. 나이가 많아도 열린 마음을 가진 리더들이 있고, 젊어도 보수적인 사고를 지닌 사람들이 있다. 중요한 것은 나이가 아니라 마인드셋이다.

문화적 배경도 영향을 미친다. 개인주의 문화권에서는 개인의 책임을 명확히 하려는 경향이 있고, 집단주의 문화권에서는 집단의 조화를 중시하는 경향이 있다. 하지만 이것도 절대적이지 않다. 한국의 액땜 문화는 집단주의적 요소와 개인적 책임 인정이 절묘하게 결합된 독특한 사례다.

현대에는 기술과 시스템도 중요한 영향을 미친다. 정보의 투명성이 높아지면서 은폐나 핑계가 어려워지고 있는 실정이다. 소셜미디어를 통해 정보가 빠르게 퍼지고, 데이터를 통해 사실 여부가 쉽게 확인된다. 이런 환경에서는 자연스럽게 액땜 문화가 유리하다.

반면 폐쇄적인 시스템에서는 여전히 핑계 문화가 가능하다. 정보가 제한되고, 외부의 감시가 약하면 문제를 은폐하거나 책임을 회피할 수 있다. 하지만 이런 조직들도 점차 투명성의 압력을 받는다.

조직의 경제적 여건도 중요한 요소다. 여유가 있는 조직에서는 실험을 허용하고 실패를 용인한다. 반면 생존의 압박을 받는 조직에서는 실패를 용납하기 어렵다. 이런 환경에서는 자연스럽게 핑계 문화가 형성되기 쉽다.

하지만 이것도 절대적이지 않다. 어려운 상황에서도 액땜 문화를 유지하는 조직들이 있는가 하면, 여유로운 상황에서도 핑계 문화에 빠지는 조직들이 있다. 결국은 리더의 철학과 조직의 가치관이 더 중요하다.

우리는 어떤 DNA로 반응할 것인가

지금까지 액땜과 핑계를 가르는 다양한 요소를 살펴보았다. 리더십, 조직문화, 전략적 사고, 정보처리 방식, 커뮤니케이션 철학, 학습 능력, 혁신역량 등 수많은 요소가 복합적으로 작용한다. 하지만 정말로 핵심적인 차이는 무엇일까?

혹시 그것은 조직의 존재 목적의식의 차이일까? 단순히 이익을 추구하는 조직과 사회적 가치를 추구하는 조직의 차이? 아니면 구성원들의 심리적 안전감의 차이일까? 실수해도 용인받을 수 있다는 믿음이 있는 조직과 실수하면 처벌받는다고 생각하는 조직의 차이?

또는 시간 관점의 차이일까? 단기적 성과에 매몰된 조직과 장기적 가치를 추구하는 조직의 차이? 아니면 권력 구조의 차이일까? 수직적 권력 구조인 조직과 수평적 권력 구조인 조직의 차이?

더 나아가 그것은 인간에 대한 기본 가정의 차이일까? 사람은 본래 이기적이고 책임을 회피하려고 한다고 믿는 조직과, 사람은 본래 선하고 성장하려고 한다고 믿는 조직의 차이? 맥그리거Douglas McGregor의 X이론과 Y이론처럼 말이다. 혹은 그 모든 것을 아우르는 더 근본적인 차이가 있는 것일까? 조직의 DNA 같은 것? 평상시에는 잘 드러나지 않지만 위기 상황에서 폭발적으로 나타나는 조직의 본질적 특성?

이런 질문들에 대한 명확한 답은 없다. 오히려 각각의 조직이 처한 상황과 맥락에 따라 다른 답이 나올 수 있다. 중요한 것은 이런 질문들을 계속 던지고, 답을 찾아가려는 노력 자체일지도 모른다. SKT의 해킹 사건이나 다른 기업들의 위기 사례들을 보면서 우리가 할 수 있는 일은 각자의 조직에서 이런 질문들을 던져보는 것이다. 우리 조직은 위기 상황에서 어떤 반응을 보일까? 액땜의 길을 택할까, 펑계의 길을 택할까? 그리고 그런 차이를 만드는 우리만의 요소는 무엇일까?

어쩌면 액땜과 펑계의 차이는 단순히 기업 경영의 문제를 넘어, 인간과 조직의 본질에 대한 철학적 질문일 수도 있다. 우리는 위기 앞에서 어떤 존재이고 싶은가? 어떤 조직을 만들어가고 싶은가? 어떤 사회를 바라는가?

이런 질문들에 대한 답은 각자가 찾아가야 할 몫이다. 다만 확실한 점은 액땜과 펑계의 한 끗 차이가 만들어내는 결과의 차이는 상상 이상으로 크다는 것이다. 그리고 그 차이를 만드는 것은 결국 우리 자신의 선택이다.

6장

액땜 경영 전략으로 미래를 대비하라

"미래를 예측하는 최선의 방법은
 미래를 창조하는 것이다."
– 피터 드러커

리스크 대응의 시점 설정과
결정 요인

실패를 기회로 바꾸는 골든타임

액땜 이론을 적용할 때 타이밍이 중요한 이유는 마치 김치를 담그는 것과 같다. 너무 일찍 먹으면 아직 덜 익어서 아삭하기만 하고, 너무 늦게 먹으면 과도하게 발효되어 시어터진다. 액厄이라는 것도 마찬가지다. 실패와 좌절이 일어나는 시점과 그것을 활용하는 시점 사이에는 절묘한 타이밍이 존재한다. 이 타이밍을 놓치면 액땜은커녕 오히려 더 큰 재앙을 불러올 수 있다.

전통적인 성공 이론들은 대부분 '언제나 통하는' 보편적 원리를 찾으려고 한다. 하지만 액땜 이론의 핵심은 바로 '때'의 중요성에 있다. 같은 실패라도 언제 일어나느냐, 그리고 언제 그것을 기회로 전환하려고 시도하느냐에 따라 결과가 180도 달라진다. 마치 서핑에서 파도를 타는 것과 같다. 아무리 훌륭한 서퍼라도 파도가 오기 전에 일어서면 바다에 풍덩 빠지고, 파도가 지나간 후에 일어서면 그냥 물 위에서 보드만 흔들고 있는 꼴이 된다. 완벽한 타이밍에 파도와 하나가 될 때만 진정한 서핑이 가능하다.

스티브 잡스의 애플 복귀 스토리가 액땜 이론에서 '타이밍의 중요성'을 가장 완벽하게 보여주는 사례다. 1985년 잡스가 애플에서 쫓겨났을 때, 그는 인생 최대의 실패와 좌절을 경험했다. 만약 그가 바로 다음 해인 1986년에 애플로 돌아가려고 했다면 어떻게 되었을까? 아마 완전히 망했을 것이다. 당시 애플은 여전히 기존 경영진이 장악하고 있었고, 잡스의 경영철학에 대한 회의론도 팽배했다. 넥스트 컴퓨터 회사와 픽사 경험도 아직 충분히 무르익지 않은 상태였다. 하지만 1997년 애플이 파산 직전까지 몰리고 기존 경영진들이 모두 실패를 인정한 그 시점에 잡스가 복귀했기 때문에 아이맥, 아이팟, 아이폰의 기적이 가능했다. 12년이라는 긴 유배 기간 동안 축적된 실패 경험과 시장 상황의 절망적 변화가 완벽하게 맞아떨어진 것이다.

일론 머스크의 테슬라 이야기도 타이밍의 절묘함을 잘 보여준다. 만약 머스크가 1990년대에 전기차 사업을 시작했다면 어떻게 되었을까? 당시에는 리튬이온 배터리 기술이 미성숙했고, 환경에 대한 사회적 관심도 지금만큼 높지 않았으며, 무엇보다 기존 자동차 업체들이 여전히 강력했다. GM의 EV1이 실패한 것도 바로 이런 이유 때문이다. 하지만 머스크가 2003년 테슬라에 투자하기 시작한 시점은 달랐다. 리튬이온 배터리가 노트북과 휴대폰으로 인해 대량생산이 가능해졌고, 기후 변화에 대한 우려가 사회적 이슈로 부상했으며, 기존 자동차 업체들은 2008년 금융위기로 휘청거리고 있었다. 머스크 본인도 페이팔PayPal 매각으로 충분한 자금을 확보한 상태였다. 이 모든 조건이 완벽하게 맞아떨어진 타이밍이었기 때문에 테슬라의 성공이 가능했다.

아마존의 제프 베조스도 타이밍의 마법사다. 1994년 아마존을 창립할 때 베조스가 주목한 것은 인터넷 사용자 수가 연간 2,300퍼센트 증가하고 있다는 데이터였다. 만약 1990년에 온라인 서점을 시작했다면 인터넷 인프라가 부족해서 실패했을 것이고, 1999년에 시작했다면 이미 경쟁업체들이 시장을 선점한 후였을 것이다. 1994년이라는 타이밍은 인터넷이 충분히 성숙했지만 아직 경쟁이 치열하지 않은, 그야말로 황금 같은 순간이었다. 베조스는 후에 "만약 인터넷 성장률이 연간 100퍼센트였다면 아마존을 시작하지 않았을 것"이라고 고백했다. 놀라운 성장률이라는 '액'이 있었기에 오히려 그것을 기회로 전환할 수 있었다.

우버·넷플릭스·페이스북의 파고 읽기

액땜 이론에서 타이밍이 중요한 또 다른 이유는 '사회적 수용성'의 변화이다. 혁신적인 아이디어들은 대부분 처음에는 사회적으로 받아들여지지 않기 때문이다. 하지만 시간이 지나면서 사회적 분위기와 인식이 변화하고, 어느 순간 '때'가 오면 폭발적으로 확산된다. 우버의 경우를 보자. 만약 2000년에 우버 같은 서비스가 나왔다면 어떻게 되었을까? 스마트폰이 없어서 기술적으로 불가능했을 뿐만 아니라, 택시 업계의 저항도 훨씬 강했을 것이다. 하지만 2009년 우버가 출시된 시점은 달랐다. 아이폰이 등장한 지 2년이 지나 스마트폰 사용이 보편화되고, 2008년 금융위기로 사람들이 부업거리를 찾고 있었으며, 기존 택시 서비스에 대한 불만도 누적된 상태였다. 이 모든 조건이 맞아떨어진 타이밍에 우버가 등장했기 때문에 '공유 경제'라는 새로운 패러다임을 만들어낼 수 있었다.

넷플릭스의 리드 헤이스팅스도 타이밍의 천재다. 1997년 DVD 우편 배송 서비스로 시작한 넷플릭스는 사실 두 번의 결정적인 타이밍 전환을 성공시켰다. 첫 번째는 2007년 스트리밍 서비스로의 전환이었다. 당시 브로드밴드 인터넷이 보급되기 시작했고, 아이폰과 같은 모바일 기기들이 등장했지만, 아직 기존 미디어 업체들은 온라인 스트리밍을 진지하게 고려하지 않은 때였다. 너무 일찍 전환했다면 인프라가 받쳐주지 못했을 것이고, 너무 늦었다면 다른 경쟁업체들에게 선수를 빼앗겼을 것이다. 두 번째는 2013년 오리지널 콘텐츠 제작으로의 전환이었다. 「하우스 오브 카드House of Cards」와 같은 자체 제작 드라마를 시작한 시점 역시 절묘했다. 기존 방송사들이 아직 스트리밍을 라이벌로 인식하지 않아 좋은 창작자들을 영입하기 쉬웠고, 시청자들도 새로운 형태의 콘텐츠에 목말라 있던 상황이었다.

페이스북의 마크 저커버그의 타이밍 감각도 놀랍다. 소셜 네트워킹 서비스 자체는 페이스북 이전에도 프렌드스터나 마이스페이스 등이 있었다. 하지만 페이스북이 2004년 하버드 대학교에서 시작된 타이밍은 완벽했다. 대학생들 사이에서 인터넷 사용이 보편화되었지만 아직 '디지털 네이티브' 세대가 사회 전반으로 확산되기 전의 과도기였다. 폐쇄적인 대학 커뮤니티에서 시작해 점진적으로 확장해나가는 전략도 당시 사회적 분위기와 완벽하게 맞아떨어졌다. 만약 2000년에 시작했다면 인터넷 인프라가 부족했을 것이고, 2008년에 시작했다면 이미 경쟁이 치열해진 후였을 것이다.

물론 나심 탈레브는 『행운에 속지 마라Fooled by Randomness』와 『안티프래질』에서 인간의 성취가 능력보다 운에 의해 크게 좌우된다고 강조한 바 있다. 그의 논점은 단순했다. 시장이나 인생은 본질적으로 확률적이며, 성공은 반드시 우리의 능력에서만 오지 않고 행운이라는 우연적 요소에 크게 의존한다. 즉 아무리 뛰어난 전략이라 해도 타이밍이 맞지 않으면 실패하고, 형편없는 전략이라도 타이밍이 맞으면 뜻밖의 성공을 거둘 수 있다는 것이다.

행운과 준비의 교차점: 탈레브와 액땜의 시간성

타이밍이란 나심 탈레브가 말했던 '행운'과 묘하게 맞닿아 있다는 뜻이다. 나는 그것을 '타이밍'으로 설명했지만, 때로 '행운'이 작동하는 경우도 많다. 사실 전통적인 경영 이론이나 심리학적 실패학이 보통 "실패에도 의미가 있다", "좌절은 학습의 기회다"라는 일반론적 교훈을 강조하는 경향이 있는 반면, 액땜 이론은 실패와 좌절이 '발생한 시점'과 그것을 다시 '활용하는 시점' 사이의 간격, 즉 절묘한 타이밍이라는 개념을 끌고 들어오기 때문이다. 덜 익은 김치를 아직 숙성되지 않은 상태에서 먹는다면 단지 무맛의 배추에 불과하고, 지나치게 숙성된 김치는 썩어버린 음식으로 퇴화하는 것처럼, 실패 역시 잘못된 타이밍에 받아들이거나 해석하면 아무런 자산으로 전환되지 못하고 단순한 상처만 남기는 경우가 많다. 결국 액땜 이론은 실패를 바라보는 태도뿐만 아니라 그것을 언제 해석하느냐, 언제 활용하느냐의 문제가 핵심축을 이룬다.

액땜 이론은 기본적으로 하나의 속신이자 집단적 심리 메커니즘에서 출발한다. 불행을 미리 겪음으로써 더 큰 불행을 피할 수 있다는 상징적 사고인데, 이 사고가 경영과 전략 세계로 들어오면 단순히 "미리 고생해서 면역력이 생긴다"는 수동적 설명을 넘어, 실패를 자원으로 전환하는 메커니즘의 시간성을 논하지 않을 수 없게 된다. 사람들이 흔히 실패에서 배우지 못하는 이유는 실패 그 자체가 의미 없는 사건이어서가 아니다. 그것을 아직 준비되지 않은 상태에서 받아들였기 때문이다. 너무 이른 시점에 실패를 분석하면 단순한 합리화에 그치고, 너무 늦은 시점에서 반추하면 이미 같은 환경이 사라져버려 적용할 기회를 놓친다. 결국 성공적인 액땜으로 작용하는 조건은 '실패를 경험했을 때 그 실패가 미래 해석의 토양이 될 수 있는 개인적·환경적 타이밍'에 달려 있다는 것이다.

이 지점에서 액땜 이론은 탈레브의 견해와 묘하게 호응한다. 실패 자체가 반드시 교훈이 되어야 하는 것은 아니다. 실패가 자산이 될지, 단순한 파멸로 귀결될지는 결국 외부 환경의 타이밍과 내부 준비 상태가 맞아떨어질 때만 가능하다. 탈레브가 강조한 "우리는 본질적으로 운을 통제할 수 없지만, 운이 왔을 때 그것을 기회로 삼을 준비는 할 수 있다"라는 말은 곧 액땜 이론의 시간성 해석과 겹친다. 즉 '액'을 겪는 순간 자체가 아니라, 그 액이 미래에 운과 만나 상승작용을 일으킬 수 있는 적절한 시점이 있다는 것이다.

타이밍은 감각이 아니라 기술이다

하나 더 나아가 보면, 액땜 이론에서 타이밍의 중요성을 이해하기 위해서는 '카이로스Kairos'라는 고대 그리스 개념을 알아야 한다. '적절한 때'나 '기회의 순간'을 의미하는 말로, 시계로 측정할 수 있는 객관적 시간인 '크로노스Chronos'와는 다른 개념이다. 카이로스는 주관적이고 질적인 시간으로, 어떤 행동을 취하기에 가장 완벽한 순간을 가리킨다. 액땜 이론에서 말하는 타이밍도 바로 이런 카이로스적 순간이다. 실패와 좌절이 기회로 전환되는 마법 같은 순간 말이다.

스페이스X의 성공도 타이밍의 산물이다. 머스크가 2002년 우주 사업에 뛰어든 시점을 보면, NASA는 우주왕복선 프로그램을 단계적으로 종료하려던 시점이었고, 러시아와의 관계도 불안정했다. 기존 우주 발사 업체들은 혁신보다는 기득권 유지에 급급했고, 무엇보다 인터넷 붐으로 젊은 엔지니어들이 우주 분야보다는 IT 분야로 몰렸기 때문에 오히려 우주 분야에 좋은 인재들을 영입하기 쉬운 상황이었다. 만약 1990년대에 시작했다면 냉전 시대의 우주 경쟁 구도에서 민간 기업이 끼어들기 어려웠을 것이고, 2010년대에 시작했다면 이미 다른 민간 우주 업체들의 경쟁이 치열해진 후였을 것이다.

액땜 이론에서 타이밍의 또 다른 중요한 측면은 '준비성Preparedness'이다. "기회란 준비된 자에게만 온다"는 루이 파스퇴르Louis Pasteur의 명언처럼, 액땜도 마찬가지다. 아무리 완벽한 타이밍이 와도 그것을 알아보고 활용할 준비가 되어 있지 않으면 그냥 스쳐 지나가버린다. 잡스가 애플로 복귀할 수 있었던 것도 12년간의 유배 기간 동안 넥스트와 픽사에서 쌓은 경험이 있었기에 가능했고, 머스크가 테슬라를 성공시킬 수 있었던 것도 페이팔에서 얻은 자금과 경험이 바탕이 되었기 때문이다.

한국의 대표적인 IT 기업들도 타이밍의 중요성을 잘 보여준다. 네이버가 1999년 검색 서비스를 시작한 타이밍을 보면, 한국에서 인터넷 사용이 급속도로 확산되고 있었지만 구글 같은 글로벌 검색 엔진들이 아직 한국 시장에 본격적으로 진출하기 전이었다. 특히 한글 검색 기술과 한국인들의 인터넷 사용 패턴에 대한 이해가 중요한 시점이었기에, 한국 기업인 네이버가 선점할 수 있는 절묘한 기회였다. 카카오톡도 마찬가지다. 2010년 출시 당시는 스마트폰이 보급되기 시작했지만 아직 글로벌 메신저들이 한국 시장을 주목하지 않던 시점이었다. 더 중요한 사실은 한국인들의 '빨리빨리' 문화와 실시간 소통에 대한 욕구가 절정에 달했던 시점이라는 것이다.

하지만 많은 사람은 타이밍의 중요성을 놓치는 경우가 많다. 특히 액땜 이론에서 타이밍을 놓치는 가장 큰 원인은 '완벽주의' 때문이다. 모든 조건이 완벽하게 갖추어질 때까지 기다리다 보면 정작 기회는 사라져버린다. 구글의 창립자 래리 페이지와 세르게이 브린이 1996년 백링크 알고리즘을 개발했을 때, 만약 그들이 완벽한 검색 엔진을 만들 때까지 기다렸다면 어떻게 되었을까? 아마 야후!나 다른 경쟁업체들에게 기회를 빼앗겼을 것이다. 하지만 그들은 1998년 '아직 불완전하지만' 구글을 출시했고, 이후 지속적인 개선을 통해 세계 최고의 검색 엔진으로 발전시켰다.

반대로 너무 성급하게 뛰어드는 것도 문제다. 타이밍이 아직 되지 않았는데 서두르면 '시대를 앞서간 실패작'이 되기 쉽다. 1990년대 여러 회사가 시도했던 태블릿 PC들이 대표적인 예다. 애플의 뉴턴Newton, 마이크로소프트의 태블릿 PC 등은 모두 아이디어 자체는 훌륭했지만 시대를 너무 앞서간 탓에 실패했다. 배터리 기술, 터치스크린 기술, 무선 인터넷 등 필요한 요소 기술들이 미성숙했고, 소비자들도 태블릿의 필요성을 느끼지 못했기 때문이다. 하지만 2010년 아이패드가 등장했을 때는 모든 조건이 완벽하게 갖추어진 후였다.

액땜 이론에서 타이밍을 읽는 능력은 어떻게 기를 수 있을까? 첫째는 '약한 신호Weak Signal'를 감지하는 능력이다. 대부분의 사람이 아직 주목하지 않는 작은 변화들을 민감하게 포착하는 것이다. 베조스가 1994년 인터넷 성장률 2,300퍼센트라는 데이터를 보고 아마존을 구상했듯이, 숫자와 트렌드에 대한 예민한 관찰력이 필요하다. 둘째는 '역사적 패턴'을 이해하는 능력이다. 기술 혁신의 주기, 경제 사이클의 변화, 사회 문화적 트렌드의 흐름 등을 파악하면 다음에 올 변화를 어느 정도 예측할 수 있다. 셋째는 '실패에 대한 관찰력'이다. 다른 사람들이 왜 실패했는지, 그리고 그 실패 원인들이 현재 시점에서는 어떻게 달라졌는지를 분석하는 것이다.

중국의 알리바바 창립자 마윈도 타이밍의 대가다. 1999년 알리바바를 창립할 당시 중국은 WTO 가입을 준비하며 개방 경제로 전환 중이었고, 인터넷 인프라가 급속도로 확충되고 있었다. 하지만 아직 서구 기업들은 중국 시장의 잠재력을 제대로 파악하지 못한 상태였다. 특히 중소기업들의 전자상거래 필요성이 급증하고 있었지만 이를 해결할 플랫폼은 없었다. 마윈은 바로 이 틈새 타이밍을 정확히 포착했다. 만약 1995년에 시작했다면 인터넷 인프라가 부족했을 것이고, 2005년에 시작했다면 이미 다른 경쟁업체들이 시장을 선점한 후였을 것이다.

액땜의 일곱 가지 원칙: 실패를 행운의 입장권으로 바꾸는 요령

액땜 이론에서 타이밍의 마지막 포인트는 '포기할 때를 아는 것'이다. 아무리 좋은 아이디어라도 타이밍을 놓치면 과감하게 포기하고 다음 기회를 기다리는 것이 현명하다. 구글이 구글 글래스를 2014년 중단한 것이 좋은 예다. 기술적으로는 가능했지만 사회적 수용성, 개인정보 보호에 대한 우려, 배터리 기술의 한계 등으로 인해 시기상조라고 판단한 것이다. 하지만 완전히 포기한 것이 아니라 때가 오기를 기다리며 계속 기술 개발 중이다.

결국 액땜 이론에서 타이밍이 중요한 이유는 실패와 성공 사이의 경계가 종이 한 장 차이만큼 얇기 때문이다. 같은 아이디어, 같은 기술, 같은 열정이라도 언제 시도하느냐에 따라 천국과 지옥이 갈린다. 마치 요리에서 불의 세기와 조리 시간이 중요하듯이, 비즈니스에서도 타이밍이야말로 성패를 가르는 가장 결정적인 요소다. 액땜 이론의 진정한 지혜는 실패를 두려워하지 않으면서도 그 실패를 기회로 전환할 수 있는 완벽한 순간을 놓치지 않는 데 있다. 그리고 그 순간은 보통 사람들이 생각하는 것보다 훨씬 더 짧고, 훨씬 더 예측하기 어려우며, 훨씬 더 소중하다.

그러나 액땜 이론을 단순히 타이밍의 문제라고만 보면 좀 아쉽다. 물론 김치가 제대로 익을 때를 기다리듯, 서핑에서 파도의 결을 맞추듯 순간을 포착하는 것은 핵심이지만, 사실 그 뒤에는 더 깊은 원칙 일곱 가지가 숨어 있다. 실패를 단순한 불행이 아니라 '값 치른 배움'으로 전환하려면, 운을 탓하기보다 실패의 서사 속에서 맥락을 읽고, 학습을 체계화하며, 유연성을 확보해야 한다. 또 그 과정에서 의도적인 리스크 분산, 심리적 회복탄력성, 실패의 의미를 재구성하는 서사 만들기, 마지막으로 다음 기회를 기다리는 인내심까지 필요하다. 결국 액땜 이론은 '언제 실패하느냐'보다 '어떻게 그것을 써먹느냐'에 방점이 찍힌다. 실패는 그냥 넘어지면 상처지만, 전략적으로 쓰면 행운을 불러오는 입장권이 된다.

핵심 원칙 1.
실패를 적극적으로 받아들이는 친화적 마인드셋

실패의 발효가 혁신의 토양이 될 때

실패를 적극적으로 받아들이는 친화적 마인드셋이라는 개념은 현대 경영학과 심리학에서 가장 역설적이면서도 강력한 원리 중 하나다. 마치 할머니가 김장철에 갓 담근 김치를 땅에 묻어두면서 "이제 썩어야 맛있어진다"라고 말하는 것과 같은 지혜다. 겉으로 보기에는 완전히 상한 것 같고, 냄새도 이상하고, 색깔도 변하지만, 그 모든 과정이 실제로는 놀라운 변화의 시작이라는 것이다. 발효라는 생물학적 과정에서 박테리아들이 유해한 세균을 물리치고 유익한 성분을 만들어내듯, 실패라는 과정에서도 기존의 잘못된 가정들이 제거되고 새로운 통찰이 탄생한다.

구글의 래리 페이지와 세르게이 브린이 만든 회사 문화가 이런 실패 친화적 마인드셋의 완벽한 사례다. 구글은 창립 이후 지금까지 수백 개의 프로젝트를 시작했다가 조용히 매장시켰다. 구글 웨이브, 구글 플러스, 구글 글래스, 넥서스 Q, 스태디아Stadia 등등, 실패작들의 목록은 성공작보다 훨씬 길다. 하지만 이런 '실패'들이야말로 지메일, 안드로이드, 크롬, 유튜브 같은 혁신적 서비스들이 탄생된 토양이었다. 마치 퇴비 더미에서 가장 아름다운 꽃이 피어나는 것과 같은 원리다.

아마존의 제프 베조스는 이런 철학을 '실패의 규모화'라고 표현했다. 그는 직원들에게 "실패하지 않는다면 충분히 혁신적이지 않다는 뜻"이라고 설명하면서, "작은 실패들을 통해 큰 성공을 만들어내는 것이 아마존의 핵심 전략"이라고 강조했다. 실제로 아마존의 역사를 보면 파이어폰이라는 10억 달러짜리 대실패가 있었지만, 바로 그 실패에서 나온 음성 인식 기술과 인공지능 연구가 알렉사와 에코의 성공으로 이어졌다. 베조스는 "실패는 발명의 불가피한 쌍둥이"라고 했는데, 마치 동전의 앞뒷면처럼 실패 없는 혁신은 존재하지 않는다는 의미다.

실패 친화적 마인드셋의 과학적 근거는 신경과학과 인지심리학 연구에서도 확인된다. 스탠퍼드 대학교의 캐롤 드웩 교수가 제시한 '성장 마인드셋' 이론에 따르면, 실패를 학습 기회로 인식하는 사람들이 고정 마인드셋의 사람들보다 훨씬 더 높은 성과를 낸다. 뇌과학 연구에서도 실패 경험이 뇌 가소성을 높여 새로운 신경 연결을 만들어낸다는 것이 밝혀졌다. 즉 실패는 단순히 정신력을 단련시키는 것이 아니라 말 그대로 뇌 구조를 바꿔 더 창의적이고 혁신적인 사고를 가능하게 만든다.

3M의 혁신 문화도 실패 친화적 마인드셋의 대표적 사례다. 3M에는 '15퍼센트 룰'이라는 제도가 있는데, 직원들이 업무 시간의 15퍼센

트를 자유로운 실험에 사용할 수 있도록 허용한다. 이 과정에서 90퍼센트 이상의 프로젝트가 실패로 끝나지만, 3M은 이를 '투자'의 개념으로 본다. 실제로 포스트잇Post-it의 발명 과정을 보면, 스펜서 실버Spencer Silver가 개발하려던 강력한 접착제는 완전한 '실패작'이었다. 너무 약해서 쓸모없다고 여겨졌지만, 아트 프라이Art Fry가 이 '실패한' 접착제를 활용해서 떼었다 붙였다 할 수 있는 메모지를 만들면서 수십억 달러 규모의 히트 상품이 탄생했다. 마치 요리 실수가 새로운 레시피를 만들어내는 것과 같은 우연한 발견이었다.

완벽주의의 시간 낭비 vs 실험주의의 시간 가치

실패 친화적 마인드셋과 완벽주의적 사고의 차이는 시간 활용 방식에서 가장 극명하게 드러난다. 완벽주의자들은 모든 가능성을 분석하고 완벽한 계획을 세우는 데 엄청난 시간을 소비한다. 하지만 정작 실행에 옮기려고 하면 계획과 현실 사이의 괴리 때문에 좌절하거나, 아예 실행을 미루게 된다. 반면 실패 친화적 마인드셋의 사람들은 '일단 해보자'는 마음가짐으로 빠르게 프로토타입을 만들고, 실패하면 즉시 수정해서 다시 시도한다. 마치 자전거 타는 법을 배울 때 이론서를 수백 번 읽는 것보다 실제로 타고 넘어지기를 반복하는 것이 훨씬 효과적이듯이 말이다.

실리콘밸리의 '빠르게 실패하기' 문화가 바로 이런 철학의 극단적 구현이다. 페이스북의 초기 모토였던 "빠르게 움직이고 깨뜨려라"도 같은 맥락이다. 마크 저커버그는 "완벽한 제품을 만들려고 6개월을 소비하는 것보다, 불완전한 제품을 1주일 만에 출시하고 5개월 동안 사용자 피드백을 받으며 개선하는 것이 훨씬 낫다"라고 했다. 김치 담그기에서 '적당히 익으면 먹어보고 간을 맞춰가는' 과정과 비슷하다. 처음부터 완벽할 수는 없지만, 지속적인 시행착오를 통해 최적의 맛에 도달하는 것이다.

넷플릭스의 리드 헤이스팅스도 실패를 '값비싼 교육'으로 정의한다. 넷플릭스 역사상 가장 큰 실패 중 하나였던 2011년 퀵스터 사건을 보면, 헤이스팅스는 DVD와 스트리밍 서비스를 별도 브랜드로 분리하려다가 고객들의 거센 반발에 부딪혀 계획을 철회했다. 당시 넷플릭스 주가는 80퍼센트 이상 폭락했고, 언론들은 헤이스팅스의 경영 능력에 대해 의문을 제기했다. 하지만 헤이스팅스는 이 실패를 통해 고객 중심적 사고의 중요성을 뼈저리게 깨달았고, 이후 모든 전략적 결정에서 고객 경험을 최우선으로 고려하게 되었다. 그 결과 넷플릭스는 글로벌 스트리밍 시장의 절대 강자로 자리 잡을 수 있었다.

테슬라의 일론 머스크는 실패 친화적 마인드셋을 가장 극단적으로 실천하는 기업가 중 한 명이다. 테슬라와 스페이스X 모두 창립 초기부터 수많은 실패를 경험했다. 특히 스페이스X의 경우 첫 번째, 두 번째, 세 번째 로켓 발사가 모두 폭발로 끝났고, 회사가 파산 직전까지 몰렸다. 하지만 머스크는 각각의 폭발을 '값비싼 데이터'라고 표현하면서, 실패에서 얻은 교훈들을 다음 발사에 즉시 반영했다. 네 번째 발사에서 마침내 성공한 후, 스페이스X는 재사용 로켓이라는 업계 상식을 뒤엎는 혁신을 연속적으로 달성했다. 머스크는 "실패하지 않는다면 충분히 혁신적이지 않다는 뜻"이라고 말하는데, 이는 실패를 성공의 전제 조건으로 보는 관점이다.

실패 친화적 마인드셋의 또 다른 중요한 측면은 '실패의 사회화 Socialization of Failure'다. 개인이나 조직이 실패를 숨기거나 부끄러워하기보다 오히려 공개적으로 공유하고 토론하는 문화를 만드는 것이다. 에어비앤비에서는 매주 '실패 파티'를 열어 직원들이 그 주에 겪은 실패들을 발표하고 서로의 경험에서 배우는 시간을 마련한다. CEO 브라이언 체스키는 "실패를 축하하는 것이 아니라 실패로부터 배우는 것을 축하한다"라고 설명한다. 전통 사회에서 어른들이 모여서 실패 경험을 공유하며 젊은이들에게 지혜를 전수하는 것과 같은 집단 학습 과정이다.

하버드 경영대학원의 에이미 에드먼슨 교수가 연구한 '심리적 안전감' 개념도 실패 친화적 마인드셋과 밀접한 관련이 있다. 그녀의 연구에 따르면, 실수나 실패에 대해 처벌하지 않고 학습 기회로 활용하는 조직일수록 혁신 성과가 높다. 직원들이 위험을 감수하고 새로운 시도를 할 수 있는 환경이 만들어지기 때문이다. 반대로 실패를 처벌하는 조직에서는 직원들이 안전한 선택만 하려고 하고, 결과적으로 혁신이 억제된다. 마치 아이들이 넘어질까 봐 두려워하면 걷는 법을 배울 수 없는 것과 같은 원리다.

실패 친화적 마인드셋을 기업 문화로 정착시킨 대표적 사례는 P&G Procter & Gamble의 '실패 포상제'다. P&G에서는 매년 가장 '훌륭한 실패'를 한 팀에게 상을 준다. 여기서 '훌륭한 실패'란 충분한 근거와 논리를 바탕으로 시도했지만 예상과 다른 결과가 나온 경우를 말한다. 중요한 것은 실패 자체가 아니라 그 과정에서 얻은 학습과 다음 시도에 적용할 수 있는 통찰이다. 실제로 P&G의 많은 히트 상품이 이런

'훌륭한 실패'에서 나왔다. 팸퍼스Pampers 기저귀도 원래는 다른 목적으로 개발된 소재가 우연히 기저귀에 적용되면서 탄생한 것이다.

진짜 실패의 정의: 결과 미달이 아니라 학습 부재

실패 친화적 마인드셋의 핵심은 '실패의 재정의Redefinition of Failure'에 있다. 전통적으로 실패는 '목표 달성에 실패한 것'으로 정의되었지만, 새로운 관점에서는 '새로운 것을 배우지 못한 것'이 진짜 실패다. 즉 시도했다가 원하는 결과가 나오지 않았더라도 그 과정에서 유용한 통찰을 얻었다면 그것은 실패가 아니라 '성공적인 학습'이다. 마치 과학 실험에서 가설이 틀렸더라도 그것이 새로운 발견으로 이어질 수 있는 것과 같다. 페니실린의 발견도 알렉산더 플레밍Alexander Fleming의 '실패한' 실험에서 나온 우연한 결과였다.

인텔의 앤디 그로브Andy Grove 전 CEO는 '건설적 대결Constructive Confrontation'이라는 개념을 통해 실패 친화적 문화를 구축했다. 이른바 실패나 문제를 숨기지 않고 공개적으로 토론하여 해결책을 찾는 방식이다. 인텔에서는 누구든지 상급자의 결정에 대해 의문을 제기할 수 있고, 실패한 프로젝트에 대해서도 비난보다는 학습에 초점을 맞춘 분석이 이루어진다. 그로브는 "실패를 두려워하는 조직은 혁신할 수 없다"면서, "실패를 통한 학습이야말로 기업의 핵심역량"이라고 강조했다.

실패 친화적 마인드셋을 개인 차원에서 기르는 방법도 있다. 첫째는 '실패 일기' 쓰기다. 매일 겪은 작은 실패들과 그로부터 얻은 교훈을 기록하는 습관이다. 둘째는 '프로토타입 사고'를 기른다. 모든 계획을 완벽한 최종안이 아니라 개선 가능한 초안으로 보는 것이다. 셋째는

'실험 마인드셋'의 관점이다. 일상의 선택들을 실험으로 보고, 결과가 어떻든 배울 점이 있다고 생각하는 것이다. 넷째는 '빠른 피드백' 시스템을 만든다. 실패했을 때 즉시 원인을 분석하고 다음 행동에 반영하는 습관을 만드는 것이다.

결국 실패를 적극적으로 받아들이는 친화적 마인드셋이란, 실패를 인생의 종료가 아니라 새로운 장章의 시작으로 보는 관점이다. 마치 김치가 발효 과정을 거쳐 더 맛있어지듯, 개인과 조직도 실패라는 '발효 과정'을 통해 더 강하고 지혜로워진다. 완벽주의자들이 실패를 피하려고 안전한 길만 걷는 동안, 실패 친화적 사고를 지닌 사람들은 새로운 길을 개척하고 있다. 그들에게 실패는 두려움의 대상이 아니라 성장의 동반자이며, 혁신의 어머니다.

핵심 원칙 2.
지속적 자기 파괴 원칙

'허물벗기'의 경영학: 성공 공식을 스스로 무효화하라

지속적 자기 파괴 원칙은 현대 경영학에서 가장 역설적이면서도 강력한 생존 전략 중 하나다. 뱀이 성장하기 위해 낡은 허물을 벗어던지듯, 기업이나 개인이 현재의 성공에 안주하지 않고 스스로를 해체하고 재구성하는 과정을 의미한다. 생물학적으로 뱀의 탈피 과정을 보면, 뱀은 성장 과정에서 기존 피부가 더 이상 몸에 맞지 않게 되면 자연스럽게 허물을 벗는다. 이 과정에서 뱀은 일시적으로 무력해지고 외부 위험에 노출되지만, 새로운 허물을 얻음으로써 더 큰 몸집과 강력한 능력을 갖게 된다. 기업의 자기 파괴도 이와 똑같은 원리다.

넷플릭스의 리드 헤이스팅스가 보여준 자기 파괴 전략은 경영사에서 가장 극적인 사례 중 하나다. 2007년 넷플릭스가 DVD 우편 배송 사업으로 연간 10억 달러 이상의 매출을 올리며 승승장구할 때, 헤이스팅스는 회사의 미래를 스트리밍 서비스에 걸기로 결정했다. 마치 황금 알을 낳는 거위의 목을 스스로 비트는 것과 같았다. 당시 DVD 사업은 넷플릭스 매출의 95퍼센트 이상을 차지하는 핵심 수익원이었고, 스트리밍은 기술적 한계와 콘텐츠 부족으로 인해 보조적 서비스에 불과했다. 하지만 헤이스팅스는 "언젠가 누군가가 우리의 DVD 사업을 파괴할 것이라면, 차라리 우리 스스로 파괴하겠다"라는 철학을 추구했다. 결과적으로 이 결정은 넷플릭스를 글로벌 스트리밍 시장의 절대 강자로 만들었고, 기존 미디어 산업 전체를 뒤흔드는 혁명의 시작이었다.

애플의 스티브 잡스도 자기 파괴의 대가였다. 2001년 아이팟으로 디지털 음악 시장을 장악한 애플은 2007년 아이폰을 출시하면서 자신들의 히트작을 스스로 대체했다. 당시 아이팟은 애플 매출의 상당 부분을 차지하는 캐시카우cash cow였고, 음악 산업에서 애플의 지위를 확고히 해주는 상징적 제품이었다. 하지만 잡스는 "다른 누군가가 아이팟을 죽일 것이라면, 우리가 먼저 죽이겠다"는 마음가짐으로 아이폰 개발에 매진했다. 아이폰은 단순히 아이팟의 기능 포함은 물론이려니와, 아예 별도의 음악 재생 장치가 필요 없게 만들어버렸다. 마치 성공한 요리사가 자신만의 비법 레시피를 버리고 완전히 새로운 요리법을 시도하는 것과 같았다. 결과적으로 이 '성공적인 자살' 전략은 애플을 세계에서 가장 가치 있는 기업 중 하나로 만들었다.

Day 1의 습관: 문화·조직·포트폴리오를 재배열하라

아마존의 제프 베조스는 자기 파괴를 '도전의 날(Day 1)' 철학으로 체계화했다. 베조스는 "도전의 날을 잃는 순간이 바로 쇠퇴의 날(Day 2)의 시작"이라고 하면서, 아무리 성공해도 항상 창업 첫날의 마음가짐을 유지해야 한다고 강조했다. 아마존은 온라인 서점에서 시작해 전자상거래, 클라우드 컴퓨팅, 인공지능, 심지어 우주항공까지 끊임없이 새로운 영역으로 확장하면서 기존 사업의 안정성을 포기하고 위험을 감수해왔다. 특히 아마존 웹 서비스 사업은 아마존의 핵심 전자상거래 사업과 전혀 다른 영역이었지만, 현재는 아마존 전체 수익의 상당 부분을 차지하는 핵심 사업이 되었다. 베조스는 "오늘의 성공이 내일의 감옥이 될 수 있다"고 경고하면서, 끊임없는 자기 파괴야말로 장기적 성공의 비결이라고 믿었다.

하버드 경영대학원의 클레이턴 크리스텐슨이 제시한 '혁신가의 딜레마Innovator's Dilemma' 이론도 자기 파괴의 중요성을 뒷받침한다. 크리스텐슨은 성공한 기업들이 파괴적 혁신에 취약한 이유가 바로 기존 성공 공식에 대한 과도한 의존 때문이라고 분석했다. 고객의 요구에 충실하고, 기존 기술을 개선하며, 수익성 높은 시장에 집중하는 것은 분명 합리적 경영 방식이지만, 동시에 혁신적 변화에 대응하지 못하게 만드는 함정이기도 하다. 크리스텐슨은 이런 딜레마를 해결하는 유일한 방법이 '자기 파괴'라고 주장했다. 기존 사업이 성공하고 있을 때 스스로 그것을 위협할 수 있는 새로운 사업을 시작하는 것이다.

마이크로소프트의 사티아 나델라는 2014년 CEO 취임 후 회사 전체를 자기 파괴의 대상으로 삼았다. 당시 마이크로소프트는 윈도우와 오피스라는 두 개의 거대한 캐시카우를 가지고 있었지만, 모바일과 클라우드 시대에는 뒤처져 있었다. 나델라는 "모든 것을 아는 자Know-it-all"에서 "모든 것을 배우는 자Learn-it-all"로의 문화 전환을 선언하면서, 마이크로소프트의 정체성 자체를 재정의했다. 윈도우 중심의 생태계에서 클라우드 중심의 플랫폼으로, 소프트웨어 라이선스 판매에서 구독 기반 서비스로, 경쟁사 배제 전략에서 파트너십 확장 전략으로 모든 것을 바꾸었다. 심지어 애플 아이패드에서 마이크로소프트 오피스를 사용할 수 있게 만드는 등, 과거라면 상상할 수 없던 결정들을 내렸다.

구글의 래리 페이지와 세르게이 브린도 지속적 자기 파괴의 실천자이다. 구글은 검색 엔진이라는 핵심 사업에서 독보적 지위를 확보한 후에도 안드로이드, 크롬, 지메일, 유튜브 등 기존 사업과 직접적으로 관련 없는 새로운 영역들로 계속 확장해나갔다. 특히 알파벳Alphabet이라는 지주회사 구조로 재편한 것은 구글이라는 브랜드 정체성마저 해체하고 재구성하는 극단적 자기 파괴였다. 페이지는 "성공한 기업이 망하는 이유는 혁신을 멈추기 때문"이라고 말하면서, 끊임없는 실험과 도전을 통해서만 장기적 생존이 가능하다고 강조했다.

자기 파괴의 심리학적 메커니즘을 이해하기 위해서는 컴포트 존Comfort Zone 이론을 살펴보아야 한다. 인간은 본능적으로 익숙하고 안전한 환경을 선호하지만, 진정한 성장은 컴포트 존을 벗어날 때만 가능하다. 스탠퍼드 대학교의 캐롤 드웩 교수가 제시한 성장 마인드셋 이론도 같은 맥락이다. 고정 마인드셋의 사람들은 현재의 능력과 성취에 안주하려고 하지만, 성장 마인드셋의 사람들은 끊임없이 자신을 발전시키려고 노력한다. 기업도 마찬가지다. 현재의 성공 공식에 안주하는 기업은 결국 퇴보하지만, 지속적으로 자신을 재창조하는 기업은 계속 성장한다.

테슬라의 일론 머스크는 자기 파괴를 '미션 지향적 파괴'로 발전시켰다. 머스크는 테슬라가 전기차 시장에서 성공한 후에도 '지속 가능한 에너지로의 전환'이라는 더 큰 미션을 위해 계속 새로운 도전 중이다. 솔라시티SolarCity 인수, 에너지 저장 시스템 개발, 슈퍼차저 네트워크 구축 등은 모두 기존 자동차 제조업의 영역을 넘어서는 자기 파괴적 확장이다. 머스크는 "테슬라의 성공이 다른 자동차 회사들의 전기차 개발을 촉진한다면, 그것만으로도 우리의 미션은 성공한 것"이라고 말한다. 자기 파괴가 단순히 기업의 생존을 위한 것이 아니라, 더 큰 가치 창조를 위한 수단이 될 수 있다는 것을 보여준다.

자기 파괴의 실패 사례들도 교훈적이다. 코닥은 1975년 세계 최초로 디지털카메라를 발명했지만, 기존 필름 사업을 보호하기 위해 이 기술을 상용화하지 않았다. 결국 다른 기업들이 디지털 사진 기술을 발전시키면서 코닥은 파산 위기에 몰렸다. 노키아도 마찬가지다. 피처폰 시대의 절대 강자였던 노키아는 스마트폰 전환기에 기존 하드웨어 중심 사고에서 벗어나지 못하면서 애플과 구글에게 시장을 내주었다. 블랙베리BlackBerry는 기업용 이메일 시장에서 독보적 지위를 점유하고 있었지만, 소비자용 스마트폰 시장의 변화에 적응하지 못했다. 이들의 공통점은 모두 과거의 성공에 안주하면서 자기 파괴의 기회를 놓쳤다는 것이다.

자기 파괴의 세 가지 실행 원칙

자기 파괴를 성공적으로 실행하기 위해서는 몇 가지 핵심 원칙이 있다. 첫째는 '타이밍'이다. 너무 일찍 파괴하면 아직 새로운 대안이 준비되지 않아 혼란만 초래할 수 있고, 너무 늦으면 이미 경쟁자들이 시장을 선점한 후일 수 있다. 둘째는 '점진적 전환'이다. 넷플릭스가 DVD

와 스트리밍을 동시에 제공하면서 점진적으로 스트리밍으로 비중을 옮겨간 것처럼, 급격한 변화보다는 단계적 전환이 위험을 줄일 수 있다. 셋째는 '실험과 학습'이다. 자기 파괴는 한 번에 완성되는 것이 아니라 지속적인 시행착오를 통해 완성되는 과정이다.

인텔의 앤디 그로브가 제시한 '전략적 변곡점Strategic Inflection Point' 개념도 자기 파괴와 밀접한 관련이 있다. 그로브는 기업이 성공하기 위해서는 환경 변화의 신호를 민감하게 포착하고, 필요하다면 과감하게 사업 방향을 바꿔야 한다고 주장했다. 인텔이 메모리 반도체에서 마이크로프로세서로 주력 사업을 전환한 것이 대표적인 예다. 당시 일본 업체들과의 메모리 경쟁에서 밀리던 인텔은 이를 위기가 아닌 기회로 인식하고, 마이크로프로세서라는 새로운 영역에서 새로운 성공을 만들어냈다.

자기 파괴는 개인 차원에서도 중요한 원칙이다. 한 분야에서 전문성을 쌓은 후에도 안주하지 않고 새로운 영역으로 확장하거나, 기존 지식과 경험을 새로운 방식으로 재조합하는 것이다. 실리콘밸리의 많은 성공한 기업가들의 공통점은 과거의 성공에 매몰되지 않고 끊임없이 새로운 도전을 시도한다는 것이다. 일론 머스크가 페이팔 성공 후 우주항공과 전기차라는 전혀 다른 영역에 도전한 것, 제프 베조스가 온라인 서점에서 시작해 클라우드와 우주사업까지 확장한 것 모두 개인적 자기 파괴의 사례다.

결국 지속적 자기 파괴 원칙은 변화무쌍한 현대 사회에서 생존하고 번영하기 위한 필수 전략이다. 과거의 성공이 미래의 감옥이 되지 않도록, 현재의 성취에 안주하지 않고 끊임없이 자신을 재창조하는 용기가 필요하다. 마치 나비가 되기 위해 애벌레의 모습을 포기하는 것과 같다. 일시적으로는 혼란스럽고 위험할 수 있지만, 궁극적으로는 더 아름답고 자유로운 존재로 거듭날 수 있는 변화의 과정이다. 뱀이 허물을 벗듯, 기업과 개인도 낡은 모습을 과감히 벗어던지고 새로운 가능성에 도전할 때 진정한 성장과 혁신이 가능하다.

핵심 원칙 3.
포트폴리오적 접근 원칙

실험을 분산하고 배움을 집중하라

　포트폴리오적 접근 원칙은 전통적인 분산 투자 개념을 경영 전략의 차원으로 확장한 혁신적 사고방식이다. 단순히 달걀을 한 바구니에 담지 않는 것을 넘어, 아예 바구니 자체를 다양하게 만들고 각각 다른 종류의 알을 넣는 것과 같다. 마치 동네 떡집 사장이 "떡만 팔아서는 먹고살기 어렵겠다"며 커피도 팔고, 꽃도 팔고, 급기야 택배 서비스까지 시작하듯이, 현대 기업들은 하나의 사업 영역에만 의존하지 않고 다양한 실험을 동시에 진행한다. 이런 접근법의 핵심은 '망해도 본전'이라는 소상공인의 지혜를 글로벌 규모로 확장한 것이다.

　아마존의 제프 베조스가 이런 포트폴리오적 접근의 완벽한 실천자다. 1994년 온라인 서점으로 시작한 아마존이 현재 손을 뻗지 않은 사업 영역을 찾기 어려울 정도다. 전자상거래에서 시작해 클라우드 컴퓨팅, 인공지능(알렉사), 물류(아마존 프라임), 콘텐츠 제작(아마존 스튜디오), 스마트홈(에코), 식료품(홀푸드), 심지어 우주항공(블루오리진)까지 진출했다. 마치 동네 슈퍼마켓이 갑자기 우주 정거장 배달 서비스를 시작하겠다고 선언하는 것과 같은 황당함이지만, 실제로는 매우 치밀한 전략이다. 베조스는 "우리는 실험을 통해 학습한다. 대부분의 실험은 실패하지만, 가끔 나오는 대박이 모든 실패를 상쇄하고도 남는다"라고 설명했다.

포트폴리오적 접근의 수학적 원리는 실제로는 매우 간단하다. 10개의 프로젝트 중 9개가 실패하더라도, 한 개의 대성공이 나머지 9개의 손실을 모두 보상하고도 남을 수 있다면 전체적으로는 성공한 전략이다. 벤처 캐피털의 투자 철학과도 일치한다. 세쿼이아 캐피털Sequoia Capital의 마이클 모리즈Michael Moritz는 "우리는 실패를 두려워하지 않는다. 오히려 실패하지 않는다면 충분히 위험한 투자를 하지 않고 있다는 신호"라고 말한다. 기업 경영에서도 마찬가지 원리가 적용된다.

구글의 래리 페이지와 세르게이 브린도 포트폴리오적 사고의 대표주자다. 구글은 검색 엔진이라는 확고한 수익원을 바탕으로 수백 개의 다양한 프로젝트를 동시에 진행한다. 구글 X라는 별도 조직을 만들어서 자율주행차(웨이모), 스마트 렌즈, 풍선 인터넷(프로젝트 룬), 배송 드론(프로젝트 윙) 등 SF영화에서나 볼 법한 미래 기술들을 개발한다. 대부분은 실패하거나 중단되지만, 그 과정에서 얻은 기술과 경험이 다른 프로젝트로 이전되거나 예상치 못한 혁신으로 이어진다. 안드로이드 운영체제도 원래는 디지털카메라용 OS로 개발되다가 스마트폰으로 방향을 바꾼 결과물이다.

실패는 비용이 아니라 보험이다

포트폴리오적 접근의 핵심은 '옵션 가치Option Value' 이론에 있다. MIT의 스튜어트 마이어스Stewart Myers 교수가 제시한 이 개념에 따르면, 불확실한 환경에서는 다양한 선택권을 확보해두는 것 자체가 가치가 있다. 보험 가입처럼 당장은 비용이 들지만 미래의 기회를 확보하는 투자인 셈이다. 기업이 다양한 분야에서 작은 실험들을 진행하는 것도 같은 논리다. 각각의 실험은 비용이 들지만, 그중 하나가 큰 성공을 거둘 가능성을 확보해주는 옵션 역할을 한다.

3M의 혁신 문화도 포트폴리오적 접근의 좋은 사례다. 3M에는 '15퍼센트 룰'이라는 제도가 있는데, 직원들이 업무 시간의 15퍼센트를 자유로운 연구에 사용할 수 있게 허용한다. 이 과정에서 90퍼센트 이상의 프로젝트가 실패로 끝나지만, 포스트잇, 스카치테이프, 반사 소재 등 수많은 혁신 제품이 이런 '실패의 바다'에서 탄생했다. 3M의 전 CEO 윌리엄 맥나이트William McKnight는 "실수를 용인하는 것은 혁신의 대가"라고 설명했다. 마치 농부가 많은 씨앗을 뿌린 후 그중 일부만 제대로 자라더라도 전체 농사가 성공하는 것과 같은 원리다.

테슬라의 일론 머스크는 포트폴리오적 접근을 개인 차원에서도 실천한다. 그는 동시에 여러 회사를 운영하는데, 테슬라(전기차), 스페이스X(우주항공), 뉴럴링크(뇌-컴퓨터 인터페이스), 보링 컴퍼니(지하터널), 트위터(소셜미디어) 등이다. 일반적인 상식으로는 이렇게 많은 사업을 동시에 하면 집중력이 분산되어 모두 실패할 것 같지만, 머스크는 오히려 이런 다양성이 서로 시너지를 만들어낸다고 본다. 테슬라에서 개발한 배터리 기술이 스페이스X에 활용되고, 스페이스X의 로켓 기술이 초고속 교통수단 하이퍼루프에 응용되는 식이다.

포트폴리오적 접근에서 중요한 부분은 '스마트한 실패Smart Failure'의 개념이다. 무작정 많은 프로젝트를 시작하기보다는, 각각의 실험에서 최대한 많은 학습을 얻을 수 있도록 설계하는 것이다. 실리콘밸리의 '빠르게 실패하기' 문화도 이런 맥락에서 이해할 수 있다. 에릭 리스Eric Ries가 제시한 '린 스타트업Lean Startup' 방법론도 마찬가지다. 최소 기능 제품MVP을 빠르게 만들어서 시장에 내놓고, 고객의 반응을 보면서 개선하거나 포기하는 것을 반복한다. 마치 요리사가 새로운 레시피를 개발할 때 작은 샘플부터 만들어서 맛을 보는 것과 같다.

애플의 팀 쿡도 스티브 잡스 이후 포트폴리오적 접근을 더욱 체계화했다. 애플 워치, 애플 TV+, 애플 카드, 애플 피트니스+ 등 기존 주력 제품과는 다른 새로운 카테고리의 제품들을 지속적으로 출시한다. 모든 제품이 아이폰만큼 성공하지는 못하지만, 애플 생태계 전체의 완성도를 높이고 새로운 수익원을 만들어내는 역할을 한다. 쿡은 "우리는 완벽한 제품만 출시한다는 잘못된 인식이 있다. 실제로는 많은 실험을 통해 완벽함에 가까워진다"라고 설명한다.

중국의 텐센트Tencent도 포트폴리오적 접근의 대가다. 창립자 마화텅马化腾은 "작은 팀들이 많은 실험을 하게 하고, 성공 가능성이 보이는 것에 집중 투자한다"라는 전략을 사용한다. 위챗WeChat, 왕저영요우王者荣耀, QQ뮤직 등은 모두 이런 내부 경쟁을 통해 살아남은 서비스다. 텐센트 내부에서는 비슷한 기능의 앱들이 서로 경쟁하다가 승자만 살아남는 '다윈주의적' 문화가 있다. 마치 자연 생태계에서 다양한 종이 경쟁하면서 가장 적합한 종만 살아남는 것과 같은 원리다.

포트폴리오적 접근에서 주의해야 할 함정도 있다. 첫째는 '분산의 환상'이다. 겉보기에는 다양해 보이지만 실제로는 모두 비슷한 위험에 노출되어 있는 경우다. 2008년 금융위기 때 많은 금융기관이 '다양한 포트폴리오'를 가지고 있다고 생각했지만, 실제로는 모두 부동산 버블이라는 하나의 위험에 연결되어 있었다. 둘째는 '관리의 복잡성'이다. 너무 많은 프로젝트를 동시에 진행하면 각각에 대한 관리가 소홀해질 수 있다. 야후!가 포털, 검색, 이메일, 메신저 등 너무 많은 서비스를 동시에 운영하다가 모든 분야에서 후발주자에게 밀린 것이 대표적인 예다.

'핵심-실험-전이'의 플라이휠: 안정 수익, 민첩 실험, 크로스 시너지

성공적인 포트폴리오적 접근을 위해서는 몇 가지 원칙이 필요하다. 첫째는 '핵심 사업의 안정성'이다. 다양한 실험을 할 수 있는 여력은 안정적인 수익원에서 나온다. 구글의 검색 광고, 아마존의 전자상거래, 애플의 아이폰이 바로 그런 역할을 한다. 둘째는 '빠른 의사결정'이다. 실패한 프로젝트를 질질 끌지 말고 빠르게 정리하고 다음 기회에 집중해야 한다. 셋째는 '학습의 체계화'다. 각각의 실험에서 얻은 교훈을 조직 전체가 공유하고 활용할 수 있는 시스템이 필요하다.

결국 포트폴리오적 접근 원칙은 불확실한 미래에 대비하는 가장 현실적인 전략이다. 미래를 정확히 예측할 수 없다면, 다양한 가능성에 베팅하면서 그중 일부의 성공으로 전체를 먹여 살리는 것이다. 마치 농부가 한 종류의 작물만 키우지 않고 여러 작물을 함께 기르는 혼작 농법과 같다. 한 작물이 흉년이어도 다른 작물로 손실을 보상할 수 있고, 때로는 예상치 못한 풍년을 만날 수도 있다. 동네 떡집이 우주 정거장 배달을 꿈꾸는 것이 황당해 보일지 모르지만, 그런 황당한 꿈들 중에서 가끔 현실이 되는 것들이 있다. 그리고 바로 그 '가끔'이 모든 실패를 보상하고도 남는 마법을 부린다.

핵심 원칙 4.
안티프래질 원칙

'회복'을 넘어 '강화'로, 위기를 성장 연료로 설계하라

안티프래질 원칙은 나심 탈레브가 제시한 개념으로, 단순히 충격을 견디는 것을 넘어서서 오히려 그 충격으로 인해 더 강해지는 특성을 의미한다. 마치 타이타닉호가 빙산과 충돌했을 때 구명보트를 타고 탈출하는 것이 아니라, 아예 그 충격으로부터 더 좋은 배를 만들어내는 것과 같다. 전통적인 위험 관리가 '손실을 최소화'하는 데 초점을 맞춘다면, 안티프래질은 '위기를 기회로 전환'하는 데 중점을 둔다. 마치 근육이 운동으로 인한 스트레스를 받으면 오히려 더 강해지듯이, 시스템이나 조직이 외부 충격을 받았을 때 단순히 원상복구뿐 아니라 이전보다 더 나은 상태로 진화하는 것을 말한다.

2008년 금융위기는 안티프래질 원칙의 완벽한 실험장이었다. 서브프라임 모기지 사태로 시작된 이 거대한 경제적 빙산은 기존 질서를 박살냈고, 대부분의 사람과 기업들은 움츠러들었다. 하지만 일부 창업자들은 이 위기를 보고 "드디어 때가 왔다"며 손을 비볐다. 에어비앤비의 브라이언 체스키, 조 게비아, 네이선 블레차르지크는 사람들이 돈을 아끼려고 할 때 "우리 집 빈방을 빌려주면 되겠네"라는 아이디어를 떠올렸다. 우버의 개릿 캠프Garrett Camp와 트래비스 칼라닉Travis Kalanick도 "사람들이 택시비를 아끼고 싶어 할 때 차를 함께 타면 되겠다"고 생각했다. 이들은 경기 침체를 걱정하기보다는 경제적 필요성을 사업 기회로 바꾸었다.

불황의 역설: 필요의 경제를 기회로 바꾸는 법

에어비앤비의 창업 스토리는 안티프래질의 교과서적 사례다. 2008년 10월 샌프란시스코에서 열린 민주당 전당대회 기간 중 호텔이 모두 만실이 되자, 체스키와 게비아는 자신들의 아파트 거실에 에어매트리스 세 개를 깔고 아침식사를 제공하는 '에어 베드 앤드 브렉퍼스트Air Bed and Breakfast'라는 아이디어를 실행에 옮겼다. 당시 그들에게는 각자 4만 달러의 학자금 대출이 있었고, 룸메이트와 함께 집세도 제대로 내지 못하는 상황이었다. 하지만 금융위기라는 절망적 상황이 오히려 그들에게는 기회였다. 사람들이 여행비를 줄이고 싶어 하면서도 색다른 경험을 원한다는 니즈를 정확히 포착한 것이다. 초기에는 하루 80달러 정도의 수입에 불과했지만, 이들은 실패를 거듭하면서 서비스를 개선해나갔고, 결국 2021년 기준 시가총액 1,300억 달러의 글로벌 기업으로 성장했다.

우버의 경우도 비슷한 맥락이다. 2008년 금융위기 당시 많은 사람이 일자리를 잃거나 소득이 줄어들었지만, 동시에 스마트폰이 보급되기 시작했고, GPS 기술도 무르익었다. 캠프와 칼라닉은 이런 상황에서 '실업자들에게는 부업 기회를, 소비자들에게는 저렴한 교통수단을' 제공한다는 아이디어를 구상했다. 기존 택시 업계의 불친절한 서비스와 높은 요금에 대한 불만도 누적되어 있던 상황이었다. 우버는 이런 모든 불만과 필요를 하나의 플랫폼으로 해결하면서, 2020년 기준 700억 달러 규모의 기업으로 성장했다.

안티프래질의 핵심은 '스트레스 테스트'를 통한 진화다. 생물학에서 '호르메시스Hormesis 효과'라고 불리듯, 적당한 스트레스나 독소가 오히려 생물체를 더 강하게 만든다. 인간의 면역 시스템도 바이러스나 세균에 노출됨으로써 항체를 만들고 더 강해진다. 기업도 마찬가지다. 안정적인 환경에서만 자란 기업들은 작은 변화에도 쉽게 무너지지만, 지속적으로 도전과 위기를 겪은 기업들은 예상치 못한 충격에도 유연하게 대응할 수 있다. 테슬라의 일론 머스크가 "회사가 매년 파산 위기에 몰려야 건전하다"라고 하는 것도 이런 맥락이다.

넷플릭스의 리드 헤이스팅스도 안티프래질의 대가다. 2011년 넷플릭스가 DVD와 스트리밍 서비스를 퀵스터라는 별도 브랜드로 분리하려다가 고객들의 거센 반발에 부딪혀 주가가 80퍼센트 폭락한 사건이 있었다. 이때 회사는 역사상 최악의 위기였지만, 헤이스팅스는 이 실패를 통해 고객 중심적 사고의 중요성을 뼈저리게 깨닫고, 이후 모든 의사결정에서 고객 경험을 최우선으로 고려하게 되었다. 결과적으로 이 위기는 넷플릭스를 더 강한 회사로 만들어주고, 현재 글로벌 스트리밍 시장의 절대 강자로 자리 잡을 수 있게 해주었다.

아마존의 제프 베조스는 안티프래질을 '실패의 규모화'라고 표현했다. 그는 "큰 성공을 위해서는 큰 실패가 필요하다"며, 파이어폰의 10억 달러 손실도 알렉사 개발을 위한 값진 투자였다고 평가했다. 실제로 파이어폰에서 개발된 음성 인식 기술과 머신러닝 알고리즘이 에코 스피커와 알렉사 AI 어시스턴트의 성공으로 이어졌다. 베조스는 "실패는 발명의 불가피한 쌍둥이"라고 말하면서, "실패 없는 혁신은 존재하지 않는다"고 강조했다.

안티프래질과 일반적인 회복력의 차이는 매우 명확하다. 회복력은 충격을 받은 후 원래 상태로 돌아가지만, 안티프래질은 충격을 통해 이전보다 더 나은 상태가 된다. 마치 운동선수가 훈련으로 인한 근육 손상을 통해 더 강한 근육을 만들어내는 원리와 같다. 일본의 토요타가 1997년 아시아 금융위기 때 개발한 린 제조Lean Manufacturing 시스템이 대표적인 예다. 위기 상황에서 비용 절약을 위해 개발된 이 시스템은 결과적으로 토요타를 세계 최고의 자동차 회사 중 하나로 만들어 주었다.

코로나19 팬데믹도 안티프래질의 실험장이었다. 대부분의 기업이 어려움을 겪었지만, 일부 기업들은 오히려 이 위기를 통해 더 강해졌다. 줌은 팬데믹 이전에는 상대적으로 알려지지 않은 화상회의 서비스였지만, 재택근무 급증으로 사용자가 폭발적으로 증가하면서 글로벌 스탠더드가 되었다. 쇼피파이Shopify도 오프라인 매장들이 문을 닫으면서 온라인 쇼핑몰 구축 플랫폼에 대한 수요가 급증했고, 주가가 10배 이상 상승했다. 이들은 위기를 기회로 전환한 대표적인 안티프래질 기업들이다.

개인 차원에서도 안티프래질은 중요한 원칙이다. 스티브 잡스가 애플에서 쫓겨났을 때, 대부분의 사람은 그의 경력이 끝났다고 생각했다. 하지만 잡스는 이 '실패'를 통해 넥스트와 픽사에서 새로운 경험을 쌓았고, 12년 후 애플로 돌아와 아이맥, 아이팟, 아이폰의 기적을 만들어냈다. 그는 후에 "애플에서 쫓겨난 것이 인생 최고의 일이었다"고 회고했다. 실패가 그를 더 완전한 리더로 만들어준 셈이다.

설계된 스트레스, 빠른 학습, 다중 옵션: 안티프래질 운영 원리

안티프래질을 실천하기 위해서는 몇 가지 핵심 요소가 필요하다. 첫째는 '실험 마인드셋'이다. 모든 상황을 실험으로 보고, 결과가 어떻든 배울 점이 있다고 생각하는 것이다. 둘째는 '빠른 학습 능력'이다. 실패에서 교훈을 빠르게 추출하고 다음 행동에 즉시 적용하는 것이다. 셋째는 '다양성'이다. 한 가지 방법에만 의존하지 않고 여러 가지 옵션을 확보해두는 것이다. 넷째는 '장기적 관점'이다. 단기적 손실을 감수하더라도 장기적 성장을 추구하는 것이다.

결국 안티프래질 원칙은 불확실한 미래에 대비하는 가장 현실적인 전략이다. 위기와 충격을 피하기보다는 오히려 그것들을 성장의 연료로 활용하는 것이다. 마치 대장간에서 쇠가 망치질을 받아 더 단단해지듯, 개인과 조직도 어려움을 통해 더 강해질 수 있다. 타이타닉호가 빙산과 충돌해 침몰한 것을 보고 "배를 더 크게 만들자"고 생각하는 것이 아니라, "빙산도 뚫고 지나갈 수 있는 배를 만들자"고 생각하는 것이 바로 안티프래질이다. 에어비앤비와 우버가 금융위기라는 거대한 빙산을 만나 더 강한 배를 만들어냈듯이, 진정한 혁신가들은 위기를 두려워하지 않고 오히려 그것을 기회로 만들어낸다.

핵심 원칙 5.
반복적 피드백 원칙

빠른 실패, 더 빠른 학습

　반복적 피드백 원칙은 마치 요리할 때 계속 간을 보는 것과 같은 지속적인 개선 과정이다. 할머니가 김치찌개를 끓일 때 숟가락으로 국물을 떠서 맛을 보고, 짜면 물을 더 넣고 싱거우면 소금을 더 넣듯이, 성공하는 기업들은 끊임없이 자신들의 '맛'을 점검하고 조정한다. 이는 단순히 결과만 확인하지 않고 과정의 모든 단계에서 지속적으로 학습하고 개선하는 것을 의미한다. 스페이스X의 일론 머스크가 로켓을 쏘아 올렸다가 폭발할 때마다 "아, 이 부분이 문제구나" 하며 즉시 개선점을 찾는 것이 바로 이런 접근법의 완벽한 사례다.

　스페이스X의 초기 팰컨 1 개발 과정은 반복적 피드백 원칙의 교과서적 사례다. 2006년부터 2008년까지 첫 세 번의 발사가 모두 폭발로 끝났지만, 머스크와 그의 팀은 각각의 실패를 '값비싼 데이터'로 인식했다. 첫 번째 발사에서는 연료 누출 문제를 발견했고, 두 번째에서는

1단계와 2단계 분리 과정의 문제점을 파악했으며, 세 번째에서는 단 분리 시 충돌 현상을 분석했다. 일반적인 항공우주 업계에서는 이런 실패들을 수년간 분석하고 완벽한 해결책을 마련한 후에야 다음 시도를 하지만, 스페이스X는 각 실패 후 몇 개월 만에 개선된 버전으로 다시 도전했다. 이런 빠른 반복 학습이 결국 네 번째 발사에서의 성공으로 이어졌고, 현재는 팰컨 9이 95퍼센트 이상의 성공률을 기록하는 혁신으로 발전했다.

현장-데이터-업데이트의 루프: 실시간 실험의 운영 체계

반복적 피드백의 핵심은 '빠른 실패와 빠른 학습'에 있다. 이는 의사가 수술 실패 후 "다음에는 더 잘해야지"라고 막연하게 다짐하는 것이 아니라, 어느 부분에서 어떤 실수가 있었는지 정확히 분석하고 개선책을 마련하는 것과 같다. 머스크의 경영철학에는 '제1원칙 사고First Principles Thinking'라는 개념이 있는데, 모든 가정을 의심하고 근본적인 원인을 찾아내는 사고방식이다. 예를 들어 로켓 발사 비용이 비싼 이유를 분석할 때 '원래 비싸니까'라고 받아들이기보다 재료비, 인건비, 시설비 등을 하나씩 분해해서 어느 부분이 진짜 문제인지 찾아내는 방식이다.

테슬라의 자율주행 기술 개발도 반복적 피드백의 극한 사례다. 테슬라의 모든 차량은 실시간으로 주행 데이터를 수집하며, 사고나 오작동이 발생하면 즉시 그 데이터가 본사로 전송되어 분석된다. 마치 수십만 명의 테스트 드라이버가 동시에 실험을 진행하는 것과 같다. 전통적인 자동차 회사들이 테스트 트랙에서 제한적인 실험을 하는 동안,

테슬라는 실제 도로에서 수백만 마일의 데이터를 수집하고 분석한다. 작은 사고나 시스템 오류가 발생할 때마다 머스크의 팀은 그 원인을 분석하고 소프트웨어 업데이트를 통해 즉시 개선사항을 전체 차량에 적용한다. 이런 접근법은 전통적인 자동차 업계의 '완벽한 제품을 출시한 후 몇 년간 변경하지 않는' 방식과는 정반대다.

빅테크 기업들이 지속적으로 성공하는 비결

구글의 검색 알고리즘 개선 과정도 반복적 피드백의 훌륭한 사례다. 래리 페이지와 세르게이 브린이 개발한 구글은 매일 수십억 건의 검색 쿼리를 통해 피드백을 받는다. 사용자가 검색 결과를 클릭하는 패턴, 체류 시간, 재검색 여부 등 모든 행동이 데이터가 되어 알고리즘 개선에 활용된다. 구글은 연간 수천 번의 알고리즘 변경을 시행하는데, 각각의 변경은 A/B 테스트를 통해 검증되고 사용자 반응을 분석해서 채택 여부가 결정된다. 마치 요리사가 새로운 레시피를 시도할 때마다 고객들의 반응을 보고 즉시 조정하는 것과 같다.

아마존의 제프 베조스는 반복적 피드백을 '고객 중심의 혁신Customer-Centric Innovation'이라고 했다. 아마존의 모든 서비스는 고객의 반응을 실시간으로 모니터링하고 지속적으로 개선된다. 예를 들어 아마존의 추천 시스템은 고객의 구매 패턴, 검색 기록, 장바구니 행동 등을 분석해서 매분마다 업데이트된다. 고객이 특정 상품을 클릭했다가 구매하지 않으면 그 이유를 분석하고, 가격, 배송 옵션, 상품 설명 등을 조정한다. 이런 미세한 조정들이 누적되어 아마존은 전자상거래의 절대 강자가 될 수 있었다.

넷플릭스의 콘텐츠 개발 과정도 반복적 피드백의 대표 사례다. 리드 헤이스팅스의 넷플릭스는 시청자들의 시청 패턴을 실시간으로 분석해 콘텐츠 제작에 반영한다. 어떤 장면에서 시청자들이 멈추는지, 어떤 배우가 나올 때 시청률이 오르는지, 어떤 스토리 라인이 시청자들을 끝까지 붙잡아두는지 등 모든 데이터가 다음 콘텐츠 제작의 근거가 된다. 「하우스 오브 카드」나 「스트레인저 싱스Stranger Things」와 같은 넷플릭스 오리지널 시리즈들은 모두 이런 데이터 기반 피드백의 산물이다. 전통적인 방송사들이 시청률 조사 결과를 몇 주 후에 받아보는 동안, 넷플릭스는 실시간으로 시청자 반응을 파악하고 다음 에피소드나 시즌에 즉시 반영한다.

페이스북의 마크 저커버그가 만든 "빠르게 움직이고 깨뜨려라" 문화도 반복적 피드백의 구현이다. 페이스북의 개발자들은 새로운 기능을 소규모 사용자 그룹에게 먼저 테스트하고, 그들의 반응을 분석한 후 전체에 적용하거나 폐기한다. 이런 방식으로 페이스북은 연간 수백 개의 새로운 기능을 시도하고, 그중 유용한 것들만 남겨서 지속적으로 서비스를 개선한다. 좋아요 버튼, 타임라인, 뉴스피드 알고리즘 등 페이스북의 핵심 기능들은 모두 이런 반복적 실험과 피드백의 결과물이다.

3M의 포스트잇 개발 과정도 반복적 피드백의 흥미로운 사례다. 1968년 스펜서 실버가 개발한 약한 접착제는 처음에는 '실패작'으로 여겨졌다. 하지만 아트 프라이가 이 접착제를 책갈피로 사용해보면서 그 가능성을 발견했다. 3M은 이 아이디어를 소규모 테스트 마케팅으로 시작했는데, 처음에는 반응이 미지근했다. 하지만 실제로 샘플을 사용해본 사람들의 피드백을 분석해보니, 한 번 써본 사람들은 계속

사용하고 싶어 한다는 것을 발견했다. 이 인사이트를 바탕으로 3M은 마케팅 전략을 바꿔 무료 샘플을 대량 배포했고, 결국 포스트잇은 연간 10억 달러 매출의 히트 상품이 되었다.

토요타의 카이젠 철학도 반복적 피드백의 체계적 구현이다. 토요타의 모든 직원은 매일 작은 개선 아이디어를 제안할 수 있고, 각각의 아이디어는 즉시 테스트되고 평가된다. 생산 라인에서 발생하는 모든 문제는 '다섯 번의 왜5 Whys' 기법을 통해 근본 원인까지 추적하고, 해결책을 찾아서 즉시 적용한다. 이런 지속적인 개선 과정으로 토요타는 세계 최고 품질의 자동차 회사가 되었다. 특히 토요타 생산 시스템TPS의 '지도카Jidoka', 자동화 원칙은 문제가 발생하면 즉시 생산을 중단하고 원인을 파악해 근본적으로 해결하는 것으로, 단기적으로는 생산성 저하를 가져올 수 있지만 장기적으로는 품질 향상과 시스템 개선을 통해 더 큰 경쟁력을 확보하게 해준다.

문화가 속도를 결정한다

반복적 피드백의 성공을 위해서는 몇 가지 핵심 요소가 필요하다. 첫째는 '빠른 데이터 수집 시스템'이다. 문제가 발생하거나 변화가 일어났을 때 즉시 그 정보를 파악할 수 있는 모니터링 체계가 있어야 한다. 둘째는 '분석 역량'이다. 수집된 데이터에서 의미 있는 패턴과 인사이트를 추출할 수 있는 능력이 필요하다. 셋째는 '빠른 실행력'이다. 분석 결과를 바탕으로 한 개선 사항을 즉시 적용할 수 있는 조직 체계가 중요하다. 넷째는 '실패 친화적 문화'다. 실험과 개선 과정에서 발생하는 작은 실패들을 처벌하지 않고 학습 기회로 활용하는 분위기가 조성되어야 한다.

결국 반복적 피드백 원칙은 완벽함을 추구하기보다는 지속적인 개선을 통해 완벽함에 가까워지는 과정이다. 마치 조각가가 대리석을 조금씩 깎아내면서 작품을 완성하듯이, 기업과 개인도 작은 피드백들을 통해 점진적으로 발전해나간다. 스페이스X가 폭발하는 로켓에서 재사용 가능한 로켓으로 발전한 것, 테슬라가 실험적인 전기차에서 자율주행 기술의 선두주자로 성장한 것은 모두 이런 끊임없는 피드백과 개선의 결과다. 요리할 때 계속 간을 보듯, 성공하는 기업들은 항상 자신들의 '맛'을 점검하고 조정하며, 그 과정에서 때로는 실수도 하지만 결국 더 나은 결과물을 만들어낸다.

핵심 원칙 6.
인내와 끈기의 원칙

보이지 않는 시간의 힘: 인내가 만드는 비선형 성장

인내와 끈기 원칙은 대나무의 성장 방식에서 가장 완벽한 은유를 찾을 수 있다. 대나무는 처음 4년간 겉으로는 아무런 변화가 없어 보인다. 씨앗을 심고 물을 주고 햇빛을 쬐어도 땅 위로는 거의 자라지 않는다. 하지만 땅속에서는 거대한 뿌리 시스템이 구축된다. 5년째가 되면 갑자기 90미터까지 치솟으며 세상에서 가장 빠르게 자라는 식물 중 하나가 된다. 마치 마법처럼 보이지만 실제로는 4년간의 보이지 않는 축적이 만들어낸 결과다. 아마존의 제프 베조스가 20년 넘게 적자를 감수하며 시장 점유율 확대에 집중한 것도 바로 이런 대나무 철학의 구현이다.

베조스가 1994년 아마존을 창립했을 때부터 2015년까지 21년간, 회사는 거의 매년 적자를 기록했다. 월스트리트 애널리스트들과 투자자들은 "언제까지 돈을 태울 거냐"며 끊임없이 압박했지만, 베조스는 흔들리지 않았다. 그는 "우리는 단기적 이익보다 장기적 고객 만족을 선택한다"며 배송비 무료화, 창고 확장, 기술 투자에 막대한 자금을 쏟아부었다. 마치 농부가 씨를 뿌리고 몇 년간 기다리는 인내심과 같았다. 겉으로는 손실만 쌓여가는 것처럼 보였지만, 실제로는 거대한 물류 네트워크와 고객 충성도라는 '뿌리'를 만들어가고 있었다.

현대 사회의 '인스턴트 문화'에 길들여진 사람들은 빠른 결과를 원한다. 3개월 단위로 실적을 평가하고, 1년 내에 성과가 나오지 않으면 전략을 바꾸라고 압박한다. 하지만 진짜 혁신은 압력솥이 아니라 토기에서 천천히 우러나는 차처럼 시간이 필요하다. 베조스는 주주서한에서 "우리는 Day 1 정신을 유지한다"며 장기적 관점의 중요성을 강조했다. Day 1이란 창업 첫날의 마음가짐을 의미하는데, 아무리 성공해도 항상 시작하는 마음으로 미래를 준비하라는 뜻이다.

ASML의 30년간 EUV 기술 개발 스토리는 인내와 끈기의 또 다른 극한 사례다. 1984년 네덜란드 필립스에서 분사한 ASML이 EUV 리소그래피 기술 개발에 착수한 것은 1990년대 후반이었다. 당시 업계 전문가들은 이 기술이 상용화되기까지 최소 30년은 걸릴 것이라고 예측했다. 실제로 2000년부터 2015년까지 15년간 ASML은 EUV 장비 개발에 수십억 달러를 투입했지만 상용화에는 계속 실패했다. 매년 '내년에는 가능할 것'이라고 발표했다가 연기를 반복하면서 '영원히 오지 않을 기술'이라는 조롱을 받았다. 하지만 ASML은 포기하지 않고 칼자이스, 트럼프 등 파트너와 함께 지속적으로 기술을 개선했고, 마침내 2016년 상용 EUV 장비 출하에 성공했다. 현재 ASML은 EUV 리소그래피 장비 시장을 100퍼센트 독점하며 전 세계 최첨단 반도체 제조의 핵심 고리 역할을 하고 있다. 마치 장인이 수십 년간 한 우물을 파는 것과 같은 철학의 결과물이다.

인내와 끈기 없이 설명할 수 없는 성공들

구글의 래리 페이지와 세르게이 브린도 인내와 끈기의 대가들이다. 1996년 스탠퍼드 대학교에서 백링크 알고리즘 연구를 시작한 이들이 구글을 창립한 것은 1998년이었다. 하지만 구글이 진짜 수익을 내기 시작한 것은 애드워즈AdWords 광고 시스템을 완성한 2003년 이후였다. 7년간의 기다림 끝에 구글은 세계 최대의 인터넷 기업 중 하나로 성장했다. 페이지와 브린은 "완벽한 검색 엔진은 사용자가 원하는 것을 정확히 이해하고 원하는 바를 정확히 돌려주는 것"이라는 비전을 가지고 수십 년간 알고리즘을 개선해왔다.

테슬라의 일론 머스크는 인내와 끈기를 극한까지 시험받은 기업가다. 2003년 테슬라에 투자하기 시작한 머스크는 2008년 금융위기 때 개인 파산 직전까지 몰렸다. 테슬라와 스페이스X가 동시에 위기를 맞으면서 그는 개인 자산을 모두 털어 두 회사를 살려냈다. 당시 친구들은 "한 회사라도 포기하고 안전한 길을 택하라"고 조언했지만, 머스크는 '지속 가능한 에너지로의 전환'과 '인류의 다행성 종족 되기'라는 장기적 비전을 포기하지 않았다. 2012년 모델 S가 성공하고 2020년 테슬라가 흑자 전환을 이루기까지 17년이 걸렸지만, 결국 머스크는 전기차 혁명의 선두주자가 되었다.

아마존 웹 서비스의 개발 과정도 인내의 대표 사례다. 2002년 베조스가 AWS 아이디어를 처음 제시했을 때 사내에서도 "전자상거래 회사가 왜 IT 인프라 사업을 하느냐"며 반대에 부딪혔다. 하지만 베조스는 '미래에는 모든 기업이 클라우드를 사용할 것'이라는 확신을 가지고 10년간 지속적으로 투자했다. AWS가 본격적인 수익을 내기 시작한 것은 2010년 이후였고, 아마존 전체 영업이익의 대부분을 차지하게 된 것은 2015년 이후였다. 13년간의 인내 끝에 AWS는 아마존의 새로운 성장 동력이 되었다.

스페이스X의 재사용 로켓 개발도 인내와 끈기의 산물이다. 2002년 창립한 스페이스X가 첫 번째 팰컨 1 로켓을 성공시킨 것은 2008년이었고, 팰컨 9의 1단계 로켓 회수에 성공한 것은 2015년이었다. 13년간 수십 번의 폭발과 실패를 겪으면서도 머스크는 '로켓의 재사용'이라는 목표를 포기하지 않았다. 현재 스페이스X는 전 세계 위성 발사 시장의 60퍼센트 이상을 차지하며 우주항공 산업을 혁신 중이다.

임계점과 복리 효과: 작은 개선의 누적이 만드는 대도약

인내와 끈기가 중요한 이유는 진정한 혁신이 '비선형적 성장'을 보이기 때문이다. 처음에는 아무런 변화가 없는 것처럼 보이다가 어느 순간 기하급수적으로 성장하는 패턴을 보인다. 물리학의 '임계점Tipping Point' 개념과 유사하다. 물을 끓일 때 99도까지는 아무런 변화가 없다가 100도가 되는 순간 갑자기 수증기로 변하는 것처럼, 혁신도 오랫동안 축적된 노력이 임계점에 도달하면 폭발적인 변화를 보인다.

하지만 현대 사회의 분기별 실적 중심 문화는 이런 장기적 관점을 가로막는다. 월스트리트의 애널리스트들은 3개월마다 실적을 분석하고, 단기 수익성을 요구한다. 이런 압박 때문에 많은 기업이 장기적 투자를 포기하고 단기적 성과에만 집중하게 된다. 베조스는 이런 문제를 해결하기 위해 '장기적 사고Long-term Thinking'를 아마존의 핵심 원칙으로 설정했다.

인내와 끈기의 또 다른 중요한 측면은 '복리 효과Compound Effect'다. 워런 버핏이 강조하는 복리 투자처럼, 작은 개선들이 시간이 지나면서 누적되어 거대한 차이를 만들어낸다. 아마존이 매년 고객 서비스를 조금씩 개선하고, 배송 시간을 단축하고, 상품 종류를 늘려온 것들이 25년간 누적되어 현재의 압도적 경쟁력이 되었다.

버티는 조직의 설계: 비전, 지표, 관용, 연료

인내와 끈기를 실천하기 위해서는 몇 가지 핵심 요소가 필요하다. 첫째는 '명확한 장기 비전'이다. 목적지가 확실해야 긴 여행을 견딜 수 있다. 둘째는 '중간 지표Leading Indicators'를 설정한다. 최종 결과가 나오기 전에도 올바른 방향으로 가고 있다는 것을 확인할 수 있는 지표들이 필요하다. 셋째는 '실패에 대한 관대함'이다. 장기적 목표를 추구하는 과정에서는 필연적으로 많은 실패가 발생한다. 넷째는 '자원 확보'다. 오랫동안 버틸 수 있는 충분한 자금과 인력이 필요하다.

결국 인내와 끈기 원칙은 '시간을 무기로 사용하는' 전략이다. 경쟁자들이 단기적 성과에 급급할 때, 장기적 관점으로 꾸준히 투자하고 개선해나가면 결국 압도적 우위를 확보할 수 있다. 대나무가 4년간의 인내 끝에 하늘을 찌르듯, 진정한 혁신가들도 보이지 않는 축적의 힘을 믿고 끝까지 버텨낸다. 베조스가 20년간 적자를 감수하며 아마존을 키운 것, ASML이 30년간 EUV 기술에 매달린 것은 모두 이런 철학의 결과물이다. 인스턴트 문화가 지배하는 세상에서 토기의 지혜를 실천하는 사람만이 진정한 승리를 거둘 수 있다.

핵심 원칙 7.
학습자 마인드셋 원칙

'모르는 것을 아는 용기': Know-it-all에서 Learn-it-all로

학습자 마인드셋 원칙은 스탠퍼드 대학교의 캐럴 드웩 교수가 제시한 성장 마인드셋의 핵심을 담고 있다. 마치 박사학위를 받고도 계속 공부하는 것처럼, 자신이 아직 모르는 것이 엄청나게 많다는 점을 인정하는 겸손함이다. 드웩 교수의 연구에 따르면, 인간의 사고방식은 크게 두 가지로 나뉜다. 고정 마인드셋의 사람들은 지능과 재능이 타고나는 것이라고 믿는 반면, 성장 마인드셋의 사람들은 노력과 학습을 통해 능력을 키울 수 있다고 믿는다. 학습자 마인드셋은 바로 이런 성장 마인드셋의 실천적 구현이다.

마이크로소프트의 사티아 나델라가 2014년 CEO로 취임했을 때 실행한 문화 혁신은 학습자 마인드셋의 완벽한 사례다. 그는 회사 전체를 'Know-it-all(모든 것을 아는 자)'에서 'Learn-it-all(모든 것을 배우는 자)'로 바꾸겠다고 선언했다. 단순한 구호가 아니라 조직 DNA를 근본적으로 바꾸는 혁명이었다. 당시 마이크로소프트는 윈도우와 오피스라는 두 개의 거대한 성공 사업에 안주하며 '우리가 최고'라는 오만함에 빠져 있었다. 하지만 모바일과 클라우드 시대에는 애플과 구글에게 뒤처져 있었다. 나델라는 이런 상황을 "우리가 모르는 것이 너무 많다"는 겸손한 인식에서 출발해 해결했다. 마치 베테랑 의사가 신입 간호사로부터도 배울 점이 있다고 인정하는 것처럼, 마이크로소프트의 베테랑 직원들도 새로운 기술과 트렌드 앞에서는 초보자라는 마음가짐을 갖게 만든 것이다.

아마존의 제프 베조스도 학습자 마인드셋의 대표주자다. 그는 'Day 1 정신'을 강조하면서 아무리 성공해도 항상 창업 첫날의 호기심과 학습 욕구를 유지해야 한다고 강조했다. 베조스의 유명한 말 중에 "고객은 항상 아름답게 불만족한다Customers are beautifully, relentlessly dissatisfied"라는 표현이 있는데, 이는 고객의 기대가 끊임없이 높아지기 때문에 우리도 계속 배우고 개선해야 한다는 의미다. 아마존이 온라인 서점에서 시작해 전자상거래, 클라우드 컴퓨팅, 인공지능, 우주항공까지 확장할 수 있었던 것도 바로 이런 학습자 마인드셋 때문이다. 베조스는 새로운 분야에 진출할 때마다 '우리는 이 분야의 초보자'라는 겸손한 태도로 시작했다.

일론 머스크의 경우는 더욱 극단적인 학습자 마인드셋의 전형을 보여준다. 그가 페이팔 매각 후 우주항공과 전기차라는 완전히 새로운 분야에 도전했을 때, 관련 서적을 수백 권 읽고 전문가들을 만나며 기초부터 학습했다. 로켓 공학 전문가들이 "소프트웨어 개발자가 무슨 로켓을 만들겠느냐"며 비웃었지만, 머스크는 '제1원칙 사고'를 통해 기존 상식을 의심하고 새로운 해답을 찾아나갔다. 그는 '전문가란 종종 과거의 한계에 갇혀 있는 사람'이라며, 오히려 초심자의 눈으로 보면 기존 전문가들이 놓치는 혁신 기회를 발견할 수 있다고 강조했다.

구글의 래리 페이지와 세르게이 브린도 학습자 마인드셋의 전형이다. 그들은 스탠퍼드 대학교의 박사과정을 밟을 때부터 '완벽한 검색 엔진'이라는 목표를 세우고 지금까지도 그것을 추구한다. 구글의 '20퍼센트 타임' 정책도 학습자 마인드셋의 구현이다. 업무 시간의 20퍼센트를 자유로운 학습과 실험에 사용할 수 있게 허용하는 것인데, "우리가 아직 모르는 혁신적 아이디어들이 무수히 많다"라는 인식에서 나온 제도다. 지메일, 구글 맵스, 애드센스와 같은 중요한 서비스가 모두 이런 자유로운 학습 시간에서 탄생했다.

초심자의 눈으로 재설계: 제1원칙 사고와 교차 학습

학습자 마인드셋과 무술의 '초심자의 마음 Beginner's Mind' 개념은 정확히 일치한다. 일본 선禪불교에서는 '쇼신初心'이라고 부르는데, 아무리 고수가 되어도 첫날 도장에 들어왔을 때의 순수한 호기심과 배움에 대한 갈망을 잃지 말라는 의미다. 검은 띠를 매고도 흰 띠 초보자처럼 모든 동작을 새롭게 배우려는 자세를 유지해야 한다는 것이다. 마치 노벨상을 받은 과학자가 여전히 실험실에서 가설을 세우고 검증하는 과정을 즐기는 것과 같다.

애플의 스티브 잡스도 평생 학습자 마인드셋을 유지했다. 그는 애플에서 쫓겨났을 때도 "실패에서 배울 것이 더 많다"며 넥스트와 픽사에서 새로운 경험을 쌓았다. 12년 후 애플로 돌아와서 아이맥, 아이팟,

아이폰을 만들 수 있었던 것도 그 기간 동안 멈추지 않고 학습한 결과였다. 잡스는 "혁신은 서로 다른 것들을 연결하는 것"이라고 하면서, 기술뿐만 아니라 예술, 인문학, 철학까지 폭넓게 학습해야 한다고 강조했다.

하버드 경영대학원의 에이미 에드먼슨 교수가 연구한 '심리적 안전감' 개념도 학습자 마인드셋과 밀접한 관련이 있다. 그녀의 연구에 따르면, 실수나 무지를 인정하는 것이 처벌받지 않는 조직에서 직원들의 학습 능력과 혁신 성과가 높게 나타난다. 반대로 "모든 것을 알아야 한다"는 압박이 있는 조직에서는 직원들이 모르는 것을 숨기려 하고, 결과적으로 학습 기회를 놓치게 된다. 마치 수학 시간에 '모르겠다'고 손들기 부끄러워하는 학생이 결국 더 뒤처지게 되는 것과 같은 원리다.

넷플릭스의 리드 헤이스팅스는 학습자 마인드셋을 조직문화로 체계화했다. 넷플릭스의 '자유와 책임Freedom and Responsibility' 문화에서는 직원들이 실수를 할 자유가 있는 대신, 그 실수에서 배워야 할 책임도 있다. 헤이스팅스는 "우리는 실패를 축하하지 않는다. 실패에서 배우는 것을 축하한다"라고 설명한다. 2011년 퀵스터 사태도 넷플릭스 역사상 최대의 실패였지만, 그 과정에서 얻은 고객 중심적 사고의 교훈이 현재 넷플릭스의 글로벌 성공을 가능하게 했다.

페이스북의 마크 저커버그도 지속적인 학습자로 유명하다. 그는 매년 개인적인 도전 과제를 정해서 새로운 것을 배운다. 중국어 학습, 매일 다른 사람들과 만나기, 인공지능 홈 어시스턴트 만들기, 미국 50개 주 방문하기 등 다양한 도전을 통해 자신의 시야를 넓힌다. 저커버그는 "리더가 멈추는 순간 회사도 멈춘다"며, "CEO로서도 계속 학습하고 성장해야 한다"고 강조한다.

학습자 마인드셋의 과학적 근거는 신경가소성 연구에서 찾을 수 있다. 뇌과학자들의 연구에 따르면, 인간의 뇌는 평생에 걸쳐 새로운 신경 연결을 만들고 기존 연결을 강화할 수 있다. 즉 나이가 들어도 새로운 것을 배우고 능력을 향상시킬 수 있다는 것이다. "나이가 들면 배우기 어렵다"거나 "재능이 없으면 안 된다"는 고정관념을 과학적으로 반박하는 이론이다.

테슬라의 개발 문화도 학습자 마인드셋의 좋은 사례다. 테슬라의 엔지니어들은 자동차 업계의 기존 관행에 얽매이지 않고 항상 "더 나은 방법이 있을까?"라는 질문을 던진다. 전통적인 자동차 회사에서는 "우리는 100년간 이렇게 해왔다"는 경험이 권위가 있지만, 테슬라에서는 "왜 그렇게 해야 하는가?"라는 의문이 혁신의 출발점이 된다. 머스크는 직원들에게 "가장 어리석은 질문이 가장 혁신적인 답을 가져올 수 있다"고 격려한다.

배움이 문화가 될 때: 심리적 안전, 피드백, 멘토링의 루프

학습자 마인드셋을 실천하기 위한 구체적인 방법들도 있다. 첫째 '질문하는 습관'을 기른다. 모르는 것이 생겼을 때 부끄러워하지 말고 적극적으로 질문한다. 둘째는 '실패를 학습 기회로 인식'한다. 실패했을 때 자책하거나 변명하지 말고, 그 경험에서 얻을 수 있는 교훈을 찾는다. 셋째는 '다양한 분야에 관심 갖기'다. 자신의 전문 분야 외에도 폭넓은 지식을 쌓는 것이 창의적 사고에 도움이 된다. 넷째는 '피드백 받기를 두려워하지 않는다.' 다른 사람의 의견과 비판을 성장의 기회로 받아들이는 자세가 필요하다.

　아마존 웹 서비스의 성공도 학습자 마인드셋의 결과물이다. 아마존은 전자상거래 회사였지만 "IT 인프라 서비스도 배워보자"라는 마음으로 AWS를 시작했다. 처음에는 실수도 많았고 고객들의 불만도 많았지만, 그 과정에서 클라우드 컴퓨팅의 핵심을 터득했다. 현재 AWS는 아마존 전체 수익의 상당 부분을 차지하는 핵심 사업이 되었다.

　중국의 알리바바 창립자 마윈도 학습자 마인드셋의 대표적인 인물이다. 그는 영어 교사 출신으로 IT에 대해서는 문외한이었지만, 인터넷의 가능성을 보고 40세에 전자상거래 사업을 시작했다. 마윈은 "나는 컴퓨터를 잘 모르기 때문에 오히려 일반 사용자의 관점에서 서비스를 만들 수 있다"며 무지를 장점으로 바꾸었다. 그는 평생 학습자로 살겠다며 은퇴 후에도 교육 분야에서 계속 새로운 도전 중이다.

　학습자 마인드셋의 또 다른 중요한 측면은 '멘토링과 지식 공유'다. 진정한 학습자는 자신이 배운 것을 다른 사람들과 나누면서 더 깊이 이해하게 된다. 빌 게이츠가 은퇴 후 교육과 보건 분야에서 활동하는 것도, 워런 버핏이 매년 주주들에게 투자 철학을 공유하는 것도 모두 이런 맥락이다. 가르치는 과정에서 자신도 더 많이 배운다는 것을 알게 된다.

　결국 학습자 마인드셋 원칙은 변화무쌍한 21세기를 살아가는 가장 현명한 전략이다. 기술이 빠르게 발전하고 산업 경계가 모호해지는 시대에는 과거의 지식과 경험만으로는 한계가 있다. 오히려 "아직 모르는 것이 많다"는 겸손한 자세로 지속적으로 학습하는 사람과 조직만이 생존할 수 있다. 박사학위가 학습의 끝이 아니라 시작이듯, 어떤 성취도 더 큰 배움을 위한 출발점일 뿐이다. 무술의 초심자 마음처럼, 언제나 새로운 것을 배울 준비가 된 사람만이 급변하는 세상에서 진정한 고수가 될 수 있다.

긍정적 실패 서사로
브랜드 신뢰 구축

실패의 연금술: "액땜했네"를 전략으로 바꾸다

"액땜했네!" 이 말을 듣는 순간 당신의 얼굴에는 어떤 표정이 떠오르는가? 아마도 처음에는 "뭔 소리야?"라며 당황스러운 표정을 지을 것이다. 하지만 이제 당신은 액땜 이론의 깊은 바다를 헤엄쳐 나온 사람이다. 실패를 두려워하던 과거의 자신과는 이미 작별을 고했다. 액땜이라는 한국인 특유의 지혜가 당신의 사고체계에 뿌리내린 지금, 당신은 더 이상 실패 앞에서 움츠러드는 사람이 아니다.

액땜 이론을 탐구하며 우리가 발견한 가장 놀라운 사실은 실패가 단순히 '피해야 할 것'이 아니라는 점이다. 실패는 마치 백신과 같다. 약간의 독을 미리 맞아두면 더 큰 독에 대한 면역력이 생기는 것처럼, 작은 실패를 경험하는 것이 결국 더 큰 성공으로 이어진다. 이것이 바로 나심 탈레브가 말하는 안티프래질의 핵심이며, 우리 조상들이 '액땜'이라는 단어에 담아둔 깊은 통찰이다.

당신이 지금까지 읽어온 액땜 이론의 여정을 돌이켜보자. 처음에는 『손자병법』의 "지피지기 백전불태知彼知己 百戰不殆"가 단순히 적을 알기보다는, 자신의 약점과 실패 가능성을 미리 인정하고 준비하는 것이라는 사실에 놀랐을 것이다. 그리고 스티브 잡스가 애플에서 쫓겨났던 경험이 오히려 그를 더 위대한 경영자로 만들었다는 이야기에서, 실패가 어떻게 성공의 씨앗이 될 수 있는지 깨달았을 것이다. BTS의 글로벌 성공 뒤에도 수많은 작은 실패와 시행착오가 있었고, 그들이 그 모든 '액땜'을 통해 더 단단해졌다는 사실도 발견했다.

아마존의 제프 베조스가 '실패는 발명의 동반자'라고 했을 때, 그는 사실상 액땜 이론을 영어로 번역한 것이었다. 실패 없는 혁신은 존재하지 않으며, 실패를 두려워하는 조직은 결국 더 큰 실패에 직면한다는 것이 그의 핵심 메시지였다. 구글의 '20퍼센트 시간' 정책이나 3M의 '실패를 축하하는 문화'도 모두 같은 맥락이다. 이들은 작은 실패를 통해 큰 성공을 만들어내는 액땜의 달인들이었다.

아는 것에서 실천하는 것으로: 액땜을 실천 설계로 번역하라

하지만 액땜 이론이 단순히 '실패해도 괜찮다'는 위안의 메시지는 아니다. 그것은 너무 얕은 이해다. 액땜 이론의 진정한 힘은 실패를 '전략적으로 활용'하는 데 있다. 마치 무술가가 상대의 힘을 이용해 더 큰 힘을 만들어내듯이, 실패의 에너지를 성공의 동력으로 전환시키는 것이 핵심이다. 이것이 바로 '실패의 연금술'이며, 당신이 이제 손에 넣은 가장 강력한 도구다.

넷플릭스의 리드 헤이스팅스는 DVD 우편 배송 사업을 포기하고 스트리밍으로 전환할 때 엄청난 비판을 받았다. 많은 사람이 그의 결정을 '자살 행위'라고 비난했다. 하지만 그는 "현재의 성공에 안주하다가 더 큰 실패를 맞이하느니, 작은 실패를 감수하고 미래를 준비하겠다"라고 설명했다. 이것이 바로 액땜의 정수다. 작은 고통을 감수해서 큰 고통을 피하는 것, 이것이야말로 진정한 리더십의 모습이다.

삼성전자가 갤럭시 노트7 화재 사고 이후 더욱 강화된 품질 관리 시스템을 구축한 것도 액땜 이론의 완벽한 사례다. 그들은 그 실패를 통해 배터리 안전성에 대한 전 세계 최고 수준의 기술력을 확보했고, 결국 더 안전하고 우수한 제품을 만들어낼 수 있었다. 실패가 혁신의 어머니가 된 순간이었다.

당신이 만약 창업을 꿈꾸고 있다면, 액땜 이론은 더욱 중요한 의미가 있다. 실리콘밸리의 벤처캐피털리스트들이 "빨리 실패하고, 저렴하게 실패하라Fail fast, fail cheap"라고 말하는 이유가 바로 여기에 있다. 에릭 리스의 린 스타트업 방법론도 결국 작은 실패를 통해 큰 성공을 찾아가는 액땜의 현대적 버전이다. MVPMinimum Viable Product를 만들어 빠르게 시장에 내놓고, 실패를 통해 배우고, 다시 개선하는 과정이 바로 액땜의 실천이다.

하지만 액땜 이론이 비즈니스에만 적용되지는 않는다. 인생의 모든 영역에서 우리는 액땜의 지혜를 활용할 수 있다. 연애에서도, 친구관계에서도, 심지어 골프에서도 마찬가지다. 골프를 쳐본 사람이라면 알겠지만, 완벽한 스윙을 만들기 위해서는 수천 번의 '실패한 스윙'이 필요하다. 각각의 실패한 스윙이 모여서 결국 그 한 번의 완벽한 샷을 만들어낸다.

심리학자 캐럴 드웩의 성장 마인드셋 이론도 액땜 이론과 깊은 연관이 있다. 실패를 '능력의 한계'로 보기보다는 '성장의 기회'로 삼는 시각이 바로 액땜의 정신이다. 아이들에게 "너는 똑똑하다"라고 칭찬하는 것보다 "너는 열심히 노력했다"라고 말하는 것이 더 좋은 이유도 여기에 있다. 실패를 통한 학습과 성장을 격려하는 것이기 때문이다.

이제 당신은 액땜 이론의 무기를 손에 넣었다. 하지만 무기는 사용할 때만 의미가 있다. 액땜 이론을 단순히 '아는 것'에서 끝내지 말고, '실천하는 것'으로 이어가야 한다. 내일 아침 일어나서 새로운 도전을 해보자. 그것이 새로운 운동이든, 새로운 취미든, 새로운 비즈니스 아이디어든 상관없다. 중요한 것은 실패할 가능성을 인정하고도 시작하는 용기다.

실패를 두려워하지 말자. 실패는 당신의 적이 아니라 선생님이다. 때로는 까칠하고 엄격한 선생님일 수도 있지만, 결국 당신을 더 나은 사람으로 만들어주는 고마운 존재다. 실패 앞에서 "아, 망했다"라고 한탄하기보다는, "아, 액땜했네. 이제 뭔가 좋은 일이 생길 거야"라고 생각해보자. 이 작은 관점의 변화가 당신의 인생을 완전히 바꿀 수 있다.

액땜 이론을 실천하는 사람들의 공통점은 '회복력'이다. 그들은 넘어져도 빨리 일어난다. 실패해도 쉽게 포기하지 않는다. 왜냐하면 그들은 실패가 끝이 아니라 새로운 시작임을 알고 있기 때문이다. 마이클 조던이 "나는 9천 번 이상 슛을 실패했고, 3백 경기를 졌고, 승부를 결정짓는 슛을 26번 놓쳤다. 그래서 성공할 수 있었다"라고 말했듯이, 실패의 경험이 쌓일수록 성공의 확률은 높아진다.

당신이 혹시 지금 어떤 실패나 좌절을 경험하고 있다면, 그것을 액땜의 관점에서 바라보자. 그 실패가 당신에게 어떤 교훈을 주는가? 어떤 새로운 기회의 문을 열어주는가? 어떤 숨겨진 축복을 준비하는가? 실패의 표면만 보지 말고, 그 깊은 곳에 숨어 있는 가능성을 찾아보자.

액땜 이론이 우리에게 주는 또 다른 선물은 '겸손함'일지 모른다. 우리는 모든 것을 통제할 수 없다는 사실을 인정하게 된다. 하지만 이것이 무기력감으로 이어지지는 않는다. 오히려 우리가 통제할 수 없는 것들에 대해서는 받아들이고, 통제할 수 있는 것들에 대해서는 최선을 다하는 지혜를 얻게 된다. 이것이 바로 스토아 철학자들이 추구했던 삶의 태도이며, 현대에는 '통제의 이분법Dichotomy of Control'이라는 이름으로 널리 알려져 있다. 에픽테토스가 『엥케이리디온』에서 가장 명확히 정식화했고, 세네카와 마르쿠스 아우렐리우스도 이 원리를 자신들의 철학에 반영한 바 있다.

기업 경영에서도 마찬가지다. 완벽한 계획은 존재하지 않고 그럴 수도 없다. 아무리 정교한 전략을 세워도 예상치 못한 변수들이 나타난다. 코로나19 팬데믹이 그 완벽한 예다. 누가 2020년에 전 세계가 멈춰 설 것이라고 예상했겠는가? 하지만 액땜 이론을 체화한 기업들은 이런 위기 상황에서도 빠르게 적응하고 오히려 새로운 기회를 찾아냈다. 줌이나 넷플릭스, 아마존과 같은 기업이 그런 사례다.

끝은 출발이다: "또 액땜했네"라고 웃을 수 있는 용기

이제 우리는 액땜 이론의 여정을 마무리하며, 가장 중요한 질문을 던져야 한다. "그래서 나는 이제 무엇을 할 것인가?" 액땜 이론을 배운 것으로 끝나서는 안 된다. 그것을 당신의 일상에, 당신의 일에, 당신의 관계에, 당신의 꿈에 적용해야 한다. 실패를 두려워하지 말고 도전하자. 완벽함을 추구하지 말고 진정성을 추구하자. 남들의 시선을 의식하지 말고 자신의 내면의 소리에 귀 기울이자.

액땜 이론의 진정한 완성은 당신이 다른 사람들에게도 이 지혜를 나누어줄 때 이루어진다. 당신 주변에 실패를 두려워하며 주저하는 사람이 있다면, 그들에게 액땜 이론을 알려주자. "실패해도 괜찮다"는 위로가 아니라, "실패를 통해 성장할 수 있다"는 희망을 전해주자. 당신이 경험한 작은 실패들과 그것을 통해 얻은 교훈들을 나누어주자.

결국 액땜 이론은 '삶에 대한 태도'의 문제다. 같은 상황이라도 어떤 관점으로 바라보느냐에 따라 완전히 다른 경험이 된다. 실패를 '종료'로 보느냐, '시작'으로 보느냐의 차이가 인생의 궤적을 완전히 바꾼다. 당신이 이제 선택할 수 있는 관점은 명확하다. 액땜의 관점으로 세상을 바라보고, 모든 경험을 성장의 기회로 전환시킨다.

마지막으로 액땜 이론을 실천하면서 한 가지 잊지 말아야 할 것이 있다. 그것은 바로 '재미'다. 실패조차도 재미있게 바라볼 수 있는 여유를 갖자. 인생은 너무 짧다. 모든 것을 심각하게만 받아들일 필요는 없다. 때로는 실패에 대해서도 웃을 수 있는 유머감각을 갖자. "아, 또 액땜했네!"라고 말하며 웃을 수 있는 사람이 되자.

당신은 이제 액땜 이론의 졸업생이다. 하지만 진짜 공부는 지금부터 시작이다. 현실에서 액땜 이론을 실천하며 살아가는 것이 진짜 도전이다. 하지만 걱정하지 말자. 당신에게는 이미 필요한 모든 도구가 있다. 실패를 두려워하지 않는 용기, 실패를 통해 배우는 지혜, 그리고 실패조차도 재미있게 바라보는 여유까지.

"액땜했네." 이 말을 이제 당신의 인생 모토로 삼자. 어떤 실패가 와도, 어떤 좌절이 와도, 그것이 결국 당신을 더 빛나게 만들 것이라는 확신을 갖자. 당신의 미래는 밝다. 당신은 이제 실패까지도 성공으로 만들 수 있는 연금술사이기 때문이다.

에필로그

K-경영의 반격:
한국적 직관에서 글로벌 전략으로

한국의 직관, 경영 전략이 되다

에필로그를 쓰려고 앉았는데, 갑자기 웃음이 났다. 한국인만이 이해할 수 있는 '액땜'이라는 개념을 가지고 경영 이론을 만들어냈다니, 정말 말이 되는 이야기일까? 하지만 생각해보니 더욱 웃긴 것은, 지금까지 우리가 '과학적'이라고 믿고 따라온 서구의 경영 이론들이 사실은 얼마나 많은 헛소리를 포함하고 있었느냐는 점이다. 액땜 이론은 최소한 5천 년의 역사를 가진 한국인의 집단 무의식에서 나온 지혜다. 반면 서구 경영학은 고작 100여 년 전에 공장 효율성을 높이려고 만든 '테일러리즘'에서 시작된 것 아닌가?

액땜(厄땜)은 "앞으로 닥쳐올 액을 다른 가벼운 곤란으로 미리 겪음으로써 무사히 넘기는 것"이다. 이 단순하면서도 심오한 개념이 2025년 현재 한국 기업들에게 던지는 메시지는 명확하다. "실패를 두려워하지 말고, 오히려 전략적으로 활용하라." 전 세계가 불확실성의 바다에서 표류하고 있는 지금, 액땜 이론은 한국이 글로벌 경영학계에 선사할 수 있는 가장 독창적인 선물이다. 서구의 '위기관리'나 '리스크 관리'가 위험을 예측하고 회피하는 데 집중한다면, 액땜 이론은 아예 발상을 뒤집어서 "작은 위험을 일부러 만들어서 큰 위험을 막자"라는 적극적 접근법을 제시한다.

이것은 단순한 미신이 아니다. 나심 탈레브의 '안티프래질 이론', 행동경제학의 '전망 이론', 시스템 사고의 '피드백 루프' 개념들과 놀랍도록 일치하는 과학적 통찰이다. 한국인들이 수천 년 동안 일상에서 실천해온 액땜의 지혜가 21세기 복잡계 이론과 만나면서 새로운 경영 패러다임으로 재탄생하고 있다.

2025년 현재 한국 기업들이 처한 상황을 보면 액땜 이론이 왜 필요한지 더욱 명확해진다. 글로벌 공급망 위기, 지정학적 갈등, 기후 변화, AI 혁명 등 예측 불가능한 변수들이 동시다발적으로 터지고 있다. 전통적 경영학의 '장기 계획'이나 '예측 모델'로는 도저히 대응할 수 없는 상황이다. 하지만 액땜 이론의 관점에서 보면 이런 위기들은 오히려 기회가 된다. "지금 이 어려운 상황이 바로 액땜이네. 이것으로 더 큰 위기를 미리 막고, 조직을 더 강하게 만들 수 있겠군." 이런 식으로 생각하면 위기에 대한 접근법이 완전히 바뀐다. 위기를 '견뎌내야 할 시련'으로 보지 않고 '성장을 위한 연료'로 보게 되는 것이다.

코로나19 팬데믹을 겪으면서 가장 빠르게 회복한 기업들을 보면 이런 패턴이 명확하다. 삼성전자, 네이버, 카카오, 쿠팡과 같은 회사들은 팬데믹을 '큰 액을 막기 위한 작은 액'으로 받아들이고, 디지털 전환과 사업 모델 혁신의 기회로 활용했다. 전통적 경영학에서는 '위기를 기회로 만든 성공 사례'라고 분석하겠지만, 액땜 이론에서는 '작은 실패를 통해 큰 실패를 막은 전형적 사례'로 해석한다.

실패를 통해 강해진 기업이 증명하다

액땜 이론의 가장 큰 매력은 순수하게 한국적인 사고에서 나왔다는 점이다. 서구의 이론을 번역해서 적용하는 것이 아니라, 우리 고유의 문화적 DNA에서 추출한 경영철학이다. 이것은 한국 기업들이 글로벌 무대에서 차별화된 경쟁력을 갖출 수 있는 독특한 무기가 될 수 있다. 전 세계 어떤 경영학 교과서에도 없는 '액땜 경영'을 실천하는 한국 기업들의 모습을 상상해보라. 실패를 숨기지 않고 오히려 적극적으로 공유하는 문화, 작은 실패를 통해 조직을 더 강하게 만드는 시스템, 불확실성을 두려워하지 않고 오히려 환영하는 마인드셋. 이런 것들이 한국 기업만의 독특한 정체성이 될 수 있다.

이미 일부 한국 기업들은 무의식적으로 액땜 이론을 실천 중이다. SK하이닉스가 메모리 반도체 시장의 극심한 변동성을 '업계의 숙명'으로 받아들이면서도 지속적으로 성장해온 것, LG전자가 스마트폰 사업 철수라는 '작은 실패'를 통해 가전과 자동차 부품 사업에서 '큰 성공'을 거둔 것, 네이버가 검색 시장의 포화 상태에서 웹툰, 클라우드, AI 등 새로운 영역으로 과감하게 진출한 것 등이 모두 액땜 이론의 실현이다.

실패의 사회화: 제도에서 문화로, 문화에서 전략으로

액땜 이론의 핵심 메시지는 간단하다. "실패를 사랑하는 법을 배우라." 실패를 좋아하라는 것이 아니라, 실패를 전략적으로 활용할 줄 알라는 의미다. 마치 운동선수가 근육의 미세한 손상을 통해 더 강한 근육을 만들듯, 기업도 작은 실패들을 통해 더 강한 조직을 만들 수 있다. 그렇다면 먼저 실패에 대한 인식부터 바꾸어야 한다. 실패를 '피해야 할 불행'으로 보지 말고 '성공을 위한 재료'로 보자. 요리를 할 때 실수해서 음식이 짜지면 물을 더 넣어 간을 맞추듯, 사업에서도 실패하면 그 경험을 바탕으로 더 나은 전략을 세우면 된다.

구체적으로는 '실패 예산제'를 도입해 각 부서가 일정 비율의 실패를 할 권리를 보장해주고, '실패 학습 시스템'을 만들어 모든 실패 사례를 체계적으로 분석하고 공유하며, '실패 축제'를 열어 가장 교훈적인 실패를 축하하는 문화를 만들어야 한다. 이런 것들이 액땜 이론을 실제 경영에 적용하는 구체적 방법이다.

액땜 이론은 기업 규모나 업종에 상관없이 적용할 수 있는 보편적 원리다. 스타트업에는 "빠르게 실패하고 빠르게 학습하라"는 실리콘밸리의 정신과 완벽히 일치하는 접근법을 제공한다. 중소기업에는 제한된 자원으로도 효과적으로 혁신을 추진할 수 있는 방법론을 제시한다. 대기업에는 조직의 경직성을 극복하고 민첩성을 회복할 수 있는 길을 보여준다. 특히 한국의 스타트업 생태계에서 액땜 이론은 큰 의미가 있다. 아직도 많은 창업자가 "한 번에 성공해야 한다"는 압박감에 시달리고, 실패에 대한 사회적 편견도 여전히 강하다. 하지만 액땜 이론을 받아들이면 실패는 더 이상 창업자의 '흑역사'가 아니라 '성장 이력서'가 된다. "저는 이런 실패들을 통해 이런 교훈들을 얻었고, 그래서 이번 사업은 반드시 성공할 수 있습니다"라고 당당하게 말할 수 있다.

대기업들에는 액땜 이론이 '혁신의 딜레마'를 해결하는 열쇠가 될 수 있다. 기존 사업의 성공에 안주하지 않고 지속적으로 새로운 영역에 도전하되, 그 과정에서 발생하는 실패들을 조직 학습의 기회로 활용하는 시스템을 만들 수 있다. '지속 가능한 혁신'을 위한 핵심 요소다.

액땜 이론은 단순히 하나의 경영 기법이 아니라 'K-경영학'의 출발점이 될 수 있다. 그동안 한국 기업들은 서구의 경영 이론을 수입해서 적용하는 데 급급했다. 하지만 이제는 우리 고유의 문화와 철학에서 나온 경영 이론을 만들어서 세계에 수출할 때가 되었다. K-팝이 전 세계를 휩쓸고, K-드라마가 글로벌 콘텐츠 시장을 장악하고, K-푸드가 세계인의 입맛을 사로잡고 있는 것처럼, K-경영학도 충분히 세계적인 트렌드가 될 수 있다. 그 첫 번째 주자가 바로 '액땜 이론'이다.

상상해보라. 하버드 경영대학원에서 '액땜 이론과 전략적 실패 관리'라는 과목이 개설되고, 『월스트리트 저널』에서 '한국식 액땜 경영이 글로벌 기업들의 새로운 트렌드'라는 기사가 나오고, 다보스 포럼에서 한국 CEO가 '액땜을 통한 조직 혁신'에 대해 키노트 스피치를 하는 모습을 말이다.

누구나 할 수 있는 액땜 이론 실천법

그렇다면 액땜 이론을 실제로 적용하려면 어떻게 해야 할까? 거창한 시스템 구축부터 시작할 필요는 없다. 작은 것부터 차근차근 시작하면 된다. 그 자체가 액땜 이론의 정신과 일치한다. '작은 시도'부터 시작해서 점진적으로 확산해나가는 것 말이다.

첫 번째 단계는 '실패에 대한 인식 바꾸기'다. 팀 미팅에서 실패 사례를 공유할 때 '왜 실패했는지' 추궁하지 말고 '무엇을 배웠는지'를 묻자. "이번 프로젝트는 실패했지만, 덕분에 고객의 니즈를 더 정확히 파악할 수 있었네요"라는 식으로 말하는 문화를 만들어보자.

두 번째 단계는 '실패 학습 시스템 구축하기'다. 모든 실패 사례를 간단하게라도 기록하고, 분기별로 한 번씩은 그 사례들을 검토해서 패턴을 찾아보자. '우리가 자주 실패하는 영역은 어디인지', '실패에서 얻은 교훈이 실제로 다음 프로젝트에 활용되고 있는지' 등을 체크해본다.

세 번째 단계는 '실패 축하 문화 만들기'다. 분기별 또는 연말에 '가장 교훈적인 실패상', '가장 빠른 회복상'과 같은 것을 만들어서 시상해보자. 처음에는 어색할 수 있지만, 점차 실패에 대한 부정적 인식이 바뀌는 것을 경험할 수 있다.

네 번째 단계는 '실패 예산 운영하기'다. 전체 프로젝트 예산의 10~20퍼센트를 '실험 예산'으로 할당하고, 이 예산으로는 성공이 보장되지 않는 창의적 시도를 할 수 있도록 유도하자. 이때 중요한 점은 "실패해도 된다"는 명확한 메시지를 전달하는 것이다.

다섯 번째 단계는 '조직 전체로 확산하기'다. 한두 팀에서 성과가 나타나기 시작하면 다른 팀들에게도 사례를 공유하고, 점차 조직 전체의 문화로 만들어나가자. 이때도 '강제'보다는 '자발성'을 중시해야 한다. 액땜 이론의 효과를 직접 경험한 사람들이 자연스럽게 전도사가 되도록 하는 것이 중요하다.

현재 많은 한국 기업이 직면한 구체적 상황들을 액땜 이론으로 접근해보자. 반도체 업황 부진으로 고민하는 기업이라면, '메모리 의존도를 줄이고 시스템 반도체나 AI 칩 역량을 기를 수 있는 액땜의 기회'

로 볼 수 있다. 중국 시장 진출이 막혀 어려움을 겪는 기업이라면, '동남아시아나 인도 같은 새로운 시장을 개척할 수 있는 액땜'으로 해석할 수 있다. 코로나19로 타격받은 여행업계나 외식업계도 마찬가지다. 이 위기를 통해 디지털 전환을 가속화하고, 새로운 비즈니스 모델을 개발하며, 조직의 효율성을 높이는 기회로 활용할 수 있다. "코로나19라는 큰 액을 겪었으니, 앞으로는 어떤 위기가 와도 살아남을 수 있는 면역력을 길렀다"는 식으로 생각한다. 특히 스타트업들에게는 액땜 이론이 큰 힘이 될 수 있다. 투자 유치에 실패했다면 '비즈니스 모델을 더 견고하게 만들 수 있는 액땜', 주요 직원이 퇴사했다면 '조직 구조를 더 체계적으로 만들 수 있는 액땜', 경쟁사가 비슷한 서비스를 출시했다면 '우리만의 차별화 포인트를 찾을 수 있는 액땜'으로 받아들일 기회다.

K-경영, 세계를 향하다

액땜 이론이 정말 글로벌 경영학계에서 인정받을 수 있을까? 나는 충분히 가능하다고 본다. 이미 서구의 경영학자들도 '실패로부터의 학습'이나 '안티프래질'과 같은 개념을 연구 중이다. 액땜 이론은 이런 개념들을 더욱 체계화하고 실용화한 것으로, 충분한 학술적 가치와 현실 적용성이 있다.

더 중요한 것은 액땜 이론이 동서양의 지혜를 융합한 독특한 접근법이라는 점이다. 서구의 합리적 사고와 동양의 직관적 지혜, 현대의 과학적 분석과 전통의 경험적 통찰이 만나서 탄생한 새로운 패러다임이다. 21세기 글로벌 경영 환경에서 점점 더 중요해지는 '융합적 사고'

의 완벽한 사례가 될 수 있다.

한국 기업들이 액땜 이론을 바탕으로 독특한 경영 성과를 거두기 시작하면, 자연스럽게 글로벌 관심을 끌게 될 것이다. 그때가 되면 하버드나 스탠퍼드 같은 유명 경영대학원에서 한국의 액땜 이론을 연구하기 시작할 것이고, 전 세계 기업들이 '한국식 실패 관리'를 배우러 올 것이다.

에필로그를 마무리하면서 한국의 모든 기업인에게 전하고 싶은 메시지는 하나다. "실패를 두려워하지 말고, 전략적으로 활용하자." 지금 우리가 겪고 있는 모든 어려움은 사실 더 강한 기업, 더 혁신적인 조직으로 거듭나기 위한 소중한 기회들이다.

코로나19, 글로벌 공급망 위기, 기술 패권 경쟁, 기후 변화 등 예측 불가능한 변수들이 계속 터지고 있다. 전통적인 경영 방식으로는 도저히 대응할 수 없는 상황이다. 하지만 액땜 이론의 관점에서 보면, 이 모든 것이 한국 기업들이 글로벌 무대에서 차별화된 경쟁력을 기를 수 있는 절호의 기회다.

"어려울 때일수록 더 과감하게 도전하자. 실패해도 괜찮다. 그 실패가 우리를 더 강하게 만들어줄 것이다. 작은 실패들을 통해 큰 성공을 준비하자. 이것이 바로 우리 조상들이 물려준 액땜의 지혜이고, 21세기 한국 기업들이 세계를 이끌어갈 새로운 경영철학이다."

액땜 이론은 단순한 경영 기법이 아니라 삶의 철학이다. 불확실한 미래를 두려워하지 않고 오히려 그 불확실성을 성장의 동력으로 만드는 지혜다. 실패를 숨기거나 부끄러워하지 않고, 그것을 통해 더 나은 내일을 만들어가는 용기다. 한국 기업들이 액땜 이론을 바탕으로 세계 무대에서 활약하는 모습을 상상해본다. 실패를 두려워하지 않는 도전정신, 위기를 기회로 바꾸는 창의성, 불확실성 속에서도 꿋꿋이 전진하는 인내력. 이런 것들이 바로 'K-경영'의 핵심 가치가 될 것이다.

액땜 이론의 여행은 이제 시작이다. 한국의 작은 연구실에서 시작된 이 아이디어가 언젠가는 하버드 경영대학원의 필수 과목이 되고, 전 세계 기업들의 경영철학이 되는 날을 꿈꿔본다. 그 꿈이 허황된 것일까? 액땜 이론을 믿는 사람이라면 이렇게 답할 것이다. "설령 실패한다고 해도, 그 실패가 우리에게 더 큰 성공을 가져다줄 것이다."

지금 이 순간 어려움에 처해 있는 모든 한국 기업에게 응원의 메시지를 보낸다. 어렵고 힘든 시기지만, 그래서 더욱 소중한 액땜의 시기다. 이 위기를 통해 더 강하고 더 혁신적인 조직으로 거듭나길 바란다. 그리고 그 과정에서 액땜 이론이 작은 도움이라도 될 수 있기를 희망한다.

액땜 이론의 마지막 교훈은 이것이다. "오늘의 실패는 내일의 성공을 위한 예약이다." 실패를 두려워하지 말고, 그것을 통해 더 큰 꿈을 그려나가자. 한국 기업들의 무궁한 발전을 기원하며, 액땜 이론이라는 새로운 여행의 막을 내린다.

참고문헌

프롤로그: 손실을 바라보는 새로운 K-경영 전략 '액땜 이론'

국가기술표준원. (2016. 9. 1). 「삼성 갤럭시노트7 리콜 조사보고 요청」.
김상기. (1970). 「외구(外寇)와 감결(鑑訣) 소위 십승지지(十勝之地)」.『백산학회』제8호, 동빈 김상기 박사 고희기념 사학논총.
삼성전자. (2016. 9. 2). 「갤럭시노트7 전량 리콜 발표」.『조선일보』.
존슨앤존슨. (1982. 10). 「타이레놀 전국 회수 조치 발표」. 국민권익위원회.
Christensen, C. M. (1995). "Disruptive technologies: Catching the wave." *Harvard Business Review*, 73(1), 43-53.
———. (1997). *The innovator's dilemma: When new technologies cause great firms to fail*. Harvard Business Review Press.
Drucker, P. F. (1954). *The practice of management*. Harper & Row.
———. (1954). "The practice of management by objectives." *Harvard Business Review*, 32(5), 65-72.
Johnson & Johnson. (1982). "Tylenol crisis management and product recall response." Corporate crisis management case study.
Porter, M. E. (1979). "How competitive forces shape strategy." *Harvard Business Review*, 57(2), 137-145.
———. (1980). *Competitive strategy: Techniques for analyzing industries and competitors*. Free Press.
———. (2008). "The five competitive forces that shape strategy." *Harvard Business Review*, 86(1), 78-93.
Samsung Electronics. (2016). "Galaxy Note 7 battery recall and crisis management." Global product recall case study.
Senge, P. M. (1990). *The fifth discipline: The art and practice of the learning organization*. Currency.
Taleb, N. N. (2007). *The black swan: The impact of the highly improbable*. Random House.
———. (2012). *Antifragile: Things that gain from disorder*. Random House.
Teixeira, T. S. (2019). *Unlocking the customer value chain: How decoupling drives consumer disruption*. Currency.

1장. 위기관리 철학의 혁신: 작은 손실의 전략적 가치

'액땜'이라는 언어적 혁신

김방한. (1983). 『계통론』. 민음사.

———. (1983). 「원시한반도어 가설과 한국어의 계통」. 『언어학연구』, 19(2), 47-72.

삼국사기 지리지. (1145). 『고구려 지명 기록』.

한국민족문화대백과사전. (2022). 『원시 한반도어』. 한국학중앙연구원.

한국한자어사전편찬위원회. (2001). 『한국한자어사전』. 민중서관.

Kahneman, D. & Tversky, A. (1979). "Prospect theory: An analysis of decision under risk." *Econometrica*, 47(2), 263-291.

Tversky, A. & Kahneman, D. (1974). "Judgment under uncertainty: Heuristics and biases." *Science*, 185(4157), 1124-1131.

———. (1981). "The framing of decisions and the psychology of choice." *Science*, 211(4481), 453-458.

———. (1991). "Loss aversion in riskless choice: A reference-dependent model." *The Quarterly Journal of Economics*, 106(4), 1039-1061.

———. (1992). "Advances in prospect theory: Cumulative representation of uncertainty." *Journal of Risk and Uncertainty*, 5(4), 297-323.

긍정심리에 기반한 의사결정의 힘

서울대학교 자연과학대학. (2022). 「코로나19 백신 종류와 원리」. 『면역학 연구』, 8(1), 15-28.

질병관리청. (2021). 「백신의 면역 원리와 효과」. 『예방 가이드』, 12, 34-47.

Aurelius, M. (121-180). *Meditations*(명상록). (천병희 옮김). 숲. (Original work published ca. 170-180 CE).

Bayes, T. (1763). "An essay towards solving a problem in the doctrine of chances." *Philosophical Transactions of the Royal Society*, 53, 370-418.

Beck Institute for Cognitive Behavior Therapy. (2021). "Cognitive restructuring techniques" in CBT. *Clinical Psychology Review*, 45, 123-135.

Beck, A. T., Rush, A. J., Shaw, B. F. & Emery, G. (1979). *Cognitive therapy of depression*. Guilford Press.

Ellis, A. (1962). *Reason and emotion in psychotherapy*. Lyle Stuart.

Hadot, P. (1998). *The inner citadel: The meditations of Marcus Aurelius*. (Translated by M. Chase). Harvard University Press.

Harvard Business Review. (2020). 「디커플링 전략과 고객 가치사슬 분석」. 『하버드 비즈니스 리뷰』, 15(3), 78-92.

Jeffreys, H. (1961). *Theory of probability*. Oxford University Press.

Kahneman, D. & Tversky, A. (1979). "Prospect theory: An analysis of decision under risk." *Econometrica*, 47(2), 263-291.

Kahneman, D. (2011). *Thinking, fast and slow*. Farrar, Straus and Giroux.
Long, A. A. (2002). *Epictetus: A Stoic and Socratic guide to life*. Oxford University Press.
Merton, R. K. (1948). "The self-fulfilling prophecy." *The Antioch Review*, 8(2), 193-210.work-life.tistory+1
Seligman, M. E. P. (1972). "Learned helplessness: Annual review of medicine." *Annual Review of Medicine*, 23(1), 407-412.
―――. (2006). *Learned optimism: How to change your mind and your life*. Vintage Books.
Teixeira, T. S. (2019). *Unlocking the customer value chain: How decoupling drives consumer disruption*. Currency.
Thomas, W. I. & Thomas, D. S. (1928). *The child in America: Behavior problems and programs*. Alfred A. Knopf.
Tversky, A. & Kahneman, D. (1974). "Judgment under uncertainty: Heuristics and biases." *Science*, 185(4157), 1124-1131.

데이터로 본 한국인의 리스크 인식 진화

서울대학교 아시아연구소. (2020). 「글로벌 생명 헤게모니 경쟁과 대한민국: K-방역 모델이 놓친 것들」. 『아시아연구』, 63(2), 78-105.
정보통신정책연구원. (2022). 「디지털 한류와 트랜스미디어 시대의 문화정책 방향」. 『KISDI 정책연구』, 22(18), 89-145.
―――. (2022). 「소셜미디어를 이용한 문화산업의 확장」. 『KISDI 기본연구』, 22(14), 89-134.
한국미래연구원. (2024). 「K-콘텐츠와 밈: 글로벌 트렌드를 선도하는 한국의 문화 현상」. 『미래연구 리포트』, 15, 78-102.
한국언론진흥재단. (2025). 「한류 드라마 변화 과정 톺아보기: 새로운 드라마 콘텐츠를 중심으로」. 『미디어연구』, 40(2), 123-167.
한국정보화진흥원. (2011). 「소셜미디어 접근 및 생산적 활용 확산 방안 연구」. 『정책연구 보고서』, 2011(12), 45-89.
TBWA 데이터랩. (2024). 「구글 트렌드 활용한 고객 심리 분석하기」. 『마케팅 인사이트 리포트』.
Google. (2025). Google Trends: https://trends.google.co.kr/trends/explore?date=all&q=%EC%95%A1%EB%95%9C&hl=ko
―――. (2025). Google Trends: https://trends.google.co.kr/trends/explore?date=all&geo=KR&q=%EC%95%A1%EB%95%9C&hl=ko

액땜의 디지털 진화: SNS 시대의 집단 정서와 콘텐츠의 역할

김미령. (2005). 「사회적 지지의 개념과 효과에 관한 이론 및 방법론적 고찰」. 『한국사회복지학』, 57(4), 187-210.
김민정·박수진. (2024). 「자기비난이 불안에 미치는 영향」. 『한국상담심리학회지』, 36(2), 123-145.
양미경. (2011). 「집단지성의 구현을 위한 협력학습의 원리 탐색」. 『교육과정연구』, 29(2), 189-212.

이미라. (2000). 「학생사회지지척도 개발 및 타당성 연구」. 『교육심리학연구』, 14(3), 233-258.
이성훈. (2019). 「소셜미디어로 본 디지털 콘텐츠의 영향」. 『한국전자거래학회지』, 24(3), 45-67.
최정현·김지호. (2021). 「인터넷 밈의 확산 과정에 대한 연구: 이용자의 연령, 성, 지역별 확산을 중심으로」. 『한국광고홍보학보』, 23(3), 301-335.
한국정보화진흥원. (2022). 「글로벌 시대 소셜미디어와 디지털 문화정책의 미래」. 『KISDI 연구보고서』, 22(12), 112-156.
─────. (2022). 「소셜미디어를 이용한 문화산업의 확장」. 『KISDI 기본연구』, 22(14), 89-134.
─────. (2022). 「소셜미디어의 이용 유형과 사회적 순기능·역기능」. 『KISDI 기본연구』, 22(15), 167-203.
Broadhead, W. E., Gehlbach, S. H., De Gruy, F. V. & Kaplan, B. H. (1988). "The Duke-UNC Functional Social Support Questionnaire: Measurement of social support in family medicine patients." *Medical Care*, 26(7), 709-723.
Cialdini, R. B. (2006). *Influence: The psychology of persuasion*. Harper Business.
Hatfield, E., Cacioppo, J. T. & Rapson, R. L. (1994). *Emotional contagion*. Cambridge University Press.
Jenkins, H. (2006). *Convergence culture: Where old and new media collide*. NYU Press. translate.google
Levy, P. (2002). *Collective intelligence: Mankind's emerging world in cyberspace*. Perseus Publishing.
Simon, S. B. & Harmin, M. (1973). *IALAC Activity: I am lovable and capable*. California State University.
Simon, S. B. (1973). *I Am Loveable and Capable: A modern allegory*. ERIC Clearinghouse for Social Science Education.
Texas Attorney General Office. (2022). "IALAC Story: Building self-esteem through social validation." *Educational Resources Guide*, 15, 34-56.

속담에 담긴 리스크-보상 역학

김영신. (2023). 「개인주의, 집단주의, 자유주의, 공동체주의와 한국 사회의 변화」. 『한국사회학회』, 57(2), 189-220.
김재휘. (2024). 『소비자 심리학』(3판). 학지사.
김재휘·이성수. (2024). 「손실회피와 불확실성의 상호작용이 소비자의 이유기반 선택에 미치는 영향」. 『소비자학 연구』, 35(2), 123-145.
아이보스. (2023). 「고객 심리 파헤치기: 손실회피 성향」.
조선일보. (2016). 「속담으로 만나는 문화: "되로 주고 말로 받는다"」. 『조선일보』.
한국민족문화대백과사전. (2022). 「되」. 한국학중앙연구원. https://encykorea.aks.ac.kr/Article/E0016938encykorea.aks
Haidt, J. (2012). *The righteous mind: Why good people are divided by politics and religion*. Pantheon Books.

Hofstede, G. (1980). "Culture's consequences: International differences in work-related values." Kahneman, D. (2011). *Thinking, fast and slow*.

Smith, R. H. (2000). "Assimilative and contrastive emotional reactions to upward and downward social comparisons." In J. Suls & L. Wheeler (Eds.), *Handbook of social comparison* (pp. 173-200).

전쟁사에서 발견한 리스크 분산의 통찰

강동진. (2009). 「손자병법 형편에서 해석의 문제」. 『전략연구』, 16(2), 123-145.

국사편찬위원회. (2022). 『명량해전 1597』. 우리역사넷.

박종평. (2017). 「역사 최고의 전투: 한니발의 칸나에 전투 분석」. 『군사사연구』, 45(3), 67-89.

박춘호. (2024). 「조조와 원소의 대결 관도 대전: 장수와 가후, 오소 공략전」.

범엽. (289). 『진서(晉書)』. (일본 동양사학회 옮김). 동양문고.

손무(손자). (2019). 『손자병법』. (신병호 옮김). 글로벌시대연구원.

윤병희. (2025). 「칸나에 전투: 한니발의 전술적 천재성과 로마의 참담한 패배」. 『서양고대사연구』, 38(1), 145-178.

진수. (280). 『삼국지정사(三國志正史)』. (김원중 옮김). 민음사.

플루타르크. (75). 『알렉산드로스전(Alexander)』. (천병희 옮김). 숲.

한국민족문화대백과사전. (2022). 『명량대첩(鳴梁大捷)』. 한국학중앙연구원.

한국형 전략 사고의 뿌리

공자. (2018). 『논어』. (김원중 옮김). 민음사.

국사편찬위원회. (1997). 『촌계·두레 등 촌락민 조직』. 우리역사넷.

⎯⎯⎯. (2020). 『IMF 사태 당시 금모으기에 참여하는 국민들』. 우리역사넷.

⎯⎯⎯. (2022). 『외침의 극복』. 우리역사넷.

김성미. (2021). 「코로나-19, 사스, 메르스를 중심으로: 팬데믹 대응 체계 분석」. 『보건정책연구』, 14(2), 145-167.

김태영. (2021). 「인간안보 관점에서 본 코로나19 특징과 건강정책의 방향」. 『보건학회지』, 31(4), 234-256.

맹자. (2019). 『맹자』. (박일봉 옮김). 을유문화사.

박동빈·최영기·이주연. (2024). 「같은 계열이어도 코로나19·사스·메르스, 인체 감염 전략 달랐다」. 『의학바이러스저널』, 18(3), 78-95.

2장. 불확실성 시대의 마인드셋 경영

합리화 vs 전략적 수용

연합뉴스. (2023). 「미궁으로 남게 된 1982 美 타이레놀 독극물 살인사건」. 연합뉴스.

캐롤 드웩. (2017). 『마인드셋: 성공을 결정하는 마음의 힘』. (정명진 옮김). 랜덤하우스코리아.

(원서출판 2016).

프란체스카 지노. (2019). 『긍정적 일탈주의자: 규칙을 버리고 성공을 거머쥐는 사람들의 비밀』. (김홍진 옮김). 『한국경제신문』.

BBC 코리아. (2018). 「일론 머스크: 테슬라 직원들에게 회의 도중에 그냥 나가라고 한 까닭」. BBC 뉴스.

Bandura, A. (1991). "Social cognitive theory of moral thought and action." In W. M. Kurtines & J. L. Gewirtz (Eds.), *Handbook of moral behavior and development*, Vol. 1, 45-103.

Dweck, C. S. (2007). "Mindset: The new psychology of success." *Psychological Review*, 95(2), 256-273.

Gino, F. (2015). "Understanding ordinary unethical behavior: Why people who value morality act immorally." *Current Opinion in Behavioral Sciences*, 3, 107-111.

Seligman, M. E. P. (1972). "Learned helplessness: From laboratory to clinic." *Annual Review of Psychology*, 23, 407-412.

──. (2011). *Learned optimism: How to change your mind and your life*. Vintage Books.

불확실성 원칙과 운영 리스크의 일상화

나심 니콜라스 탈레브. (2008). 『블랙 스완』. (차익종·김현구 옮김). 동녘사이언스.

빅터 프랭클. (2006). 『죽음의 수용소에서』. (이시형 옮김). 청아출판사.

서울신문. (2007). 「따져보니 머피의 법칙은 당연」. 『서울신문』.

위키백과. (2010). 「죽음의 수용소에서」. https://ko.wikipedia.org/wiki/죽음의_수용소에서

칼 포퍼. (1963). 『추측과 논박』. (이한구 옮김). 민음사.

Matthews, R. A. J. (1997). "Tumbling toast, Murphy's Law and the fundamental constants." *European Journal of Physics*, 16(4), 172-176.

PhiLoSci Wiki. (2016). 「칼 포퍼」. http://zolaist.org/wiki/index.php?title=칼_포퍼

통제의 착각과 위로 전략

나무위키. (2024). 「도박사의 오류」. https://namu.wiki/w/도박사의%20오류

──. (2024). 「인지부조화」. https://namu.wiki/w/인지부조화

──. (2024). 「확률」. https://namu.wiki/w/확률

네이트뉴스. (2025). 「몬테카를로의 오류: 1913년 역사적 사건」.

매일경제. (2020). 「스스로를 속여야만 마음이 편해지는 '인지부조화'」.

수학여행. (2023). 「확률의 역사 알아보기: 공리적 확률, 베르누이 콜모고로프」.

위키백과. (2008). 「인지부조화」. https://ko.wikipedia.org/wiki/인지부조화

──. (2023). 「확률의 공리」. https://ko.wikipedia.org/wiki/확률의_공리

통계학 GPT. (2023). 「콜모고로프 확률 공리는 현대 확률론의 엄밀한 수학적 기반을 제공한다」.

Festinger, L. (1957). *A theory of cognitive dissonance*. Stanford University Press.

Kolmogorov, A. N. (1933). *Foundations of the theory of probability*. Chelsea Publishing.

Wonderful Mind. (2022). 「레온 페스팅거: 인지 부조화의 정의-실험」.

리스크 대응 전략으로서의 레드팀 기법

김상일. (2018). 「아군의 약점을 공격하는 특이한 CIA 특수부대 '레드셀(Red Cell)'」.

게오르크 빌헬름 프리드리히 헤겔. (2005). 『정신현상학』. (임석진 옮김). 한길사.

나무위키. (2024). 「자유론」. https://namu.wiki/w/자유론

─────. (2024). 「집단사고」. https://namu.wiki/w/집단사고

서강대학교. (2020). 「데카르트의 회의와 고대 회의주의」, 『철학논집』, 58(5), 123-156.

아툴 가완디. (2009). 『체크! 체크리스트』. (박산호 옮김). 21세기북스.

연합뉴스. (2015). 「美CIA, 9.11직후부터 '적처럼 생각하는' 특수조직 레드셀 운용」.

위키백과. (2010). 「자유론」. https://ko.wikipedia.org/wiki/자유론

─────. (2010). 「집단사고」. https://ko.wikipedia.org/wiki/집단사고

─────. (2017). 「방법론적 회의」. https://ko.wikipedia.org/wiki/방법론적_회의

존 스튜어트 밀. (2018). 『자유론』. (서병훈 옮김). 책세상.

LG경영연구원. (2016). 「편향을 저격하는 '레드팀(Red Team)'」.

JW KIM. (2022). 「올바른 이성의 길」, 『데카르트의 방법론적 회의』.

수용과 재해석의 지혜

Aristotle. (350 BCE). *Nicomachean Ethics*. (Translated by W. D. Ross).

Aurelius, M. (180 CE). *Meditations*. (Translated by Maxwell Staniforth).

Bandura, A. (1977). "Self-efficacy: Toward a unifying theory of behavioral change." *Psychological Review*, 84(2), 191-215.

Brown, B. (2010). *The gifts of imperfection: Let go of who you think you're supposed to be and embrace who you are*. Hazelden Publishing.

Csikszentmihalyi, M. (1990). *Flow: The psychology of optimal experience*. Harper & Row.

Davidson, R. J. & Lutz, A. (2008). "Buddha's brain: Neuroplasticity and meditation." *IEEE Signal Processing Magazine*, 25(6), 176-188.

Fredrickson, B. L. (2001). "The role of positive emotions in positive psychology: The broaden-and-build theory of positive emotions." *American Psychologist*, 56(3), 218-226.

Kabat-Zinn, J. (2003). "Mindfulness-based interventions in context: Past, present, and future." *Clinical Psychology: Science and Practice*, 10(2), 144-156.

Kahneman, D. & Tversky, A. (1979). "Prospect theory: An analysis of decision under risk." *Econometrica*, 47(2), 263-291.

Kahneman, D. (2011). *Thinking, fast and slow*. Farrar, Straus and Giroux.

Nussbaum, M. C. (1994). *The therapy of desire: Theory and practice in Hellenistic ethics*. Princeton University Press.

Peterson, C. & Seligman, M. E. P. (2004). *Character strengths and virtues: A handbook and classification*. Oxford University Press.

Plato. (380 BCE). *Apology*. (Translated by Benjamin Jowett).

Schwartz, B. (2004). *The paradox of choice: Why more is less*. Harper Perennial.

Seligman, M. E. P. (1998). *Learned optimism: How to change your mind and your life*. Pocket Books.

─── . (2011). *Flourish: A visionary new understanding of happiness and well-being*. Free Press.

Sellars, J. (2006). *Stoicism*. University of California Press.

Seneca, L. A. (65 CE). *Letters from a Stoic*. (Translated by Robin Campbell).

Tu, W. M. (1985). *Confucian thought: Selfhood as creative transformation*. SUNY Press.

Watson, B. (1964). *Chuang Tzu: Basic writings*. Columbia University Press.

뇌신경과 리더십 학습의 가능성

한국뇌과학연구원. (2019). 「뇌가소성, 인간 뇌의 특별함」. 『브레인』, 77호.

한국상담학회. (2020). 「인지적 재평가와 회피 전략이 부적정서 완화에 미치는 영향」. 『상담학연구』, 21(5), 213-234.

한국수면학회. (2016). 「꿈의 생리학적 메커니즘과 REM 수면」. 『수면연구』.

한국인지과학회. (2025). 「현재의 상태가 과거 기억을 바꾸는 원리」. 『인지과학』. mindpath. tistory

Beeman, M. & Kounios, J. (2009). "The aha! moment: The cognitive neuroscience of insight." *Current Directions in Psychological Science*, 18(4), 210-216.

Davidson, R. J. & Lutz, A. (2008). "Buddha's brain: Neuroplasticity and meditation." *IEEE Signal Processing Magazine*, 25(6), 176-188.

Dhabhar, F. S. (2014). "Effects of stress on immune function: The good, the bad, and the beautiful." *Immunologic Research*, 58(2-3), 193-210.

Doidge, N. (2007). *The brain that changes itself: Stories of personal triumph from the frontiers of brain science*. Viking Penguin.

─── . (2015). *The brain's way of healing: Remarkable discoveries and recoveries from the frontiers of neuroplasticity*. Viking Penguin.

Gross, J. J. & John, O. P. (2003). "Individual differences in two emotion regulation processes: Implications for affect, relationships, and well-being." *Journal of Personality and Social Psychology*, 85(2), 348-362.

Merzenich, M. (2013). *Soft-wired: How the new science of brain plasticity can change your life*. Parnassus Publishing.

Nader, K., Schafe, G. E. & Le Doux, J. E. (2000). "Fear memories require protein synthesis in the amygdala for reconsolidation after retrieval." *Nature*, 406(6797), 722-726.

Ochsner, K. N. & Gross, J. J. (2005). "The cognitive control of emotion." *Trends in Cognitive Sciences*, 9(5), 242-249.

Rizzolatti, G. & Craighero, L. (2004). "The mirror-neuron system." *Annual Review of Neuroscience*, 27, 169-192.

Rizzolatti, G. & Sinigaglia, C. (2008). *Mirrors in the brain: How our minds share actions,* emotions, and experience. Oxford University Press.

Tedeschi, R. G. & Calhoun, L. G. (2004). "Posttraumatic growth: Conceptual foundations and empirical evidence." *Psychological Inquiry*, 15(1), 1-18.

Vygotsky, L. S. (1962). *Thought and language*. MIT Press.

Walker, M. (2017). *Why we sleep: The new science of sleep and dreams*. Scribner.

안티프래질 구축 전략

나무위키. (2022). 「린디 효과(Lindy Effect)」. Retrieved September 15, 2025.

박종현. (2023). 「니체의 말은 틀렸다: 고통과 성장의 변증법적 관계」. 『현대철학』, 45(3), 78-95.

최진영. (2014). 「나심 탈레브의 안티프래질 요약」. 『투자전략연구』.

한국경제신문. (2022). 「린디 효과: 오래될수록 가치가 높아지는 현상」. 『한국경제신문』.

Aristotle. (350 BCE). *Nicomachean Ethics*. (Translated by Terence Irwin).

Aurelius, M. (180 CE). *Meditations*. (Translated by Maxwell Staniforth).

Bar-Yam, Y. (2003). *Dynamics of complex systems*. Perseus Publishing.

Epictetus. (100 CE). *Discourses and Enchiridion*. (Translated by W. A. Oldfather).

Gell-Mann, M. (1994). *The quark and the jaguar: Adventures in the simple and the complex*. W. H. Freeman.

Levy, L. (2016). *To Pixar and beyond: My unlikely journey with Steve Jobs to make entertainment history*. Houghton Mifflin Harcourt.

Taleb, N. N. (2007). *The black swan: The impact of the highly improbable*. Random House.

———. (2012). *Antifragile: Things that gain from disorder*. Random House.

———. (2014). *Skin in the game: Hidden asymmetries in daily life*. Random House.

———. (2016). *Fooled by randomness: The hidden role of chance in life and in the markets*. Random House.

Young, J. S. (2005). *iCon Steve Jobs: The greatest second act in the history of business*. Wiley.

올바른 액땜과 잘못된 액땜

나무위키. (2022). 「린디 효과(Lindy Effect)」. Retrieved September 15, 2025.

마이크로소프트 AI 개발 전략 및 사례 연구(Microsoft AI Development Strategy and Case Studies).

세바스찬 말라비. (2024). 『투자의 진화』. (안세민 옮김). 위즈덤하우스.

조선비즈. (2025). 「MS, 자체 개발 첫 AI 모델 'MAI-1-프리뷰' 공개 테스트」.

한국벤처캐피탈협회. (2022). 「벤처캐피탈의 ESG 도입 현황과 시사점」. 『벤처투자연구』.

한국위험관리학회. (2024). 「통제 가능한 실패를 통한 조직 역량 강화」. 『위험관리연구』, 35(2), 45-71.

한국창업학회. (2025). 「스타트업의 실패 경험과 재창업 성공률」. 『창업학연구』, 16(3), 89-115.

Edmondson, A. C. (2011). "Strategies for learning from failure." *Harvard Business Review*, 89(4), 48-55.

Knight, F. H. (1921). *Risk, uncertainty and profit*. University of Chicago Press.
Pisano, G. P. (2019). "The hard truth about innovative cultures." *Harvard Business Review*, 97(1), 62-71.
Taleb, N. N. (2018). *Skin in the game: Hidden asymmetries in daily life*. Random House.

공정성이 전략이 되는 시대
경북대학교. (2001). 「최후통첩게임의 학습전략과 대응전략에 대한 연구」. 『행동경제학연구』.
만남대화. (2018). 「최후통첩 게임과 신뢰 게임」. 『행동경제학연구』.
보스턴 칼리지. (2022). 「협력 실험실: 아동의 협력행동 발달과 문화적 차이」. 『발달심리학연구』.
원더풀마인드. (2022). 「에이머스 트버스키: 인지심리학자이자 수학자」. 『인지심리학사』.
인스프아크. (2024). 「심리적 회계와 소비자 선택: 심리적 회계의 개념과 사례들」. 『소비자심리연구』.
한국개발연구원. (2024). 「인간의 심리를 탐구하는 행동경제학」. 『KDI 경제연구』.
한국경제연구원. (2025). 「이익과 손실을 다르게 평가하는 심리: 전망이론」. 『행동경제학연구』.
AI연구소. (2024). 「대니얼 카너먼과 아모스 트버스키의 공동연구」. 『행동경제학 발전사』.
CIFAR. (2019). 「Katherine McAuliffe: 인간과 비인간 동물의 협력행동 연구」. 『진화인류학연구』.
Forgas, J. P. (2011). "She just doesn't look like a philosopher…? Affective influences on the halo effect in impression formation." *European Journal of Social Psychology*, 41(7), 812-817.
Kahneman, D. & Tversky, A. (1979). "Prospect theory: An analysis of decision under risk." *Econometrica*, 47(2), 263-291.
McAuliffe, K. & Dunham, Y. (2017). "Fairness overrides group bias in children's second-party punishment." *Journal of Experimental Psychology: General*, 146(4), 485-494.
McAuliffe, K., Blake, P. R., Steinbeis, N. & Warneken, F. (2017). "The developmental foundations of human fairness." *Nature Human Behaviour*, 1(2), 42.
McAuliffe, K., Jordan, J. J. & Warneken, F. (2015). "Costly third-party punishment in young children." *Cognition*, 134, 1-10.
Thaler, R. H. (1985). "Mental accounting and consumer choice." *Marketing Science*, 4(3), 199-214.
———. (1999). "Mental accounting matters." *Journal of Behavioral Decision Making*, 12(3), 183-206.
Tversky, A. & Kahneman, D. (1996). *Choices, values, and frames*. Cambridge University Press.

액땜 마인드셋: 실패를 기회로 바꾸는 심리 전략
동아비즈니스리뷰. (2012). 「프로스펙트 이론: 이익은 나누고 손실은 합하라」. 『DBR』, 109호.
비상교육. (2022). 「나는 나를 얼마나 알고 있나: 메타인지의 의미」. 『교육심리학연구』.
위키백과. (2018). 「메타인지」. Retrieved September 15, 2025.
정채빈. (2019). 「우리의 본능, 사회비교」. *The Psychology Times*.

조승현. (2024). 「전망이론: 가변적 선호와 비합리적 선택에 대한 설명」. 『IR살롱』.
Dweck, C. S. (2006). *Mindset: The new psychology of success*. Random House. [캐럴 드웩, 『마인드셋』]
―――. (2007). "The perils and promises of praise." *Educational Leadership*, 65(2), 34-39.
EU연구개발혁신위원회. (2021). 「의사결정과정 내 메타 인지의 역할」. 『유럽연구동향』.
Festinger, L. (1954). "A theory of social comparison processes." *Human Relations*, 7(2), 117-140.
Flavell, J. H. (1979). "Metacognition and cognitive monitoring: A new area of cognitive-developmental inquiry." *American Psychologist*, 34(10), 906-911.
Kahneman, D. & Tversky, A. (1979). "Prospect theory: An analysis of decision under risk." *Econometrica*, 47(2), 263-291.
Maslow, A. H. (1943). "A theory of human motivation." *Psychological Review*, 50(4), 370-396.
Seligman, M. E. P. (1972). "Learned helplessness: Annual review of medicine." *Annual Review of Medicine*, 23(1), 407-412.
―――. (1975). *Helplessness: On depression, development, and death*. W. H. Freeman. [마틴 셀리그먼, 『학습된 무기력』]
Tversky, A. & Kahneman, D. (1974). "Judgment under uncertainty: Heuristics and biases." *Science*, 185(4157), 1124-1131.

실행의 철학: 기우제와 리더십의 끈기 전략

국립문화콘텐츠진흥원. (2020). 「비를 내리게 하는 신기한 제사 기우제」. 『한국의 농업문화』.
나무위키. (2024). 「게임 이론」. Retrieved September 15, 2025.
난다의 잡학사전. (2021). 「인디언 기우제 사실일까?」. 『문화인류학』.
박종호. (2020). 「Rain D: 아메리카 원주민들의 기우제 춤 'Rain Dance'에서 유래」. 『가톨릭신문』.
새만금일보. (2018). 「인디언 마을의 기우제: 100% 비가 오는 이유」. 『지역문화』.
위키백과. (2006). 「게임 이론」. Retrieved September 15, 2025.
종교학 벌레. (2023). 「인디언 기우제: 검찰 수사에 대한 유시민의 비판」. 『종교학 연구』.
타케무라 조코. (2021). 「祈雨춤(MAYA의 Rain Dance)」. 『세계문화사』.
Britannica Encyclopedia. (2023). "Rain dance: Anthropology."
Rotter, J. B. (1954). *Social learning and clinical psychology*. Prentice-Hall.
―――. (1966). "Generalized expectancies for internal versus external control of reinforcement." *Psychological Monographs*, 80(1), 1-28.
von Neumann, J. & Morgenstern, O. (1944). *Theory of games and economic behavior*. Princeton University Press.

3장. 실패를 자산화하는 리더십

실패와 성공의 새로운 정의

경향신문. (2024). 「실패는 성공의 어머니? 백마디 말보다 경험 나눠야 알아」. 『경향신문』.
국민일보. (2025). 「실패가 진짜 성공의 어머니 되려면: 실패 학습 체계」. 『국민일보』.
동양문화연구원. (2023). 「동서양 실패관의 비교 문화 연구」. 『동양문화연구』, 45(1), 89-114.
서울대학교 사회발전연구소. (2024). 「실패에 대한 한국 사회의 관용도 조사」. 『사회발전연구』, 30(1), 23-45.
안병익. (2024). 「실패는 성공의 어머니가 아니다」. 『에너지경제신문』. 다인커뮤니케이션즈.
조승환. (2024). 「도전과 실패에 관한 대국민 인식 조사」. KAIST 실패연구소.
한국경영사학회. (2023). 「에디슨의 성공 스토리 재해석: 실패보다 성공이 많았던 발명가」. 『경영사학』, 38(2), 45-67.
한국문화사회학회. (2024). 「집단주의 문화에서의 실패 인식과 대응」. 『문화사회학』, 28(2), 156-179.
한국사회과학연구원. (2023). 「한국 사회의 실패에 대한 인식과 태도」. 『사회과학연구』, 34(2), 89-112.
한국임상심리학회. (2023). 「실패 후 스트레스 반응과 회복 패턴」. 『임상심리학연구』, 42(4), 78-95.
한국행동경제학회. (2024). 「매몰비용 오류와 실패 인식의 상관관계」. 『행동경제학연구』, 17(3), 134-156.
KAIST 실패연구소. (2024). 「실패할 기회를 빼앗긴 아이들」. 카이스트 실패연구소 연구보고서.
Research Beetle. (2024). 「실패는 성공의 어머니, 하지만 항상 그런 것은 아니다」. 『연구정보센터』. researchbeetle
Dweck, C. S. (2006). *Mindset: The new psychology of success*. Random House.
―――. (2017). "The power of believing that you can improve." *Educational Leadership*, 75(1), 40-43.
Edison, T. A. (1878). *The invention of the incandescent light*. Scientific American.
Edmondson, A. C. (2011). "Strategies for learning from failure." *Harvard Business Review*, 89(4), 48-55.
Hofstede, G. (1980). *Culture's consequences: International differences in work-related values*. Sage Publications.
Jobs, S. (2005). *Stanford Commencement Address*. Stanford University.
Kahneman, D. & Tversky, A. (1979). "Prospect theory: An analysis of decision under risk." *Econometrica*, 47(2), 263-291.
Lazarus, R. S. & Folkman, S. (1984). *Stress, appraisal, and coping*. Springer Publishing.
Seligman, M. E. P. (1990). *Learned optimism*. Knopf.
Sitkin, S. B. (1992). "Learning through failure: The strategy of small losses." *Research in Organizational Behavior*, 14, 231-266.

Thaler, R. H. (1980). "Toward a positive theory of consumer choice." *Journal of Economic Behavior & Organization*, 1(1), 39-60.

실패의 깊이가 경영의 높이를 만든다

김세형. (2015). 「삼성그룹 창업과 이병철 회장의 경영철학」. 『경영사학연구』, 40(1), 25-54.
이동학. (2022). 「LG그룹 성장사와 구자경 명예회장의 기술철학」. 『한국기업사연구』, 28(1), 89-121.
이영훈. (2017). 「현대그룹 정주영 회장의 위기관리와 리더십」. 『리더십연구』, 34, 67-93.
이지은. (2019). 「네이버 이해진 창업자의 경영 전략과 시련」. 『IT경영리뷰』, 12(3), 55-77.
장영수. (2021). 「롯데 신격호 창업주의 글로벌 경영 도전기」. 『경영연구』, 46(2), 133-153.
한국벤처캐피탈협회. (2023). 「실패 경험과 창업자 역량의 상관관계」. 『벤처투자연구』, 52, 193-217.
Kim, S. H. & Kim, Y. J. (2021). 「스타트업 실패 경험이 재도전에 미치는 영향에 관한 연구」. 『창업학연구』, 16(3), 143-163.
Bennett, N. & Lemoine, G. J. (2014). "What VUCA really means for you." *Harvard Business Review*, 92(1/2), 27.
Bennis, W. & Thomas, R. J. (2002). "Crucibles of leadership." *Harvard Business Review*, 80(9), 39-45.
Christensen, C. M. (1997). *The innovator's dilemma*. Harvard Business School Press.
Coutu, D. L. (2002). "How resilience works." *Harvard Business Review*, 80(5), 46-55.
Edmondson, A. C. (2011). "Strategies for learning from failure." *Harvard Business Review*, 89(4), 48-55.
Goleman, D. (1998). *Working with emotional intelligence*. Bantam Books.
Grant, A. M. (2013). *Give and take: Why helping others drives our success*. Viking.
Isaacson, W. (2011). *Steve Jobs*. Simon & Schuster.
Kotter, J. P. (2012). *Leading change*. Harvard Business Review Press.
Luthans, F. & Vogelgesang, G. R. (2005). "Resilience: The new criterion for leaders [Leader to Leader]." *Leadership Quarterly*, 16(4), 673-692.
Mallak, L. A. (1998). "Putting organizational resilience to work." *Industrial Management*, 40(6), 8-13.
Masten, A. S. (2014). *Ordinary magic: Resilience in development*. Guilford Press.
Muoio, D. (2016). *How Satya Nadella and Sundar Pichai went from Chennai to leading Microsoft and Google*. Business Insider.
Owens, B. P. & Hekman, D. R. (2012). "Modeling how to grow: An inductive examination of humble leader behaviors, contingencies, and outcomes." *Academy of Management Journal*, 55(4), 787-818.
Ries, E. (2011). *The lean startup*. Crown Business.
Stone, B. (2013). *The everything store: Jeff Bezos and the age of Amazon*. Little, Brown.

Vance, A. (2015). *Elon Musk: Tesla, SpaceX, and the quest for a fantastic future.* Ecco/HarperCollins.

실패 중심의 혁신 시스템: 실리콘밸리의 'Fail Fast' 철학
더 PR타임즈. (2023). 「그들은 왜 도전하는가? 빠른 실패(Fail Fast)가 실리콘밸리 DNA의 핵심」.
동아비즈니스리뷰. (2024). 「격동의 모바일 시대에 생존하려면: Move Fast Break Things」.
스테판 리뷰. (2024). 「마크 저커버그: 가장 큰 위험은 아무 위험도 감수 않는 것」.
어퀘어드 앙트러프러너. (2021). 「린스타트업에도 과학적 접근이 필요하다」.
웨이브온. (2025). 「스타트업 성공 전략, 린 스타트업(Lean startup)」.
위키백과. (2011). 「고객 개발」. Retrieved September 15, 2025.
———. (2013). 「최소 기능 제품」. Retrieved September 15, 2025.
이오플래닛. (2024). 「오늘, 가장 중요한 일을 하고 있는가? 저커버그의 사업개발 마인드셋」.
주주네트워크. (2025). 「실리콘밸리 유명 VC들의 대담한 시장해석 방법」.
최성안. (2025). 「실리콘밸리 스타트업은 왜 그렇게 빨리 실패하는가」. 『이코노미스트』. 중앙경제신문사.
한국경제매거진. (2023). 「이번 세기에 반드시 읽어야 할 경영서: Move fast, break things」. 『매거진한경』.
한국연구재단. (2021). 「린 스타트업 방법론의 적용: 한국 '카닥' 사례를 중심으로」.
Quora Translation. (2024). 「빨리 움직여서 물건을 부수라는 말의 진짜 의미」.
Airfocus. (2020). *What is Customer Development? Definition, Process.*
Atlassian. (2021). "Minimum Viable Product (MVP): What is it & Why it Matters."
Blank, S. (1990s). *Customer development methodology.* Stanford University.
ProductPlan. (2025). "Minimum Viable Product (MVP): What is it & Why it Matters." 『제품관리연구』.
Ries, E. (2011). *The lean startup: How today's entrepreneurs use continuous innovation to create radically successful businesses.* Crown Business.
Stanford Innovation. (2014). *The Customer Development Methodology: Steve Blank.* Stanford University Press.
Wikipedia. (2020). "Minimum viable product." Retrieved September 15, 2025.

질투의 심리가 전략의 차이를 가져온다
뉴스페퍼민트. (2018). 「부러움의 시대를 이기는 방법」. 『심리학연구』.
다음. (2025). 「자존감 '높은' 사람 vs '낮은' 사람: 결정적 차이 7가지」.
마음소포. (2025). 「자존감, 나를 인정할 수 있는 용기」.
정복성. (2018). 「메타인지, 자기효능감 및 자기존중감의 관계에 관한 연구」.
커피팅. (2025). 「메타인지가 높은 사람, 연애도 잘하는 진짜 이유」.
한국데이터베이스진흥원. (2024). 「오늘부터 부러움에 지지 않고 살기로 했다: 자존감을 갉아먹는 질투로부터 나를 지키는 방법」.

한국학술정보원. (2024). 「간호학생의 메타인지, 학습유형, 내외통제성 및 자존감」.
Threads. (2025). 「자존심 vs 자존감, 반비례하는 진짜 이유」.
Cross, S. E. & Markus, H. R. (1991). "Possible selves across the life span." *Human Development*, 34(4), 230-255.

지속 가능한 성장을 이끄는 실패 관리

멘탈리티. (2023). 「필립 짐바르도의 주요 이론: 시간 관점 이론」. 『사회심리학연구』.
대니얼 골먼. (2008). 『EQ 감성 지능』. 웅진지식하우스.
위키백과. (2015). 「감정 지능: 대니얼 골먼의 혼합모델」. Retrieved September 15, 2025.
―――. (2021). 「마인드셋: 고정 마인드셋과 성장 마인드셋」. Retrieved September 15, 2025.
조성빈. (2023). 『성장 마인드셋: 캐럴 드웩의 이론과 실천』.
한국로고테라피학회. (2015). 「로고테라피란?: 의미를 통한 치유」. 『의미치료학』.
Duckworth, A. L. (2016). *Grit: The power of passion and perseverance*. Scribner.
Dweck, C. S. (2006). *Mindset: The new psychology of success*. Random House.
Frankl, V. E. (1946). *Man's search for meaning*. Beacon Press.
Goleman, D. (1995). *Emotional intelligence*. Bantam Books.
Kabat-Zinn, J. (1994). *Wherever you go, there you are*. Hyperion.
Tugade, M. M. & Fredrickson, B. L. (2004). "Resilient individuals use positive emotions to bounce back from negative emotional Experience." *Journal of Personality and Social Psychology*.

4장. 파괴적 혁신과 지속 가능 경영의 전환

실패와 좌절을 다루는 혁신적인 방법론

Angus, B. M., Kuppens, P., Geuens, M. & Verbeke, W. (2021). "Self-referent upward counterfactual thinking mediates the relationship between narcissism and psychological well-being." *Australian Journal of Psychology*, 73(3), 315-324. https://doi.org/10.1080/00050067.2021.1890980
Broomhall, A. G., Phillips, W. J., Hine, D. W. & Loi, N. M. (2017). "Upward counterfactual thinking and depression: A meta-analysis." *Clinical Psychology Review*, 55, 56-73. https://doi.org/10.1016/j.cpr.2017.04.010
Coricelli, G., Critchley, H. D., Joffily, M., O'Doherty, J. P., Sirigu, A. & Dolan, R. J. (2005). "Regret and its avoidance: A neuroimaging study of choice behavior." *Nature Neuroscience*, 8(9), 1255-1262.
Dolan, P., Kavetsos, G., Krekel, C., Mavridis, D., Metcalfe, R., Senik, C., Szymanski, S. & Ziebarth, N. R. (2021). "Faster, higher, stronger... and happier? Relative deprivation and athletes' subjective well-being." *Journal of Economic Behavior & Organization*, 184, 1-18.

https://doi.org/10.1016/j.jebo.2021.01.014

Epstude, K. & Roese, N. J. (2008). "The functional theory of counterfactual thinking." *Personality and Social Psychology Review*, 12(2), 168-192. https://doi.org/10.1177/1088868308316091

Gamlin, J., Stone, E. R. & Berger, L. K. (2020). "Dispositional optimism weakly predicts upward, rather than downward, counterfactual thinking: A prospective correlational analysis." *PLOS ONE*, 15(8), Article e0237644. https://doi.org/10.1371/journal.pone.0237644

Kumano, S., Horiuchi, S. & Oba, K. (2021). "The role of anticipated regret in choosing for others." *Scientific Reports*, 11, Article 12314. https://doi.org/10.1038/s41598-021-91635-z

Liu, Z., Zhang, X., Kou, Y. & Liu, Y. (2024). "The asymmetric impact of decision-making confidence on regret and relief." *Frontiers in Psychology*, 15, Article 1365743. https://doi.org/10.3389/fpsyg.2024.1365743

Markman, K. D., Gavanski, I., Sherman, S. J. & McMullen, M. N. (1993). "The mental simulation of better and worse possible worlds." *Journal of Experimental Social Psychology*, 29(1), 87-109.

Medvec, V. H., Madey, S. F. & Gilovich, T. (1995). "When less is more: Counterfactual thinking and satisfaction among Olympic medalists." *Journal of Personality and Social Psychology*, 69(4), 603-610. https://doi.org/10.1037/0022-3514.69.4.603

Morris, M. W. & Moore, P. C. (2000). "The lessons we (don't) learn: Counterfactual thinking and organizational accountability after a close call." *Administrative Science Quarterly*, 45(4), 737-765.

Moyano-Díaz, E., Martínez-Molina, A. & Ponce, F. P. (2014). "The price of gaining: Maximization in decision-making, regret, and life satisfaction." *Judgment and Decision Making*, 9(5), 500-509.

Nicolle, A. L. (2010). "The role of regret and responsibility in decision-making [Doctoral dissertation, University College London]." UCL Discovery. https://discovery.ucl.ac.uk/791952/

O'Connor, E., McCormack, T. & Feeney, A. (2014). "Do children who experience regret make better decisions? A developmental study of the behavioral consequences of regret." *Child Development*, 85(5), 1995-2010. https://doi.org/10.1111/cdev.12253

Parikh, N., Kamath, S., Medina, L. D., Yeh, H., Maddox, W. T., & Schnyer, D. M. (2022). "The efficacy of downward counterfactual thinking for regulating arousal in the face of failure." *Frontiers in Psychology*, 12, Article 712066. https://doi.org/10.3389/fpsyg.2021.712066

Pink, D. H. (2022). *The power of regret: How looking backward moves us forward*. Riverhead Books.

Reb, J. & Connolly, T. (2009). "Myopic regret avoidance: Feedback avoidance and learning in repeated decision making." *Organizational Behavior and Human Decision Processes*, 109(2), 182-189.

Roese, N. J. (1994). "The functional basis of counterfactual thinking." *Journal of Personality* and Social Psychology, 66(5), 805-818.

Roese, N. J. (1997). "Counterfactual thinking." *Psychological Bulletin*, 121(1), 133-148.

Smallman, R., & Roese, N. J. (2007). *Counterfactual thinking facilitates intentions to engage in corresponding behaviors*. Unpublished manuscript, University of Illinois at Urbana-Champaign.

Zarrinabadi, N., Ahmadi, A. & Rezazadeh, M. (2023). "My language ability could have been better or worse: Counterfactual thinking in relation to self-efficacy and its sources and language performance." *Learning and Motivation*, 82, Article 101879. https://doi.org/10.1016/j.lmot.2023.101879

Zeelenberg, M. & Pieters, R. (2007). "A theory of regret regulation 1.0." *Journal of Consumer Psychology*, 17(1), 3-18.

불확실성 환경에서의 파괴적 혁신 적용

Adler, P. S. (1999). "Building better bureaucracies. Academy of Management." *Executive*, 13(4), 36-47.

Allen, T. J. (1977). *Managing the flow of technology: Technology transfer and the dissemination of technological information within the R&D organization*. MIT Press.

Ancona, D. G. & Caldwell, D. F. (1992). "Bridging the boundary: External activity and performance in organizational teams." *Administrative Science Quarterly*, 37(4), 634-665.

Argote, L. (1999). *Organizational learning: Creating, retaining and transferring knowledge*. Kluwer Academic Publishers.

Brown, S. L. & Eisenhardt, K. M. (1995). "Product development: Past research, present findings, and future directions." *Academy of Management Review*, 20(2), 343-378.

———. (1997). "The art of continuous change: Linking complexity theory and time-paced evolution in relentlessly shifting organizations." *Administrative Science Quarterly*, 42(1), 1-34.

———. (1998). *Competing on the edge: Strategy as structured chaos*. Harvard Business School Press.

Burgelman, R. A. (1994). "Fading memories: A process theory of strategic business exit in dynamic environments." *Administrative Science Quarterly*, 39(1), 24-56.

———. (1996). "A process model of strategic business exit: Implications for an evolutionary perspective on strategy." *Strategic Management Journal*, 17(S1), 193-214.

Burns, T. & Stalker, G. M. (1966). *The management of innovation* (2nd ed.). Tavistock Publications.

Capron, L., Dussauge, P. & Mitchell, W. (1998). "Resource redeployment following horizontal acquisitions in Europe and North America, 1988-1992." *Strategic Management Journal*, 19(7), 631-661.

Christensen, C. M. (1997). *The innovator's dilemma: When new technologies cause great firms *to fail*. Harvard Business School Press.

Christensen, C. M. & Raynor, M. E. (2003). *The innovator's solution: Creating and sustaining successful growth*. Harvard Business School Press.

Christensen, C. M., Raynor, M. E. & McDonald, R. (2015). "What is disruptive innovation?" *Harvard Business Review*, 93(12), 44-53.

Clark, K. B. & Fujimoto, T. (1991). *Product development performance: Strategy, organization, and management in the world auto industry*. Harvard Business School Press.

Cockburn, I. M., Henderson, R. M. & Stern, S. (2000). "Untangling the origins of competitive advantage." *Strategic Management Journal*, 21(10-11), 1123-1145.

D'Aveni, R. A. (1994). *Hypercompetition: Managing the dynamics of strategic maneuvering*. Free Press.

Dougherty, D. (1992). "Interpretive barriers to successful product innovation in large firms." *Organization Science*, 3(2), 179-202.

Eisenhardt, K. M. (1989). "Making fast strategic decisions in high-velocity environments." *Academy of Management Journal*, 32(3), 543-576.

Eisenhardt, K. M. & Brown, S. L. (1999). "Patching: Restitching business portfolios in dynamic markets." *Harvard Business Review*, 77(3), 72-82.

Eisenhardt, K. M. & Galunic, D. C. (2000). "Coevolving: At last, a way to make synergies work." *Harvard Business Review*, 78(1), 91-101.

Eisenhardt, K. M. & Martin, J. A. (2000). "Dynamic capabilities: What are they?" *Strategic Management Journal*, 21(10-11), 1105-1121.

Eisenhardt, K. M. & Sull, D. N. (2000). "Simple rules for a complex world." *Harvard Business Review*, 78(5), 107-116.

Eisenhardt, K. M. & Tabrizi, B. N. (1995). "Accelerating adaptive processes: Product innovation in the global computer industry." *Administrative Science Quarterly*, 40(1), 84-110.

Fredrickson, J. W. (1984). "The comprehensiveness of strategic decision processes: Extension, observations, future directions." *Academy of Management Journal*, 27(3), 445-466.

Graebner, M. E. (2000). *The process of resource redeployment following an acquisition: Identifying and managing cross-business resource use*. Stanford University.

Gulati, R. (1999). "Network location and learning: The influence of network resources and firm capabilities on alliance formation." *Strategic Management Journal*, 20(5), 397-420.

Hansen, M. T. (1999). "The search-transfer problem: The role of weak ties in sharing knowledge across organization subunits." *Administrative Science Quarterly*, 44(1), 82-111.

Hargadon, A. & Sutton, R. I. (1997). "Technology brokering and innovation in a product development firm." *Administrative Science Quarterly*, 42(4), 716-749.

Helfat, C. E. (1997). "Know-how and asset complementarity and dynamic capability accumulation: The case of R&D." *Strategic Management Journal*, 18(5), 339-360.

Helfat, C. E. & Raubitschek, R. S. (2000). "Product sequencing: Co-evolution of knowledge, capabilities and products." *Strategic Management Journal*, 21(10-11), 961-979.

Henderson, R. & Cockburn, I. (1994). "Measuring competence? Exploring firm effects in pharmaceutical research." *Strategic Management Journal*, 15(S1), 63-84.

Imai, K., Ikujiro, N. & Takeuchi, H. (1985). "Managing the new product development process: How Japanese companies learn and unlearn." In K. B. Clark, R. H. Hayes & C. Lorenz (Eds.), *The uneasy alliance: Managing the productivity-technology dilemma*(pp. 337-375). Harvard Business School Press.

Katz, R. & Tushman, M. L. (1981). "An investigation into the managerial roles and career paths of gatekeepers and project supervisors in a major R&D facility." *R&D Management*, 11(3), 103-110.

Kogut, B. & Zander, U. (1992). "Knowledge of the firm, combinative capabilities, and the replication of technology." *Organization Science*, 3(3), 383-397.

Lane, P. J. & Lubatkin, M. (1998). "Relative absorptive capacity and interorganizational learning." *Strategic Management Journal*, 19(5), 461-477.

Larsson, R. & Finkelstein, S. (1999). "Integrating strategic, organizational, and human resource perspectives on mergers and acquisitions: A case survey of synergy realization." *Organization Science*, 10(1), 1-26.

Lawrence, P. R. & Lorsch, J. W. (1967). *Organization and environment: Managing differentiation and integration*. Harvard Business School Press.

Magretta, J. (1998). "The power of virtual integration: An interview with Dell Computer's Michael Dell." *Harvard Business Review*, 76(2), 72-84.

Nelson, R. R. & Winter, S. G. (1982). *An evolutionary theory of economic change*. Harvard University Press.

Pfeffer, J. (1981). *Power in organizations*. Pitman Publishing.

———. (2010). *Power: Why some people have it—and others don't*. HarperBusiness.

Pisano, G. P. (1994). "Knowledge, integration, and the locus of learning: An empirical analysis of process development." *Strategic Management Journal*, 15(S1), 85-100.

Porter, M. E. (1979). "How competitive forces shape strategy." *Harvard Business Review*, 57(2), 137-145.

———. (1980). *Competitive strategy: Techniques for analyzing industries and competitors*. Free Press.

———. (1985). *Competitive advantage: Creating and sustaining superior performance*. Free Press.

Powell, W. W., Koput, K. W. & Smith-Doerr, L. (1996). "Interorganizational collaboration and the locus of innovation: Networks of learning in biotechnology." *Administrative Science Quarterly*, 41(1), 116-145.

Senge, P. M. (1990). *The fifth discipline: The art and practice of the learning organization*. Doubleday/Currency.

Senge, P. M. & Sterman, J. D. (1992). "Systems thinking and organizational learning: Acting locally and thinking globally in the organization of the future." *European Journal of Operational Research*, 59(1), 137-150.

Sitkin, S. B. (1992). "Learning through failure: The strategy of small losses." *Research in Organizational Behavior*, 14, 231-266.

Sull, D. N. (1999a). "The dynamics of standing still: Firestone Tire & Rubber and the radial revolution." *Business History Review*, 73(3), 430-464.

──. (1999b). "Why good companies go bad." *Harvard Business Review*, 77(4), 42-52.

Szulanski, G. (1996). "Exploring internal stickiness: Impediments to the transfer of best practice within the firm." *Strategic Management Journal*, 17(S2), 27-43.

Teece, D. J., Pisano, G. & Shuen, A. (1997). "Dynamic capabilities and strategic management." *Strategic Management Journal*, 18(7), 509-533.

Terwiesch, C., Chea, K. S. & Bohn, R. E. (1999). *An exploratory study of international product transfer and production ramp-up in the data storage industry*. University of California, San Diego.

Wally, S. & Baum, J. R. (1994). "Personal and structural determinants of the pace of strategic decision making." *Academy of Management Journal*, 37(4), 932-956.

Wetlaufer, S. (2000). "Common sense and conflict: An interview with Disney's Michael Eisner." *Harvard Business Review*, 78(1), 114-124.

Zollo, M. & Singh, H. (1998). *The impact of knowledge codification, experience trajectories and integration strategies on the performance of corporate acquisitions*. Wharton School, University of Pennsylvania.

ASML, 액땜 이론으로 보강한 블루오션 전략의 승리

Adner, R. & Kapoor, R. (2010). "Value creation in innovation ecosystems: How the structure of technological interdependence affects firm performance in new technology generations." *Strategic Management Journal*, 31(3), 306-333.

Banine, V. Y., Koshelev, K. N. & Swinkels, G. H. (2014). "EUV lithography: Historical perspective and road ahead." In V. Bakshi (Ed.), *EUV lithography*(2nd ed., pp. 3-48). SPIE Press.

Barczak, G., Griffin, A. & Kahn, K. B. (2009). "Perspective: Trends and drivers of success in NPD practices: Results of the 2003 PDMA best practices study." *Journal of Product Innovation Management*, 26(1), 3-23.

Chesbrough, H. & Bogers, M. (2014). "Explicating open innovation: Clarifying an emerging paradigm for understanding innovation." In H. Chesbrough, W. Vanhaverbeke & J. West (Eds.), *New frontiers in open innovation*(pp. 3-28). Oxford University Press.

Chesbrough, H., Vanhaverbeke, W. & West, J. (Eds.). (2006). *Open innovation: Researching a new paradigm*. Oxford University Press.

Dzhengiz, T. & Patala, S. (2023). "The role of cross-sector partnerships in the dynamics between places and innovation ecosystems." *R&D Management*, 54(2), 243-260. https://doi.org/10.1111/radm.12589

Gawer, A. & Cusumano, M. A. (2014). "Industry platforms and ecosystem innovation." *Journal of Product Innovation Management*, 31(3), 417-433.

Heaton, S., Lewin, A. Y., Dossani, R. & Virmani, D. (2024). "Open innovation in ecosystems: Exploring how the ecosystem context influences the governance of open innovation." *Research Policy*, 53(10), Article 105107. https://doi.org/10.1016/j.respol.2024.105107

Iansiti, M. & Levien, R. (2004). *The keystone advantage: What the new dynamics of business ecosystems mean for strategy, innovation, and sustainability*. Harvard Business School Press.

Jacobides, M. G., Cennamo, C. & Gawer, A. (2018). "Towards a theory of ecosystems." *Strategic Management Journal*, 39(8), 2255-2276.

Kim, W. C. & Mauborgne, R. (2004). "Blue ocean strategy." *Harvard Business Review*, 82(10), 76-84.

———. (2005). *Blue ocean strategy: How to create uncontested market space and make the competition irrelevant*. Harvard Business School Press.

———. (2015). *Blue ocean strategy, expanded edition: How to create uncontested market space and make the competition irrelevant*. Harvard Business Review Press.

———. (2017). *Blue ocean shift: Beyond competing—Proven steps to inspire confidence and seize new growth*. Hachette Books.

Lam, W. & Harker, M. J. (2015). "Marketing and entrepreneurship: An integrated view from the entrepreneur's perspective." *International Small Business Journal*, 33(3), 321-348.

Leslie, D. & Rantisi, N. M. (2016). "Creativity and place in the evolution of a cultural industry: The case of Cirque du Soleil." *Urban Studies*, 53(13), 2648-2664.

Mazzucato, M. (2013). *The entrepreneurial state: Debunking public vs. private sector myths*. Anthem Press.

Moore, J. F. (1993). "Predators and prey: A new ecology of competition." *Harvard Business Review*, 71(3), 75-86.

Moore, J. F. (1996). *The death of competition: Leadership and strategy in the age of business ecosystems*. HarperBusiness.

O'Gorman, P. (2008). "Wii: Creating a blue ocean the Nintendo way." *Palermo Business Review*, 1, 97-106.

Schiuma, G., Andreeva, T. & Kianto, A. (2022). "Managing strategic partnerships with universities in innovation ecosystems: A research agenda." *Journal of Innovation & Knowledge*, 7(3), Article 100194. https://doi.org/10.1016/j.jik.2022.100194

Teece, D. J. (2007). "Explicating dynamic capabilities: The nature and microfoundations of (sustainable) enterprise performance." *Strategic Management Journal*, 28(13), 1319-1350.

VerWey, J. (2024). "Tracing the emergence of extreme ultraviolet lithography: Lessons for identifying, protecting, and promoting the next emerging technology." Center for Security and Emerging Technology, Georgetown University. https://cset.georgetown.edu/publication/tracing-the-emergence-of-extreme-ultraviolet-lithography/

Wurm, S. & Gwyn, C. W. (Eds.). (2008). *EUV lithography*. SPIE Press.

―――. (Eds.). (2018). *EUV lithography* (2nd ed.). SPIE Press.

디커플링과 액땜 이론이 만나 펼치는 비즈니스계의 코미디

Barry, C. S. & Joly, H. (2021). "Best Buy's digital transformation during COVID-19." *Harvard Business School Case*, 9-521-062.

Bellman, S., Lohse, G. L. & Johnson, E. J. (1999). "Predictors of online buying behavior." *Communications of the ACM*, 42(12), 32-38.

Bharadwaj, A., El Sawy, O. A., Pavlou, P. A. & Venkatraman, N. (2013). "Digital business strategy: Toward a next generation of insights." *MIS Quarterly*, 37(2), 471-482.

Bowman, D. & Narayandas, D. (2001). "Managing customer-initiated contacts with manufacturers: The impact on share of category requirements and word-of-mouth behavior." *Journal of Marketing Research*, 38(3), 281-297.

Brynjolfsson, E., Hu, Y. J. & Rahman, M. S. (2013). "Competing in the age of omnichannel retailing." *MIT Sloan Management Review*, 54(4), 23-29.

Christensen, C. M., Raynor, M. E. & McDonald, R. (2015). "What is disruptive innovation?" *Harvard Business Review*, 93(12), 44-53.

Coggins, B. & Joly, H. (2020). "Transformation and resilience: An interview with Best Buy's executive chairman Hubert Joly." *McKinsey Quarterly*, June 24, 2020.

Dubin, M. & Dollar Shave Club. (2016). "Dollar Shave Club: Disrupting the razor category." *Harvard Business School Case*, 516-105.

Gielens, K. & Steenkamp, J. B. E. (2019). "Branding in the era of digital (dis)intermediation." *International Journal of Research in Marketing*, 36(3), 367-384.

Grewal, D., Roggeveen, A. L. & Nordfält, J. (2017). "The future of retailing." *Journal of Retailing*, 93(1), 1-6.

Joly, H. (2021). *The heart of business: Leadership principles for the next era of capitalism*. Harvard Business Review Press.

Kaplan, S. & Tripsas, M. (2008). "Thinking about technology: Applying a cognitive lens to technical change." *Research Policy*, 37(5), 790-805.

Kumar, V. & Reinartz, W. (2016). "Creating enduring customer value." *Journal of Marketing*, 80(6), 36-68.

Lemon, K. N. & Verhoef, P. C. (2016). "Understanding customer experience throughout the customer journey." *Journal of Marketing*, 80(6), 69-96.

Reinartz, W., Wiegand, N. & Imschloss, M. (2019). "The impact of digital transformation on

the retailing value chain." *International Journal of Research in Marketing*, 36(3), 350-366.
Rigby, D. (2011). "The future of shopping." *Harvard Business Review*, 89(12), 65-76.
Shen, X. L., Li, Y. J., Sun, Y. & Wang, N. (2018). "Channel integration quality, perceived fluency and omnichannel service usage: The moderating roles of internal and external usage experience." *Decision Support Systems*, 109, 61-73.
Sorescu, A., Frambach, R. T., Singh, J., Rangaswamy, A. & Bridges, C. (2011). "Innovations in retail business models." *Journal of Retailing*, 87(S1), S3-S16.
Teixeira, T. S. (2016). "The decoupling effect of digital disruptors." *European Business Review*, July-August 2016, 17-24.
―――. (2019). *Unlocking the customer value chain: How decoupling drives consumer disruption*. Currency.
Teixeira, T. S. & Jamieson, P. (2016). "Dollar Shave Club: Disrupting the shaving industry." *Harvard Business School Case*, 516-105.
Teixeira, T. S. & Piechota, G. (2019). *Unlocking the customer value chain: How decoupling drives consumer disruption*. Currency.
Teixeira, T. S. & Watkins, R. (2017). "Best Buy Co., Inc.: Sustainable customer centricity model?" *Harvard Business School Case*, 517-108.
Teixeira, T. S., Piechota, G. & Jetha, A. (2021). "Designing a customer value-centric growth strategy." *European Business Review*, May-June 2021, 88-95.
Varadarajan, R., Srinivasan, R., Vadakkepatt, G. G., Yadav, M. S., Pavlou, P. A., Krishnamurthy, S. & Krause, T. (2010). "Interactive technologies and retailing strategy: A review, conceptual framework and future research directions." *Journal of Interactive Marketing*, 24(2), 96-110.
Verhoef, P. C., Kannan, P. K. & Inman, J. J. (2015). "From multi-channel retailing to omni-channel retailing: Introduction to the special issue on multi-channel retailing." *Journal of Retailing*, 91(2), 174-181.
Verhoef, P. C., Stephen, A. T., Kannan, P. K., Luo, X., Abhishek, V., Andrews, M., Bart, Y., Datta, H., Fong, N., Hoffman, D. L., Hu, M. M., Novak, T., Rand, W. & Zhang, Y. (2017). "Consumer connectivity in a complex, technology-enabled, and mobile-oriented world with smart products." *Journal of Interactive Marketing*, 40, 1-8.
Weinstein, A. (2020). "Creating superior customer value in the now economy." *Journal of Creating Value*, 6(1), 20-33.

21세기 핵심역량은 유연성과 회복탄력성의 결합

Argyris, C. & Schön, D. A. (1978). *Organizational learning: A theory of action perspective*. Addison-Wesley.
―――. (1996). *Organizational learning II: Theory, method, and practice*. Addison-Wesley.
Barney, J. (1986). "Organizational culture: Can it be a source of sustained competitive advantage?" *Academy of Management Review*, 11(3), 656-665.

Barney, J. (1991). "Firm resources and sustained competitive advantage." *Journal of Management*, 17(1), 99-120.

Burgelman, R. A. (1991). "Intraorganizational ecology of strategy making and organizational adaptation: Theory and field research." *Organization Science*, 2(3), 239-262.

Burns, T. & Stalker, G. M. (1961). *The management of innovation*. Tavistock Publications.

Chakravarthy, B. S. (1982). "Adaptation: A promising metaphor for strategic management." *Academy of Management Review*, 7(1), 35-44.

Clark, K. B. (1985). "The interaction of design hierarchies and market concepts in technological evolution." *Research Policy*, 14(5), 235-251.

Clark, K. B. & Fujimoto, T. (1991). *Product development performance: Strategy, organization, and management in the world auto industry*. Harvard Business School Press.

Dierickx, I., & Cool, K. (1989). "Asset stock accumulation and sustainability of competitive advantage." *Management Science*, 35(12), 1504-1511.

Eisenhardt, K. M. & Brown, S. L. (1999). Patching: Restitching business portfolios in dynamic markets. *Harvard Business Review*, 77(3), 72-82.

Eisenhardt, K. M. & Martin, J. A. (2000). "Dynamic capabilities: What are they?" *Strategic Management Journal*, 21(10-11), 1105-1121.

Giddens, A. (1984). *The constitution of society: Outline of the theory of structuration*. University of California Press.

Hamel, G. & Prahalad, C. K. (1989). "Strategic intent." *Harvard Business Review*, 67(3), 63-76.

———. (1994). *Competing for the future*. Harvard Business School Press.

Hayes, R. H. (1985). "Strategic planning—forward in reverse?" *Harvard Business Review*, 63(6), 111-119.

Hayes, R. H., Wheelwright, S. C. & Clark, K. B. (1988). *Dynamic manufacturing: Creating the learning organization*. Free Press.

Henderson, R. M. & Clark, K. B. (1990). "Architectural innovation: The reconfiguration of existing product technologies and the failure of established firms." *Administrative Science Quarterly*, 35(1), 9-30.

Hitt, M. A. & Ireland, R. D. (1985). "Corporate distinctive competence, strategy, industry and performance." *Strategic Management Journal*, 6(3), 273-293.

Hofer, C. W. & Schendel, D. (1978). *Strategy formulation: Analytical concepts*. West Publishing.

Imai, K., Ikujiro, N. & Takeuchi, H. (1985). "Managing the new product development process: How Japanese companies learn and unlearn." In K. B. Clark, R. H. Hayes, & C. Lorenz (Eds.), *The uneasy alliance: Managing the productivity-technology dilemma*(pp. 337-375). Harvard Business School Press.

Itami, H., with Roehl, T. W. (1987). *Mobilizing invisible assets*. Harvard University Press.

Kimberly, J. R. (1987). "The study of organization: Toward a biographical perspective." In J. W. Lorsch (Ed.), *Handbook of organizational behavior*(pp. 223-237). Prentice-Hall.

Leonard-Barton, D. (1988a). "Implementation characteristics of organizational innovations: Limits and opportunities for management strategies." *Communication Research*, 15(5), 603-631.

———. (1992). "Core capabilities and core rigidities: A paradox in managing new product development." *Strategic Management Journal*, 13(S1), 111-125.

———. (1995). *Wellsprings of knowledge: Building and sustaining the sources of innovation.* Harvard Business School Press.

Leonard-Barton, D. & Swap, W. C. (2005). *Deep smarts: How to cultivate and transfer enduring business wisdom.* Harvard Business School Press.

Lieberman, M. B. & Montgomery, D. B. (1988). "First-mover advantages." *Strategic Management Journal*, 9(S1), 41-58.

Mintzberg, H. (1990). "Strategy formation: Schools of thought." In J. W. Fredrickson (Ed.), *Perspectives on strategic management*(pp. 105-235). Harper Business.

Mitchell, W. (1989). "Whether and when? Probability and timing of incumbents' entry into emerging industrial subfields." *Administrative Science Quarterly*, 34(2), 208-230.

Nadella, S. (2017). *Hit refresh: The quest to rediscover Microsoft's soul and imagine a better future for everyone.* Harper Business.

Nelson, R. R. & Winter, S. G. (1982). *An evolutionary theory of economic change.* Harvard University Press.

Pavitt, K. (1991). "Key characteristics of the large innovating firm." *British Journal of Management*, 2(1), 41-50.

Penrose, E. T. (1959). *The theory of the growth of the firm.* John Wiley & Sons.

Pettigrew, A. M. (1979). "On studying organizational cultures." *Administrative Science Quarterly*, 24(4), 570-581.

Prahalad, C. K. & Hamel, G. (1990). "The core competence of the corporation." *Harvard Business Review*, 68(3), 79-91.

Quinn, J. B. (1980). *Strategies for change: Logical incrementalism.* Richard D. Irwin.

Quinn, R. E. & Cameron, K. S. (1988). *Paradox and transformation: Toward a theory of change in organization and management.* Ballinger Publishing.

Rosenbloom, R. S. & Cusumano, M. A. (1987). "Technological pioneering and competitive advantage: The birth of the VCR industry." *California Management Review*, 29(4), 51-76.

Rumelt, R. P. (1974). *Strategy, structure, and economic performance.* Division of Research, Graduate School of Business Administration, Harvard University.

Schein, E. H. (1984). "Coming to a new awareness of organizational culture." *Sloan Management Review*, 25(2), 3-16.

———. (1985). *Organizational culture and leadership.* Jossey-Bass.

Schumpeter, J. A. (1942). *Capitalism, socialism and democracy.* Harper & Brothers.

Senge, P. M. (1990). *The fifth discipline: The art and practice of the learning organization.*

Doubleday/Currency.

Senge, P. M. (2006). *The fifth discipline: The art and practice of the learning organization* (Revised ed.). Currency.

Snow, C. C. & Hrebiniak, L. G. (1980). "Strategy, distinctive competence, and organizational performance." *Administrative Science Quarterly*, 25(2), 317-336.

Souder, W. E. (1987). *Managing new product innovations*. Lexington Books.

Teece, D. J., Pisano, G. & Shuen, A. (1997). "Dynamic capabilities and strategic management." *Strategic Management Journal*, 18(7), 509-533.

Tucker, D. J., Singh, J. V., & Meinhard, A. G. (1990). "Organizational form, population dynamics, and institutional change: The founding patterns of voluntary organizations." *Academy of Management Journal*, 33(1), 151-178.

Tushman, M. L. & Anderson, P. (1986). "Technological discontinuities and organizational environments." *Administrative Science Quarterly*, 31(3), 439-465.

Van de Ven, A. H. (1986). "Central problems in the management of innovation." *Management Science*, 32(5), 590-607.

Wernerfelt, B. (1984). "A resource-based view of the firm." *Strategic Management Journal*, 5(2), 171-180.

Zucker, L. G. (1977). "The role of institutionalization in cultural persistence." *American Sociological Review*, 42(5), 726-743.

ESG를 넘어선 액땜형 지속 가능 경영

Argyris, C. & Schön, D. A. (1978). *Organizational learning: A theory of action perspective*. Addison-Wesley.

Bao, X., Sun, K. & Harrison, C. (2024). "The impact of environmental, social, and governance (ESG) ratings divergence on corporate risk-taking." *Journal of Environmental Management*, 372, Article 123098. https://doi.org/10.1016/j.jenvman.2024.123098

Boston Consulting Group. (2011). *Adaptive strategy*. BCG Publications.

Cope, J. (2011). "Entrepreneurial learning from failure: An interpretative phenomenological analysis." *Journal of Business Venturing*, 26(6), 604-623.

Daft, R. L. & Weick, K. E. (1984). "Toward a model of organizations as interpretation systems." *Academy of Management Review*, 9(2), 284-295.

Duchek, S. (2020). "Organizational resilience: A capability-based conceptualization." *Business Research*, 13(1), 215-246.

Hariyani, D. & Mishra, S. (2024). "Causes of organizational failure: A literature review." *One Ecosystem*, 9, Article e115041. https://doi.org/10.3897/oneeco.9.e115041

Hollands, L., Shepherd, D. & Evans, A. J. (2024). "The how and why of organizational resilience: A systematic literature review." *Journal of Business Research*, 175, Article 114528.

Holling, C. S. (1973). "Resilience and stability of ecological systems." *Annual Review of*

Ecology and Systematics, 4, 1-23.

Karsantık, İ. & Fidan, Y. (2025). "Development of organizational healing scale: Validity and reliability study." *Frontiers in Psychology*, 15, Article 1491182. https://doi.org/10.3389/fpsyg.2024.1491182

Lengnick-Hall, C. A. & Beck, T. E. (2005). "Adaptive fit versus robust transformation: How organizations respond to environmental change." *Journal of Management*, 31(5), 738-757.

Linnenluecke, M. K. (2017). "Resilience in business and management research: A review of influential publications and a research agenda." *International Journal of Management Reviews*, 19(1), 4-30.

March, J. G. (1991). "Exploration and exploitation in organizational learning." *Organization Science*, 2(1), 71-87.

Organisation for Economic Co-operation and Development. (2025). *Behind ESG ratings: Unpacking sustainability metrics*. OECD Publishing.

Ortiz-de-Mandojana, N. & Bansal, P. (2016). "The long-term benefits of organizational resilience through sustainable business practices." *Strategic Management Journal*, 37(8), 1615-1631.

Reeves, M. & Deimler, M. (2011). "Adaptability: The new competitive advantage." *Harvard Business Review*, 89(7/8), 134-141.

Rockwell, S. (2017). "How to recover from organisational decline: The 5 R's of organisational recovery." *The Oxford Review*, May 21, 2017.

Schwarz, G. M. & Stensaker, I. G. (2021). "Repositioning organizational failure through active sensemaking." *Global Business and Organizational Excellence*, 41(1), 27-38. https://doi.org/10.1177/26317877211054854

Shepherd, D. A. (2003). "Learning from business failure: Propositions of grief recovery for the self-employed." *Academy of Management Review*, 28(2), 318-328.

Sitkin, S. B. (1992). "Learning through failure: The strategy of small losses." *Research in Organizational Behavior*, 14, 231-266.

Taleb, N. N. (2012). *Antifragile: Things that gain from disorder*. Random House.

——. (2013). "Philosophy: 'Antifragility' as a mathematical idea." *Nature*, 494(7438), 430.

Tedeschi, R. G. & Calhoun, L. G. (1995). *Trauma and transformation: Growing in the aftermath of suffering*. Sage Publications.

——. (2004). "Posttraumatic growth: Conceptual foundations and empirical evidence." *Psychological Inquiry*, 15(1), 1-18.

Vogus, T. J. & Sutcliffe, K. M. (2007). "Organizational resilience: Towards a theory and research agenda." In *IEEE International Conference on Systems, Man and Cybernetics*(pp. 3418-3422). IEEE.

Weick, K. E. & Sutcliffe, K. M. (2007). *Managing the unexpected: Resilient performance in an age of uncertainty*(2nd ed.). Jossey-Bass.

World Commission on Environment and Development. (1987). *Our common future*. Oxford University Press.

필패 신드롬과 리더십의 진화

Arthur, W., Bennett, W., Edens, P. S. & Bell, S. T. (2003). "Effectiveness of training in organizations: A meta-analysis of design and evaluation features." *Journal of Applied Psychology*, 88(2), 234-245. https://doi.org/10.1037/0021-9010.88.2.234

Baumeister, R. F., Bratslavsky, E., Finkenauer, C. & Vohs, K. D. (2001). "Bad is stronger than good." *Review of General Psychology*, 5(4), 323-370.

Brehm, S. S. & Brehm, J. W. (1981). *Psychological reactance: A theory of freedom and control*. Academic Press.

Cannon, M. D. & Edmondson, A. C. (2001). "Confronting failure: Antecedents and consequences of shared beliefs about failure in organizational work groups." *Journal of Organizational Behavior*, 22(2), 161-177.

Carter, M. & Beier, M. E. (2010). "The effectiveness of error management training with working-aged adults." *Personnel Psychology*, 63(3), 641-675. https://doi.org/10.1111/j.1744-6570.2010.01183.x

Eden, D. (1984). "Self-fulfilling prophecy as a management tool: Harnessing Pygmalion." *Academy of Management Review*, 9(1), 64-73.

─────. (1990). *Pygmalion in management: Productivity as a self-fulfilling prophecy*. Lexington Books.

Eden, D. & Shani, A. B. (1982). "Pygmalion goes to boot camp: Expectancy, leadership, and trainee performance." *Journal of Applied Psychology*, 67(2), 194-199.

Edmondson, A. C. (1999). "Psychological safety and learning behavior in work teams." *Administrative Science Quarterly*, 44(2), 350-383.

─────. (2011). "Strategies for learning from failure." *Harvard Business Review*, 89(4), 48-55.

Goffman, E. (1959). *The presentation of self in everyday life*. Anchor Books.

Hudson, P. (2007). "Implementing a safety culture in a major multi-national." *Safety Science*, 45(6), 697-722. https://doi.org/10.1016/j.ssci.2007.04.005

Kang, H. K. & Kim, S. Y. (2022). "A study on the effect of organizational learning culture and failure learning on organizational performance." *Korean Journal of Business Administration*, 35(8), 1423-1442.

Krüger, W. & Petry, T. (2005). "3W-Modell des Unternehmungswandels: Bezugsrahmen für ein erfolgreiches Wandlungsmanagement." *Organisations-und Verwaltungsforschung*, 2, 11-18.

Lacerenza, C. N., Reyes, D. L., Marlow, S. L., Joseph, D. L. & Salas, E. (2017). "Leadership training design, delivery, and implementation: A meta-analysis." *Journal of Applied Psychology*, 102(12), 1686-1718. https://doi.org/10.1037/apl0000241

Lee, S. & Song, J. H. (2023). "An integrative literature review of organizational learning culture research: Implications for human resource development." *Adult Education Research and Conference Proceedings*, 2023, Article 4329.

Lindauer, F. (2024). "Learning-from-failure culture: A novel approach for effective workplace training [Executive summary]." Abacus Umantis.

Livingston, J. S. (1969). "Pygmalion in management." *Harvard Business Review*, 47(4), 81-89.

Manzoni, J.-F. & Barsoux, J.-L. (1998). "The set-up-to-fail syndrome." *Harvard Business Review*, 76(2), 101-113.

———. (2002). *The set-up-to-fail syndrome: How good managers cause great people to fail.* Harvard Business School Press.

———. (2007). *The set-up-to-fail syndrome: Overcoming the undertow of expectations.* Wharton School Publishing.

McNatt, D. B. (2000). "Ancient Pygmalion joins contemporary management: A meta-analysis of the result." *Journal of Applied Psychology*, 85(2), 314-322.

Merton, R. K. (1948). "The self-fulfilling prophecy." *The Antioch Review*, 8(2), 193-210.

Oh, S. & Kim, S. (2024). "Organizational learning from failures: Double moderating effects of organizational culture and employee engagement." *Learning Organization*, 31(4), 512-529. https://doi.org/10.1108/TLO-09-2023-0178

Rosenthal, R. & Jacobson, L. (1968). "Pygmalion in the classroom." *The Urban Review*, 3(1), 16-20.

———. (1992). *Pygmalion in the classroom: Teacher expectation and pupils' intellectual development* (Expanded ed.). Irvington Publishers.

Rybowiak, V., Garst, H., Frese, M. & Batinic, B. (1999). "Error orientation questionnaire (EOQ): Reliability, validity, and different language equivalence." *Journal of Organizational Behavior*, 20(4), 527-547. https://doi.org/10.1002/(SICI)1099-1379(199907)20:4<527::AID-JOB886>3.0.CO;2-G

Shepherd, D. A., Patzelt, H. & Wolfe, M. (2011). "Moving forward from project failure: Negative emotions, affective commitment, and learning from the experience." *Academy of Management Journal*, 54(6), 1229-1259.

Sitkin, S. B. (1992). "Learning through failure: The strategy of small losses." *Research in Organizational Behavior*, 14, 231-266.

Taylor, P. J., Russ-Eft, D. F. & Chan, D. W. L. (2005). "A meta-analytic review of behavior modeling training." *Journal of Applied Applied Psychology*, 90(4), 692-709. https://doi.org/10.1037/0021-9010.90.4.692

Uslu, D., Marcus, J. & Kisbu-Sakarya, Y. (2022). "Toward optimized effectiveness of employee training programs: A meta-analysis." *Journal of Personnel Psychology*, 21(2), 49-65. https://doi.org/10.1027/1866-5888/a000290

Weekly, C. (2021). "Lessons in failure: Applying an organizational learning framework to understanding attitudes towards failure in development." *Environmental Health Insights*, 15, Article 117863022110443. https://doi.org/10.1177/11786302211044348

Wilson, G. A. & Dobni, C. B. (2020). "Implementing a failure learning orientation." *International Technology Management Review*, 9(1), 27-40. https://doi.org/10.2991/itmr.k.200319.001

5장. 위기 속 기업 가치 회복의 인사이트

의도된 실패 시나리오의 설계와 실행

Allcorn, S. & Godkin, L. (2011). "Workplace bullying as a reflection of organizational dysfunction." *Psychologist-Manager Journal*, 14(3), 157-169.

Baumard, P. & Starbuck, W. H. (2005). "Learning from failures: Why it often doesn't happen." *Long Range Planning*, 38(3), 281-298.

Boyer, K. K. & Robert, K. W. (2006). "Print versus electronic surveys: A comparison of two data collection methodologies." *Journal of Operations Management*, 24(6), 699-715.

Cannon, M. D. & Edmondson, A. C. (2005). "Failing to learn and learning to fail (intelligently): How great organizations put failure to work to innovate and improve." *Long Range Planning*, 38(3), 299-319.

Desai, V. M. (2017). "Organizational learning from failure: Present theory and future opportunities." In A. Bryman (Ed.), *The Oxford handbook of organizational paradox*(pp. 211-228). Oxford University Press.

Dew, N., Read, S., Sarasvathy, S. D. & Wiltbank, R. (2006). "Affordable loss: Behavioral economic aspects of the plunge decision." *Strategic Entrepreneurship Journal*, 3(2), 105-126.

Edmondson, A. C. (2011). "Strategies for learning from failure." *Harvard Business Review*, 89(4), 48-55.

Farjoun, M. & Starbuck, W. H. (2020). "Corporate failures: Declines, collapses, and scandals." *Journal of Management Inquiry*, 29(1), 3-10. https://doi.org/10.1177/1056492619867454

Gilbert, C. G. (2005). "Unbundling the structure of inertia: Resource versus routine rigidity." *Academy of Management Journal*, 48(5), 741-763.

Godkin, L. & Allcorn, S. (2008). "Overcoming organizational inertia: A tripartite model for achieving strategic organizational change." *Journal of Applied Business and Economics*, 8(1), 82-94.

Hannan, M. T. & Freeman, J. (1984). "Structural inertia and organizational change." *American Sociological Review*, 49(2), 149-164.

Hariyani, D. & Mishra, S. (2024). "Causes of organizational failure: A literature review." *One Ecosystem*, 9, Article e115041. https://doi.org/10.3897/oneeco.9.e115041

Higashi, S. Y., Feierman, J. N. & Hoy, P. (2018). "What causes organisations to fail? A review of literature to inform research into financial abuse." *Trends in Organized Crime*, 23(1), 1-26.

Hoppmann, J., Peters, M., Schneider, M. & Hoffmann, V. H. (2013). "The two faces of market support—How deployment policies affect technological exploration and exploitation in the solar photovoltaic industry." *Research Policy*, 42(4), 989-1003.

Hoskisson, R. E., Chirico, F., Zyung, J. & Gambeta, E. (2017). "Managerial risk taking: A multitheoretical review and future research agenda." *Journal of Management*, 43(1), 137-169.

Kucharska, W. (2020). "Learning from mistakes in the context of organizational maturity and adaptability to changes." *European Journal of Knowledge Management*, 18(1), 1-16.

Kucharska, W. & Bedford, D. A. D. (2021). "Wisdom from experience paradox: Organizational learning, mistakes, hierarchy and maturity issues." *The Electronic Journal of Knowledge Management*, 19(2), 103-118. https://doi.org/10.34190/ejkm.19.2.2370

Lattacher, W. & Wdowiak, M. A. (2020). "Entrepreneurial learning from failure. A systematic review." *International Journal of Entrepreneurial Behavior & Research*, 26(5), 1093-1131. https://doi.org/10.1108/IJEBR-02-2019-0085

Madsen, P. M. & Desai, V. (2010). "Failing to learn? The effects of failure and success on organizational learning in the global orbital launch vehicle industry." *Academy of Management Journal*, 53(3), 451-476.

McKiernan, P. (2006). "Exploring environmental context within the history of strategic management." *International Journal of Management Reviews*, 8(4), 195-215.

Moradi, E., Jafari, S. M., Doorbash, Z. M. & Mirzaei, A. (2021). "Impact of organizational inertia on business model innovation, open innovation and corporate performance." *Asia Pacific Management Review*, 26(4), 171-179. https://doi.org/10.1016/j.apmrv.2021.01.003

Nagayoshi, S. (2024). "Effective organizational learning from failure." In *Proceedings of the 2024 ACM Conference on Knowledge Management*(pp. 1-8). ACM. https://doi.org/10.1145/3675669.3675680

Ravaghi, H., Mannion, R. & Sajadi, H. S. (2017). "Organizational failure and turnaround in public sector organizations: A systematic review of the evidence." *International Journal of Health Planning and Management*, 32(4), e76-e103. https://doi.org/10.1002/hpm.2384

Rumelt, R. P. (1995). "Inertia and transformation." In C. A. Montgomery (Ed.), *Resource-based and evolutionary theories of the firm: Towards a synthesis*(pp. 101-132). Kluwer Academic Publishers.

Shepherd, D. A. (2003). "Learning from business failure: Propositions of grief recovery for the self-employed." *Academy of Management Review*, 28(2), 318-328.

Sillic, M. (2019). "Critical impact of organizational and individual inertia in explaining non-compliant security behavior in the shadow IT context." *Computers & Security*, 80, 108-119.

Sitkin, S. B. (1992). "Learning through failure: The strategy of small losses." *Research in Organizational Behavior*, 14, 231-266.

Sull, D. N. (1999). "Why good companies go bad." *Harvard Business Review*, 77(4), 42-52.

Wald, A. (1943). "A method of estimating plane vulnerability based on damage of survivors." *Statistical Research Group*, Columbia University, CRC 432.

Weekly, C. (2021). "Lessons in failure: Applying an organizational learning framework to understanding attitudes towards failure in development." *Environmental Health Insights*, 15, Article 11786302211044348. https://doi.org/10.1177/11786302211044348

Yi, Y., Ndofor, H. & He, X. (2015). "Sleeping with rivals for survival: Strategic entrepreneurship responses to multimarket competition." *Journal of Business Research*, 68(8), 1283-1290.

Zhen, Z., Yousaf, Z., Radulescu, M. & Yasir, M. (2021). "Nexus of digital organizational culture, capabilities, organizational readiness, and innovation: Investigation of SMEs operating in the digital economy." *Sustainability*, 13(2), 720. https://doi.org/10.3390/su13020720

기업 신뢰 회복의 교과서: 타이레놀 사건

Argenti, P. A. (2002). "Crisis communication: Lessons from 9/11." *Harvard Business Review*, 80(12), 103-109.

Broom, G. M. & Sha, B. L. (2013). *Cutlip and Center's effective public relations*(11th ed.). Pearson.

Burke, J. E. (1984). "Putting principles into practice." *Executive Excellence*, 1(8), 3-4.

Caywood, C. & Stocker, K. (1993). "The ultimate crisis plan." In J. Gottschalk (Ed.), *Crisis response: Inside stories on managing under siege*(pp. 409-428). Visible Ink Press.

Coombs, W. T. (2007). "Protecting organization reputations during a crisis: The development and application of situational crisis communication theory." *Corporate Reputation Review*, 10(3), 163-176.

───. (2015). *Ongoing crisis communication: Planning, managing, and responding*(4th ed.). Sage Publications.

Dezenhall, E. & Weber, J. (2007). *Damage control: Why everything you know about crisis management is wrong*. Portfolio.

Fearn-Banks, K. (2016). *Crisis communications: A casebook approach* (5th ed.). Routledge.

Fink, S. (1986). *Crisis management: Planning for the inevitable*. American Management Association.

Hearit, K. M. (1994). "Apologies and public relations crises at Chrysler, Toshiba, and Volvo." *Public Relations Review*, 20(2), 113-125.

Johnson & Johnson. (1943). "Our credo. Johnson & Johnson." https://www.jnj.com/our-credo

Johnson, R. W. (1943). *Try reality: A discussion of hours, wages, and leadership in industry*. Johnson & Johnson.

Kaplan, T. (1990). "The Tylenol crisis: How effective public relations saved Johnson & Johnson." In J. Gottschalk (Ed.), *Crisis response*(pp. 103-107). Visible Ink Press.

Knight, R. F. & Pretty, D. J. (1999). "Corporate catastrophes, stock returns, and trading volume." *Corporate Reputation Review*, 2(4), 363-378.

Mitroff, I. I. (2004). *Crisis leadership: Planning for the unthinkable.* John Wiley & Sons.

Mitroff, I. I. & Pearson, C. M. (1993). *Crisis management: A diagnostic guide for improving your organization's crisis-preparedness.* Jossey-Bass.

Moore, P. (1982). "Johnson & Johnson and the Tylenol scare." *Strategic Management Journal*, 3(1), 44-49.

Pauchant, T. C. & Mitroff, I. I. (1992). *Transforming the crisis-prone organization: Preventing individual, organizational, and environmental tragedies.* Jossey-Bass.

Pearson, C. M. & Clair, J. A. (1998). "Reframing crisis management." *Academy of Management Review*, 23(1), 59-76.

Rehak, J. (2002). "Tylenol made a hero of Johnson & Johnson: The recall that started them all." *The New York Times*, March 23, 2002, Section C, Page 11.

Seeger, M. W., Sellnow, T. L. & Ulmer, R. R. (2003). *Communication and organizational crisis.* Praeger.

Sen, F. & Egelhoff, W. G. (1991). "Six years and counting: Learning from crisis management at Bhopal." *Public Relations Review*, 17(1), 69-83.

Snyder, L. (1983). "An anniversary review and critique: The Tylenol crisis." *Public Relations Review*, 9(3), 24-34.

Weiner, D. L. (2006). "Crisis communications: Managing corporate reputation in the court of public opinion." *Ivey Business Journal*, March/April 2006, 1-6.

Werhane, P. H. (1991). "Engineers and management: The challenge of the Challenger incident." *Journal of Business Ethics*, 10(8), 605-616.

실패 후 품질경영 시스템 재구축: 토요타의 리콜 사태

Adler, P. S., Goldoftas, B. & Levine, D. I. (1999). "Flexibility versus efficiency? A case study of model changeovers in the Toyota Production System." *Organization Science*, 10(1), 43-68.

Andrews, A. P., Simon, J., Tian, F. & Zhao, J. (2011). "The Toyota crisis: An economic, operational and strategic analysis of the massive recall." *Management Research Review*, 34(10), 1064-1077.

Camuffo, A. & Wilhelm, M. (2016). "Complementarities and organizational (Mis)fit: A retrospective analysis of the Toyota recall crisis." *Journal of Organization Design*, 5(1), Article 4. https://doi.org/10.1186/s41469-016-0006-6

Cole, R. E. (2011). "What really happened to Toyota?" *MIT Sloan Management Review*, 52(4), 29-35.

Collins, J. (2001). *Good to great: Why some companies make the leap... and others don't.* HarperBusiness.

Cusumano, M. A. (1985). *The Japanese automobile industry: Technology and management at*

Nissan and Toyota. Harvard University Press.

De Menezes, L. M., Wood, S. & Gelade, G. (2010). "The integration of human resource and operation management practices and its link with performance: A longitudinal latent class study." *Journal of Operations Management*, 28(6), 455-471.

Dyer, J. H. & Hatch, N. W. (2006). "Relation-specific capabilities and barriers to knowledge transfers: Creating advantage through network relationships." *Strategic Management Journal*, 27(8), 701-719.

Dyer, J. H. & Nobeoka, K. (2000). "Creating and managing a high-performance knowledge-sharing network: The Toyota case." *Strategic Management Journal*, 21(3), 345-367.

Dweck, C. S. (2006). *Mindset: The new psychology of success.* Random House.

Fiss, P. C. (2007). "A set-theoretic approach to organizational configurations." *Academy of Management Review*, 32(4), 1180-1198.

Fruin, W. M. & Nishiguchi, T. (1993). "Supplying the Toyota Production System: Intercorporate organizational evolution and supplier subsystems." In B. Kogut (Ed.), *Country competitiveness: Technology and the organizing of work* (pp. 225-246). Oxford University Press.

Fujimoto, T. (1999). *The evolution of a manufacturing system at Toyota.* Oxford University Press.

Kauffman, S. A. (1993). *The origins of order: Self-organization and selection in evolution.* Oxford University Press.

Kumar, S. & Schmitz, S. (2011). "Managing recalls in a consumer product supply chain—root cause analysis and measures to mitigate risks." *International Journal of Production Research*, 49(1), 235-253.

Liker, J. K. (2004). *The Toyota way: 14 management principles from the world's greatest manufacturer.* McGraw-Hill.

Liker, J. K. & Hoseus, M. (2008). *Toyota culture: The heart and soul of the Toyota way.* McGraw-Hill.

Liker, J. K., & Meier, D. (2007). *Toyota talent: Developing your people the Toyota way.* McGraw-Hill.

MacDuffie, J. P. (1995). "Human resource bundles and manufacturing performance: Organizational logic and flexible production systems in the world auto industry." *Industrial and Labor Relations Review*, 48(2), 197-221.

Milgrom, P. & Roberts, J. (1990). "The economics of modern manufacturing: Technology, strategy, and organization." *American Economic Review*, 80(3), 511-528.

Monden, Y. (2012). *Toyota Production System: An integrated approach to just-in-time* (4th ed.). CRC Press.

Ohno, T. (1988). *Toyota Production System: Beyond large-scale production.* Productivity Press.

Pardi, T. (2005). *World class manufacturing: A study in Toyotism in France* [Working Paper].

GERPISA, University of Evry.

Pardi, T. (2007). "Redefining the Toyota Production System: The European side of the story." *New Technology, Work and Employment*, 22(1), 2-20.

Porter, M. E. & Siggelkow, N. (2008). "Contextuality within activity systems and sustainability of competitive advantage." *Academy of Management Perspectives*, 22(2), 34-56.

Rivkin, J. W. (2000). "Imitation of complex strategies." *Management Science*, 46(6), 824-844.

Sako, M. (2004). "Supplier development at Honda, Nissan and Toyota: Comparative case studies of organizational capability enhancement." *Industrial and Corporate Change*, 13(2), 281-308.

Schein, E. H. (1992). *Organizational culture and leadership*(2nd ed.). Jossey-Bass.

Shah, R. & Ward, P. T. (2003). "Lean manufacturing: Context, practice bundles, and performance." *Journal of Operations Management*, 21(2), 129-149.

———. (2007). "Defining and developing measures of lean production." *Journal of Operations Management*, 25(4), 785-805.

Siggelkow, N. (2001). "Change in the presence of fit: The rise, the fall, and the renaissance of Liz Claiborne." *Academy of Management Journal*, 44(4), 838-857.

———. (2002). "Evolution toward fit." *Administrative Science Quarterly*, 47(1), 125-159.

———. (2011). "Firms as systems of interdependent choices." *Journal of Management Studies*, 48(5), 1126-1140.

Siggelkow, N. & Rivkin, J. W. (2009). "Building organizations for performance: Exploring organizational structure along multiple contingencies." In D. J. Ketchen & D. D. Bergh (Eds.), *Research methodology in strategy and management*(Vol. 5, pp. 201-231). Emerald Group Publishing.

Spear, S. & Bowen, H. K. (1999). "Decoding the DNA of the Toyota Production System." *Harvard Business Review*, 77(5), 96-106.

Spear, S. J. (2004). "Learning to lead at Toyota." *Harvard Business Review*, 82(5), 78-86.

Sugimori, Y., Kusunoki, K., Cho, F. & Uchikawa, S. (1977). "Toyota production system and kanban system materialization of just-in-time and respect-for-human system." *International Journal of Production Research*, 15(6), 553-564.

Taleb, N. N. (2012). *Antifragile: Things that gain from disorder*. Random House.

Toyota Motor Corporation. (2006). *Annual report 2006*. Toyota Motor Corporation.

Wilhelm, M. M. (2011). "Managing coopetition through horizontal supply chain relations: Linking dyadic and network levels of analysis." *Journal of Operations Management*, 29(7-8), 663-676.

Womack, J. P. & Jones, D. T. (1996). *Lean thinking: Banish waste and create wealth in your corporation*. Simon & Schuster.

Womack, J. P., Jones, D. T. & Roos, D. (1990). *The machine that changed the world*. Rawson Associates.

리더십 부재의 대가: BP의 딥워터 호라이즌 사고

Akyildirim, E., Cepni, O., Gupta, R. & Wohar, M. E. (2024). "Understanding reputational disaster during economic crises: The role of media coverage and ESG controversies." *Energy Economics*, 133, Article 107477. https://doi.org/10.1016/j.eneco.2024.107477

Argenti, P. A. (2016). *Corporate communication*(7th ed.). McGraw-Hill Education.

Cao, T. N. (2023). "BP's crisis management: Lessons learned and reputational impact." LinkedIn, May 28, 2023.

Coombs, W. T. & Holladay, S. J. (2012). *The handbook of crisis communication*. Wiley-Blackwell.

──────. (2015). "CSR as crisis risk: Expanding how we conceptualize the relationship." *Corporate Communications: An International Journal*, 20(2), 144-162.

Freudenburg, W. R. & Gramling, R. (2011). *Blowout in the Gulf: The BP oil spill disaster and the future of energy in America*. MIT Press.

Graumann, A. (2013). "Lessons learnt from the BP Deepwater Horizon spill oil." *Business Management and Strategy*, 4(2), 40-53. https://doi.org/10.5296/bms.v4i2.4950

Hossain, M. M., Farooque, O. A., Momin, M. A. & Arif, I. (2024). "The reputational costs of corporate environmental irresponsibility: Evidence from greenwashing." *Business Strategy and the Environment*, 33(4), 3259-3278. https://doi.org/10.1002/bse.3528

Ingersoll, D. W., Matthews, R. & Davie, A. (1997). *Philosophic roots of modern ideology*. Prentice Hall.

Meigs, J. B. (2016). *Seashell: The true story of the Deepwater Horizon oil spill*. Vanessa Publishing.

National Commission on the BP Deepwater Horizon Oil Spill and Offshore Drilling. (2011). *Deep water: The Gulf oil disaster and the future of offshore drilling*. U.S. Government Printing Office.

Oluseyi-Sowunmi, S. O. & Olatunji, L. E. (2020). "Corporate environmental reputation management and financial performance." *Cogent Social Sciences*, 6(1), Article 1813368. https://doi.org/10.1080/23311886.2020.1813368

Pattberg, P. & Widerberg, O. (2016). "Transnational multistakeholder partnerships for sustainable development: Conditions for success." *Ambio*, 45(1), 42-51.

Pearson, C. M. & Mitroff, I. I. (1993). "From crisis prone to crisis prepared: A framework for crisis management." *Academy of Management Executive*, 7(1), 48-59.

Sandman, P. M. (2010). "BP's communication response to the Deepwater Horizon crisis." The Peter Sandman Risk Communication Website. https://www.psandman.com/articles/deepwater.htm

Schultz, F., Castelló, I. & Morsing, M. (2013). "The construction of corporate social responsibility in network societies: A communication view." *Journal of Business Ethics*, 115(4), 681-692.

Seeger, M. W., Sellnow, T. L. & Ulmer, R. R. (2003). *Communication and organizational crisis*.

Praeger.

Sellnow, T. L. & Seeger, M. W. (2013). *Theorizing crisis communication*. Wiley-Blackwell.

Smith, L. (2018). *Effective crisis communication: Moving from crisis to opportunity*. SAGE Publications.

Smith, L. C. & Smith, K. D. (2015). "Dateline BP oil spill: Pelican symbolism and the language of blame." *EcoHealth*, 12(2), 231-235.

Steffy, L. C. (2011). *Drowning in oil: BP and the reckless pursuit of profit*. McGraw-Hill.

Ulmer, R. R., Sellnow, T. L. & Seeger, M. W. (2010). *Effective crisis communication: Moving from crisis to opportunity*(2nd ed.). SAGE Publications.

Wang, X., Xiang, C., Xu, L. & Cao, F. (2023). "Corporate culture and environmental reputation risk: Evidence from China." *Research in International Business and Finance*, 67, Article 102140. https://doi.org/10.1016/j.ribaf.2023.102140

Werther Jr., W. B. & Chandler, D. (2010). *Strategic corporate social responsibility: Stakeholders in a global environment*(2nd ed.). SAGE Publications.

투명성과 대응의 힘: SKT, KT, 롯데카드 해킹 사건

Australian Government, Office of the Australian Information Commissioner. (2022). "Part 3: Responding to data breaches – Four key steps." OAIC. https://www.oaic.gov.au/privacy/privacy-guidance-for-organisations-and-government-agencies/preventing-preparing-for-and-responding-to-data-breaches/data-breach-preparation-and-response/part-3-responding-to-data-breaches-four-key-steps

Cichonski, P., Millar, T., Grance, T. & Scarfone, K. (2012). *Computer security incident handling guide*(NIST Special Publication 800-61, Revision 2). National Institute of Standards and Technology. https://doi.org/10.6028/NIST.SP.800-61r2

Coombs, W. T. (2007). "Protecting organization reputations during a crisis: The development and application of situational crisis communication theory." *Corporate Reputation Review*, 10(3), 163-176.

Coombs, W. T. & Holladay, S. J. (2002). "Helping crisis managers protect reputational assets: Initial tests of the situational crisis communication theory." *Management Communication Quarterly*, 16(2), 165-186.

──── . (2012). *The handbook of crisis communication*. Wiley-Blackwell.

Crowe, J., Genç, E. & LaCrete, B. (2023). "Managing cyber incidents: The role of public communications." *Journal of Cybersecurity*, 9(1), Article tyad003. https://doi.org/10.1093/cybsec/tyad003

Federal Trade Commission. (2025). "Data breach response: A guide for business." FTC. https://www.ftc.gov/business-guidance/resources/data-breach-response-guide-business

Gwebu, K. L., Wang, J. & Wang, L. (2018). "The role of corporate reputation and crisis response strategies in data breach management." *Journal of Management Information*

Systems, 35(2), 683-714.

IBM Security. (2024). "Cost of a data breach report 2024." IBM Corporation.

Lachlan, K. A., Spence, P. R., Lin, X., Najarian, K. & Del Greco, M. (2016). "Social media and crisis management: CERC, search strategies, and Twitter content." *Computers in Human Behavior*, 54, 647-652.

Martin, K. D., Borah, A. & Palmatier, R. W. (2017). "Data privacy: Effects on customer and firm performance." *Journal of Marketing*, 81(1), 36-58.

New Zealand National Cyber Security Centre. (2019). "Public communications for cyber security incidents: A framework for organisations." NCSC. https://www.ncsc.govt.nz/protect-your-organisation/public-communications-for-cyber-security-incidents-a-framework-for-organisations/

Ruohonen, J., Hjerppe, K. & Kortesuo, K. (2024). "Crisis communication in the face of data breaches: Insights from qualitative case studies." *Computers & Security*, 145, Article 103989. https://doi.org/10.1016/j.cose.2024.103989

Sanguine Security Associates. (2025). "Data breach crisis management: Steps to take within the first 24 hours." Sanguine SA Blog. https://sanguinesa.com/data-breach-crisis-management-steps-to-take-within-the-first-24-hours/

Seeger, M. W., Sellnow, T. L. & Ulmer, R. R. (2003). *Communication and organizational crisis*. Praeger.

Thakur, K. & Qian, L. (2018). "Data breach incident response and data recovery in cloud environment." In *Proceedings of the 2018 IEEE International Conference on Big Data*(pp. 5251-5256). IEEE.

Wang, P. & Kim, H. W. (2019). "Alleviating psychological damage of data breach victims: Empirical evidence for the role and strategy of data breach notification." *MIS Quarterly*, 43(4), 1ailleviating-1272.

Wire Swiss. (2025). "72-hour crisis response plan for cyber incidents: A practical guide for GDPR and NIS2 compliance." Wire Blog. https://wire.com/en/blog/crisis-communication-72-hour-response-guide

위험 감수형 기업가 정신: 스페이스X의 실험 모델

Berger, E. (2021). *Liftoff: Elon Musk and the desperate early days that launched SpaceX*. William Morrow.

Christensen, C. M. (1997). *The innovator's dilemma: When new technologies cause great firms to fail*. Harvard Business School Press.

Davenport, C. (2018). *The space barons: Elon Musk, Jeff Bezos, and the quest to colonize the cosmos*. PublicAffairs.

Fernholz, T. (2018). *Rocket billionaires: Elon Musk, Jeff Bezos, and the new space race*. Houghton Mifflin Harcourt.

George, K. W. (2019). "The economic impacts of the commercial space industry." *Space Policy*, 47, 181-186. https://doi.org/10.1016/j.spacepol.2018.11.003

Hamadi, B. (2025, August 31). "Fail fast, learn faster: Lessons from Musk's playbook." Wamda. https://www.wamda.com/2025/09/fail-fast-learn-faster-lessons-musk-playbook

Han, Y., Zhu, Q. & Huang, X. (2023). "A PIE analysis of China's commercial space development." *Humanities and Social Sciences Communications*, 10(1), Article 734. https://doi.org/10.1057/s41599-023-02274-w

Ismail, S., Malone, M. S., van Geest, Y. & Diamandis, P. H. (2014). *Exponential organizations: Why new organizations are ten times better, faster, and cheaper than yours (and what to do about it)*. Diversion Books.

Lee, K. O., Choi, J. Y. & Kim, H. D. (2019). "Analysis of SpaceX's launch vehicle development strategy." *Journal of the Korean Society for Aeronautical & Space Sciences*, 47(12), 917-930. https://doi.org/10.5139/JKSAS.2019.47.12.917

Leinbach, M. & Ward, J. (2018). *Bringing Columbia home: The untold story of a lost space shuttle and her crew*. Arcade Publishing.

Musk, E. (2017). "Making humans a multi-planetary species." *New Space*, 5(2), 46-61. https://doi.org/10.1089/space.2017.29009.emu

NASA. (2020). "NASA's commercial crew program: Benefits for commercial spaceflight." NASA.

Pasztor, A. (2019). *The space race: The journey to the moon and beyond*. Columbia University Press.

Seedhouse, E. (2013). *SpaceX: Making commercial spaceflight a reality*. Springer Praxis Books.

Sheetz, M. (2021). *Rocket men: The epic story of the first men on the Moon*. Flatiron Books.

SpaceX. (2024). "Falcon 9 launch vehicle payload user's guide." Space Exploration Technologies Corporation.

Taleb, N. N. (2012). *Antifragile: Things that gain from disorder*. Random House.

Vance, A. (2015). *Elon Musk: Tesla, SpaceX, and the quest for a fantastic future*. Ecco Press.

Wertz, J. R., Everett, D. F. & Puschell, J. J. (2011). *Space mission engineering: The new SMAD*. Microcosm Press.

핑계와 전략적 책임감의 차별성

Cameron, K. S. & Quinn, R. E. (2011). *Diagnosing and changing organizational culture: Based on the competing values framework* (3rd ed.). Jossey-Bass.

Deverell, E. & Olsson, E. K. (2010). "Organizational culture effects on strategy and adaptability in crisis management." *Risk Management*, 12(2), 116-134. https://doi.org/10.1057/rm.2009.20

Dweck, C. S. (2006). *Mindset: The new psychology of success*. Random House.

Edmondson, A. C. (1999). "Psychological safety and learning behavior in work teams."

Administrative Science Quarterly, 44(2), 350-383.

──. (2011). "Strategies for learning from failure." *Harvard Business Review*, 89(4), 48-55.

──. (2019). *The fearless organization: Creating psychological safety in the workplace for learning, innovation, and growth*. John Wiley & Sons.

Edmondson, A. C. & Lei, Z. (2014). "Psychological safety: The history, renaissance, and future of an interpersonal construct." *Annual Review of Organizational Psychology and Organizational Behavior*, 1(1), 23-43.

Lim, J. R. & Greenwood, C. A. (2020). "How organizations in different cultures respond to crises: The attribution perspective." *Journal of International Crisis and Risk Communication Research*, 3(2), 169-202. https://doi.org/10.30658/jicrcr.3.2.1

McGregor, D. (1960). *The human side of enterprise*. McGraw-Hill.

Mitroff, I. I. & Anagnos, G. (2001). *Managing crises before they happen: What every executive and manager needs to know about crisis management*. AMACOM.

Obialo, I. V. & Godson-Wejimogu, N. C. (2021). "Organizational culture and its role in crisis management: A literature review." *International Journal of Innovative Legal & Political Studies*, 9(2), 19-32.

Patil, R., Joshi, M. & Marathe, S. (2023). "Investigating its impact on team learning, team efficacy, and productivity in teams." *The Open Psychology Journal*, 16(1), Article e187435012307090. https://doi.org/10.2174/18743501-v16-e230709-2022-71

Senge, P. M. (1990). *The fifth discipline: The art and practice of the learning organization*. Doubleday/Currency.

Sherman, W. S. & Williams, D. E. (2020). "Are you talkin' to me? The role of culture in crisis management sensemaking." *Management Decision*, 58(10), 2063-2078. https://doi.org/10.1108/MD-03-2019-0324

Taleb, N. N. (2012). *Antifragile: Things that gain from disorder*. Random House.

Tawaha, M. S., Faouri, A. H. & Shakhatreh, H. J. (2021). "The study of the mutual effect between crisis strategies and organizational culture: A case study during the Corona crisis." *Cogent Business & Management*, 8(1), Article 1984625. https://doi.org/10.1080/23311975.2021.1984625

Weick, K. E. (1993). "The collapse of sensemaking in organizations: The Mann Gulch disaster." *Administrative Science Quarterly*, 38(4), 628-652.

Weick, K. E. & Sutcliffe, K. M. (2007). *Managing the unexpected: Resilient performance in an age of uncertainty*(2nd ed.). Jossey-Bass.

Zhao, X., Zhang, X., Zhang, L. & Chen, Y. (2024). "The relationship between corporate culture of SMEs and crisis response ability under the cross-cultural background." *Journal of Infrastructure, Policy and Development*, 8(10), Article 6684. https://doi.org/10.55365/1923.x2024.22.247

6장. 액땜 경영 전략으로 미래를 대비하라

리스크 대응의 시점 설정과 결정 요인

Arshi, T. A., Demirbag, M. & Glaister, K. W. (2023). "Can entrepreneurial marketing compensate for late market entry? Evidence from the United Arab Emirates." *Heliyon*, 9(4), Article e15207. https://doi.org/10.1016/j.heliyon.2023.e15207

Ben-Menahem, S. M. (2013). "Strategic timing and proactiveness of organizations." Erasmus Research Institute of Management. https://doi.org/10.2139/ssrn.2334743

Czernek-Marszałek, K. & Wójcik, D. (2024). "Turning crisis into chances: Tourism entrepreneurs' timing strategies amidst emergencies." *Journal of Entrepreneurship, Management and Innovation*, 20(3), 7-38. https://doi.org/10.7341/20242032

Fosfuri, A., Lanzolla, G. & Suarez, F. F. (2013). "Entry-timing strategies: The road ahead." *Long Range Planning*, 46(4-5), 300-311. https://doi.org/10.1016/j.lrp.2013.07.001

Golder, P. N. & Tellis, G. J. (1993). "Pioneer advantage: Marketing logic or marketing legend?" *Journal of Marketing Research*, 30(2), 158-170.

Husairi, M. A., Sinha, P., Arunachalam, S. & Nordgren, L. (2021). "Market entry timing: The impact of complementary marketing and R&D capabilities on survival and growth." *Journal of Business Research*, 134, 107-121. https://doi.org/10.1016/j.jbusres.2021.05.028

Kairos Profile. (2019). "Why decision making?" https://kairosprofile.com/why-decision-making/?lang=en

Lieberman, M. B. & Montgomery, D. B. (1988). "First-mover advantages." *Strategic Management Journal*, 9(S1), 41-58.

―――. (1998). "First-mover (dis)advantages: Retrospective and link with the resource-based view." *Strategic Management Journal*, 19(12), 1111-1125.

Makadok, R. (1998). "Can first-mover and early-mover advantages be sustained in an industry with low barriers to entry/imitation?" *Strategic Management Journal*, 19(7), 683-696.

Pasteur, L. (1854). "Lecture, University of Lille," December 7, 1854. In R. Vallery-Radot (1919), *The life of Pasteur*. (Translated by R. L. Devonshire). Doubleday, Page & Company.

Sung, T. J. (2010). "Time-based strategy and business performance under environmental uncertainty: An empirical study of design firms in Taiwan." *International Journal of Design*, 4(3), 29-42.

Suarez, F. F., Grodal, S. & Gotsopoulos, A. (2015). "Perfect timing? Dominant category, dominant design, and the window of opportunity for firm entry." *Strategic Management Journal*, 36(3), 437-448.

Taleb, N. N. (2001). *Fooled by randomness: The hidden role of chance in life and in the markets*. Random House.

―――. (2012). *Antifragile: Things that gain from disorder*. Random House.

Thomas, R. J. (1985). "Timing: The key to market entry." *Journal of Consumer Marketing*,

2(3), 77-87. https://doi.org/10.1108/eb008137

Viramontes, A. (2011). "Strategic model for the assessment of business opportunities: From business idea to business plan" [Master's thesis, KTH Royal Institute of Technology]. DiVA Portal.

Zhao, E. Y., Fisher, G., Lounsbury, M. & Miller, D. (2017). "Optimal distinctiveness: Broadening the interface between institutional theory and strategic management." *Strategic Management Journal*, 38(1), 93-113.

핵심 원칙 1. 실패를 적극적으로 받아들이는 친화적 마인드셋

Dweck, C. S. (1988). "A social-cognitive approach to motivation and personality." *Psychological Review*, 95(2), 256-273.

─── . (2006). *Mindset: The new psychology of success*. Random House.

─── . (2015). "Carol Dweck revisits the 'growth mindset.'" *Education Week*, 35(5), 20-24.

Edmondson, A. C. (1999). "Psychological safety and learning behavior in work teams." *Administrative Science Quarterly*, 44(2), 350-383.

─── . (2011). "Strategies for learning from failure." *Harvard Business Review*, 89(4), 48-55.

─── . (2018). *The fearless organization: Creating psychological safety in the workplace for learning, innovation, and growth*. John Wiley & Sons.

Edmondson, A. C. & Lei, Z. (2014). "Psychological safety: The history, renaissance, and future of an interpersonal construct." *Annual Review of Organizational Psychology and Organizational Behavior*, 1(1), 23-43.

Grove, A. S. (1996). *Only the paranoid survive: How to exploit the crisis points that challenge every company*. Currency Doubleday.

Henkel, J. & Ronde, T. (2019). "Crash and burn: Why Silicon Valley's notion that failure is beneficial is a myth." *Harvard Business School Working Paper Series*, No. 19-010.

McGrath, R. G. (2011). "Failing by design." *Harvard Business Review*, 89(4), 76-83.

Nanda, R. & Rhodes-Kropf, M. (2013). "Investment cycles and startup innovation." *Journal of Financial Economics*, 110(2), 403-418.

Schoemaker, P. J. H. & Gunther, R. E. (2006). "The wisdom of deliberate mistakes." *Harvard Business Review*, 84(6), 108-115.

Selig, J. (2017). "Fail fast: The value of studying unsuccessful technology companies." *Michigan Journal of Business*, 10(1), 1-33.

Shepherd, D. A. (2003). "Learning from business failure: Propositions of grief recovery for the self-employed." *Academy of Management Review*, 28(2), 318-328.

Sitkin, S. B. (1992). "Learning through failure: The strategy of small losses." *Research in Organizational Behavior*, 14, 231-266.

Yeager, D. S. & Dweck, C. S. (2020). "What can be learned from growth mindset controversies?" *American Psychologist*, 75(9), 1269-1284. https://doi.org/10.1037/amp0000794

핵심 원칙 2. 지속적 자기 파괴 원칙

Christensen, C. M. (1997). *The innovator's dilemma: When new technologies cause great firms to fail*. Harvard Business School Press.

Christensen, C. M. & Raynor, M. E. (2003). *The innovator's solution: Creating and sustaining successful growth*. Harvard Business School Press.

Christensen, C. M., Raynor, M. E. & McDonald, R. (2015). "What is disruptive innovation?" *Harvard Business Review*, 93(12), 44-53.

Dweck, C. S. (2006). *Mindset: The new psychology of success*. Random House.

Grove, A. S. (1996). *Only the paranoid survive: How to exploit the crisis points that challenge every company*. Currency Doubleday.

———. (1998). "Navigating strategic inflection points." *Academy of Management Executive*, 12(4), 7-17.

Hamel, G. & Prahalad, C. K. (1994). *Competing for the future*. Harvard Business School Press.

Nadella, S. (2017). *Hit refresh: The quest to rediscover Microsoft's soul and imagine a better future for everyone*. Harper Business.

Stone, B. (2013). *The everything store: Jeff Bezos and the age of Amazon*. Little, Brown and Company.

핵심 원칙 3. 포트폴리오적 접근 원칙

Amram, M. & Kulatilaka, N. (1999). *Real options: Managing strategic investment in an uncertain world*. Harvard Business School Press.

Copeland, T. & Antikarov, V. (2001). *Real options: A practitioner's guide*. Texere.

Markowitz, H. (1952). "Portfolio selection." *The Journal of Finance*, 7(1), 77-91.

McGrath, R. G. (1997). "A real options logic for initiating technology positioning investments." *Academy of Management Review*, 22(4), 974-996.

Myers, S. C. (1977). "Determinants of corporate borrowing." *Journal of Financial Economics*, 5(2), 147-175.

Ries, E. (2011). *The lean startup: How today's entrepreneurs use continuous innovation to create radically successful businesses*. Crown Business.

Stone, B. (2013). *The everything store: Jeff Bezos and the age of Amazon*. Little, Brown and Company.

Trigeorgis, L. (1996). *Real options: Managerial flexibility and strategy in resource allocation*. MIT Press.

Trigeorgis, L. & Reuer, J. J. (2017). "Real options theory in strategic management." *Strategic Management Journal*, 38(1), 42-63. https://doi.org/10.1002/smj.2593

핵심 원칙 4. 안티프래질 원칙

Calabrese, E. J. & Baldwin, L. A. (2002). "Defining hormesis." *Human & Experimental*

Toxicology, 21(2), 91-97.

Epel, E. S. & Lithgow, G. J. (2020). "Toxic stress, hormetic stress, and the rate of aging." *Mechanisms of Ageing and Development*, 191, Article 111340. https://doi.org/10.1016/j.mad.2020.111340

Hill, Y., Edens, F. W. & Slavich, G. M. (2024). "Adaptation to stressors: Hormesis as a framework for studying adaptive behavior." *Journal of School Psychology*, 105, Article 101298. https://doi.org/10.1016/j.jsp.2024.101298

Leak, R. K., Calabrese, E. J., Kozumbo, W. J., Gidday, J. M., Johnson, T. E., Mitchell, J. R., Ozaki, C. K., Wetzker, R., Bast, A., Belz, R. G., Bøtker, H. E., Koch, S., Mattson, M. P., Simon, R. P., Jirtle, R. & Andersen, J. K. (2018). "Enhancing and extending biological performance and resilience." *Dose-Response*, 16(3). https://doi.org/10.1177/1559325818784501

Mattson, M. P. (2008). "Hormesis defined." *Ageing Research Reviews*, 7(1), 1-7.

Plumb, T. N., Murphy, J. A., Ilgen, M. A. & Maier, S. F. (2021). "Post-stress glucose consumption facilitates hormesis and stress resilience." *Behavioural Brain Research*, 411, Article 113392. https://doi.org/10.1016/j.bbr.2021.113392

Power, B. (2012, November 28). "Nassim Taleb's cure for fragility." *Harvard Business Review*. https://hbr.org/2012/11/nassim-talebs-cure-for-fragili

Schirrmacher, V. (2021). "Less can be more: The hormesis theory of stress adaptation in the global biosphere and its implications." *Biomedicines*, 9(3), 293. https://doi.org/10.3390/biomedicines9030293

Taleb, N. N. (2012). *Antifragile: Things that gain from disorder*. Random House.

———. (2013). "Philosophy: 'Antifragility' as a mathematical idea." *Nature*, 494(7438), 430.

Wan, Y., Xu, L., Liu, Z., Yang, M., Jiang, X., Zhang, Q. & Huang, J. (2024). "Current advances and future trends of hormesis in disease." *npj Aging*, 10(1), Article 23. https://doi.org/10.1038/s41514-024-00155-3

Zaidan, E. (2025). "Adapting to change and transforming crisis into opportunity: Harnessing sports events for community resilience and sustainable development." *Heliyon*, 11(2), Article e41831. https://doi.org/10.1016/j.heliyon.2025.e41831

핵심 원칙 5. 반복적 피드백 원칙

Imai, M. (1986). *Kaizen: The key to Japan's competitive success*. McGraw-Hill Education.

Liker, J. K. (2004). *The Toyota way: 14 management principles from the world's greatest manufacturer*. McGraw-Hill.

Liker, J. K. & Meier, D. (2006). *The Toyota way fieldbook: A practical guide for implementing Toyota's 4Ps*. McGraw-Hill.

Ohno, T. (1988). *Toyota Production System: Beyond large-scale production*. Productivity Press.

Ries, E. (2011). *The lean startup: How today's entrepreneurs use continuous innovation to create radically successful businesses*. Crown Business.

Shingo, S. (1989). *A study of the Toyota Production System from an industrial engineering viewpoint*. Productivity Press.

Vance, A. (2015). *Elon Musk: Tesla, SpaceX, and the quest for a fantastic future*. Ecco Press.

Womack, J. P. & Jones, D. T. (1996). *Lean thinking: Banish waste and create wealth in your corporation*. Simon & Schuster.

Womack, J. P., Jones, D. T. & Roos, D. (1990). *The machine that changed the world*. Rawson Associates.

핵심 원칙 6. 인내와 끈기의 원칙

Bezos, J. (1997). "1997 letter to shareholders." Amazon.com, Inc.

Gladwell, M. (2000). *The tipping point: How little things can make a big difference*. Little, Brown and Company.

Hardy, D. (2010). *The compound effect*. Vanguard Press.

Mischel, W. (2014). *The marshmallow test: Mastering self-control*. Little, Brown and Company.

Stone, B. (2013). *The everything store: Jeff Bezos and the age of Amazon*. Little, Brown and Company.

Vance, A. (2015). *Elon Musk: Tesla, SpaceX, and the quest for a fantastic future*. Ecco Press.

핵심 원칙 7. 학습자 마인드셋 원칙

Clear, J. (2018). "Shoshin: This Zen concept will help you stop being a slave to old beliefs." https://jamesclear.com/shoshin

Dweck, C. S. (1988). "A social-cognitive approach to motivation and personality." *Psychological Review*, 95(2), 256-273.

———. (2006). *Mindset: The new psychology of success*. Random House.

———. (2015). "Carol Dweck revisits the 'growth mindset.'" *Education Week*, 35(5), 20-24.

———. (2019). "Mindsets: A view from two eras." *Perspectives on Psychological Science*, 14(3), 481-496. https://doi.org/10.1177/1745691618804166

Edmondson, A. C. (2019). *The fearless organization: Creating psychological safety in the workplace for learning, innovation, and growth*. John Wiley & Sons.

Nadella, S. (2017). *Hit refresh: The quest to rediscover Microsoft's soul and imagine a better future for everyone*. Harper Business.

Suzuki, S. (1970). *Zen mind, beginner's mind*. Weatherhill.

긍정적 실패 서사로 브랜드 신뢰 구축

Bonner, C. V., Henrich, C. C. & Doty, J. L. (2025). "Growth following adversity is rare: Evidence from a multi-method longitudinal study." *Journal of Research in Personality*, 108, Article 104515. https://doi.org/10.1016/j.jrp.2025.104515

Dweck, C. S. (2006). *Mindset: The new psychology of success*. Random House.

Epictetus. (2008). *Discourses and selected writings*. (Translated by R. Dobbin). Penguin Classics. (Original work published ca. 108 CE)

Fredrickson, B. L., Tugade, M. M., Waugh, C. E. & Larkin, G. R. (2003). "What good are positive emotions in crises? A prospective study of resilience and emotions following the terrorist attacks on the United States on September 11th, 2001." *Journal of Personality and Social Psychology*, 84(2), 365-376.

Lafuente, E., Vaillant, Y. & Vendrell-Herrero, F. (2019). "Bouncing back from failure: Entrepreneurial resilience and the internationalisation of subsequent ventures created by serial entrepreneurs." *Applied Psychology: An International Review*, 68(4), 658-694. https://doi.org/10.1111/apps.12175

Marcus Aurelius. (2006). *Meditations*. (Translated by M. Hammond). Penguin Classics. (Original work published ca. 170-180 CE)

Ries, E. (2011). *The lean startup: How today's entrepreneurs use continuous innovation to create radically successful businesses*. Crown Business.

Robertson, D. (2019). *How to think like a Roman emperor: The Stoic philosophy of Marcus Aurelius*. St. Martin's Press.

Russo-Netzer, P. & Moran, G. (2018). "Positive growth from adversity and beyond: Insights gained from cross-examination of clinical and nonclinical samples." *American Journal of Orthopsychiatry*, 88(1), 59-68. https://doi.org/10.1037/ort0000224

Seneca, L. A. (2004). *Letters from a Stoic*. (Translated by R. Campbell). Penguin Classics. (Original work published ca. 65 CE)

Taleb, N. N. (2012). *Antifragile: Things that gain from disorder*. Random House.

Tedeschi, R. G. & Calhoun, L. G. (2004). "Posttraumatic growth: Conceptual foundations and empirical evidence." *Psychological Inquiry*, 15(1), 1-18.

Tugade, M. M., & Fredrickson, B. L. (2004). "Resilient individuals use positive emotions to bounce back from negative emotional experiences." *Journal of Personality and Social Psychology*, 86(2), 320-333.

액땜 이론

초판 1쇄 인쇄 2025년 11월 20일
초판 1쇄 발행 2025년 11월 25일

지은이 이동우
펴낸이 오세인 | **펴낸곳** 세종서적(주)

국장 주지현
편집 정미용 | **표지디자인** co*kkiri | **본문디자인** 박은진
마케팅 조소영 | **경영지원** 홍성우

출판등록 1992년 3월 4일 제4-172호
주소 서울시 광진구 천호대로132길 15, 세종 SMS 빌딩 3층
전화 (02)775-7012 | **마케팅** (02)775-7011 | **팩스** (02)319-9014

홈페이지 www.sejongbooks.co.kr | **네이버 포스트** post.naver.com/sejongbooks
페이스북 www.facebook.com/sejongbooks | **원고 모집** sejong.edit@gmail.com

ISBN 979-11-995124-1-2 03320

- 잘못 만들어진 책은 구입하신 곳에서 바꾸어드립니다.
- 값은 뒤표지에 있습니다.